21世纪高等院校经济学系列教材

国家重点学科

国家级一流本科专业建设点

History of Western Economic Theory

3rd Edition

西方经济思想史

（第三版）

王志伟 编著

东北财经大学出版社
Dongbei University of Finance & Economics Press
大连

图书在版编目（CIP）数据

西方经济思想史 / 王志伟编著. —3版. —大连：东北财经大学出版社，2021.10

（21世纪高等院校经济学系列教材）

ISBN 978-7-5654-4319-0

Ⅰ. 西…　Ⅱ. 王…　Ⅲ. 经济思想史-西方国家-高等学校-教材

Ⅳ. F091

中国版本图书馆CIP数据核字（2021）第170960号

东北财经大学出版社出版

（大连市黑石礁尖山街217号　邮政编码　116025）

网　　址：http://www.dufep.cn

读者信箱：dufep@dufe.edu.cn

大连图腾彩色印刷有限公司印刷　东北财经大学出版社发行

幅面尺寸：185mm×260mm　　字数：523千字　　印张：22.25

2021年10月第3版　　2021年10月第1次印刷

责任编辑：蔡　丽　　责任校对：蓝　海

封面设计：冀贵收　　版式设计：钟福建

定价：59.00元

↘第三版前言

“对历史观点的研究是思想解放的前提。我不知道如何能使一个人变得更保守——只知现在而不知过去或只知过去而不知现在。”

——凯恩斯，1926，《自由放任政策的终结》

“如今大多数宏观经济学的研究内容都专注于这些或那些缺陷对宏观经济的影响。令人惊讶的是，宏观经济研究的前沿领域是思想意识。”

——布兰查德，2000，《我们了解费雪和维克塞尔的宏观经济学中没有研究什么吗?》

当前，在我国乃至全世界，广义的经济学已经成为炙手可热的“显学”。成千上万的学子正在临窗苦读，期望将来成为经济学家、企业高管或政府官员；数不胜数的官员、商人、企业家、普通人也热衷于向“能够发财致富的”经济学一窥究竟，寻求“秘诀”；发达国家一些诺贝尔经济学奖获得者，也在“得意”地向世人展示其看上去深奥而神秘的数理模型和公式；众多学者也正以其充满数理模型和计量数据的论文赢得赞誉。

然而，是否学习了西方主流经济学的数理模型和计量方法，就算是掌握了经济学的奥秘呢？情况并非完全如此。拥有众多诺贝尔经济学奖获得者的美国经济学界未能对2007年美国爆发的次贷危机（及其引起的全球金融危机）做出应有的预测和应对，就是一个真切的印证。现代主流经济学中复杂的数学技能和工具的运用，占据了学生大部分时间和精力，使他们过分专注于数学技能的训练，而忽视或轻视了对现实经济问题的处理与实际政策效果的分析，甚至忘记了学习经济学的主要目的。

另外，对技术分析的强调也很容易使人忽略经济学本身所包含的思想性和历史感。这就涉及如何理解所谓“学术”。“学”指理论、思想和对客观规律的把握，“术”指贯彻和落实理论与思想到实际中去的方法。数学在经济学中的运用，既涉及理论和思想，也涉及理论与思想的具体运用，但绝大多数属于运用，属于“术”。只有“术”，没有“学理”，就会缺少灵魂，而只有“学理”，没有“术”，就只是空谈。所以，学习经济思想史，就是要很好地明白经济学的“学理”和以往运用“学理”的“术”之成功与失败的经验教训。

实际上，任何一门知识都是在实践的历史进程中逐步发展和完善的。现在的经济学原理和规律也是人们在长期的实践中逐步探索、总结和完善起来的。历史是现实的一面镜子，以史为鉴，可以少走弯路。在经济思想史方面也是如此。所以，了解经济思想发展的历史，了解现代西方市场经济思想的发展历史，对于我们的社会主义市场经济实践是很有意义的事。没有很好了解经济思想发展历史的人，眼光往往是狭隘的，也许会将很多年前就已经被人们发现的思想和原理误以为是自己的“新发现”或“理论创新”而闹出笑话。很多学过经济思想史的学生的切身感受是，理解了经济思想发展的历史能够更好地理解和借鉴当代经济学的理论和政策。

过去的许多思想观念来源于当时的社会环境、制度安排，并依存于当时不同经济利益集团之间的关系和利益冲突。只要类似的社会环境、制度安排和利益关系依然存在，相似的观念就不会完全过时，仍然具有一定的启发性和现实意义。所以，学习经济思想史也是学习政治经济学的必要内容之一。

在我国正努力实现伟大中国梦的新时代，在习近平新时代中国特色社会主义思想指导下，为更好地发挥我们国家和民族的优势，完全有必要对西方经济学理论的历史做认真的理解与合理借鉴，做到古为今用、洋为中用。

那么，怎样才能学好经济思想史呢?

首先，我们要站在广大人民群众利益的立场上，为增进广大人民群众的根本利益来了解和认识西方经济思想史，也要认清不同历史时期的西方经济思想是代表哪些阶级的根本利益的。

其次，需要有一种正确的历史观（唯物辩证史观），注意一种经济思想在其产生时的具体社会经济结构和状况、社会关系、社会政治制度和知识背景。这些都是影响经济思想的重要因素。当然，也不能将某种因素看作唯一的因素，而排斥其他因素的重要作用。

再次，要注意，一方面，经济思想和经济实践是相互作用、相互影响的；另一方面，不同的经济思想（甚至也包括哲学、文化等思想）之间也是相互影响的。我们既要承认它们之间的相互作用，也要分清主次作用，以及发挥作用的因素的主次地位。

最后，要注意不同经济思想的哲学基础、阶级立场和利益取向，其观点是单纯从经济理论的逻辑出发，还是从现实的问题和某种经济利益出发，抑或从当时统治者（及其集团或阶级）的利益出发。

总之，我们学习经济思想史的目的是“古为今用”和“洋为中用”。当然，这种“用”不是简单地照搬和套用，重要的是从中得到启发和借鉴。

国外有不少经济思想史的教材，我们国内也有一些西方经济思想史的教材。本书主要依据我国学生的特点，配合现有的西方经济学教材而编写的。编写的原则是“厚今薄古”，因而，在内容上舍弃了古代的经济思想，只从近代资本主义市场经济发端写起；同时，写作的重点是长期以来成为主流的古典经济学和新古典经济学的经济思想，以及对于我们今天的社会主义市场经济具有重要启发意义的一些西方非主流经济学思想。由于20世纪30年代以后的经济思想在“现代西方经济学主要流派”课程和相应教材中已有介绍，本书便不再涉及。

研究西方近代经济思想史的目的，一方面是了解其中各种具体经济思想和学说的发展变化规律，通过对比，加深对马克思主义政治经济学的理解，有助于进一步发展马克思主义关于社会主义的经济思想和学说；另一方面是了解在不同的市场经济条件下经济活动的各种规律、思想和学说，帮助我们学习和掌握市场经济规律，借鉴和利用已有的知识来指导社会主义市场经济实践。这些显然都具有重要的现实意义。

本书第三版增设了“思政窗”二维码，阐明西方经济理论与马克思主义政治经济学的关系，引导读者辩证地学好经济思想史。本书第三版进一步完善了部分文字，调整了部分章节的标题顺序，如第二十一章、第二十五章等。常淑琴女士参加了本书的稿件整理和文字校对工作，王常喆女士帮助进行了资料和信息收集工作，在此特向她们表示感谢。

本书共有28章，在一个学期时间内，完全靠课堂教学是不可能全部学完的。因此，教师可以有选择地讲解一些重点章节，而将其他章节留给学生自己阅读学习（本书带有*号标记的章节为学生自己阅读的内容）。

编著者

2021年8月

↘目 录

绪 论

一、西方近代经济思想史概述

（一）西方经济思想史的概念与研究对象

经济思想，即对经济问题的较深刻的理解和看法，一般是指较有系统的经济观点和理论。一定的经济思想总是历史地与特定的时代以及那个时代的经济和社会条件紧密联系在一起，即是在特定的经济和社会条件下产生、形成和发展起来的。当经济和社会条件发生变化时，经济思想也会发生相应的变化。从发展的角度看，经济思想由古至今所发生的变化就形成了经济思想史。

经济思想史作为经济学科的一个分支，其研究对象是人类社会各个历史时期中具有代表性的经济思想的产生、发展、相互联系及对经济和社会产生影响的历史。

西方近代经济思想史是随着关于市场经济的理论成为大致完整的思想体系，或者说政治经济学作为一门独立的学科出现之后才逐渐形成的。卡尔·马克思（Karl Marx，1818—1883）说，“政治经济学作为一门独立的科学，是在工场手工业时期才产生的”[①]，而“真正的现代经济科学，只是当理论研究从流通过程转向生产过程的时候才开始”[②]。工场手工业以来的西方经济，实质上就是不断发展的资本主义商品经济和市场经济。

美国学者亨特（E. K. Hunt）十分明确地将商品生产和市场交换的资本主义生产方式归结为4个方面：

（1）以市场为导向的商品生产；

（2）生产资料的私人所有；

（3）市场上存在许多不得不依靠出卖劳动力而生存的大批劳动者；

（4）经济制度中大多数人主张最大限度的个人主义和唯利是图。[③]

可见，西方近代经济思想史是以经济发达的西方资本主义国家的主流经济思想发展变化为研究对象的。

本书的研究对象是近代主要西方资本主义国家在不同历史时期关于市场经济的思想及理论。从经济思想史发展的动力来看，除社会经济发展和重大经济问题的要求与推动之

---

① 马克思，恩格斯．马克思恩格斯全集（第23卷）[M]．中共中央马克思恩格斯列宁斯大林著作编译局，译．北京：人民出版社，1972：404.

② 马克思，恩格斯．马克思恩格斯全集（第23卷）[M]．中共中央马克思恩格斯列宁斯大林著作编译局，译．北京：人民出版社，1972：376.

③ 亨特．经济思想史——一种批判性的视角 [M]．颜鹏飞，总校译．上海：上海财经大学出版社，2007：2.

外，还有不同经济思想和理论派别之间相互争论的促进作用，当然，也不排除社会其他因素对经济思想发展的影响。因此，本书在重点介绍近代西方主要资本主义国家在各个时期占据主流地位的经济思想之外，也注意从相互比较和相互作用的角度介绍那些处于非主流、非正统或处于异端地位的市场经济思想及理论。

（二）西方近代经济思想史的发展阶段

西方近代经济思想史大致上可以分为几个主要的发展阶段：

第一阶段：15—18世纪，欧洲重商主义（mercantilism）经济思想和学说产生和形成时期。

第二阶段：18—19世纪中期，欧洲的政治经济学成为系统的独立学科的时期。以英国经济学家亚当·斯密（Adam Smith）的《国民财富的性质和原因的研究》（1776）（以下简称《国富论》）一书为标志的古典经济学（又称古典政治经济学）及相应的经济思想发展成主流的经济思想。18世纪，重商主义思想的残余还有些许影响，但已经不是主流，日渐式微。

第三阶段：19世纪30年代到20世纪20年代，西方经济思想和政治经济学说的分化与主流经济思想的转换时期。该阶段既包括欧洲古典经济学的分化，也包括早期新古典经济学（neo-classical economics）形成和逐渐发展为主流思想的过程。同时，这个阶段出现了马克思主义政治经济学。

第四阶段：20世纪30年代一直到当前，是现代和当代西方市场经济思想的发展演变时期。

经济学界一般将20世纪30年代作为西方经济思想史在近代和现代的大致分界。本书主要介绍近代以来的西方经济思想史，所以在时期上重点涉及西方从15世纪直到20世纪30年代中期的内容。由于教学课时的限制，本书将不包含马克思主义经济思想史及20世纪30年代中期以后的现代和当代西方经济思想史的内容。有兴趣的读者可以另外阅读有关马克思主义经济思想史、当代西方经济学思潮及流派（当代西方经济思想史）的书籍或学习相关课程。

（三）西方近代经济思想史的性质

西方近代经济思想史是关于资本主义市场经济产生、发展和运行规律的较为系统的思想或理论的历史性学科。西方近代经济思想史的绝大部分内容是维护资本主义经济制度或阐述这种制度的优越性及合理性的。这就是说，西方经济思想史从产生起就是维护作为资本主义社会统治阶级的资产阶级的根本利益的。资产阶级将资本主义社会及其制度看作最合理、最优越、最终长存的社会制度。这既反映了封建社会末期新生资产阶级客观上代表符合历史发展方向的社会力量的自信，也反映了资产阶级本身所固有的狭隘眼光和历史局限性。因此，学习西方近代经济思想史一定要认清其基本性质，从历史发展的高度，合理吸收借鉴其发展市场经济的有益成分，摈弃其僵化和妨碍社会发展进步的内容。

（四）研究西方近代经济思想史的目的

一般地说，以往的经济思想总能够从不同角度为后来经济思想提供发展的基础和启发。因此，研究西方近代经济思想史的目的就是要了解那些已有的对今天仍然具有启发性的经济思想，了解近代西方经济思想或理论发展变化的规律性、共同点和特殊性，以及它们对社会经济发展的作用，从而有助于我们在现实经济条件下建立有关社会主义市场经济的理论和政策。

具体而言，研究西方近代经济思想史的目的一方面是了解其中各种具体经济思想和学说的发展变化规律，通过对比，加深对马克思主义政治经济学的理解，并且进一步发展马克思主义关于社会主义的经济思想和学说；另一方面是了解在不同的市场经济条件下经济活动的各种规律、思想和学说，帮助我们学习和掌握市场经济规律，借鉴和利用已有的知识来指导社会主义市场经济实践。这些显然都具有重要的现实意义。

我们坚持马克思主义政治经济学基本原理和方法论，并不排斥国外经济理论的合理成分。西方经济学关于金融、价格、货币、市场、竞争、贸易、汇率、产业、企业、增长、管理等方面的知识，有反映社会化大生产和市场经济一般规律的一面，要注意借鉴。同时，对国外特别是西方经济学，我们要坚持去粗取精、去伪存真，坚持以我为主、为我所用，对其中反映资本主义制度属性、价值观念的内容，对其中具有西方意识形态色彩的内容，不能照抄照搬。经济学虽然是研究经济问题，但不可能脱离社会政治，纯而又纯。①

（五）西方近代经济思想史的研究方法

本书采用历史纵向演进的方法、横向交叉联系与比较的方法，以及经济思想与经济的历史条件相联系、相对照的分析方法来看待西方近代经济思想史。

历史唯物主义的辩证分析方法是我们进行研究的基本方法论和基本原则。具体地讲，学习西方近代经济思想史要注意：西方近代经济思想史的发展蕴含着经济理论发展与经济历史进程的逻辑统一、经济思想与社会哲学文化的统一、经济理论与经济政策的统一、经济思想和学说与经济实践的统一。

总之，西方近代经济思想史是一门有较强综合性的理论学科。它不仅具有经济学的全部特征，还具有历史和哲学的特征，以及强烈的时代特点。因此，我们应该站在现实基础上，坚持以人民利益为中心，运用马克思主义的历史观点、辩证观点，认真分析西方经济思想史中的理论思想，为发展中国特色社会主义市场经济而研究它。

二、西方近代经济思想史的主要内容

西方近代经济思想史的内容范围较广，如果把它和其他经济学科的研究范围加以比较，可以看出：政治经济学史只涉及政治经济学的发展与变化；经济学说史涉及系统的经济理论和经济思想的发展与变化；经济思想史则涉及更广泛的经济思想、政策主张的发展与变化。由于我们教学的实际需要和篇幅的限制，本书所涉及的西方近代经济思想史的内容在范围上基本和西方近代经济学说史相似，因为近代以来西方的市场经济思想和经济学说在内容上一般说来已无太大区别。

经济思想史学科的形成晚于政治经济学，至今仅有不到200年的历史。最早的系统的正式著作是法国的杰罗姆·阿道夫·布朗基（Jérme Adolphe Blanqui）所写的《欧洲从古代到现代的政治经济学史》（1837）。19世纪中期，德国历史学派开创了以历史归纳法研究经济学的先河，实际上他们的研究就是一种对经济史和经济思想史的研究。该学派的倡

① 习近平总书记2015年11月23日在十八届中央政治局第28次集体学习时的讲话。

导者罗雪尔（W. G. F. Roscher）出版了《历史方法观的国民经济学纲要》（1843）。差不多在同一历史时期，马克思在《政治经济学批判大纲（草稿）（1857—1858）》、《政治经济学批判》（1859）、《剩余价值理论》（即《1861—1863年经济学手稿》）、《〈批判史〉论述》（1877年，即《反杜林论》第二编第十章）以及《资本论》中，都对经济思想和政治经济学理论的历史进行了很好的研究和论述。德国学者卡尔·欧根·杜林（Karl Eugen Dühring，1833—1921）的《国民经济学和社会主义批判史》（1871年第一版，1874年第二版）也是一本关于政治经济学史的著作。

三、学习西方近代经济思想史的意义

毛泽东在《新民主主义论》中曾经引用列宁的话“没有革命的理论，就不会有革命的运动”，来说明理论对实践的重要作用。革命的理论应该是正确的理论。这对于我们建设中国特色社会主义市场经济同样适用。因此，对于能否正确借鉴西方关于市场经济的理论，就需要具有对它们的正确认识。而没有各种理论的比较就没有鉴别，没有鉴别就无法真正理解理论问题，而没有对理论的真正理解也就不能对理论加以发展。不懂得历史，就难以真正懂得现在。只知现在的经济理论，而不知其由来和发展，也无从深刻认识和了解这些经济理论，更难以发展它们。

为了在发展社会主义市场经济过程中更好地掌握和运用现代市场经济知识和有关的经济理论，我们有必要学习和了解西方近代经济思想史。只有真正了解了有关西方国家关于市场经济的思想和理论，才谈得上去借鉴和运用它们。更何况今天也可能出现历史上曾经出现过的经济现象，因而了解历史上那些相应的经济思想，对于我们今天解决类似的经济问题也是有所裨益的。

众所周知，马克思的经济理论在很大程度上是批判性地合理吸收和借鉴英国古典经济学的结果。为了更好地理解马克思主义政治经济学的有关问题，我们也有必要学习和了解西方近代经济思想史，通过比较和对照来提高我们对马克思经济理论和方法的认识，推进中国特色社会主义市场经济的发展和完善。

四、学好西方近代经济思想史的基本要求

1.需要掌握的相关知识

相关知识包括经济学一般原理（包括马克思主义政治经济学原理、西方经济学原理）、西方近代史（尤其是欧洲近代经济史和美国近代经济史）、一定的哲学和数学知识。当然，没有上述某些方面相关知识的人，也可以在学习有关的经济思想和理论时及时补充相关知识。

2.把读书与思考结合起来

认真读书，认真思考。如果有条件和可能，结合本书，适当阅读有关作者的原著、欧洲经济简史，甚至重要人物的传记，对于更好地领会本书的内容肯定大有益处。

3.消除误解和不恰当的方法

（1）学习中需要注意克服将经济思想和历史背景相脱节的做法，防止把本书仅仅作为经济理论或一般历史读物看待，而不是使二者相结合。

（2）学习中需要消除认为学习西方经济思想史不能理论联系实际的误解。

（3）学习中需要克服对西方近代经济思想史的轻视态度，既要防止历史虚无主义和理论虚无主义的不恰当态度，自以为是，不细致、深入，也要注意防止盲目地全盘吸收的态度，“食洋不化”，食古不化。

总之，只要注意了上述基本要求，通过认真学习，就一定能够真正了解西方近代经济思想史。

本章思语

1. 学习西方近代经济思想史有何意义？
2. 西方近代经济思想史的发展阶段是怎样的？
3. 研究西方近代经济思想史应该采取什么方法？

第一篇

15—18世纪的经济思想

[第一章]
重商主义的经济思想

第一节　重商主义概述

一、重商主义的产生

重商主义最早产生于15世纪的西欧，全盛于16—17世纪，瓦解于17世纪下半叶古典经济学兴起的时期。重商主义是在西欧封建社会瓦解和资本原始积累时期产生的。它是对资本主义“现代生产方式的最早的理论探讨”[①]，但它只是初步的和不完全的探讨。

重商主义最初是由法国君主立宪派领袖之一的奥诺雷-加布里埃尔·里克蒂·米拉波（Honoré-Gabriel Riqueti，comte de Mirabeau，1749—1791）提出的，后来英国古典经济学家亚当·斯密在其《国富论》一书中加以使用，后来便一直被人们沿用。亚当·斯密把它与重农主义相并列，作为同重农主义相对应的概念加以使用。起初，重商主义只是一种影响国家政策的经济思潮，后来就和国家的经济政策结合在一起了。

二、重商主义形成的社会历史条件

15世纪是西欧封建社会末期，商品经济日益发展，交易范围日益扩大，封建经济渐趋瓦解和分化。在商品经济不断发展的情况下，一些封建主不再满足于仅仅享用自己庄园中生产出来的产品，他们需要用货币（金银）来购买日新月异的手工业品和外国输入的奢侈品。于是，许多封建主都将其农奴的劳役地租和实物地租改成货币地租，以便获取货币，更方便地购买自己需要的商品。这就迫使农民和依附封建主的手工业者想法出售自己的产品，以便换取货币来缴纳地租。

实物地租制度向货币地租制度的转化和普遍化，一方面推动了商品经济的发展，另一方面随着商品生产的发展和市场的扩大，人们对货币的需求也越来越多，货币的作用越来越大。这就成为当时最突出的经济现象。当时的货币普遍采用金银，因此，对货币的需求就是对金银的需求。那时，人们对金银的看法正如哥伦布所说：“金真是一个奇妙的东西！谁有了它，谁就成为他想要的一切东西的主人。有了金，甚至可以使灵魂升入

---

① 马克思．资本论（第3卷）[M]．中共中央马克思恩格斯列宁斯大林著作编译局，译．北京：人民出版社，1972：376.

天堂。”[①]

在上述经济发展过程中，商业资本发挥了巨大的作用。尽管商业资本并不能单独创造某种新的生产方式，但是它引起了分工和市场的扩大，推动了商品生产更快地发展，因而在资本主义发展过程中发挥了积极的推动作用。

在欧洲各国缺少金银矿藏的情况下，金银的获取方式基本趋向两种，并导致了相应的结果：一是掀起到海外寻找金银矿藏的各种探险活动的浪潮；二是掀起海外贸易的热潮。前者导致了一系列的地理大发现和国际新航路的开通，后者导致了世界市场的开辟和扩大。而这两者又和早期的殖民掠夺以及海盗行为结合在一起，构成了资本主义的原始积累过程。这一过程实质上是以暴力的方式创造了资本主义的最初发展前提。

在这个过程中，西欧逐步建立起了一些统一的、封建专制的中央集权国家，原先各邦国及领地割据的情况开始减少。君主权力的扩张、商业资本的发展以及国内市场的统一，都受到封建割据的限制。君主为了增加财政收入和对外掠夺，需要反对封建割据，并建立庞大的军队。同时，君主为了保证在宫廷中享受奢侈的生活，需要促进商业资本的发展。而商业资本家也需要在经商活动中得到政府的保护。于是，在国王反对贵族的斗争中，封建主与商业资本家开始为各自的利益而相互结成联盟。出于他们相互间的需要，重视商业的思潮和宣传逐渐占据了上风，其中代表了商业资本要求的一些主张和思想，甚至被封建国家制定有关政策时所采纳。重商主义就是在这一过程中发展起来的经济思想。它既反映了当时具有压倒性影响的商业资本的利益和要求，也反映了封建国家的利益和需要。但它又有别于一般商业资本的意识形态，它是在工业资本统治前，在封建社会末期特殊历史条件下的商业资本的意识形态，是商业资本和封建国家利益相结合的产物。

总之，在封建社会内部，商品货币关系的发展要求并促进了国内市场的统一。地理大发现、国际航路的开通和国际市场的形成，又促进了商业、航海和工业的发展。这一过程一方面造成了资本主义关系的早期发展和封建自然经济的瓦解；另一方面推动了商业资本和封建国家政权的结合，开始形成重商主义。在其后的一段时间里，重商主义思想便逐渐支配了当时的经济活动。

第二节　重商主义的发展阶段

重商主义出现于产业资产阶级占统治地位之前，也代表部分封建统治者的利益和立场。重商主义可以依照其不同的特征而被划分为早期和晚期两个阶段。

重商主义在早期几乎是一种国际化的现象，在英国、法国、葡萄牙、西班牙、意大利、荷兰等国都先后出现过。而晚期重商主义的出现以对外贸易发展到一定程度为前提。只有在西欧最主要的资本主义国家，特别是英国和法国，晚期重商主义才得到广泛而深入的发展。

---

① 马克思，恩格斯．马克思恩格斯全集（第23卷）[M]．中共中央马克思恩格斯列宁斯大林著作编译局，译．北京：人民出版社，1972：151.

一、早期重商主义

（一）早期重商主义简介

早期重商主义（15—16世纪中叶）又叫重金主义（金块主义）、货币主义。它把货币（金银）看作一种可以作为宝藏的财富。为了增加财富，它主张对进口商品征收高额进口税，主张在对外贸易中少买多卖。它还主张管制外汇，规定外汇汇率。

此外，早期重商主义强调国家要用行政干预的办法保证从国外进口金银、积累货币，严禁金银出口和货币外流，以利于金银的积累。恩格斯把早期重商主义这种观点称为“守财奴”的观点。

早期重商主义之所以会得出上述这种观点，与当时商品生产和流通不够发达、对外贸易尚未充分发展有关，也是仅用经济手段无法保证多吸收国外货币和保存国内货币的结果。

英国议会早在1335年就通过了一项法令，即不许任何人“把金银带出英吉利王国”。一般认为，这是英国推行货币主义政策的开端。英国国王爱德华四世于1478年立法严禁金银出口，并对对外贸易进行监督：

（1）先由海关收取部分金银作为海关税；

（2）指定贸易货物，买卖也指定地点，用金银交易；

（3）从事对外贸易的商人回国必须带回金银，不能全带货物；

（4）外国商人必须在指定地点兑换英国货币（多不足值）；

（5）外国商人离岸时只能带走货物，不能带走金银。

意大利、西班牙、葡萄牙、荷兰等国都先后颁布过类似的法令。

（二）早期重商主义最主要的代表人物

早期重商主义最主要的代表人物，在英国有威廉·史密斯、巴尔本，在法国有蒙克莱田。

1.威廉·史密斯

威廉·史密斯（William Smith）曾于1549年以W. S.的笔名出版了《关于英国公共福利的谈话》一书，后于1581年将其更名为《对近来我国各界同胞常有的一些抱怨的简单考察》再版。后人认为他是当时最了解货币价值与商品价值关系的人。他认为铸币成色和重量不足，既因为物价上涨，也因为国内的足值铸币脱离流通输出国外（劣币驱逐良币的格雷欣定律（Gresham’s Law）的表现之一）。因而，他主张尽量把充足的金银铸币保存在国内，一旦发生战争或饥荒，就可以从外国购买军火或粮食。该书还说明了外贸入超的害处，主张商品要少输入、多输出，甚至禁止外国商品输入英国，禁止易货贸易。

2.巴尔本

巴尔本（N. Barbon）在其《论商业》的小册子中就商品价值和价格的问题总结了三点：

（1）商品的价格就是它的现在价值……市场是价值的最好的公断人。通过买卖双方的集合，商品的数量以及对商品的需求都被知道得很清楚。商品能够卖得的价格恰好等于这些商品的价值（按照古典经济学家的说法就是：东西能卖出多少价钱，它的价值就是多少）。

（2）商品的价格就是它的现在价值，它取决于对商品供需情况的估计。

（3）一切商品的价值都取决于它们的用途，没有用处的东西就没有价值。各种东西的用处就是满足人们的需求。人类生来就有两种普遍的欲望：肉体的欲望、精神的欲望。一切东西若能满足这两种需求，就有用处，也就有了价值。而一切商品的价值都取决于其用处，而它们的贵贱取决于其数量的多少。[①]

这些观点显然和商人的直接经验密切相关。而这些观点也是后来新古典经济学家提出的价值理论的早期萌芽。

3.蒙克莱田

当英国的经济快速发展时，法国的经济发展远远落后于英国，所以，法国的重商主义比英国的重商主义出现得晚一些，直到16世纪才开始出现。法国早期重商主义最著名的代表——安托尼·德·蒙克莱田（Antoine de Montchrétien，约1575—1621）在1615年出版了《献给国王和王太后的政治经济学》一书，探讨法国的工商业问题，并提出加以改进的建议。这是经济思想史文献中第一次出现"政治经济学"一词。

蒙克莱田十分重视金银，主张尽可能多地积累金银。他重视国内贸易的发展，但更重视对外贸易的发展。他把对外贸易看作获取金银的唯一手段，不过也主张要对对外贸易加以管制，以防法国的财富流失。他认为，"货币是军事的神经"，"黄金比铁有更大的威力"，因而强调积累货币的作用。

蒙克莱田主张宣传商人及商业活动的重要性。他说第三等级是国家的支柱，商人则是第三等级的重要组成部分。他肯定了利润的合理性，认为商人为国家赚取财富，敢冒风险，理应受到尊重。

他还认为，财富是由手工业产生的，国家应当使用政府的权力扶植手工业的发展，增加国家的财富。至于出口，则只能出口法国特别丰富的产品，否则会给法国造成财富的损失。

他还强调国家政策要保护法国商人的对外贸易。

蒙克莱田虽然是法国早期重商主义者，但其观点已明显带有一些晚期重商主义的特征，像重视国内生产对增加财富的作用。他首次提出的"政治经济学"概念不仅可以理解为从国家治理的角度看待和管理经济问题的学问，也包含从宏观层面看待和解决经济问题的学问。"政治经济学"的名称被古典经济学家所接受，在很大程度上是基于第一种含义的，而被另一些经济学家所接受，更多地基于第二种含义。

二、晚期重商主义

（一）晚期重商主义简介

早期重商主义的观点随着经济的发展越来越不能适应新兴资本家和更新制度的需要，竞争也使得通过买卖差价能够赚取的利润日益减少。这迫使新兴的资本家将经营的重心从单纯依靠对外贸易向生产领域转移。这种情况导致了经济思想方面的重要变化。

新教改革运动进一步为新兴资产阶级提供了哲学武器。一方面，出现了许多思想家，其开始拒绝早期重商主义关于国家和国家管理的陈腐的家长式统治观点，并且开始阐述新的倡导独立、自由和自利精神的个人主义哲学；另一方面，其对价格和利润的看法，开始从供求关系和效用决定的观点转向价格由生产条件决定的观点和利润源于生产的观点。托

---

① MEEK R L. Studies in the labor theory of value [M]. Rev. ed. New York: Monthly Review Press, 1976: 15-16.

马斯·霍布斯（Thomas Hobbes，1588—1679）在其《利维坦》（1651）一书中提出：人的所有活动动机中至关重要的动机就是自利。在这种思想影响下，个人主义和自私原则很快成为重商主义者的主导经济思想，而且被普遍化。

晚期重商主义者（16世纪下半叶至17世纪下半叶）已开始真正用资本家的眼光去看待货币，开始懂得贮藏的金银不会增多，只有将其投入流通，进行对外贸易，才会使其增加。这意味着他们已经开始把货币理解为一种资本，而不仅仅是单纯用于贮藏的财富。“他们意识到，放在钱柜里的资本是死的，而流通中的资本会不断增殖。于是，人们开始把自己的杜卡特（14—19世纪欧洲许多国家通用的货币——引者注）当作诱鸟放出去，以便把别人的杜卡特一并引回来……”[①]所以，应该说，晚期重商主义才是真正的重商主义。

晚期重商主义者已经开始成为真正的“贸易差额论”者了。为了保证对外贸易的出超，晚期重商主义者主张努力发展国内的工场手工业，以便增加可以用来出口的商品。他们也主张尽量减少进口本国可以生产的商品，尤其是减少奢侈品的进口。他们主张，国家应当积极干预经济生活，实行保护性贸易政策，鼓励输出，限制输入。

晚期重商主义的观点主要是：

（1）强调贸易总额的顺差，至于每次贸易时的货币流出则没有关系。

（2）强调多卖少买，以便形成贸易顺差。

（3）强调用税收（保护关税）调节进出口，鼓励出口，抑制进口。

（4）强调扶植和鼓励生产出口商品较多的手工业企业。

由于晚期重商主义已经开始重视手工业的发展，所以，马克思又将晚期重商主义叫作“重工主义”。

在晚期重商主义的影响下，当时的中央集权的西欧国家采取了一系列鼓励输出的措施，比如：

（1）出口退税。对于有商品输出的商人，国家全部或部分退还他们原先缴纳的产品税或其他税款；重新输出他们原先进口的商品时，国家就将在进口商品时所征收的全部或部分关税退还给商人。

（2）政府和外国（主要是殖民地或附属国）订立有利的通商条约，规定在这些国家享有某种特权（如免税或垄断贸易），从而可以保证本国获取巨额利润。

（3）国家为向海外市场输出畅销商品而获取巨额利润的企业颁发奖金。

（4）实行保护关税政策，避免本国的企业因与外国商品竞争而遭受损失。

晚期重商主义的这些政策直至今天也仍然被一些国家根据其实际情况加以运用。

（二）晚期重商主义的代表人物

1.英国晚期重商主义的代表人物

晚期重商主义最主要的代表人物在英国是托马斯·孟（Thomas Mun，1571—1641）和爱德华·米塞尔登（Edward Misseldon，1608—1654）。

托马斯·孟是英国贸易差额论的实际创始人、东印度公司董事和政府贸易委员会委员。1621年，他出版了《论英国与东印度的贸易》一书（他去世后，其儿子于1664年将

① 恩格斯．国民经济学批判大纲［M］//马克思，恩格斯．马克思恩格斯文集．中共中央马克思恩格斯列宁斯大林著作编译局，译．北京：人民出版社，2009：56.

书改名为《英国得自对外贸易的财富》再版)，为东印度公司的贸易活动进行辩护，也批评当时国家采取的不适当的货币主义政策。该书具有很大影响。马克思曾经评价说它是“重商主义的福音书”，是“一部划时代的著作”。该书的主要内容涉及以下几点：

(1) 十分强调商人及商业活动的重要性。托马斯·孟认为对外贸易是使国家富裕的工具。但是，他反对单纯的货币（金银）储藏，主张以金银进行对外投资，以便获取更多的金银。

(2) 提出了“资财”(stock) 的概念，用它来代表实际上的商业资本。托马斯·孟认为，英国缺乏金银矿，只有把货币用作“资财”，才能得到金银，扩大财富；舍此，别无他途。

(3) 主张国家取消禁止货币出口的法令，以便扩大贸易。这明显反映了晚期重商主义的特点。托马斯·孟认为：“货币产生贸易，贸易增加货币。”透过这种观点可以看出，晚期重商主义是对本身原有体系的一种自我改进和某种脱离。

(4) 强调增加贸易顺差，认为贸易出超是致富的途径。托马斯·孟最早详尽地论述了贸易差额论，认为贸易顺差能自然地使金银增多。

(5) 强调要实行有利于扩大外贸的国家政策，主要是实行有利于增加外贸出超的保护关税的政策。

2.法国晚期重商主义的代表人物

法国晚期重商主义的主要代表人物是让·巴蒂斯特·柯尔贝尔 (Jean Baptiste Colbert, 1619—1683)。柯尔贝尔是重商主义的实践家，他曾经担任法国国王路易十四的财政大臣，是当时法国的经济决策人。

他认为货币的数量决定国家的财富和实力，要想获得大量货币，只有大力发展对外贸易，争取外贸出超，而这又需大力发展出口手工业。为此，他执行了一系列的重商主义政策。由于柯尔贝尔对于法国重商主义发展所起的重要作用，有人也把法国晚期的重商主义叫作“柯尔贝尔主义”(该名称是意大利经济学家弗朗西斯科·曼哥第 (Francesco Mangodi) 在其《商业》一书中提出的)。柯尔贝尔的重商主义政策和主张主要有以下几个方面：

(1) 改革税制，废除实物税，实行货币税。通过减轻农民和领主的赋税来保证农产品的低价，从而降低工人的生活费用，促进出口手工业的发展。改革关税，提高进口商品关税，实行保护政策，限制进口，但原料进口不征税。

(2) 大力扶植和奖励出口手工业生产，制定贷款条例，对购买原料及销售商品实行优惠政策。政府出资建立皇家工场手工业，并且将它作为私人企业的榜样。建立出口奖励基金。

(3) 鼓励招聘外国熟练技术工人，禁止本国同类人员出国。豁免工匠兵役，允许其选择信仰。

(4) 改善交通条件，广修道路，开凿运河。组织运输公司。

(5) 扩大海军舰队，努力开拓海外殖民地，为法国从国外掠夺财富。为了保证海外贸易的安全，海军应与对外贸易成比例。

(6) 建立商船队和垄断性贸易公司（法属东印度公司），积极扩大殖民地贸易。

柯尔贝尔经济思想的主要特点是，采取各种办法鼓励本国出口手工业的发展，为出口贸易奠定坚实的基础。他还强调了国家开办出口工场手工业的重要性。

从结果上看，柯尔贝尔的经济政策虽然促进了法国的经济发展，但也有片面性，即压制和冷落了农业，从而遭受封建势力和社会其他人士的反对。资产阶级对该政策也不满意，因为农业落后也妨碍了工商业的发展。由于上述弊病，柯尔贝尔的经济政策最终破产。

除英国和法国的重商主义者之外，意大利的经济政策也有明显的重商主义倾向，但意大利重商主义者注意的主要是货币问题。意大利重商主义的主要代表人物有卡斯帕罗·斯卡卢菲（Gasparo Scaruffi，1519—1584）、安东尼奥·塞拉（Antonio Serra，1580—?）。

总的来看，早期、晚期重商主义的共同特点都是混淆了货币与财富，以货币积累为目的。其区别只在于：早期重商主义主要是一种货币差额论，晚期重商主义则主要是贸易差额论。所以，马克思称前者为“货币主义”，称后者为“真正的重商主义”。后者反映了成熟的商业资本的经济思想。

重商主义在一定程度上促进了资本主义的经济发展，并在一定程度上反映了资本主义的经营目的——赚钱。重商主义的两个阶段反映了资本主义市场经济发展初期在不同发展阶段的经济要求和特点。

重商主义者认识到国内贸易不能增加财富，实际上这已经部分不自觉地知道流通领域从本质上是不能增加财富的。但由于历史条件的局限，商品生产不够发达，因而未能使其观点彻底转变。这里面当然也有视野问题。当眼光仅仅局限于国内或个人的有限经验时，是不能真正突破对财富的误解的。

尽管存在许多错误，但重商主义的思想和政策、个人主义哲学主张在一定程度上为古典经济学的产生扫清了道路。

第三节　重商主义经济思想的特点及评价

一、重商主义经济思想的经验主义特点

重商主义既是封建社会末期封建国家用来促进经济发展所采取的政策，又是反映商业资本利益和论证国家经济政策的经济学说。作为经济理论体系，重商主义的思想和学说似乎出现于重商主义政策之后。但重商主义政策也不能凭空产生，它在一定程度上又要以重商主义的思想和学说为基础。两方面相互促进，逐步发展，最终形成了整套的重商主义政策和系统的学说。重商主义体系就这样发展起来了。

总之，重商主义的研究对象和范围以商业活动为中心，研究市场上流通领域的规律和问题。其研究方法是描述和总结社会经济现象和经验，研究目的是实用，却意外地发现了一系列相关的经济规律。

重商主义最早从理论上考察了资本主义市场经济的萌芽，从宏观上提出了什么是国家财富、财富的形式和增加财富的方法等问题。重商主义是最早以商业的眼光从市场的角度论述经济规律的学说。其论述方法已打破了封建宗教观念，站在商业资本的立场上，从经商实践出发，力图总结经商实践经验，并把其在理论上表述出来。因此，重商主义带有浓厚的经验主义色彩，从而带有肤浅和片面性的特征。这表现在以下基本观点上：

1.财富就是货币（金银），货币（金银）就是财富

重商主义认为财富就是货币（金银），货币（金银）就是财富。一切经济活动和国家政策都是为了攫取金银、增加财富。这种观点带有地域性的民族主义色彩，既反映了封建统治者增加财富来满足奢侈生活的欲望，也反映了新兴商业资产阶级积累货币资本的渴望。恩格斯称重商主义为“发财致富的科学”，亚当·斯密称之为“富国裕民的政治经济

学体系”。从发财致富的角度看，欧洲重商主义已经从资本家的立场出发揭示资本家主导的资本主义经济活动的目的。

2.财富的直接源泉在流通领域

重商主义认为财富的直接源泉在流通领域，即在商业活动中。其将流通看作利润的唯一源泉，而将利润看作商业中贱买贵卖的让渡性收入，这也是多卖少买所导致的结果。

3.只有对外贸易才会真正增加一国的财富

重商主义认为只有对外贸易才会真正增加一国的财富。只有通过对外贸易出口商品，才能换回金银，才能增加一国的货币（金银）数量，而国内贸易只是使财富在个人之间转移，并不会增加国家的财富。

4.商品生产只是对外贸易的先决条件和必要手段

重商主义认为商品生产只是对外贸易的先决条件和必要手段。在工商业的相互关系中，工业要为商业服务。国家鼓励的只是那些可以高价出口和能够换回更多金银的商品的生产。

5.国家必须积极干预经济生活

重商主义认为国家必须积极干预经济生活，管理和指导经济，保护国内有利于增加货币（金银）的工商业，促进对外贸易的有利发展。没有国家的保护，本国出口贸易就会遭受外国的有力竞争，遭受海盗掠夺和袭击，无法推动最赚钱的出口商品的生产发展。

二、对重商主义经济思想的评价

对于重商主义的上述基本观点，我们应该尽量给予客观的评价：

（1）“货币即财富”的观点，反映了封建社会末期的统治者和商业资本的观点，尤其反映了当时商人最直观的看法。但它过分夸大了货币的地位和作用，只看到了货币这种有限的财富表现形式，而没有看到货币满足人们各种需求的内在本质。所以，重商主义的这种观点是片面的。

（2）重商主义者以拥有货币的多少作为国家富强与否的唯一标准，这既包含合理的成分，也包含片面性和错误的成分。在商品交换和市场经济中拥有更多的货币，就具有换取各种商品和服务来满足人们各种需求的更大能力，因而，重商主义这种看法具有一定的合理性。但是，货币（金银）只是一种财富的象征和表现手段，其本身并不完全等同于全部财富，也不必然意味着国家的富强。所以，重商主义的上述看法是非常直观和表面化的。

（3）重商主义仅仅将对外贸易看作财富的来源，也是非常直观和表面化的。其有这种认识只能说明商人仅限于本国的短浅的眼光。这种片面性直接导致了他们浅显的财富观。由于一些国家本国不产金银，对他们来说，金银的增加只能依靠对外贸易，通过出口商品获得。这种看法符合一些欧洲国家的情况。但是，这不等于财富是从国外得到的。重商主义财富观是错误的，完全抹杀了国内生产对增加财富所具有的根本性的积极作用。

（4）重商主义对国家在经济生活中具有积极作用的观点，既有其合理性和正确性，也有其片面性。从合理性和正确性的角度看，一方面，在当时如果没有国家的保护、指导和鼓励，一国的对外贸易和国内生产就不可能在一些封建势力的阻碍下顺利发展，也无法抵御国外的竞争。另一方面，市场经济发展的历史表明，完全自由竞争的市场经济和对外贸易只是一种理想或幻想。现实中，特别是在经济发生大的衰退或危机的时候，政府对经济的作用是不可或缺的。这就像患了大病或急症的人必须由医生介入治疗一样，完全靠病人自然康复和痊愈显然是非常困难的。重商主义这种观点的片面性在于，它仅将国家在经济中的作用局限于维护获取金银的活动，而没有从更深刻的意义上理解它。当然，这种情况也与重商主义在当时的客观局限性有关。

总体说来，重商主义反映了封建社会末期新型商人的观点。他们不懂得货币的起源和本质，也不理解财富的本质和真正源泉。这与当时的社会和历史条件密切相关：

（1）在封建社会末期，自然经济占统治地位，商品经济还没有充分发展。

（2）商品货币关系的存在和发展使货币的作用变得日益重要，货币已经成为社会财富的一般代表。

（3）当时欧洲各国缺乏金银。

重商主义思想在欧洲陆陆续续大约持续了两个世纪之久，因此，它对欧洲近代资本主义经济思想的形成与发展具有重要的影响。大约在相似的年代，中国也有某些类似的观点产生，比如丘濬"以银为上币"的货币金属论、徐光启和靳学颜的货币名目论思想。不过，那时中国还没有出现重商主义大发展的背景。重商主义思想缺乏对经济活动本质的了解，只是在当时历史条件下通过对实际经济现象的肤浅的、经验性的表面观察而获得的。所以，其观点不可能真正成为经济学产生的科学理论基础，因为使用它还不能研究资本主义的生产过程，而只能研究流通过程，从而也只涉及经济的表面现象。因此，从研究经济规律的角度看，重商主义所涉及的范围还是相当有限的。马克思说过，真正的资产阶级经济学是在理论研究由流通过程转向生产过程时开始的。这个转变是由古典经济学开始的。事实上，研究生产过程的规律也的确是古典经济学以后的经济学理论主要的研究内容。

重商主义政策与重商主义思想和学说的关系，在一定程度上具有普遍性，各个时代的经济思想和理论与当时的经济政策之间的关系都很相似。习近平新时代中国特色社会主义思想与从实际出发的经济政策之间也有这样的关系。

第一章思政窗

本章思语

1.重商主义经济思想形成的历史环境是什么？

2.重商主义经济思想的要点和特征分别是什么？

3.重商主义两个基本阶段的区别是什么？

4.重商主义经济政策主张的积极意义和局限性是什么？

5.如何认识重商主义在经济思想史上的历史地位？

第二篇

西方近代经济思想的早期发展

［第二章］
古典经济学概述*

一、关于“古典”经济学与“庸俗”经济学的划分

马克思在《政治经济学批判》中曾经划分了古典经济学和庸俗经济学：“古典政治经济学在英国从配第（W. Petty）开始，到李嘉图（D. Ricardo）结束；在法国从布阿尔吉尔贝尔开始，到西斯蒙第结束。”[①]其后就进入资产阶级庸俗经济学的时代。按照马克思的划分，古典学派产生于17世纪中叶，完成于19世纪初；庸俗学派产生于18世纪末19世纪初，到19世纪30年代完全取代了古典学派而占据统治地位。

当然，欧美经济学家不会这样划分。他们一般把从亚当·斯密到约翰·穆勒（John S. Mill）这一时期内的经济学都叫作古典经济学，而把此后的经济学都叫作新古典经济学，到20世纪30年代以后又产生了与古典经济学和新古典经济学不同的凯恩斯主义经济学（当然，在19世纪30年代以后，欧美经济学界也存在其他非主流的经济思想与学说）。

从西方经济思想史的角度看，18世纪到19世纪中叶大致上为古典经济学时期，19世纪70年代后到20世纪30年代大致为新古典经济学时期，以后则为当代经济学（有时也叫现代经济学）时期。不过，欧美经济学家仍然把现代经济学中非凯恩斯主义的主流经济学统称为新古典经济学。

马克思的划分方法反映了当时历史条件下的客观情况，但绝不要把这种划分机械地、僵化地套用到今天。实际上，除了政治因素之外，古典经济学能够将较为客观的、科学的态度放在第一位，至于为资本主义经济制度辩护的态度则是第二位的。在资本主义经济处于发展的上升时期，古典经济学的本质是基本顺应历史和生产力发展潮流的。庸俗经济学则与之相反，它把为资本主义经济制度辩护的态度放在第一位，而把客观的、科学的态度放在从属地位。庸俗经济学的出现背景是无产阶级和资本家阶级的矛盾激化，斗争相对激烈。

具体而言，古典经济学主要存在于资本主义发展早期的英、法两国。在资本主义上升时期，特别是在资本主义生产方式初步确定下来的条件下，它在政治上代表进步的资产阶级同腐朽没落的封建势力做斗争。古典经济学是资产阶级反封建斗争的有力武器。当时，英、法两国分别出现了工业革命和资产阶级革命。形势和时代要求新兴产业资产阶级有自己的经济思想和理论来为现实服务。无产阶级对资产阶级的斗争在当时还处于潜伏状态。

---

① 马克思，恩格斯．马克思恩格斯全集（第13卷）［M］．中共中央马克思恩格斯列宁斯大林著作编译局，译．北京：人民出版社，1962：41.

资产阶级还是革命的、上升的、进步的阶级力量，因而，它和代表它利益的古典经济学，在基本取向上都具有一定的科学性，在一定程度上阐述和研究了资本主义生产关系的内部联系。

此外，资产阶级出现以前的唯物论世界观和新的方法论为古典经济学的产生提供了思想条件。

总之，古典经济学主要是指资产阶级经济思想和理论发展过程中的一个特定阶段的产物，是“科学的资产阶级经济学”①。

庸俗经济学则是资产阶级巩固了政权之后，无产阶级同资产阶级的矛盾和斗争日渐发展条件下的产物。其特点主要是：一些资产阶级经济学家为在政治上回避敏感的阶级利益问题而局限于对经济表面现象的解释，拒绝和否认对内在经济规律和本质的客观研究，因而丧失了科学性。至于他们口头上所宣称的没有政治倾向的“纯粹经济科学”，直到今天也没有出现。事实上，经济学家总是有一定立场的，各阶级的经济学家总要为自己本阶级的利益服务和辩护，关键在于谁能够代表社会上绝大多数人的利益，代表社会发展的趋势和历史进步的方向，谁能更符合客观实际，谁就能更接近正确的内在规律。

在今天的经济学界，已经很少有人再使用“庸俗经济学”这个名称了。但是，在经济思想史上曾经具有非常突出的时代特征的这种经济学的性质，并非完全消失了，它只是以潜在的形式体现在现代的经济学思想及学说中。经济学的科学性和庸俗性这个问题在今天依然值得我们深思。

二、古典经济学的形成与时代背景

古典经济学是在重商主义存在的背景下逐渐发展起来的，是对重商主义妨碍工商业资本发展的某些缺陷的批判与纠正。欧洲中世纪末期的文艺复兴运动、宗教改革运动和思想启蒙运动为古典经济学的产生提供了思想上的准备，而地理大发现、新航线的开辟、工商业发展与自然科学的进步为经济发展和古典经济学的产生提供了新工具、新方法和新思路。

中世纪的罗马天主教对欧洲世俗社会实行最强有力的思想统治。天主教在道德伦理和社会生活中，年复一年地向人们灌输其思想与行为规范，使人们不敢越雷池半步。新兴的工商业资产阶级自然不能免除其在漫长年代里形成的、深受宗教浸淫的思想习惯。发展经济的活动和发财致富的目的与天主教统治下的种种道德习俗、思想禁锢形成了尖锐的矛盾。在这种背景下，最终产生了宗教改革运动，产生了迎合新兴工商业资本家利益和要求的基督新教。

新教坚持对上帝的旨意进行个人的自我解释，“清教徒努力圣化新兴经济过程”，并最终相信“上帝创立了市场和交换”。②新教强调，取悦上帝的最好方式是一定要做好世俗职业，并强调苦行主义和节俭，强调勤奋与努力工作。新教的出现使新兴的工商业资本家的一切获利动机、活动与行为不仅免受宗教的谴责，还把中世纪教会极其鄙薄的自私自利

---

① 马克思，恩格斯．马克思恩格斯全集（第23卷）［M］．中共中央马克思恩格斯列宁斯大林著作编译局，译．北京：人民出版社，1972：17.

② HILL C. Protestantism and the rise of capitalism ［M］//LANDES D S. The rise of capitalism. New York：Macmillan，1966：49.

和营利动机变成了美德。[①]当然，新兴资产阶级最满意和最欣赏的是，在新教之下“利润……逐渐被视为上帝的选择，是他的恩惠的标志和职业成功的证明”[②]。

哪里有压迫，哪里就有反抗；哪里有等级差别，哪里就要平等；哪里有专制和独裁，哪里就要求自由。古典经济学所代表的新兴资产阶级的个人主义诉求，与重商主义背景下国家对经济事务的专断、垄断、特权和压制产生了尖锐的对立。于是，新兴资产阶级倡导制度对个人自由和平等权利的保护，主张自由竞争，认为这才是增进国家与个人财富的可行之道。

总之，重商主义时代处在西欧发生剧烈社会变革的前夜，一切变化都为新兴资产阶级登上历史舞台创造了条件。古典经济学就在这种背景下成长起来。

三、古典经济学的主要贡献

古典经济学的发展使政治经济学成为一门独立的学科，并把重商主义以来的经济理论向前推进了一大步，为以后经济理论的发展奠定了比较坚实的基础。事实上，直到今天，经济学家还在试图“回到”古典经济学家那里去寻找研究新问题的灵感。

（一）古典经济学进步的标志

古典经济学和重商主义经济思想相比，其进步性主要表现在三个方面：

（1）它把经济理论研究的注意力从流通领域转向了生产领域和分配领域，使经济学的研究视野和研究对象的范围大为扩展，使经济学研究更贴近社会经济生活最基本的方面。

（2）它开始研究资本主义经济关系的内在规律，并给出了初步的科学分析。

（3）它在当时资产阶级与社会进步方向基本一致的背景下，以尽可能科学的态度对一些具体问题进行了研究，并得出了有益的结论。

（二）古典经济学的基本哲学观与理论贡献

1.古典经济学的基本哲学观

古典经济学的基本哲学观是“自然秩序”的世界观，并提倡个人主义的伦理及视角。这种哲学观与宗教的“世界神造论”相一致。

在古典经济学家眼里，“自然秩序”即由神（上帝）来安排的而非君主（或封建主）安排的“人为秩序”，是事物自己活动所表现出来的自然而然的样子。经济活动属于“自然秩序”的一部分，是不应该受到政府人为干预的。特别是后来古典经济学加入了功利主义哲学观点，将人们为谋求自己利益的活动也看作合乎“自然秩序”的和理所当然的行为。这种哲学观显然为新兴资产阶级的活动奠定了思想上的合理性基础。

古典经济学在方法论上基本属于机械唯物论。古典经济学并不能在其产生之时便与中世纪长期统治的思想及社会习惯立即彻底决裂。它站在反对重商主义集权政治和专制管理的立场上，将“自然秩序”的观点作为看待经济问题的基本思想原则，客观上研究了当时社会的主要经济问题。尽管它也很好地分析了当时经济生活的一些现象和问题，甚至解释了一些经济规律，但其机械论的分析方法在很多方面还是囿于经济活动的表面现象，未能

① ［1］WEBER M. The protestant ethic and the spirit of capitalism［M］. New York: Scribner, 1958.［2］TAWNEY R H. Relation and rise of capitalism［M］. New York: Mentor Books, 1954.

② FULLERTON K. Calvinism and capitalism: An explanation of the Weber Thesis［M］//GREEN R W. Protestantism and capitalism: The Weber Thesis and its critics. Lexington, MA: Heath, 1959: 18.

更进一步。

2.古典经济学的理论贡献

（1）从个人主义立场出发，古典经济学批评了阻碍经济发展的重商主义政策，研究了自由竞争的市场经济秩序和规律，认为这才是符合“自然秩序”的。古典经济学认为“自由放任”（laissez faire，laissez passer）的政策是最好的经济政策，并在此背景下探讨了发展资本主义市场经济、增加国民财富的富国裕民之道。

（2）古典经济学为经济学理论奠定了“劳动价值论”的基础，提出和建立了早期的劳动价值学说。这为解释社会经济财富的本质提供了依据。

（3）古典经济学研究了社会财富的分配问题，在不同程度上研究了剩余价值的具体形态（利润、利息和地租），并得出了有利于资本家阶级的相应结论。

（4）古典经济学对社会资本的再生产和流通问题进行了初步分析，为后来宏观经济运行分析在一定程度上奠定了正确的基础。

（5）古典经济学对劳动分工、货币、生产劳动与非生产劳动、经济危机、国际贸易等一系列具体问题做了重要的理论探索和阐述。这些也为后来相关理论的研究和发展提供了帮助。

古典经济学由于在许多方面做出了理论贡献，成为以后许多经济学理论研究的先导和基础，也成为马克思主义政治经济学创立和发展的重要思想来源之一。

四、古典经济学的基本经济政策主张

古典经济学在关于社会经济秩序方面的基本思想反映在，它论证了经济自由主义关于市场自发调节作用的优点，从而反对国家对经济生活进行过多干预。古典经济学家的基本经济政策主张是自由竞争、自由放任，反对国家直接干涉私人的经济活动。这些思想和政策主张在当时既是反对封建主义的需要，也是同重商主义做斗争的需要，同时反映了处于上升时期的资产阶级的充分自信力。

古典经济学家往往把自由放任看作“自然秩序”对社会发挥作用的条件之一，认为经济政策上的自由就是符合自然的，而自然秩序是符合客观规律的，也是绝对的和永恒的。所以，资本主义自由竞争的经济秩序似乎恰好是符合客观自然规律的。

不过，我们应该知道，自由放任的经济自由主义并不是绝对正确的和永恒的，它的正确性是同具体的历史和社会条件联系在一起的。不看具体的历史和社会条件，或者割裂二者之间的联系，无条件地主张经济自由主义就是不适当的，甚至是错误的。

五、古典经济学的理论缺陷

古典经济学在经济思想史上最早建立了独立的经济学体系。这个体系主要是一个关于市场经济活动规律的理论体系，也是真正意义上的资产阶级经济学体系。但是，它并不是一个完整的、成熟的体系，其缺陷主要表现在：

（1）由于方法论的局限性、历史条件和阶级立场的限制，经济活动中许多重大的关键性理论问题还没有在古典经济学体系内得到解决，或者没有得到彻底解决。比如，劳动价值理论方面关于劳动的二重性、价值形式、剩余价值、劳动力、价值向生产价格的转化等问题都没有得到正确解决。

（2）古典经济学理论中也存在一些混乱，科学因素、为资本家利益辩护的因素以及满足于表面化叙述的庸俗因素往往并存、混杂在一起。

只有充分考虑到古典经济学所处的历史局限性、阶级局限性和思想方法局限性，我们才可能对古典经济学的这些缺陷有比较正确的理解。

本章思语

1.古典经济学产生和形成的时代条件是什么？

2.古典经济学的思想特征是什么？

3.古典经济学的局限性是什么？

4.古典经济学的经济政策主张有何进步意义？

5.我们应该怎样认识古典经济学在经济思想史上的地位？

[第三章]
英国早期的古典经济学思想

第一节　配第的经济思想

一、生平简介与时代背景

（一）生平简介

威廉·配第（William Petty，1623—1687）于1623年出生于英国一个富裕的有毛纺织手工作坊的家庭。他13岁外出谋生，在英国、法国、荷兰等从事过多种职业。配第曾先后做过商船上的侍仆、水手、拉丁语教师、医生、解剖学老师、音乐老师等。他边做工边学习。1643年，配第到荷兰莱顿大学学医，后到巴黎参加过某医学学会的学术活动，也参加过伦敦的哲学学会活动。在这期间，他结识了许多著名学者。1649年，配第获得了牛津大学医学博士学位，并兼任皇家医学院教授。1652年，配第担任驻爱尔兰英军司令兼总督亨利·克伦威尔（Henry Cromwell）的侍从医生和秘书，后任爱尔兰财政和土地分配总监。在此期间，他为自己取得了5万英亩（1英亩=0.004047平方千米）土地。1658年，配第当选为爱尔兰国会议员。后来他投靠国王查理二世，被封为骑士、土地测量总监，又受赐大量土地。到晚年时，配第已成为拥有27万英亩土地和众多产业的大地主兼资本家。1673年，他还当选为皇家学会会员。

配第在政治上没有固定的立场，惯于进行政治投机和见风使舵，但最终投靠国王，成为新贵族。不过，他在经济学方面博学多才，很有创见。英国资产阶级革命的特点之一是资产阶级与新贵族结盟。但作为新贵族兼资本家的这一立场和角色，并没有影响配第对资产阶级经济学的发展做出重要贡献。

配第的著作主要有《赋税论》（1662）、《献给英明人士》（1664年写成，1691年署名出版）、《爱尔兰的政治解剖》（1672年前后写成，1691年出版）、《政治算术》（1672年写成，1683年匿名出版，1690年署名出版）、《货币略论》（1682年写成，1695年出版）。

事实上配第是最早研究宏观经济问题的经济学家之一，他曾经试图计算国民生产总值、国民收入和支出。所以，他也是统计学（当时叫“政治算术”）的创始人。马克思曾说配第的《政治算术》是“政治经济学作为一门独立科学分离出来的最初形式”。配第的早期著作尚受重商主义的影响，但到《货币略论》一书时，已经完全消除了重商主义色彩。

（二）时代背景

配第的经济思想产生于17世纪中叶的英国。马克思说配第是“现代政治经济学的创始者”“最具天才的最有创见的研究家”。配第也被普遍认为是政治经济学之父和统计学的创始人。

17世纪中叶，英国封建经济关系已趋瓦解，资本主义生产方式兴起，但封建制度仍严重阻碍资本主义的进一步发展，新生的资本主义与封建制度的矛盾不断激化，终于在1640年爆发了英国资产阶级革命。这时，工场手工业迅速发展，已经成为社会上主要的生产形式。原始积累大规模进行，为资本主义大发展创造了条件。重商主义这时已不适应形势的需要，处于逐步解体的过程中。“文艺复兴”运动以来，科学、文化获得了巨大进步，产生了新的自然科学学科和唯物主义哲学。这些都为新经济理论的产生提供了方法论和借鉴的基础。

突出的事例就是弗兰西斯·培根（Francis Bacon，1561—1626）和霍布斯的唯物主义思想推动了经济学家去探寻社会经济生活的内在联系及客观规律，从而创立出古典经济学。古典经济学家从理论上说明了在资本主义制度下，如何使财富增长，如何进行财富的生产和分配。论证资本主义生产的优越性，在当时是古典经济学初创者面临的任务。作为英国古典经济学最初创始人和奠基者的配第，就活动于上述背景之下。

二、方法论与经济思想特点

（一）方法论

配第以“自然运动”的原则指导自己的研究，开始探求政治经济学的一般规律。他力求把同时代培根和霍布斯的唯物主义哲学思想与方法引入经济学的研究中。他主张制定经济政策时要对国家的情况有详细的了解。他提倡以事实、感觉、经验为依据，着重对经济现象的数量进行考察和分析，从而找出经济活动的内在规律根据。由此，他推崇经验的归纳方法和解剖的方法。他主张用数字、重量、尺度来说明问题，分析材料，找出“自然的标准”（规律性）。有人据此称他为统计学的创始人，也是计量经济学的先驱。马克思对他的方法也给予了肯定。配第还以自己的方法批评了一些不合理的政策。

配第对经济问题进行研究的方法论，是把唯物主义的实验方法引入了经济学，并在由具体到抽象的过程中，归纳出一般抽象概念，从而为后来经济学体系的建立奠定了基础。这是他的一项重要贡献。

他的研究也具有形而上学的特点，缺乏由抽象再回到具体的研究过程，即不能够将其研究所找到的规律再拿到具体问题中去验证。

（二）经济思想特点

从整体上看，配第的经济思想尚处于较零散的、追逐问题的研究状态，还没有形成完整的理论体系。他的著作针对具体问题的意见、看法和建议较多，其中不乏一些有价值的见解。这种情况反映了古典经济学初创时的特点。

配第的大部分思想观点还没有摆脱重商主义的影响。这同样反映了从欧洲重商主义向古典经济学过渡与古典经济学初创时期的情况和特点。配第把金银和其他能够满足人们需要的商品都看作财富。但他认为，金银是永久的财富。国家要富强，就要多积累金银。他重视商业，认为商业和生产金银珠宝的行业一样，但和工农业相比，能为国家赚取更多的财富。所以，他主张发展对外贸易，坚持外贸出超的原则。他也拥护殖民制度，主张增加人口，还主张国家合理地干预经济生活。配第的重商主义色彩反映了他处于从重商主义向古典经济学过渡初期的性质和特点。最终在其《货币略论》的著作中，配第已完全摆脱了重商主义的影响。

在大多数经济思想史学家看来，配第大概是最早研究宏观经济问题的资产阶级经济学家。下面，我们着重介绍配第最主要的经济思想。

三、经济思想

（一）自然价格论

从某种程度上说，配第的自然价格论是劳动价值论的一种萌芽。这一思想是配第经济学研究的主要贡献之一。在这方面，他把思想界在此之前出现的有关零散见解加以综合，形成了整体看法，从而奠定了劳动价值论的最初基础。他也因此成为古典劳动价值论的奠基人之一。

配第接受了霍布斯关于“劳动是财富源泉”的观点。但他认为，劳动创造物质财富要受自然条件的限制。故而，他说：“土地为财富之母，而劳动则为财富之父和能动的要素。”[①]由此，他从劳动引出财富，并进一步引向价值论，认为商品交换的基础就是劳动。

1.区分了自然价格、政治价格与真正的市场价格

配第说的“自然价格”基本相当于价值，它是市场价格背后的基础。“政治价格”则指受社会和市场供求影响而波动的在市场上直接实现的交换价值。这实际就是市场价格，不过不用货币表示而已。他又把用货币表现的“政治价格”叫作“真正的市场价格”。

配第的研究重点是“自然价格”。他的目的是找到价格的自然标准，从而找出决定价格的基础。这在当时是一个很了不起的贡献。

配第认为：假如一个人在能够生产1蒲式耳谷物的时间内，将1盎司白银从秘鲁的银矿运到伦敦，那么后者便是前者的自然价格。如果发现了新的更丰富的银矿，因而获得2盎司白银和以前获得1盎司白银同样容易，那么，在其他条件相同的情况下，现在1蒲式耳谷物10先令的价格和以前1蒲式耳谷物5先令的价格一样便宜。[②]在这里，配第实际上提出了劳动价值论的初步思想，指出生产商品时所耗费的劳动决定商品的自然价格，强调生产两种商品的劳动时间相等价格就相等的思想。配第把劳动时间的耗费作为商品价格比较的基础，并涉及了交换的规律性问题。

2.了解商品价值和劳动生产率之间的关系

这从上面所引的配第的一段话中可以看出来。在西方经济思想史上，配第最先认识到

---

① 配第. 赋税论 献给英明人士 货币略论［M］. 陈冬野，译. 北京：商务印书馆，1963：71.
② 配第. 赋税论 献给英明人士 货币略论［M］. 陈冬野，译. 北京：商务印书馆，1963：52.

了劳动生产率与商品价值成反比例关系，并且认为劳动分工能够促进劳动生产率的提高。这为后来亚当·斯密的相关研究奠定了基础。配第认为，货币的价值也是由劳动量决定的。这种观点远比重商主义的财富观和价值观正确。

3.感觉到创造价值的劳动与创造使用价值的劳动之间有区别

配第认为只有生产金银的劳动才真正创造价值，生产其他商品的劳动只是在与生产金银的劳动相交换时，才表现出价值。这样，他就把生产金银的劳动从其他具体劳动中分离出来了。他显然感觉到创造价值的劳动与创造使用价值的劳动是有区别的，但他又说不清楚这种区别。这表明，他还远未达到对抽象劳动和具体劳动加以科学划分的程度。

4.配第的自然价格论存在缺点和错误

配第的自然价格论是历史上首次对劳动价值论进行的比较科学的阐述，这是他的重大贡献。但是，他的观点存在缺点和错误：

（1）没有科学的价值概念。配第没有科学的价值概念，把价值、交换价值和价格混在一起。他的自然价格概念仅指出交换价值，即用金银表现的谷物的价格；他把采掘和运输金银的具体劳动当作生产交换价值的一般劳动，而没讲清生产金银的劳动的社会性质。由于当时的社会是将金银作为货币的，因此，他认为其他商品的价值的产生只是依赖与金银的交换。这种观点实际上混淆了交换价值和价格。这表明他受到重商主义的影响，过分看重货币和金银的重要性，而没有完全摆脱从流通领域去研究价值的局限性。

（2）没有坚持劳动价值论。配第没有把劳动价值论的观点始终坚持下去。他仅仅不自觉地意识到创造价值的劳动和创造使用价值的劳动的不一致，但并不理解创造和生产商品的劳动二重性，有时甚至混淆二者。

（3）没有区分价值和使用价值。由于配第并没有区分价值和使用价值，因而，当他发现表现价值的劳动与表现使用价值的劳动之间有矛盾时，就试图从土地和劳动二者之中寻找出一种等价和等式关系，以便单独用土地或单独用劳动来表示任何一种物品的价值，从而最后寻找到一种稳定不变的外在价值尺度。

配第认为：所有物品都是由两种自然单位——土地和劳动——来评定价值，换句话说，我们应该说一艘船或一件上衣值若干面积的土地和若干数量的劳动。理由是船和上衣都是土地和投在土地上的人类劳动所创造的。[①]配第试图在土地与劳动之间找出一种自然的等价关系，以便单独用土地或劳动来表现和衡量价值。由此出发，他在研究如何计算和衡量商品的价值时，提出以一个人每天的口粮作为衡量价值的标准单位，说明土地与劳动之间的等价互换关系，从而把土地与劳动两种标准统一起来。

配第举了这样的例子：一头小牛在两英亩土地上放牧和一个人在同样数量的土地上劳动。小牛的成长代表自然力的作用，劳动者劳动一年的收获物的价值超过小牛放牧一年所增加的牛肉的价值的部分，就代表劳动的价值。这时，他认为，可用一个成年男子每日平均的口粮工资作为计算价值的标准。他说："一个成年人平均一天的食物，而不是一天的劳动，乃是衡量价值的共同尺度。它似乎是和纯银价值一样稳定而不变的。"[②]这里的看法与他劳动价值论的观点并不矛盾，因为他在这里只是寻找到一种外在的价值尺度，一种象征着货币的尺度。

---

① 配第. 赋税论 献给英明人士 货币略论［M］. 陈冬野，译. 北京：商务印书馆，1963：52.

② 配第. 爱尔兰的政治解剖［M］. 周锦如，译. 北京：商务印书馆，1963：58.

（二）货币思想

1.触及了货币的本质

配第认为充当货币的贵金属同其他商品一样，都具有价值。这种价值也同其他商品的价值一样，取决于在生产中所消耗的劳动时间。他还认为，贵金属之所以能充当货币，并不是因为它有什么神秘的性质，而只是因为鉴于其自然属性，其是最适合充当货币的。

2.研究了货币的职能

第一，配第注意到了货币的价值尺度职能，说“货币被认为是衡量所有商品价值的一致的尺度”“凡是货币都是一切商品的同一的、不变的、一致的、正当的尺度”[①]。他还提到价值尺度的二重化（非单一化）同货币价值尺度职能之间的矛盾。

第二，他懂得货币的流通手段职能。他认为，一国流通中的货币量应当同商品总额保持一定的比例关系。他认为，交换所需要的铜币量的比例，取决于购买者的人数、购买的次数，但首先取决于交换的次数和支付额的大小。这表明，他已在一定程度上觉察到了流通中的货币量同单位货币流通次数、贸易额之间存在内在的联系。

第三，他指出，人为地减少单位金属货币的重量或增加单位金属货币的名义价值，都不会增加财富，也不能增加货币的实际价值。

第四，他在提到货币的贮藏手段职能时认为，流通中的多余的货币可以退出流通领域贮藏起来。

第五，对于作为支付手段的货币的流通量同支付期限的关系问题，配第也提出了很有价值的见解。他认为，货币的支付期限越短，所需要的支付手段越少；支付期限越长，所需要的支付手段越多。

3.抛弃了重商主义将货币视为唯一财富的观点

配第认为，货币不过像国家躯体上的脂肪一样，过多会妨碍躯体的灵活性，过少则会使之生病。

（三）分配论思想

配第的分配理论主要涉及工资、地租、利息三部分，但没有专门论述利润。他论述地租时，实质上是在论述剩余产品的价值。所以，在一定意义上，我们可以把配第的地租理论和思想看作剩余价值学说。

配第是在劳动价值论基础上论述分配问题的。他把工资作为前提，把地租作为中心，并从地租推导出利息（作为地租的派生形式）加以论述。

1.工资观点

配第认为，工资是劳动的价格。我们可从两方面看出其中有科学价值的观点：

（1）配第持有“生存工资”的观点，认为工人的工资应该仅仅等于维持工人生活最必需的生活资料的价值。配第所处那个时代的国家政策规定了工资的最高限额，如果资本家多给，或工人多得，双方都要受到处罚。在这种情况下，配第试图找出工资的自然标准，为政府制定工资政策提供理论依据。他认为，这个自然标准就是维持工人生活所必需的平均最低限的生活资料（为保持生存、劳动、传宗接代的最低限度的生活必需品）的价值，

---

① 配第．爱尔兰的政治解剖［M］．周锦如，译．北京：商务印书馆，1963：59，61.

多于或少于该标准都不行。

配第不懂得劳动与劳动力的区别，但他的工资观点实际上表述的是劳动力的价值。这是配第在工资理论上的一个重要贡献。

（2）配第的工资观点不自觉地暴露了工人劳动包含必要劳动和剩余劳动两部分。他认为，工资不能高于自然标准；否则，工人就会减少劳动，从而减少社会产品。配第的这种观点在客观上无意中暴露了资本家对工人在经济上的强制剥削关系。由于当时劳资关系的矛盾尚未尖锐，因此，配第能揭示出一些有关问题，还有一定的客观进步性。但配第毕竟是站在新兴工业资产阶级的立场，为资本家的利益着想的，而不是为工人的利益考虑的。

2.地租观点

地租理论是配第的分配论的中心问题。他实际上把地租当成了他并不真正理解的剩余价值的真正形式。

（1）地租的性质。

配第论述地租的方法与对劳动价值论的论述相类似，都是以具体事例来说明，但没有进行理论性论述。

他认为，总收获物等于种子、工资和地租三者之和，其中，种子代表生产资料；工资代表生活资料；地租实际上就是全部剩余产品（价值）。

配第说：假定一个人能够用自己的双手在一块土地上面栽培谷物，即假定他能够从事耕种这块土地所需要的种种工作，如挖掘、犁、耙、除草、收割、将谷物搬运回来、打脱筛净等，并假定他有播种这块土地所需的种子。这个人从他的收获之中扣除了自己的种子，并扣除了自己食用及为换取衣服和其他必需品而给予别人的部分之后，剩余的谷物就是这块土地这一年的自然的真正的地租。像这样7年的平均数，或者说，形成歉收和丰收循环周期的若干年的平均数，就是用谷物表示的这块土地的一般地租。①

由于总收获的实物形态无法在贸易中直接扣除，只能以价值计算，所以，配第的地租不仅是全部剩余生产物，也必须是全部剩余价值。这种谷物地租值多少货币，可以看另一个在同一时间内专门从事货币制造的人，除去自己的费用之外还能剩下多少货币。

配第这一思想的正确性在于：他是从劳动中引出地租的，而不是从土地中引出地租的。事实上，他把地租看作由劳动创造出来但超过工资部分的剩余价值。

配第在《政治算术》中把总收获物的价值分解成了工资和地租两部分（但忽略了生产资料）。他认为，工资上涨，地租就要相应下降；工资下降，地租就会相应上涨。工资与地租是互相对立的关系，是反比例关系。

这里，配第不仅说明了工资和地租反比例的对立关系，实际上也说明了在资本主义条件下，工人与地主（还有资本家）之间的阶级对立的关系。这也是其主张具有客观性和科学性的一种表现。

（2）级差地租。

配第在西方经济思想史上是最先提出级差地租概念的人。他在土地肥力相同但距离市场的位置有差别这种条件下引出地租差别问题，认为靠近市场的土地比远离市场的土地在肥力相同的情况下，可以产生更多的地租。

① 配第．赋税论　献给英明人士　货币略论［M］．陈冬野，译．北京：商务印书馆，1963：43．

实际上，配第并没有分析级差地租产生的真正原因，而只是分析了级差地租形成的条件；但他的分析比后来的古典经济学家亚当·斯密的分析要好些。

3.利息观点

在配第那里，利息也是从地租中引出的。

（1）配第把地租称为土地的租金，把利息称为货币的租金。他是以地租的合理性来论述利息的合理性的。这实际上是把地租看作剩余价值的一般形式。配第认为，如果没有利息存在，人们就会用货币去购买土地收取地租，而不会出借。他还认为，借出货币的人在借出货币期间会因为不能再使用这笔货币而遭受损失。利息就是对这种损失或由此造成的不方便的一种补偿或报酬。

（2）关于利率的确定。

首先，配第认为，利率的自然标准起码应该相当于地租，但应稍高一些，因为存在风险（要加保险费）。这就是说，他认为利息至少要相当于同一笔货币购买一块土地所得的地租收入；在有风险时，还要加上保险费。

其次，他认为，利率与货币的市场供求量有关系，二者成反比。货币供应量增大，利率就会降低。

最后，他反对国家规定低利率，主张利率由其自然标准决定。这个标准受地租的制约。

4.土地价值观点

配第在这方面有其独特见解。他把地价与地租相联系，认为地价等于21年的地租额(代表了英国祖孙三代人同时生存的年数)。他认为，购买土地就是为了购买收租权。这实际上指出了土地价格是资本化的地租，是一定年数的地租总额。

配第在地租和利息方面的看法既有一定的合理性，又有局限性。

第一，由于配第把地租看作剩余价值的一般形式，所以，由地租引申出利息，并把利息作为剩余价值的派生形式是合乎逻辑的。但其解释没有涉及地租和利息的本质关系。

第二，配第已经初步接触了借贷资本的运动规律，但没有区分货币和借贷资本。

第三，配第探讨利息的自然标准，反映了在国家规定利率条的件下，从地租中引出利息来说明利息的合理性和合法性；反映了资本主义发展的需要，其主张代表了新兴资产阶级的利益。

第四，配第的利息是对出借金钱的人遭受损失所给予的报酬的说法，为后来的某些利息观点开创了先声。

第五，配第关于土地价值的观点是正确的，也是独到的和较为深刻的。马克思就是将地租除以年利率得出土地价格的。配第的错误只在于确定了这21年的数额。

5.分配论思想的缺点

（1）配第把地租与全部剩余价值等同起来了。他还没有把资本主义真实的生产关系和剥削关系说清楚；也没有区分地租和利润，没有得出利润的概念。这当然也与当时贵族转化为地主兼资本家的具体历史条件有一定的关系。

（2）他只从量上把总收获物分解成了三部分，并没有说明为何会有地租以及地租是怎么来的。他也没有对地租所代表的资本主义生产关系做进一步探讨。他有时甚至把独立生产者生产的产品的剩余部分也叫作地租。

（3）他有时从土地与劳动共同创造价值的观点出发，说工资是劳动的收入，地租是自然的恩赐。这种看法当然与劳动价值论是互相矛盾的。不过，这种看法在配第那里不占主导地位。

（四）国家经济职能和财政观点

配第是古典经济学派关于国家经济职能和财政观点的奠基人。他的有关思想对后来英国的古典经济学具有重大影响。《赋税论》是其在这方面的代表作。

1.国家经济职能方面的观点

配第在重商主义影响下，强调国家经济政策的重要性。他把经济政策、自然条件和产业放在一起，看作一国经济实力的决定因素。但他又强调“自然的运动和自然的规律”，认为国家的经济政策必须顺其自然，而不能违反它。由此，他把干预经济的法律分为两类：遵循自然规律的法律和违反自然规律的法律。他赞成前者，反对后者。

2.财政方面的观点

配第在财政方面提出了富有独创性的见解。他认为，财政问题必须从整个国家的范围来考察，必须以对国情的充分认识为依据。只有对国家这个“政治动物”进行“解剖”，对其各组成部分进行全面的了解，才能制定出正确的财政政策。他说：“总的说来，要知道一种赋税有益还是有害，必须彻底了解人民的状况和就业情况。”[①]配第还针对当时人们对各种形式税收和变相税收的怨言和不满，提出了对财政收入和支出两方面进行改革的要求。

（1）财政收入方面的观点。

配第在财政收入方面比较详细地研究了当时的税种、课税对象、纳税人等构成税收制度的若干要素，以及一些变相的税收。他认为，应当向“除了吃喝、歌唱、游玩、跳舞以外一无事事的人”“沉湎于空谈理论或其他无谓的空论的人”以及那些“不生产任何一种物质财富或对国家社会具有实际效用和价值的物品的人”征税，而不应向那些能通过贸易和其他途径给社会增加财富的“勤劳而富于创造性的人们”征税。这样才会有利于社会财富的增加。配第认为，最终的课税对象应是劳动和土地。他还反对把税收交给“一个不良的管理人”。

配第认为，在财富总量不变的情况下，税收不会影响财富的总量，而只影响财富分配的比例；在财富总量变动的情况下，正确的税收政策可以促进财富的增长，错误的税收政策则会减少财富的增长。

配第提出，征税的一般原则是：

第一，公平原则，是指征税对任何人都没有偏颇，完全符合自然之理。纳税人的收入水平不同，纳税程度也应该不同。

第二，便利原则，是指征税手续和程序要使纳税人感到容易、迅速、手续简便。

第三，节约原则，是指为征税所花费的人力和经费要做到最少。

这些税收原则后来为亚当·斯密所继承和发展，成为欧美国家和地区长期奉行的税收原则。

配第不赞成变相征税。他指出，国家通过改变货币含量从而增加或改变货币价值以增

① 配第．政治算术［M］．马妍，译．北京：商务印书馆，1963：37.

加货币数量的措施，就是一种税收；在货币贬值时，政府禁止相应提高工资的做法，也是一种税收。

（2）财政支出方面的观点。

在财政支出方面，配第主张，按照国家职能把财政支出划分为国防经费、社会救济经费和公共事业经费等6项。他主张在教育经费支出中主要削减神学、法学方面的大学经费。

总之，配第的国家财政观点在当时具有革命性和进步性，是促进新兴资本主义经济发展的。他的财政观点为后来古典经济学派的财政理论奠定了基础和框架结构。

综上所述，可以看出，作为英国古典经济学理论的先驱，配第是当之无愧的。

第二节　洛克的经济思想

约翰·洛克（John Locke，1632—1704）是17世纪英国著名的哲学家、政治思想家，在一定意义上说，他也是经济学家。洛克是资本主义产生时期的自由主义思想的奠基者，其哲学思想为此后英国经济学的发展奠定了基础。他还是资产阶级社会法权观念的经典表述者。在经济思想方面，他继承和发展了配第的一些观点。

一、生平简介与时代背景

（一）生平简介

洛克出生于英格兰的一个小地主家庭，自幼受良好教育，后就读于牛津大学。在大学获得硕士学位后，他曾任基督教会道德哲学学监一年，主要讲授自然法。他和化学家罗伯特·波义耳（Robert Boyle，1627—1691）结识后，逐渐成为实验科学方法的热情支持者。这为其《人类理解论》这本名著的完成打下了基础。洛克曾经学医，并为英国当时的贵族艾希利勋爵（即后来的沙夫茨伯利伯爵，1621—1683）诊病。[①]后来，艾希利勋爵成为辉格党领袖，担任财政大臣，洛克曾两次任其私人医生兼秘书。由那时起，他开始关注英国贸易和货币问题。洛克曾经为艾希利勋爵准备过经济论文。

洛克的主要哲学著作是主张唯物主义的经验认识论的《人类理解论》（1689）、《论政府的两篇论文》（1680，1690）。《论降低利息和提高货币价值的后果》（1691）是他的主要经济著作。后来，洛克在此基础上又出版了《再论提高货币价值》（1695）。

洛克的经济著作的鲜明特点是：

第一，它们都与其自然法哲学和自由主义政治主张一脉相承，并将其具体化。

第二，它们都是针对当时英国的紧迫经济政策问题提出的，有明显的政策性、论战性，尤其涉及了降低法定利率问题和铸币价值的问题。

第三，洛克的这些观点都与配第的观点具有明显的承接关系。

（二）时代背景

洛克所生活的时代恰逢17世纪英国资产阶级革命。洛克拥护君主立宪制，提出了自

---

① 晏智杰．亚当·斯密以前的经济学［M］．北京：北京大学出版社，1996：131．

然法理论、社会契约论和分权学说。他主张的自然法包含生命权、自由权、平等权和财政权，并认为这些权利都是人生来就有的，是不应该受到侵犯的自然权利。国家或政府是为克服自然法的缺陷、保障自然权利而产生的，是“社会契约”的结果。他提出国家立法、行政和对外的三权分立框架。立法权由国会决定和掌握，行政和对外权由君主掌握，但其必须服从国会。洛克提出的自然法和社会契约论都表达了资产阶级经济学的基本前提与核心要求：财产私有权神圣不可侵犯。

二、经济思想

（一）利息、利率与自然利率观点

在洛克生活的时期，英国经济学家和一些思想家最关心的是利息问题。这与当时社会上反对高利贷的斗争息息相关。相应地，与利息相联系的利润问题也得到了经济学者的相应探讨。

洛克从自然权利学说方面考察了利息。他认为，利息是对别人剩余劳动的占有。这种观点把对利息性质的看法又向前推进了一步。洛克认为，人身所有权是与生俱来、不可剥夺的，是“天赋人权”。同理，劳动者的劳动与占有自己劳动产品的权利也是自然赋予的。所以，劳动权利不容侵犯，劳动成果应归劳动者所有，这都符合“自然权利”。所有权的自然界限会由于商品交换和货币流通而扩大，所有权的不均等现象也会随之增多。这样，就在土地和货币分配不均等的基础上产生了地租和利息。货币的利息是使用别人货币的人不得不将自己的劳动成果交给借出人的那部分。洛克认为，利率的高低是由货币供求量的状况决定的。

洛克认为，利息纯粹是一种货币现象和行为，是对“借款所付的代价”，是由供求双方共同决定的。贷款人获取利息与出租土地者收取地租是同样合理的。

洛克的“自然利率”概念是指在贸易状况自然决定借贷资金分配情况下的利率。自然利率会因货币太少而提高。如果法定利率和自然利率相接近，就会有利于借款者和国家的贸易。洛克认为，通过法律强行降低利率是徒劳的，“自然利率”会使之回到“自然的”水平。事实上，利率太高，会有损商人利益；利率太低，则会有损放款者利益。

（二）货币与贸易观点

在这方面，洛克基本上追随了配第的思想。但他认为，货币是“推动着许多贸易的齿轮”。他把货币的作用区分为“计算作用”“保证作用”。就计算作用而言，货币可作为“筹码”，因为它有印记和面值；就保证作用而言，货币可作为“保证物”，因为它有“内在价值”（货币数量）。这里，洛克认为金银没有价值，其“内在价值”只是想象的。这种看法是与重商主义观点相对立的一种粗略的形式。

洛克有时把金属货币理解为铸币，把铸币又理解为单纯的价值符号。这时，他认为，商品价格要求和决定了流通中的货币数量。这种观点是货币数量论的早期形式。不过，洛克有时也认为，除货币数量外，商品流通量会影响商品的价格变化。由于他否认商品和货币进入流通之前的价格变化，不认为商品和货币进入流通前有价值，所以产生了货币数量论和供求论的错误。但他通过收入的例子说明流通所需货币量时，已经逐渐意识到，流通中所需的货币量应当等于流通中商品价格总额同货币流通速度之比；但他没有给出正确的表述。此外，洛克看到了价值尺度的二重化同货币作为价值尺度的职能之间的矛盾。

洛克认为，贸易是英国致富最可靠、最主要的途径。低利率会阻碍放款，从而影响贸易，因为货币是推动贸易的筹码和保证。

（三）商品价值与货币价值观点

洛克认为，商品价值取决于供求比率，而利率变动只有在影响这个比例时才会影响价值，但不能决定价值。他认为，货币的价值即它所能交换到的其他商品量。货币可以影响人们的收入分配状况。

1695年，英国的威廉·朗兹（William Lowndes，1652—1724）曾在一份报告中提出，应该让不足值的货币合法化，即降低铸币的含金量，以之来偿付国债。洛克对此加以反对。他认为，有人对增加币值的作用有误解，误以为它的后果与制造劣币一样，其实两者很不相同。16世纪上半叶，英国的大商人、金融家托马斯·格雷欣（Thomas Gresham，1519—1579）曾经指出，流通劣币必然会产生驱逐良币的现象。该说法后来被人们称为格雷欣定律。洛克赞同格雷欣定律，认为劣币会驱逐良币，但他认为增加币值不会产生这种问题。

此外，洛克在一定程度上也有赞成货币数量论的倾向。

第三节　巴尔本的经济思想

一、生平简介

尼古拉斯·巴尔本（Nicholas Barbon，约1640—1698）出生于伦敦，父亲为传教士和皮革商。他获得医学博士学位后，开设了火灾保险公司，经营土地银行，曾经两度进入英国内阁。

巴尔本的主要经济学著作为《贸易论》(1690)。

二、经济思想

17世纪90年代，英国发生了关于利率和铸币问题的激烈争论。争论的核心问题是：①应不应该以法律来强制降低或调整利率；②应该按怎样的标准重铸货币。结果是，利率被做了折中的调整，货币重铸照旧不变。这些争论体现了从重商主义向古典经济学思想的过渡，推动了经济理论的发展。巴尔本既有重商主义观点，也具有古典经济学的早期思想。他在关于货币和利息问题的争论中，反对洛克的观点，但在经济和贸易的一般理论和实际问题上，则发表了反对重商主义和支持自由贸易的观点。

（一）关于贸易和财富的观点

巴尔本关于贸易和财富的观点与重商主义观点相反。他认为：

（1）本国的主要商品是该国的财富，是源源不断、取之不竭的；

（2）本国的主要商品是该国对外贸易的基础；

（3）外国的主要商品是不稳定的财富。

（二）关于效用和价值的观点

巴尔本是观点明确的和典型的早期效用价值论者。他认为“一切商品的价值来自商品的用途，没有用的东西是没有价值的”“商品的用途在于满足人们的需要”。另外，巴尔本倾向于以商品的供求来说明价值量或价格量。他认为，需求一定时，产量丰富使商品价格变得便宜，产量稀少使商品价格变得昂贵。这种观点在一定程度上已包含了效用递减规律的萌芽。

巴尔本认为，计算物品价值的方法有两种：

（1）商人是计入最初成本、费用和利息的。

（2）工匠是计入材料成本、加工时间的。加工时间的价值则依工艺价值和工匠技能而定。

这种看法已经包含区分不同的劳动熟练程度和长短不一的劳动时间的思想。巴尔本相信市场是价值的最好裁判。

（三）关于货币、信用和利息的观点

对于货币、信用和利息的问题，巴尔本强调货币的价值是由法律规定的，它并不绝对需要由金银制造。金银只是由于其一系列优点才被普遍认可作为合适的货币材料。“货币有确定的价值，因为它是法定的，而金银的价值则是不确定的……只有稀少性才能保持价值……没有任何东西本身具有确定的价值……时间和地点使一切物品的价值产生差别。”这段话表明巴尔本有走向价值名目论的倾向。

巴尔本肯定信用的作用，并力主扩大之。

他的利息观则继承了配第以来的既定见解。

（四）关于贸易的利益及原因的观点

对于贸易的利益及原因，巴尔本认为，贸易可以带来富裕、和平，有助于维持政府，扩大帝国。贸易扩大的原因在于，有一个好的政府、和平的环境、较好的地理位置和其他有利条件，特别是穷人的勤劳和富人的慷慨。英国贸易衰落和地租下降的主要原因是禁令多、利率高。巴尔本主张实行自由贸易。

总之，巴尔本既信奉重商主义，也赞同早期古典经济学的观点；但是总体上可将其归入早期古典经济学思想家之列。

第四节　诺思的经济思想

一、生平简介

达德利·诺思（Dudley North，1641—1691）是英国贵族，早年经商，后有所成，曾先后在查理二世时代任政府的关税顾问和财政部顾问。达德利·诺思于1682年被封为爵士，1685年进入英国议会。

达德利·诺思重要的著作是《贸易论》（1691）。

二、方法论与基本经济思想

达德利·诺思也许是经济学家中最早的和最明确的个人主义伦理观的代表人物。他认为所有的人都主要受自利动机所驱使，要达到公众福利最大化，就要允许个人不受干扰地在自由市场中竞争。他反对对生产和贸易进行管制，因为某些商人或资本家通常认为自身的直接利益与普遍的善恶衡量尺度等同。此外，许多人为了在交易中获得一点利益，根本不在乎他人损失多少；每个人都力求为了自己的利润使所有其他人在交易中逆来顺受，但总是以公众利益作为借口。[①]所以，达德利·诺思认为，彻底废除那些授予特权的限制性法律最有益于公众。

在经济学研究中，达德利·诺思主张从事实出发，进行严密的判断、推理和论证的抽象演绎方法。达德利·诺思运用的演绎方法是对勒内·笛卡尔（René Descartes，1596—1650）方法论的一种应用。笛卡尔在1637年出版的《方法论》中曾经提出如下准则：

（1）根据已经证明的事实确立看法前，对一切公认的观念必须持怀疑态度；

（2）对研究对象进行客观的、详尽的分析，并尽可能将其缩减为最简单的材料；

（3）思路应有条理；

（4）注意概括推理的各个环节，保证无遗漏。

达德利·诺思的研究方法与这些原则颇有相似之处。

他对经济学基本原理的认识包括如下主要观点：

（1）就贸易而言，可以将世界看作一个国家或民族；

（2）所有的贸易都是相互联系在一起、互相影响的；

（3）商业的兴旺是好事，商业兴旺了，公众也会富裕；

（4）国家对贸易进行强制，对公众并没有好处；

（5）任何法律都不能规定贸易的价格；

（6）货币是一种商品，货币过多或过少对贸易活动都不方便；

（7）一国的人民不会缺少日常交易所需的货币，也不想拥有过多的货币（超过足够数量）；

（8）拥有货币数量多并不表明富有，因为为此也花费了同等的代价；

（9）自然铸币是经常性活动，而金匠和铸币匠实际上是由公众养活的；

（10）降低铸币成色，是互相欺骗的行为；

（11）低成色货币和不足量的货币是一回事；

（12）汇兑和现金支付也是一回事，只是减少了支付手续；

（13）货币出口，在贸易中会增加一国财富，花钱在战争上，并在国外支付，会使国家陷入极度贫困。

总之，贸易不是片面性的，一定会影响许多方面。

三、对降低利息的看法

在配第和洛克之后，达德利·诺思也把利息作为货币的租金，从而从土地租金中引申

① 亨特．经济思想史——一种批判性的视角［M］．颜鹏飞，总校译．上海：上海财经大学出版社，2007：24.

出来，但他反对压低利率。

达德利·诺思比洛克前进了一步，在经济思想史上第一次指出了利息的高低取决于借贷资本的供求量。他第一次提出了“资本”的概念，把利息看成资本的租金。他区分了作为贮藏手段的货币和作为资本的货币。他主张利率应由借贷双方自由协商决定，国家不应干预。这就是说，达德利·诺思主张应该由借贷关系自动决定与调节利息，反对以法律强制降低利息。他认为，贸易的发展会增加国民资本，从而使利率降低，但人为地降低利率“只会助长奢侈，而不会促进贸易”[①]。马克思认为“诺思看来是第一个正确理解利息的人”[②]。达德利·诺思认为，事实上是繁荣的贸易增加了国民资本，使利率下降。利息只是资本的租金。只有借贷资本的供求情况才能说明利率的高低。

四、货币思想

达德利·诺思对于货币的本质也做出了可贵的探索。他指出，“货币是一种商品”，它具有“内在的价值”。他对货币一开始由别的商品承担，到最后转到贵金属身上的原因，做了比配第更为深刻的说明。他不仅提到了充当货币形态的各种商品的更换，而且指出金银本身的物质优点使之最终成为“世界上人们交易的通用尺度”。达德利·诺思还比配第更高明地认识到货币具有的世界货币的职能。

此外，达德利·诺思考察了货币作为贮藏手段的职能。他指出，贮藏手段可以调节流通中的货币量，像蓄水池一样自动调节，发挥蓄水和排水的作用。但是，货币贮藏和货币增值之间是互相对立的。

他认为，铸币只是衡量商品价值的尺度，有它们会使交易更为便利。它们也是适合存放多余资本的特殊基金。

五、自由贸易思想

达德利·诺思认为，贸易是多余物品之间的交换，首先起源于人类劳动，随着资本增加而不断扩大。致富之途在于自由贸易（包含国内贸易）。财富只有在不断地换手和交易过程中才会更快增长。自由贸易是使民族富裕、货币和资本充裕的要素。

马克思把达德利·诺思的《贸易论》称为“关于自由贸易理论之古典的始终一贯的论述”。达德利·诺思反对国家干预贸易，还提出了关于国际分工的思想。他认为，一个家庭不能生产自己所需要的一切物品，而必须同别的家庭进行自由买卖。一个国家也是如此，它只能生产某些产品，因此必须进行自由的国际贸易。达德利·诺思的理论为亚当·斯密和李嘉图提出的国际分工理论提供了最初的基础。

六、其他经济观点

除上述观点之外，达德利·诺思还认为：

（1）东西多了，价格就会便宜。

（2）货币数量和运动都会自行调节到适当的程度，不需要政治家从中帮忙。

---

① 诺思．贸易论［M］．吴恒康，译．北京：商务印书馆，1976：21.

② 马克思，恩格斯．马克思恩格斯全集（第26卷第1册）［M］．中共中央马克思恩格斯列宁斯大林著作编译局，译．北京：人民出版社，1972：395.

（3）和平、勤劳、自由可以促进贸易和财富的增长；此外，别无他途。而限制贸易的政策是不能使国家致富的。

第五节　曼德维尔的经济思想

伯纳德·曼德维尔（Bernard Mandeville，1670—1733），荷兰人，哲学家。他的哲学著作和寓言诗中的哲学和道德伦理思想以及劳动分工和自由的经济观点，对18世纪英国经济思想的发展方向产生了较明显的影响，其著作成为探讨18世纪英国经济思想发展轨迹的必读之作。

一、生平简介

曼德维尔生于荷兰鹿特丹，1691年毕业于莱顿大学医学专业，后到英国进修英语并定居。他在行医之余，经常发表一些哲学及文学作品。1705年，他发表了一首小诗《怨声载道的蜂房，或骗子变成君子》，其特殊的立论观点并未引起注意。1714年，他又加入了“关于道德美行起源探究”和一些注释后，以《蜜蜂的寓言，或个人劣行即公共利益》的新书名出版，但仍未引起注意。1723年，他又增补注释，并加入《论慈善与慈善学校》《关于社会的本质》两篇文章，并以同名发表，这次引起了社会上相当大的轰动。1729年，他又出版了该书第二卷。曼德维尔的《蜜蜂的寓言，或个人劣行即公共利益》《关于宗教、教会和天然的福利的畅想》都成为欧洲风行一时的著作。

二、经济思想与哲学观点

（一）经济思想

曼德维尔主张经济自由和实行劳动分工，减少政府干预。他把劳动分工看作增进财富的最有效的办法，而且会促进劳动本身的增进。他还谈到了国际分工，主张各国利用自己的优势条件，生产必需品，再进行交换。事实上，曼德维尔是近代经济学史上最早论述分工及其效果的人之一。同时，他是最早提出类似于自由放任主张的人之一。他认为，没有政府干预时，贸易中的数量比例是自动形成并自动保持下去的。他的这些思想及时地反映了英国新兴资产者摆脱旧传统、自由发展工商业的愿望，这也是时代的要求。

（二）哲学观点

曼德维尔在《蜜蜂的寓言，或个人劣行即公共利益》一书中论证了奢侈并非坏事的观点，同当时社会流行的崇尚节俭的道德观完全对立。他明确而大胆地提倡追求个人私利，认为自私、贪婪和自利行为对勤奋和繁荣经济有所裨益。

曼德维尔的哲学观念是：人的本性是自私的，他们能联合起来，完全是由于个人的需求和对这种需求的意识。只有让别人从为自己提供的服务中得到利益和好处，才能使别人对自己的服务和帮助更加自觉自愿和持续下去。他认为，正是个人劣行才成为各种贸易和职业的牢固基础，生命和支持者才是各种技艺和科学的真正起源。一旦这些劣行停止，社会就会遭殃。

曼德维尔的著作主要是想说明，原来被中世纪道德规范视为罪恶的动机，恰恰是推动新兴资本主义制度发展的原动力。按照资本主义时期的新教伦理道德和经济哲学观念，这些动机便不再是罪恶。曼德维尔的分工学说、自由放任的主张，完全为亚当·斯密所接受，其奢侈学说则为凯恩斯所接受，其关于私利的哲学思想后来成为市场经济和资本主义发展的基本信条。

第六节　马西的经济思想

一、生平简介

约瑟夫·马西（Joseph Massie，？—1784）是英国18世纪的经济学家。他对利息问题进行过比较深入的研究。在经济思想史上，马西首次正确地阐明了决定“自然利率”的原因，从而纠正了从配第和洛克以来英国经济文献中流行的不正确看法。这为同时代人和后来的人深入研究利息问题开辟了道路。

马西的主要著作有《论决定自然利息率的原因：对威廉·配第爵士和洛克先生关于这个问题的见解的考察》（1750）和《关于作为国家事业的商业知识的陈述》（1760）。

马克思曾说马西的《论决定自然利息率的原因：对威廉·配第爵士和洛克先生关于这个问题的见解的考察》是一部划时代的著作。马西理论的核心要点是说明了利息是利润的一部分，利润的下降会引起利息的减少。

二、经济思想

洛克和达德利·诺思基本上都是沿着配第的研究方向，从地租的合理性中引申出利息的；但他们都没有涉及利息与利润的关系。在这方面，马西做出了特殊贡献。

马西在经济思想史上第一次提出了利息取决于利润，利息只是利润的一部分的见解。马克思称之为“划时代的”见解。按照马西的观点，利率的高低是由利润的多少决定的。“自然利息是由工商业企业的利润决定的。”利率高低和利润率高低成正比，利率的最高界限应低于普通利润率。具体而言，马西认为，利率是“根据借贷方的意见来决定”的。

马西认为，由于资本竞争加剧，利润率会降低，因而利率也会随之降低。他这一观点后来为亚当·斯密所接受。

马西反对配第和洛克的利率观点，提出了自己关于自然利率决定因素的看法。他认为，利率与债务无关，不能以货币的供求解释自然利率。利率也同货币与贸易的比例无关。他认为，借者可用借得的款项从事商业获得利润。贷者向借者转让了这种权利，因而，理应从所得利润中分得一部分。这样，利息就由这种利润决定。这种观点涉及利息的性质和利率确定的原则问题。马西认为，具体的利息量多少则由借贷双方决定。他说自然利率是由商业对每个人的利润决定的。

至于利润下降的原因，他认为是竞争。“商业利润一般决定于商人数目与商业规模之比，这是一条法则。”

此外，马西还首次区分了经济问题研究中所使用的演绎方法和历史方法。

第七节　休谟的经济思想

一、生平简介

大卫·休谟（David Hume，1711—1776）是英国著名的哲学家、不可知论的创始者、人性论的倡导者。他也出版过一些很有影响的经济学著作，是在经济思想史上占有一定地位的人物。他还是亚当·斯密的亲密朋友。

休谟生于苏格兰的一个小地主家庭，曾在爱丁堡大学学习，热衷于哲学和社会科学，包括经济学问题。他从事过商业活动，也专门进行过写作。休谟曾经担任过苏格兰律师协会的图书馆馆员（1752—1757）、英国驻法国大使馆秘书及代理公使（1763—1767）。在法国工作期间，他曾同法国启蒙运动的著名代表人物让-雅克·卢梭（Jean-Jacques Rousseau，1712—1778）、重农学派代表人物魁奈（F. Quesnay）和杜尔哥（A. R. J. Turgot）来往十分密切。休谟曾在1767年出任副国务大臣。他于1776年8月去世，在亚当·斯密的《国富论》问世5个月后。

休谟的作品如下：《人性论》3卷（1739—1740）、《道德与政治论文集》（1741—1742）、《人类理解研究》（1748）、《道德原则研究》（1751）、《政治论丛》（1752）、《宗教的自然历史》（1757）、《道德、政治和文学论文集》（1758）、《英国史》多卷本（1754—1762）。休谟去世后，他的《自然宗教对话录》（1779）一书出版。

二、经济思想

（一）哲学基础

休谟的哲学基础体现在《人性论》中。他认为人的本性是各种学科的基础和中心以及最后的回归点。“人的科学是其他科学唯一稳固的基础，因而也是我们必须依据经验和观察所建立的这门科学唯一稳固的基础。”从经济学上来说，自私和贪婪乃人之本性，人的欲望则是经济活动的动机，也是分析经济行为的出发点。自然界的供给远不能满足人的欲望的需要，所以，人必须依赖社会。在休谟看来，财产所有制是确立人类社会的最必要的条件，人们追求私利时会导致矛盾，因此需要建立政府来“维护正义和法制”。

（二）货币数量论思想

休谟对西方经济学的最大影响是其货币数量论，但货币数量论在休谟之前就存在。1569年，法国学者让·博丹（Jean Bodin，1530—1596）曾经将货币流通量作为解释16世纪西欧价格波动的因素。以后大约两百年里，不断有人对货币数量论进行阐述。到18世纪上半叶，法国的夏尔-路易·德·瑟贡达，拉布列德及孟德斯鸠男爵（Charles-Louis de Secondat，Baron de La Brède et de Montesquieu，1689—1755）、英国的洛克和雅各布·范德林特（Jacob Vanderlint，？—1740）等都阐述过这种理论。范德林特在1734年曾经出版了《货币万能》一书。在书中，他甚至把货币的贮藏手段同货币数量论联系起来理解，认为货币贮藏会压低商品的价格。由货币数量论出发，范德林特还认为银行货币和一切国家债券都会影响商品价格，从而对信用货币加以反对。他甚至从货币数量论出发，对国际黄金流动进行说明，并由此主张自由贸易。范德林特是英国早期信奉货币数量论的代表，他的主张也是休谟货币理论的主要思想来源。但休谟是第一个比较系统地阐述货币数量论的人。

休谟是18世纪英国货币数量论的最重要的代表人物。他的货币数量论是由于误解了16世纪到18世纪上半叶金银贬值的历史事实而产生的。他不懂货币的内在价值，因而不能把蕴藏丰富的金银矿的发现和开采与物价上涨联系起来。他认为，货币数量增长在先，而物价上涨在后，所以，物价上涨就成了货币数量增加的结果。休谟针对洛克的观点指出，货币只是便利和促进商品交换的工具。它只是人们约定的代表劳动和商品的象征、评价劳动和商品的方法。它不是贸易的齿轮，而是一种使齿轮运转得更加平稳和灵活的润滑油。

休谟货币数量论的内容主要可以归纳为：

（1）一国中商品的价格决定于国内存在的货币量的多少。他认为，商品的价格总是同货币数量成比例。他片面地理解了16—17世纪金银数量增加和欧洲物价上涨之间的联系，并且在其错误货币观驱使下，认为货币没有价值，商品进入流通前也没有价格，只有商品和货币进入流通时，二者才能互相决定，即商品价格或货币价值决定于流通中的货币数量和商品数量。

（2）一国中流通的货币代表国内现有的所有商品的价值。按货币和商品的比例，每单位货币所代表的商品的价值是不同的。这是因为休谟把货币只看作代表劳动和商品的象征，只是一种评价和估计的方法，这就像阿拉伯记数法和罗马记数法都同样可以记账一样，只有方便与否，没有本质的不同。

（3）如果商品数量增加，其价格就会降低，或者说货币的价值就会提高；如果货币增加，商品价格就会提高，货币的价值就会降低。休谟说，正是流通中的货币与市场上的商品之间的比例决定着物价的高低。这可表示为：

商品价格=流通中的货币量÷流通中的商品量

休谟持有货币数量论观点主要与他不懂货币的价值手段职能、不知道货币本质上也是商品有关。休谟只注意了货币的流通手段职能，把货币仅仅看作价值符号，从而混淆了金属货币的流通规律和金属货币符号的流通规律，甚至纸币的流通规律。

休谟还认为，货币数量增加到使商品价格上涨需要经过很长一段时间，工商业会在这段时间内得到较快发展。

（三）利息思想

休谟是针对洛克的观点提出自己的见解的。他认为，利率的高低与货币数量无关。他说：同样的利息在任何情况下都保持着与本金相应的同样比例，不论货币量如何变化，都不会影响这个比例。所以，想从一国所有的金银量的多寡中寻找利率涨落的原因，实在是徒劳的。[①]休谟认为，利率的高低在利润限度内取决于借贷货币的供求状况，但未能像马西那样明确说明利息是利润的一部分。他认为，高利率和高利润是工商业不发达的表现，一旦工商业发展，资本增加，利息和利润就会降低。但他认为，利息是反映国家经济状况的晴雨表，经济繁荣，利率就低。低利率是一个民族的繁荣状态的最可

① 休谟．休谟经济论文选［M］．陈玮，译．北京：商务印书馆，1984：42.

靠的标志。

（四）工资观点

在这方面，休谟超过其前辈人和同代人的地方在于，他认为“劳动价格”的提高总是在其他商品价格已经提高之后。这一见解不仅具有理论意义，而且具有现实意义。

（五）经济政策主张

休谟是自由贸易的积极拥护者，因而他力主政府采用自由放任的经济政策，认为这将极大地推动经济发展。

第八节　詹姆斯·斯图亚特的经济思想

一、生平简介

詹姆斯·斯图亚特（James Steuart，1712—1780），苏格兰人，出身于贵族家庭，拥有很多地产。他曾因涉嫌参与1745年的叛乱而被逐出英国。他在欧洲大陆居住多年，游历过欧洲大陆各地，了解欧洲各国的经济情况。

詹姆斯·斯图亚特是英国重商主义的最后代表，也是探讨经济学体系的第一个英国人。他力图总结和发展重商主义学说，写了《政治经济学原理研究，或自由国家内政学概论》(1767)。这是第一本以“政治经济学”为书名的英文著作。在该书中，他提出了一些很有见地的观点。马克思曾经称詹姆斯·斯图亚特为“建立了资产阶级经济学整个体系的第一个不列颠人”①。

总的说来，詹姆斯·斯图亚特的经济学说具有两面性的特点：一方面，其学说带有重商主义的色彩；另一方面，他又是古典经济学理论的先驱。

二、经济思想

（一）价值观点

詹姆斯·斯图亚特提出了“实际价值”的概念，认为价值取决于一个劳动者在一天、一周、一个月内平均能够完成的劳动量。他的这个观点对于劳动价值论是一个重要贡献：指出了价值取决于完成的劳动量，还取决于该国平均所需要的劳动时间。在这点上，詹姆斯·斯图亚特甚至超过了亚当·斯密和李嘉图。但他的“实际价值”的概念比较混乱，框架也不够清晰。

詹姆斯·斯图亚特力图将价值范畴和它的物质内容区分开。他提出以“内在价值”的概念说明商品包含的自然物质或原料，以“使用价值”的概念说明耗费在商品中的劳动时间；但他未能将这些概念范畴加以固定。这反映了他思想形成过程中的摇摆不定。

詹姆斯·斯图亚特对英国古典价值理论的最大贡献是他关于生产商品的劳动具有二重性的天才猜想。他说：“那种通过自身转移而创造出一般等价物的劳动，我称之为产业。”

---

① 马克思，恩格斯．马克思恩格斯全集（第13卷）[M]．中共中央马克思恩格斯列宁斯大林著作编译局，译．北京：人民出版社，1962：47.

这就区分了具体劳动和抽象劳动。这一认识也是超过亚当·斯密和李嘉图的，是古典经济学经过一个半世纪以上的研究后得出的批判性的成果。詹姆斯·斯图亚特还在研究中区分了资本主义社会的劳动和以往社会的劳动，因而从实际上证明了，只是在资产阶级生产时期，商品才成为财富的基本形式，转移才成为占有的主导形式，所以生产交换价值的劳动只能是资产阶级性质的。

（二）利润观点

1734年，范德林特在其所著的《货币万能》一书中，最先提出了获得利润是资本主义经营的唯一目的的著名论断。但詹姆斯·斯图亚特是最早系统地论述利润问题的人，不过其观点是以重商主义为依据的。

詹姆斯·斯图亚特认为，商品的价格取决于它的供求，在供求相平衡时，就取决于商品的“实际价值”。这种“实际价值”是指工厂主的生产成本，既包括工人的劳动和生产资料的价值，也包括工人的工资。詹姆斯·斯图亚特把价格超过“实际价值”的部分作为工厂主的利润。他认为，利润会随需求的变动而变化。

詹姆斯·斯图亚特把利润进一步分为两种：

一种是由交换所产生的利润，被称为“让渡利润”或“相对利润”。它只“表示财富的天平在有关双方之间的摆动，但并不意味着总基金的任何增加”。

另一种是“能引起社会财富的扩大或增加”的利润，被称为“绝对利润”。它“是劳动、勤勉或技能的增进的结果”。但是，詹姆斯·斯图亚特认为劳动生产力的发展只会让使用价值增加。这样，他的“绝对利润”也就离开了交换价值。

（三）货币观点

詹姆斯·斯图亚特从批判休谟等人的货币数量论入手展开了自己的货币观点。他从商品交换本身的各种因素来说明货币问题。他是经济学史和货币理论史上第一个讨论如下内容的人：究竟是流通中的货币量取决于商品价格，还是商品价格取决于流通中的货币量。他经过研究，认为商品价格决定流通中的货币量，而不是相反。他看到流通中的货币量必须同进入市场的商品价格相适应。如果货币量不足，人们就会用象征性的货币作为补充手段来代替金银；如果货币量过剩，多余的金银就会成为贮藏手段。

对于货币的本质，詹姆斯·斯图亚特只满足于把货币看作“一切可让渡物的最适当的等价物”。对于货币的职能，他却做了比较深入的研究。他比较正确地详细研究和说明了货币作为价值尺度、流通手段、支付手段、贮藏手段和世界货币的五大职能。他还发现了货币流通的一般规律。这是詹姆斯·斯图亚特对英国古典经济学货币理论的另一个重要贡献。他认为，货币在国内流通中的用途可归结为支付债务和购买商品。二者合在一起就导致了对现金的需要。他把购买物品的货币支付叫作“自愿的流通”，把支付债务的货币流通叫作“非自愿的流通”。他实际上已经看出，在货币流通速度不变的条件下，流通中的货币量取决于商品的价格总额。在有信用制度的条件下，用现金购买的商品的总额和在规定期限内必须偿还的债务总额，共同构成了本期的货币需求量。

詹姆斯·斯图亚特还发现了以信用为基础的流通回到自己的出发点的规律。他说：“至于纸币，只要一经达到第一个目的，即满足了借钱人的需要，就会回到债务人手里而被实现。”①

此外，詹姆斯·斯图亚特还说明了利率的国民差异对金银的国际流动所产生的作用，并且对17世纪洛克和朗兹的货币论战进行了评论。

不过，詹姆斯·斯图亚特经济理论的二重性在货币理论中也得到了某种程度的表现。一方面，他探讨了货币的职能，发现了货币流通的规律，对英国古典经济学货币理论的发展起了决定性的作用；另一方面，他的货币理论和立场仍带有重商主义的印记。

第三章思政窗

本章思语

1.配第的经济思想产生的时代背景是怎样的？
2.配第进行经济学研究的方法论特点是什么？
3.配第的价值和价格观点有何特征？
4.配第对地租理论的贡献是什么？
5.配第关于土地价格的观点是什么？
6.配第的利息观点如何？
7.配第的财政观点是怎样的？
8.洛克的哪些思想对经济学影响较大？
9.巴尔本有哪些经济思想？
10.达德利·诺思对古典经济学有哪些贡献？
11.曼德维尔经济思想的积极意义何在？
12.马西对经济学的贡献是什么？
13.休谟对经济学的贡献如何？
14.詹姆斯·斯图亚特经济思想的积极意义是什么？

① 马克思，恩格斯．马克思恩格斯全集（第13卷）［M］．中共中央马克思恩格斯列宁斯大林著作编译局，译．北京：人民出版社，1962：156.

[第四章]
法国早期的古典经济学思想

第一节 布阿吉尔贝尔的经济思想

一、生平简介与时代背景

（一）生平简介

皮埃尔·布阿吉尔贝尔（Pierre Le Pesant，sieur de Boisguillebert，1646—1714）是法国在反对重商主义经济政策方面的最初的思想家，是经济自由主义和重农学派的先驱。他生于法国北部诺曼底省的鲁昂，早年在巴黎求学，做过法官，经过商。1689年起，他先后任鲁昂辖区和初等法院的裁判长、法官，鲁昂地区的陆军中将。1707年，他因批评王政言论过激和支持沃邦元帅被判处6个月监禁。1714年10月10日，布阿吉尔贝尔逝世于鲁昂。

布阿吉尔贝尔一生的大部分时间居住在鲁昂，对于农业状况了解较多。其主要著作有《法国详情》、《论财富、货币和赋税的性质》、《谷物论》、《法国详情补篇》（1707）、《法兰西辩护书》（1707）、《货币缺乏的原因》（1697）等。他的著作涉及了经济学的基本原理，反映了资本主义生产方式的内在联系，这使他成为法国古典经济学的创始人。

（二）时代背景

17世纪末18世纪初，在路易十四王朝重商主义政策的统治下，法国资本主义经济有了一定的发展，但比较弱小，封建农业还占优势，资本主义生产方式还处在萌芽状态。这在法国古典经济学有较多的自然经济观点和小资产阶级观点方面得到反映。法国农业落后，有大量农奴制残余。地主不直接经营土地，而采用纳赋地和租地的形式对土地进行管理，所以农民负担很重，1/3到2/3的农产品要缴地租，还有无偿劳役等。柯尔贝尔的重商主义政策靠牺牲农业来扶植工商业发展，一方面使法国落后的农业变得更加衰弱，另一方面影响了工商业的发展。另外，封建行会制度及封建经济要求关卡、税收、货币、度量衡不统一，都严重地束缚了工商业的发展。这时期，法国的财政和经济都已处于危机的边缘。阶级矛盾和对立急剧增加。

封建剥削和资本主义工商业的发展都靠压榨农业，于是农业的极度衰落就成为当时法国经济的首要问题。从表面上看，资产阶级与封建贵族的矛盾以及这两个阶级与农民的矛盾，都表现在工商业发展对农业的摧残上。这很容易使人把工商业与农业相对立，从而在批判重商主义时走向偏重农业的方向。于是，一些资产阶级经济学家把批评的矛头指向重商主义，并大力宣传发展农业的重要性，也由此产生了法国的古典经济学。法国古典经济学的特点之一是普遍重视农业问题和从宏观上考虑经济问题。这与上述该时期的经济特征密切相关。法国古典经济学从一开始产生就同重商主义实行公开决裂，并在同重商主义的激烈斗争中逐渐发展起来。

布阿吉尔贝尔就是该时期法国古典经济学先驱中的典型代表。他的著作是重商主义向法国古典经济学过渡的反映。这种过渡不是渐进式的，而是以直接同重商主义对立和决裂的方式表现出来的。

二、经济思想

（一）关于自然规律与经济平衡的思想

布阿吉尔贝尔在这方面的思想是与重商主义的国家干预主张相对立的。他认为自然规律可导致社会经济按比例均衡发展。法国当时发生经济灾难，原因在于违背了自然规律。布阿吉尔贝尔认为，“只有平衡能够挽救一切”，“也只有大自然才能够平衡”。①这种看法就是后来法国重农学派“自然秩序”观念的直接思想渊源和发端。

（二）关于农业重要性的思想

1.在事实上把农业看作历史上各个经济部门形成的基础

在《谷物论》中，他指出，随着农业的发展，才产生了其他部门的收入。如果法国的土地像沙漠一样贫瘠，其他部门也不会发展起来。

2.把农业的繁荣看作社会其他部门存在和繁荣的基础

他认为，其他部门完全是依赖农业的繁荣而发展起来的。

3.一切财富都源于土地的耕种

“只有衣食等物品，才应当称为财富。”②他只注重财富的物质内容，呼吁国家重视农业生产，减轻赋税。他批评重商主义者降低粮价的政策，因为谷贱伤农。他主张提高谷价，以保证整个国民经济的发展，但不必发展对外贸易。后来，法国重农学派继承了布阿吉尔贝尔的上述观点。所以，有人认为这是他作为重农主义创始人的有力证明。

（三）价值观点

布阿吉尔贝尔的价值观点反映出了法国古典学派的特点，从经济思想史上说，是对配第某些观点的补充。

（1）承认发展商业是发展经济的必需阶段，但商品交换必须按照“公平的价格”进行，即不同商品的价格间必须保持一定比例，首先是谷物与其他物品间的价格比例，以便使该价格能偿付生产商品的费用，但价格比例最终取决于“劳动的比例”。他把小麦的价值归结为劳动时间。

（2）从另外的角度即社会总供求的角度论述了劳动价值原理。他区分了市场价格和

---

① 布阿吉尔贝尔．谷物论　论财富、货币和赋税的性质［M］．伍纯武，译．北京：商务印书馆，1979：121，71.

② 布阿吉尔贝尔．布阿吉尔贝尔选集［M］．伍纯武，梁守锵，译．北京：商务印书馆，1984：136.

“真正价值”（其实是反映商品价值的交换价值，或相当于配第的自然价格），试图从市场价格背后找出“真正价值”来。马克思说，布阿吉尔贝尔用个人劳动时间在各个特殊产业部门间分配时所依据的正确比例来决定“真正价值”，并且把自由竞争说成是造成这种正确比例的社会过程。[①]这里说的正确比例就是指使总供求平衡的比例。

（3）这种正确比例要由“自然规律”来调节，即市场自由竞争及经济自发变动来调节，而不能由政府的干预来调节。

（4）增加消费将引起收入的成倍增加。他把消费等同于收入，认为二者是同样的事物。税收（关税、酒税）沉重会使消费能力减弱。他认为，由于法国当时消费不足，谷贱伤农，所以经济衰落，国民收入锐减。这种消费不足论的观点后来成为西斯蒙第反对和揭露资本主义生产方式矛盾的主要武器。

（四）货币理论

1.对货币性质的看法

布阿吉尔贝尔反对把货币等同于财富，认为“真正的财富”是必需品、奢侈品和消费品（有用物品），而货币只是流通手段、支付手段及方法，是“消费的奴仆”。他否认货币本身是财富，除非货币可以换到丰富的生活资料。这样，他走到了与重商主义相对立的另一极端，主张保留商品交换，废除货币。这种观点后来成为德国学者蒲鲁东有关理论的先声。

2.反对货币

布阿吉尔贝尔认为货币是导致不平等与破坏自由和谐的根源，是导致一切社会罪恶的原因，从而狂热地反对货币。他认为货币造成了对生产的破坏和扰乱，也破坏了按“真正价值”进行的交换。这也是混淆自给自足的小商品生产和以供给社会消费为目的的商品生产所造成的。布阿吉尔贝尔的货币观点反映了法国小生产占重要地位的情况，也反映了他对价值、商品货币关系认识混乱。他甚至提出应从“因脱离比例价格而引起的交换的破坏中寻求贫困的原因”。这也与法国重商主义政策对经济的影响有关。

（五）经济政策主张

布阿吉尔贝尔主张实行经济自由，但认为粮食贸易需要政府的干预，政府要保护农业。

（六）工资观点

布阿吉尔贝尔在这方面的观点基本上与配第相同，这里从略。

总之，布阿吉尔贝尔的主要经济理论多偏重宏观经济和农业方面，也多为宏观管理的政策措施。这方面，布阿吉尔贝尔和配第相比，宏观倾向更为明显。这也是法国重农学派的特征之一。

布阿吉尔贝尔对在他之后的经济学家坎梯隆、魁奈、斯密、凯恩斯的经济思想的形成都有重大影响。由于布阿吉尔贝尔首次强调了信息和预期的重要性，因而他也被一些人看作孔狄亚克经济思想的先驱。

---

① 马克思，恩格斯．马克思恩格斯全集（第13卷）[M]．中共中央马克思恩格斯列宁斯大林著作编译局，译．北京：人民出版社，1962：43-44.

第二节　坎梯隆的经济思想*

一、生平简介

理查德·坎梯隆（Richard Cantillon，1680—1734），爱尔兰人，有法国血统。他是重农主义的先驱，是在亚当·斯密之前首次试图系统论述经济学的人。1715—1720年，坎梯隆曾在巴黎经营银行，同时经营丝绸和酒业生意。当时，正值“约翰·罗（John Law）体系”实施和破产之际，但坎梯隆有远见地及时将股票转手或转为不动产而发了大财，躲过了厄运。1720—1729年，坎梯隆游历欧洲各国，后回到巴黎。1734年，他经布鲁塞尔又回到伦敦，同年死于非命。

坎梯隆的主要著作是《商业性质概论》。该书内容广泛、丰富，成为后世经济学教材和著作的最早蓝本之一。该书先用英文写成，后来又由坎梯隆本人译为法文，于1755年出版。该书涉及私有制下的商品生产和货币经济的一般原理及性质。坎梯隆在这里运用了抽象分析的方法，这是配第在经济学研究方法上所做贡献之后的又一进步。

坎梯隆的许多观点被后来的法国重农学派所接受，詹姆斯·斯图亚特和亚当·斯密都研究过他的著作。

二、主要经济观点

坎梯隆把财富的源泉归为土地，把人的劳动看作生产财富的形式，把财富看作维持生活、方便生活、使生活富裕的资料。这是对配第和布阿吉尔贝尔思想的继承。

坎梯隆分析的基础是土地私有权，对象是农业资本主义社会。他区分了“内在价值”“市场价格”。他认为所有的商品都有内在价值，市场价格围绕内在价值波动。这种波动是由供求状况造成的。商品的供求比例或生产与消费比例，又是在自发调节的过程中达到的。这在价值学说发展史上有着积极的意义。在这方面，坎梯隆的缺点是在对内在价值的决定上接受了配第将土地和劳动作为评定标准的错误观点。有时，他也用劳动衡量，而有时又把它转到生产费用方面。

坎梯隆还提出了关于阶级划分的思想。他在当时成为这方面的先驱，也是经济思想史上最先对资本主义社会划分阶级的经济学家。他依据配第“土地是财富之母，劳动是财富之父”的观点和土地所有权分配不均的思想，按照收入的来源及确定性，而非生产资料占有状况，把当时的社会划分为土地所有者（包含君主、贵族和僧侣）、租地农场主和手工业者（业主）、受雇者这三个互相依赖的阶级。其中，土地所有者是最高阶级，“他们推动着整个经济，使之向最有利的方向发展”①。

与三个阶级相对应，坎梯隆还分析了地租、利润和工资三种收入形式。他把地租和利润看作农产品扣除生产成本之后的余额；将农业资本家的利润与农业工人的工资等同看待；认为手工业雇主的利润源于地租，也是一种“不固定的工资”。这样，他就把地租看

① 坎梯隆．商业性质概论［M］．余永定，徐寿冠，译．北京：商务印书馆，1986：23.

成了一般剩余价值的正常形式。此外，坎梯隆还对工资形式做了颇有意义的考察。他注意到并且考察了计时工资和计件工资，把计件工资看作计时工资的转化形式。他认为，一个强壮奴隶的“过去的价值”尚且两倍于自身的费用，而一个最低等级的劳动者的“劳动的价值”当然不能低于一个强壮奴隶的“劳动的价值”。他认为，工人为补偿自己生活费用所进行的劳动和他所提供的劳动，是两个不等的量，后者大于前者。

坎梯隆赞同配第的价值观，并以之反对洛克否认金银价值，把金银价值当作一种想象的东西的观点。他认为，金银有价值，而且这种价值是确实的，是受到普遍认可的，它取决于生产它所使用的土地和劳动。坎梯隆认为，货币作为价值尺度，实际上按土地和劳动计算，必须同它所交换的物品相符合。他指出，金银被当作货币，除了由于前人提到的金银的同质性、耐久性、便于携带和保管、体积小等优点外，还由于其有可分性、价值稳定和保管费用少等优点。他认为，金银是交换的共同尺度。市场价格由供求双方讨价还价决定。他关于货币流通方式的主张后来被魁奈编写《经济表》时所引用。

坎梯隆也赞成洛克的货币数量论，但认为货币数量的变动与价格水平的变动不一定成比例，因为货币流通速度、流通中的商品总量、信用、国际贸易和收支都会影响物价水平。坎梯隆认为，在自由贸易和黄金在国际自由流通的条件下，各国的物价水平可以趋向均等化，而不会持久大幅度上涨。此外，他还最早分析了货币数量变动对国民经济影响的传导机制。他认为，货币过度充裕会促使物价上涨，损害生产，提高地租。

在坎梯隆看来，利息是资本行为，是同利润有关的，利率受供求两方面因素的制约。同时，他还指出，一国的现行利率似乎是土地购买价格的基础和尺度。对于银行及其信用，坎梯隆认为虽然有积极作用，但作用有限，不能夸大。

坎梯隆在对外贸易方面主张实行自由贸易。他的对外贸易理论基础是重商主义，其强调盈余的重要性。他说：“对于一国实力的兴衰来说，最重要的贸易是对外贸易……任何时候都必须保持对外贸易的盈余。”[①]

第三节　加利阿尼与孔狄亚克的经济思想*

一、加利阿尼的经济思想

（一）生平简介

费尔迪南多·加利阿尼（Ferdinando Galiani，1728—1787），意大利南部人，从小接受教会教育，聪明，勤奋好学，兴趣广泛，对政治经济学有浓厚的兴趣。他在15岁时曾将洛克的《论降低利息和提高货币价值的后果》译成意大利文，22岁时匿名出版了著名的《货币论》。加利阿尼曾任意大利驻法国使馆官员，其间考察和了解了重农主义。1769年回国后，加利阿尼将他的考察写成了《谷物贸易对话》，并主张经济政策应该因地因时制宜。他也担任过地方政府的官员。

---

① 坎梯隆．商业性质概论［M］．余永定，徐寿冠，译．北京：商务印书馆，1986：113-114.

（二）主要经济观点

1.效用和稀缺性价值原理

这是加利阿尼在其《货币论》中阐述的观点。加利阿尼认为，物品皆有自然价值。“价值是一种比率”，由效用和稀缺性的比率组成。这事实上是主观效用论和边际分析的开端。他把物品满足欲望、带来快乐的性质称为效用，并对效用加以分类，而把稀缺性看作事物的数量和对该事物的使用之间的比率。他把事物分为两类：一是数量取决于自然条件；二是数量取决于人的劳动和艰辛。而计算劳动时，又要注意一定时间长度、工作人数以及“劳动的价格”（工资）。其中，工资又取决于才能的大小，才能的价值也被归结为效用与稀缺性二者的结合。

加利阿尼认为，垄断物品的价值由供求双方决定。市场价格也是如此，但应包含“相当的、过得去的利润”。

加利阿尼的价值观点影响到了重农学派的杜尔哥和后来的边际效用学派。

2.关于货币、价格体系与货币政策的观点

加利阿尼认为，货币和价格制度起源于社会共同体中的分配需要。当缺乏个人献身精神时，载有价格或贡献量的票证可以使个人取得与之贡献相当（或等值）的产品，而不会让个人丧失来自工作的激励和动力。这样，货币和价格制度就产生了，并且促成了一种人人为自己谋利益，同时为整个社会谋福利的经济模式。

加利阿尼也看到了贵金属具有内在的真实价值，又具有同质性、可分性和持久性，因而适合充当货币。货币的职能是价值尺度和支付手段。货币的价值也取决于效用和稀缺性。

加利阿尼还看到货币量与价格水平的关系，从而触及货币数量论，也指出货币流通速度（而非金属数量）可以显示出货币数量的大小。加利阿尼不赞成重商主义那种对待贵金属货币的做法。他认为，只有经济繁荣才是防止货币流失的最好方法；只有和平、健康、美德和自由才是致富之道。

加利阿尼还指出，货币贬值即让同量金银比以前代表更多的货币单位（提高名义价值），从而政府获利，这对国家实力而言于事无补，反而破坏了原有的合理的物品价格关系，减轻了负债。货币如果贬值，也应以税收手段将负担加到富人和游手好闲者身上。

3.时差利息论思想的萌芽

加利阿尼赞成借贷取息，但要符合“等价”交换原则；借贷在时间、地点上的分离意味着风险，故应对其支付报酬。他认为，“利息是对待现存货币和在时间上远离的货币所采取的在性质上与汇水类似的措施，时间与空间对货币具有同样的作用”。利息即“贴水”。加利阿尼的这种观点是庞巴维克（E. Böhm-Bawerk）时差利息论的先声。

二、孔狄亚克的经济思想

（一）生平简介

埃蒂耶那·博诺·德·孔狄亚克（Etienne Bonnot de Condillac，1715—1780），生于法国贵族家庭，其父为当地议会秘书，其兄加布里埃尔·博诺·德·马布里（Cabriel Bonnot de Mably，1709—1785）为著名政治思想家、空想社会主义者。孔狄亚克自幼好学，

喜爱哲学，著有好几部哲学著作。1758年，他到意大利做帕尔马费迪南特公爵之子的家庭教师。其间，他接触到经济自由派人士和加利阿尼的著作。他发现加利阿尼的主观价值论同他本人的感觉认识论原理很吻合。两年后，他回到巴黎，恰逢重农主义兴旺和谷物贸易发生危机与争论。由此，他开始了政治经济学的研究，并于1776年2月出版了他最后的著作《商业和政府》。

（二）经济理论与观点

主观价值论是孔狄亚克《商业和政府》一书的基础与核心。他主张，价值来自需求和欲望，取决于物品的效用和稀缺性。在此基础上，他说明了交换和自由竞争市场对价格的调节作用。关于工资，他也持同样观点，而反对将其归纳为生活资料。

孔狄亚克不赞成重农学派将农业看成生产财富的唯一部门的观点。他区分出生产中的三个阶级：资本家或土地所有者（负责垫支资本）、企业家（从事经济活动并承担风险）、工人（在企业家指导下劳动）。孔狄亚克认为，利息是取决于货币供求双方的合同的。他反对政府法定利率，主张利率应该由市场供求来调节。

孔狄亚克注意并且强调了不确定性因素对企业家报酬的影响。他强调了货币价值会随人的感觉而变动，人们可以知道货币流通速度的意义和影响以及影响它的因素，但认为无法确知流通中的货币量。

孔狄亚克主张自由贸易，反对限制贸易。他的《商业和政府》是在《国富论》之前最后一部法国经济自由主义的著作。

本章思语

1.布阿吉尔贝尔的经济思想的主要内容是什么？

2.坎梯隆的主要经济思想是什么？

3.加利阿尼的货币经济观点的内容是什么？

4.孔狄亚克的经济观点是什么？

[第五章]

重农学派的经济思想

第一节　重农学派形成的时代背景

法国重农学派（又叫重农主义学派）产生于18世纪50—70年代法国资产阶级大革命的思想酝酿时期。重农学派的理论以重视和强调农业重要性的特殊形式，作为在封建主义社会内部为自己开辟道路的新生资本主义社会的经济理论表现。法国重农学派在经济学界的地位相当于启蒙学派在哲学界的地位。布阿吉尔贝尔是其先驱。重农学派的出现标志着古典经济学体系进入了一个新阶段。

法国重农学派形成的时期正值国王路易十五当政，封建专制势力十分强大。因为法国参与了30多年关于西班牙王位继承的战争，战争的消耗和战败，再加上路易十五的奢侈挥霍，使原本衰弱的法国的经济状况更趋恶化，发生了严重的财政危机。农产品产量大幅下降（大约减少了1/3），苛捐杂税繁多。同时，路易十四的连年征战和大肆挥霍，给路易十五和奥尔良公爵留下34.6亿元法郎的债务。这些都使法国的经济雪上加霜。

当时有一位苏格兰经济学家和银行家叫作约翰·罗（John Law，1671—1729）。他最先提出了信用会创造资本和财富的理论。他在法国财政经济极端困难的时候来到法国，向法国政府自我推荐，声称他能够通过发行纸币创造财富，从而帮助法国政府克服财政困难。1716年，约翰·罗获得法国政府的批准，在巴黎创办了一家私人银行。1718年，这家银行又改组为国家银行。约翰·罗从1719年起担任法国的财政大臣。他企图利用他的银行来实现他的主张。他的银行无限制地发行纸币，回收金属货币。约翰·罗的政策在一开始发生了一点儿积极作用，似乎活跃了经济。他还成立了投机公司，把自己银行中全部可利用的资金都投放到投机公司的股票上。但单纯的发钞最终引起了极为严重的通货膨胀和投机倒把活动。约翰·罗的银行不得不在1720年宣告破产。他本人也被撤职，并且在强大的社会压力下，不得不逃亡国外。约翰·罗的理论和实践体系的破产，意味着从流通领域寻找财富源泉的重商主义体系的彻底“破产”。约翰·罗的理论体系的“破产”加剧了法国的经济危机，促进了法国重农学派的产生。马克思对此也说道：“重农主义的产生，既同反对柯尔贝尔主义有关系，又特别是同罗氏制度的破产有关系。”①

① 马克思，恩格斯．马克思恩格斯全集（第26卷第1册）[M]．中共中央马克思恩格斯列宁斯大林著作编译局，译．北京：人民出版社，1972：35.

法国当时基本上是封建的农业社会，只有北部在资产阶级大革命前有少量资本主义形式的工商业。重商主义政策和封建剥削严重破坏了农村经济。封建贵族与农民矛盾十分尖锐。工商业虽然有一定发展，但受封建王朝的牵制。此外，国内市场狭小，币制也不统一，关税和捐赋越来越多，使工商业发展也受到极大限制。在这种情况下，实行经济自由、改革税制的政策已成为法国国内普遍的要求。

不过，在法国当时的条件下，反对封建专制就必须反对重商主义；反对重商主义，也就是直接反对专制制度。社会经济、政治形势已在孕育着革命，而重农学派在大革命前的形势中应运而生。它代表新兴资产阶级的利益和要求，在对重商主义的批判中逐渐形成。约翰·罗滥发纸币解决财政困难实践的破产则促进了这一过程的发展。

在布阿吉尔贝尔之后，路易十五的外交大臣达经逊侯爵曾经提出更为激进的经济自由主张和重农主张。此后，坎梯隆曾就财富来源、动力、农产品的流通，以及阶级划分和分配进行了研究。这些人都成为重农学派的直接先驱。

重农学派主要由一群法国的社会改革家构成，他们都是该学派的创始人魁奈的理论信徒。除了魁奈之外，该学派的重要人物有维克托·德·里克蒂·马奎斯·德·米拉波（Victor de Riquetti，Marquis de Mirabeau，1715—1789）、梅西耶·德·拉·里维埃（Mercier de la Ricière，1720—1793）、皮埃尔·萨缪尔·杜邦·德·奈莫尔（Pierre Samuel du Pont de Nemours，1739—1817）、尼古拉斯·波多僧正（Nicolas Baudeau，1730—1792）以及杜尔哥。其中，魁奈和杜尔哥的成就最大。

第二节　重农学派的性质及思想体系的特点

法国重农学派是一个非常特殊的学术流派，有相当严密的组织，有些类似于今天的政党。他们有自己的纲领、刊物，还定期举行公开或半公开的集会，讨论其即将发表的论文和主张。这个学派的成员互称“经济学家”，后来，人们才称之为“重农主义者”。

一、重农学派的性质

法国重农学派与法国启蒙学派相呼应，在经济领域积极宣传资产阶级的新思想，为法国资产阶级大革命做了一定的思想准备。

二、重农学派思想体系的特点

（一）封建性外观

由于当时法国的资本主义生产方式还刚刚从封建社会内部产生出来，重农学派对之也不很熟悉，他们熟悉的只是旧的封建主义生产方式。因此，重农学派虽然在实质上研究的是新生的资本主义生产关系，反映的是新兴资产阶级的利益，但在表面上有着浓厚的封建性外观。因为其误以为自己研究的是再现的旧的封建主义生产方式，或者说，只是经过改造了的旧的封建主义生产方式。

重农学派思想体系的封建性外观表现在：

第一，他们的理论反映的是资本主义生产，但是在现实中看起来农业资本家倒像是封建土地所有者的一个佃户。

第二，他们的经济主张和政策反映资产阶级的要求，但是看起来像是在为封建土地所有者的利益打算。

第三，他们主张的是资本主义的制度和秩序，却既不反对封建君主、宗教的上帝，也不反对封建土地所有者，他们看起来似乎是封建秩序的维护者。

重农学派的成员自己都真诚地认为自己代表的是封建土地所有者的利益，而没有意识到他们实际上是站在新兴资本主义这一边的。这种情况与当时资本主义没有充分发展有关。重农学派还不能看清资本主义的真正形态和本质。他们以为自己要求的只是对封建社会的一种合理改良。重农学派的这种思想实质与外在表现的矛盾，在一定程度上是社会过渡阶段的必然反映。

（二）自然秩序的思想

重农学派思想源于神学的"自然法"思想。封建的神学家区分了"上帝的法"和"人为的法"。"上帝的法"就是所谓的"自然法"。重农学派的经济学家接受这种思想，认为"自然法"是"上帝制定的最高的法"，"自然秩序"则是上帝为了人们的幸福而根据"自然法"安排的最有利的和最根本的社会秩序。"自然秩序"思想是重农学派的基本指导思想和理论基础，其社会和经济改革的框架与模型都是据此建立的。自然秩序思想同法国启蒙思想家的观点在客观上是一致的。他们认为，人类社会和自然界都受"自然秩序"的支配。"自然秩序"是不以人们的意志为转移的规律。它是超越社会现象而永远存在的，又是理想的和完美的秩序。它是上帝安排的理想秩序。它与"人为秩序"相对立。正因为如此，重农学派的重要人物之一——奈莫尔在阐述魁奈的经济思想时，使用了"重农主义"一词对其加以概括。"重农主义"（La Physiocratie）由两个希腊词语组成，其含义是"自然"加上"统治"。奈莫尔用该词表示"关于自然秩序的科学"。重农主义的英文是physiocracy。

魁奈的一篇论文叫作《自然权利》，认为至高的自然法则中包含着经济秩序的原则。重农学派认为，尽管人们的意志可以决定是否遵守它，但是"自然秩序"又必须通过"人为秩序"才能对社会发生作用。"人为秩序"是由人的意志决定的，但具体表现为不同时代、不同国家各种政治经济制度和法律命令。如果"人为秩序"是按"自然秩序"准则制定的，社会就健康，就正常发展；否则，社会就处于疾病状态。对"自然秩序"认识得越清楚，"人为秩序"就制定得越合理。重农学派认为，应该由开明君主来体现"自然秩序"。他们推崇当时的中国，认为当时的中国在开明君主制下呈现出一派"自然秩序"。

重农学派主张的"自然秩序"实际上针对的是理想化的资本主义社会。他们认为，私有财产及人身自由是"自然秩序"新规定的人类的基本自然权利。这实际是"天赋人权"思想。他们在此基础上还主张，国家要少干预人民的经济生活。这是与柯尔贝尔的重商主义观点针锋相对的。

重农学派主张的"自然秩序"也带有超越普通人意志和安排的性质，是只有"开明君主"才能实行的。这种观点就把封建君主的作用视同他们所主张的社会与经济改革一样看得十分重要。这也决定了资本主义制度的最终获胜很难靠改良和局部改革来完成。

应该说，重农学派的“自然秩序”思想在一定程度上承认了人类社会受客观规律支配，并且为经济学提出了认识客观规律的任务和目标。重农学派在这里的功绩是明显的。他们为资产阶级反对封建制度的经济理论提供了哲学基础，确定了经济学的对象、抽象分析的方法。但重农学派关于“自然秩序”的思想也有错误，那就是形而上学地把“自然秩序”和资本主义生产方式看作绝对的、静止不变的和永恒的东西。

（三）重视农业的观点

这是法国古典经济学的传统。重农学派继承了布阿吉尔贝尔以来的重视农业的观点，强烈反对以牺牲农业来发展工商业。重农学派将布阿吉尔贝尔以及他以后一些人的观点进一步系统化和理论化了。

重视农业的观点表面上给人以巩固封建制度的印象，但由于他们所说的农业是仅在法国北部某些地区刚刚露头的新兴资本主义经营方式的农业，所以这是以资本主义农业生产来概括资本主义生产。因而，封建主义的农业形式就具有了新兴资产阶级的性质，资本主义生产方式也获得了封建主义的外观。

重农学派思想体系的上述特点构成了全部法国资产阶级古典经济学的一些重要特点，成为与英国古典经济学相区别的显著特征。

第三节　魁奈的经济思想

一、生平简介

弗朗斯瓦·魁奈（Francois Quesnay，1694—1774）是法国重农学派的创始人、领袖和最主要的代表人物。他生于巴黎近郊。其父是律师。魁奈由于兄弟姊妹很多，因而小时候没有受到很好的教育。他16岁开始先后给医生、雕刻家做学徒，同时在大学旁听，后来做开业医生，从事医学研究，曾因出色的医学论文而被聘为巴黎外科医学会常务秘书。魁奈曾做过路易十五的情妇庞巴杜侯爵夫人的私人医生，1749年被召入凡尔赛宫做宫廷御医。因治愈皇太子的病，魁奈得到了路易十五的信任，1752年被封为贵族。魁奈在60岁左右时对经济学产生了兴趣，开始研究经济问题。他广泛接触了狄德罗、达兰贝尔、杜克洛、克洛德·阿德里安·爱尔维修（Claude Adrien Helvétius，1715—1771）、杜尔哥、布芬等法国“百科全书”派人物，接受了一些资产阶级新思想，并为狄德罗主编的《百科全书》写过文章。随着他一系列文章的发表和著作的出版，他的一些门徒和追随者以他为中心逐渐形成了一个经济学的派别，这就是重农学派。他们有组织和纲领，定期开会讨论经济问题，发表见解，宣传自己的主张。

魁奈为狄德罗主编的《百科全书》所写的文章有《谷物论》（1757）、《农夫论》、《人类论》、《赋税论》（1759）。1758年，魁奈在总结过去论文的基本观点时，更进一步发展了这些原理，写了著名的《经济表》及有关著作。这对西方经济思想史的发展做出了重大的贡献。

二、经济思想

（一）等价交换观点

魁奈站在反对重商主义的角度，认为在“自然秩序”下商品交换是等价的，商品交换不能成为财富的来源。魁奈的这种财富观是一个巨大的理论贡献。在西方经济思想史上，他是首次提出这一观点的人。正是这种认识使得魁奈对于财富的研究从流通领域转到了生产领域。魁奈这种观点在财富观研究方面是极大的进步。

但在价值问题上，魁奈比起配第和布阿吉尔贝尔有所退步。因为他没有价值论，仅仅在某些地方对价值问题有所触及。他基本上模糊地认为商品价值等于生产该商品所耗费的价值，商品的基础价格是由生产该商品的费用决定的。后来这种看法被有些经济学家发展为生产费用决定商品价值的观点，但这种观点并不能解决本质问题。魁奈认为货币是评价一切商品价格的基础，在理论上这就更加退步了。所以，魁奈仅仅认为，在自然秩序下，交换应该等价，即生产费用相同的商品可以相交换。这种等价交换没有价值理论（特别是劳动价值论）作为基础。不过，它仍有某种程度上的进步意义，那就是由此使魁奈转向了对生产领域问题的研究（因为交换和流通不能增加财富）。

关于货币问题方面，魁奈继承了布阿吉尔贝尔的观点。他认为，货币仅仅是交换的工具和贸易的工具。他认为，一国富足与否，不取决于所拥有的货币的多少，货币量只要够交换使用就行了。他不同于布阿吉尔贝尔的地方在于，他认为货币在交换中有用，是潜在的财富，可以购买真实的财富。

（二）“纯产品”学说

这是重农主义的理论核心和最基本的问题。重农学派对资本主义生产方式的分析就建立在这一基础上。魁奈的所有学说都是以“纯产品”学说为基础的。

重农学派强调，财富首先是使用价值，是物质。“纯产品”学说的出发点就是财富。因为财富是物质，只能来源于生产领域。而一切社会经济部门中，又只有农业部门才能生产出物质财富来。因此，只有农业是真正的生产部门，只有农业才能生产出“纯产品”来。这样，“纯产品”学说就成为重农学派的唯一的和一般的剩余价值学说。

魁奈区分了财富的“扩大”“倍增”“相加”，实际上也就是从物质形态上看待新创造的物质增量和原有物质财富的重新组合。魁奈认为，农业之外其他部门的劳动只能造成价值的“相加”，只有农业部门的劳动才能使价值“倍增”。相应地，也只有农业部门创造的“纯产品”才是新增加的财富，才是一国新增加的国民财富。

他认为“纯产品”就是农产品中扣除生产资料和工资后剩下的部分。也就是说，农业总产品等于生产资料加上工资，再加上“纯产品”（地租）之后的总和。这种看法与配第的看法相似。但配第所说的工资指的是工人必需的生活资料，而魁奈认为工资中还要包括资本家的工资和收入。魁奈认为，只有“纯产品”是新增的财富，其余全是对生产耗费的补偿部分。魁奈还认为只有资本主义的“大农业”才能创造“纯产品”，而封建的小农生产方式是谈不上这些的。此外，配第把利润包括在地租中，魁奈却把普通利润包括在工资中。

魁奈还认为，农业之所以能创造“纯产品”是因为“自然”参与了作用，而不取报酬和补偿。其他经济部门就不像农业这样，所以“纯产品”是农业的“自然赐予”。但只有在“大农业”中才会有“纯产品”，把“纯产品”作为地租交给土地所有者是符合“自然秩序”的。魁奈也由此肯定了土地所有权和地主占有“纯产品”的合理性。这种观点比起配第来又倒退了。

魁奈的“纯产品”学说实质上就是他的剩余价值学说，只不过是从生产物品的自然形态的角度加以论证的。实质上，“纯产品”及其生产费用仍是以价值计算的。“纯产品”不过是商品价值超过生产消耗价值的余额。

魁奈在“纯产品”学说方面的功绩就是纠正了重商主义者关于在流通中产生利润的错误看法和交换是致富的唯一源泉的观点，肯定了以“纯产品”形式出现的剩余价值是在生产过程中产生的，从而为分析资本主义生产关系奠定了基础。

但由于魁奈没有科学的价值论，造成了他“纯产品”学说的一些错误：

（1）仅仅把农业劳动看作唯一生产性劳动，认为只有这种劳动才创造剩余产品（剩余价值），而其他的劳动都不能够提供剩余产品（剩余价值）。

（2）仅仅把“纯产品”看作地租，而把农业资本家的利润看作农业资本家的工资。

（3）把“纯产品”仅仅理解为使用价值（物质形态）。

（4）没有把“纯产品”看作劳动的产物，而仅仅看作“自然赐予”。

（5）“纯产品”的概念是具有封建性外观的，是以地租的方式来说明剩余价值的表现。

（三）社会阶级结构理论

魁奈以他的“纯产品”学说为基础，依照社会上人们与“纯产品”生产的关系，把社会上的人们分为三个阶级：

（1）生产阶级，是指从事农业生产（直接从事“纯产品”生产）的阶级，包括租地农业资本家和农业工人。这是社会上唯一的生产阶级，只有他们能够生产出“纯产品”。这个阶级也是社会经济运动的主导阶级。根据这种见解，可以看出重农学派的资本主义性质和主要立场。

（2）土地所有者阶级，包括地主及其从属者、国王、官吏、教会人员等。这个阶级的人们不直接参与生产，但可以凭借土地所有权，以地租和赋税的形式占有并享用生产阶级提供的“纯产品”。

（3）不生产阶级，是指从事工商业的阶级，包括工商业资本家及工人。这个阶级的人们直接从事劳动，并占据着市场，但不生产“纯产品”，他们只是对农产品进行加工和转卖。

重农学派在坎梯隆之后在时间上较早地按照经济标志把社会分为阶级，并由此分析社会现象。在18世纪能做出阶级和阶级关系的研究，这是一项了不起的贡献，对后人是极有启发意义的。此外，魁奈的阶级划分也有一定的合理性。以生产“纯产品”与否来划分生产阶级和不生产阶级，已经在一定程度上表明了资产阶级的观点，反映了资产阶级对生产劳动和生产阶级划分标准的看法。

不过，魁奈的社会阶级结构理论有严重的错误。这表现在以下几方面：

（1）他划分阶级的依据不对，只按经济部门来划分，而没有按照人们在生产中的关系来划分，没有抓住生产资料的占有和使用情况。这样的阶级划分就不能正确反映资本主义生产关系，把资本家和工人混在了一起。

（2）他的“纯产品”学说的狭隘性，使他把剩余价值的生产和财富的创造仅归功于农业部门，而忽视和错误对待了工商业的生产性质和阶级划分。

（3）他给了土地所有者一个超然的地位，把那些人看作特殊阶级，这充分反映了他的经济思想具有封建性外观。

魁奈关于阶级结构和划分理论的错误，与当时社会经济没有充分发展，雇佣工人仍包含在第三等级内而没有成为独立的阶级的情况有关。另外，当时社会上阶级斗争也没有充分表现出资本主义经济内部的直接关系，以至于魁奈无法将工人与资本家两个阶级划分清楚。

（四）资本的学说

马克思说，“重农学派的重大功绩在于，他们在资产阶级视野以内对资本进行了分析”，特别是在分析社会总资本的再生产和流通过程方面的尝试，是重农学派做出的重要贡献。

魁奈认为：只有投在农业上的资本才是生产的资本，投在工商业上的资本则不是生产的资本，甚至是欺诈性的资本。这仍是基于“纯产品”学说得出的片面观点。

魁奈把农业资本分为“年预付”和“原预付”两部分。“年预付”是指每年都要支付的投资，如种子、肥料、工资等，每年都会全部消耗掉，年终时再从产品中一次性收回或补偿。“原预付”是指投在房屋、仓库、农具耕畜等上的基本投资。这种投资是开办生产时为后几年进行的一次性基本投资，经过多年才能完全补偿和收回，每年只能补偿和收回一部分。实际上，“原预付”就相当于我们所说的固定资本，“年预付”相当于我们所说的流动资本。

魁奈实际上是从生产资本角度划分了流动资本和固定资本，但从整个社会再生产的角度来说，这是错误的和片面的。他忽略了流通资本，忽略了流通中的商品资本和货币资本两种形态。此外，魁奈不仅忽视了而且没有看到资本本身并不仅仅是物质，它还代表和反映了特定的生产关系。

魁奈是在资产阶级视野内分析资本的。他关于资本的划分的合理性和积极意义在于：

（1）他把资本紧密地同生产相联系，为进一步真正研究和探讨资本主义生产关系奠定了基础。

（2）他的这种观点符合当时阶级斗争进一步发展的正确要求，为产业资产阶级反对重商主义、确立生产资本对社会财富增加的重要作用提供了理论依据。

（3）他认为货币既非固定资本又非流动资本的观点很有创见。但他忽略了生产资本也可以采取货币形式。他只重视资本的物质形式，而不注重价值形式，还把货币仅仅看作流通手段。

（五）《经济表》

《经济表》是魁奈经济理论的主要部分，也是他在经济学上最重要的贡献。

坎梯隆在《商业性质概论》一书中曾经指出土地是财富的源泉，人类劳动则是创造财富的原动力，而财富不外是人类生活的必需品、便利品和奢侈品。坎梯隆首次尝试分析了农业的年产物将怎样经过流通而在各阶级之间分配。他还认为国家的全部经济活动依赖国王及地主的兴趣、爱好和生活方式。坎梯隆曾经将《商业性质概论》的一部分译为法文，为其法国朋友应用。坎梯隆去世后21年，该书被米拉波付印。该书对于重农主义理论的形成影响极大，尤其魁奈的《经济表》深受其影响。

1.《经济表》的版本情况

魁奈的《经济表》写于1758年12月，到1759年年底共印了3版。但由于版本没有标明，以致后人经过很长时间才确定了魁奈最初的"原表"。这是因为魁奈本人生前曾多次修订"原表"，重农学派其他成员也多次做过修订和说明。魁奈1758年写的"原表"以及在此基础上做的修订和说明都比较复杂，而且计算也复杂麻烦，因此后人很难看懂。

1760年，魁奈为简化起见，根据"原表"写出了"略表"（算学范式的《经济表》），这成为《经济表》的基本模式。该模式简明清楚。1890年，奥地利经济学家斯蒂芬·鲍威尔（Stephen Powell，1865—1934）从米拉波档案中找到了"原表""略表"以及米拉波的修订意见。

一般人多用"略表"进行研究，马克思也是使用"略表"对魁奈的《经济表》进行研究的。我们这里用的也是"略表"。当然，也有些教材用的是鲍威尔的修订表。

2.《经济表》的指导思想

《经济表》通过社会总产品在各阶级间的分配及流通，说明了整个社会再生产活动的自然秩序，排除了国家干涉对再生产的影响。它把社会经济作为一个整体来考虑再生产的运动及各部分的相互联系。这是魁奈对经济问题的一种综合，目的是研究如何保证再生产的正常运行。实际上，魁奈试图找出拯救法国经济的办法。他强调农业的重要性，认为农业是推动各行各业及一切经济活动的原动力，还批评政府不重视农业的做法。

魁奈认为，要保证再生产的进行就要保持再生产的投资，不能完全耗掉"年预付"和"原预付"。法国农业之所以衰落就是因为地租和赋税太重，侵蚀了农业资本，当然还有人为压低农产品价格的政策上的原因。所以，魁奈认为，要使农业繁荣，就要有充足的资本，而这就需要减轻租税，实行自由贸易政策，使农产品获得合理的价格。

3.对《经济表》的分析

我们这里仅以《经济表》的"算学范式"为例来说明魁奈《经济表》所反映的经济中再生产的规律和有关思想。

（1）《经济表》试图说明：

① 社会的全部农产品在3个阶级中如何分配才能使再生产正常进行。

② 在纯产品分配中，各阶级所代表的各个经济部门如何发生相互联系，构成一个宏观上有机的经济整体。

③ 农业怎样由于其生产"纯产品"而成为整个经济活动和社会发展的基础。

（2）《经济表》分析的前提和假定条件首先是经济活动的自由，即自由竞争的"自然秩序"，然后要假定：

① 在一个大的王国内，社会普遍实行大农业（大规模租地农业）。

② 社会上只存在生产阶级、土地所有者阶级和不生产阶级3个主要阶级。

③《经济表》只考虑各阶级间的流通，而不考虑阶级内部的流通。

④ 在考察年度内，以正常价格为基础，每年有50亿里弗尔价值的再生产，而且保持常态，有充足的资本，不承担税赋。

⑤ 考察期内商品的价格不变。

⑥ 只考察简单再生产的情况。

⑦ 不考虑对外贸易情况。

⑧ 各阶级间的交易只按总额计算。

（3）算学范式的《经济表》的具体分析内容如图5-1所示。

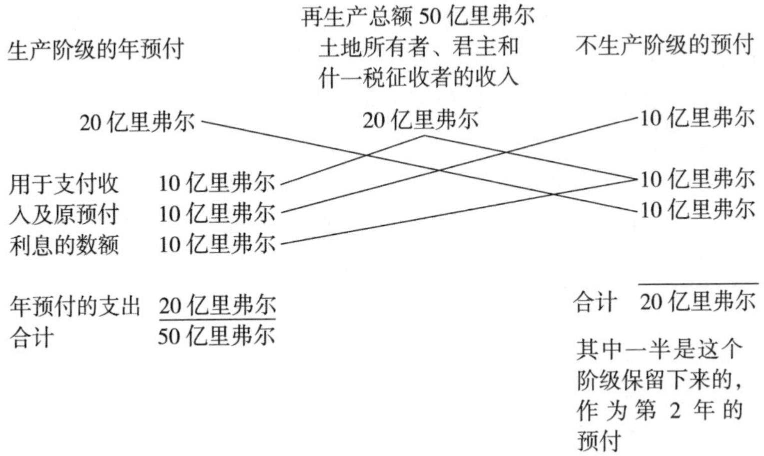

说明：魁奈的《经济表》曾经有多种表达图式，这里列出的是最为流行、最有代表性、最容易明白的“略表”图式。

图5-1　算学范式的《经济表》

《经济表》的出发点为上一年农业的年总产品（总收成），价值50亿里弗尔（不包括工业品）。流通开始时3个阶级的情况是：

① 生产阶级最初投入100亿里弗尔“原预付”，每年损耗20亿里弗尔“年预付”。“原预付”假定可用10年，每年损耗10亿里弗尔。

年产品的价值构成是：首先，以利息形式补偿“原预付”损耗10亿里弗尔；其次，补偿“年预付”20亿里弗尔；最后，“纯产品”为20亿里弗尔。

从实物构成看：50亿里弗尔总产品中，40亿里弗尔为粮食，10亿里弗尔为原料。50亿里弗尔总产品中，30亿里弗尔进入流通，20亿里弗尔不进入流通。流通前，生产阶级还有上年度收回的20亿里弗尔的货币要交给地主作为地租。

② 不生产阶级有价值20亿里弗尔投资（原料和生活资料各占一半）用于自己的生产。它们全部进入流通，一半用于换取工业原料，一半用于换取生活资料。

③ 土地所有者以地租形式从生产阶级手中得到20亿里弗尔货币，这在流通中起到媒介作用。

图5-1中的流通过程是：

① 土地所有者向生产阶级买10亿里弗尔的生活资料（农产品）。这样，10亿里弗尔就回到生产阶级手上，10亿里弗尔的生活资料（农产品）则流入土地所有者手里。

② 土地所有者向不生产阶级买10亿里弗尔的生产资料（工业品），于是，10亿里弗尔流入不生产阶级手中，10亿里弗尔的生产资料（工业品）流入土地所有者手中。

③ 不生产阶级向生产阶级购买10亿里弗尔的生活资料（农产品），于是，又有10亿里弗尔流入生产阶级手中，10亿里弗尔的生活资料（农产品）流入不生产阶级手中。

④ 生产阶级向不生产阶级购买10亿里弗尔的生产资料（工业品），于是，10亿里弗尔又流入不生产阶级手中，而10亿里弗尔的生产资料（工业品）则流入生产阶级手中。

⑤ 不生产阶级又向生产阶级购买10亿里弗尔的工业原料（农产品），这样，10亿里弗尔又流回生产阶级手中，而10亿里弗尔的工业原料（农产品）流入生产阶级手中。

流通的最后结果是：

① 土地所有者得到了20亿里弗尔的货币地租，并以它购买了10亿里弗尔的生活资料和10亿里弗尔的生产资料。

② 不生产阶级以上年生产的20亿里弗尔的生产资料换取了10亿里弗尔的生活资料和10亿里弗尔的工业原料。

③ 生产阶级以上一年度的产品中30亿里弗尔的农产品（20亿里弗尔的生活资料和10亿里弗尔的工业原料）换取了10亿里弗尔的生产资料和20亿里弗尔的货币。

此外，他们手中还有20亿里弗尔的农产品，作为种子和生活资料，其不进入流通领域。

这样继续下去，简单再生产就可以周而复始地进行了。

4.《经济表》的贡献

魁奈的《经济表》是对社会总资本再生产和流通进行分析的首次尝试。它表明工农业两个生产部门是相互依赖的，每个部门的产出都是另一个部门的投入。这种不同产业联系的技术依赖性为未来形式的劳动价值论奠定了基础。其明显还表明，投入和产出的配置要求持续的货币流通。重农主义者预言了后来马尔萨斯、马克思、凯恩斯和随后一些经济学家的阐释，即货币窖藏或发展瓶颈或货币流通过程不平衡会如何扰乱投入和商品产出配置并引起经济危机或萧条。①

具体说来，《经济表》有价值的创见是：

（1）出发点是社会生产（农业）的总收成或总产品，从上一年收获后开始循环。这种分析再生产过程的起点表明了《经济表》分析再生产的基础的正确性。

（2）把资本的全部生产过程表现为再生产过程，把流通过程仅仅表现为再生产过程的形式，把货币流通从属于资本流通，作为资本流通的一个要素。这是对从宏观上分析再生产的恰当处理。

（3）把社会各阶级收入的来源、资本和所得的交换、再生产消费和最终消费的关系，都包括到再生产过程中，同样是宏观上的恰当处理。

（4）把资本和收入间的流通包括在资本流通中，把工农业两部门间的流通表现为该再生产的要素，这充分表明了其资本主义性质。

总之，《经济表》的这些创见对以后的相关分析具有极大的启发意义。尽管事实上所有后世的经济学家都排斥了经济剩余是自然馈赠这一命题，但是，将创造使用价值的那些工人的劳动归为生产性的，而将不创造剩余价值的那些工人的劳动归为非生产性的这种分类，是19世纪经济分析的一个主要基石。②马克思的再生产理论在很大程度上也是受到魁奈《经济表》的启发的。

---

① 亨特．经济思想史——一种批判性的视角［M］．颜鹏飞，总校译．上海：上海财经大学出版社，2007：28.
② 亨特．经济思想史——一种批判性的视角［M］．颜鹏飞，总校译．上海：上海财经大学出版社，2007：28.

5.《经济表》的缺点

（1）片面地视农业为唯一生产部门，把地租作为剩余价值的唯一形态。这是对其封建性外观掩盖了资本主义生产实质的反映。

（2）没有对不变资本和可变资本进行划分，不能对社会产品的构成进行真正的分析，像马克思在《资本论》中那样提出“c+v+m的价值构成形式”并展开分析，从而不能正确论证“纯产品”的真正来源，堵塞了科学分析剩余价值的道路。

（3）只有生产部门与非生产部门的区分，而没有两大部类的区分，所以不能完善地分析再生产过程。

（4）强调了资本生产的均衡，但没有看到资本生产中存在的内在矛盾。

（5）认为工业生产中只有“年预付”，没有“原预付”；社会总产品不包括20亿里弗尔工业品；混淆了“原预付”折旧和利息；认为农业部门要向工业部门去购买消费品，但工业部门自己不消费工业产品。

这些缺陷都严重地阻碍了魁奈做出进一步的科学分析。这些缺陷的存在与资本主义经济没有充分发展也有很大的关系。

鲍威尔的修正表与魁奈的“略表”的不同之处在于，从一次流通来看：

（1）在鲍威尔的修正表中，在不生产阶级购买的20亿里弗尔农产品中，除去用出售工业品给土地所有者阶级所得的货币购买的那部分与“略表”相同之外，另外10亿里弗尔农产品是用出售工业品给生产阶级所得的货币购买的。而在魁奈的“略表”中，这部分是由不生产阶级垫钱购买的，再用出售工业品的所得来补偿。

（2）在鲍威尔的修正表中，生产阶级向不生产阶级进行的10亿里弗尔购买，是生产阶级用出卖农产品给土地所有者阶级所得的货币实现的。而在魁奈的“略表”中，是用生产阶级的年预付中的10亿里弗尔向不生产阶级购买的。不过，如果从再生产的连续过程来看，则这两个表是不存在差异的。

三、经济纲领

魁奈的经济纲领明显反映了其封建性外观下的资本主义本质：

（1）魁奈主张增加农业资本、发展大农业，实质上是主张发展当时在法国北部首先出现的资本主义大农业。

（2）魁奈主张整顿税收，改革税制，改行单一的地租税，废除一切其他直接和间接税。这是基于其“纯产品”学说考虑的反映资本家利益的观点。

魁奈认为，对农业征税会侵蚀再生产基金，影响农业投资，最终减少“纯产品”；对工商业征税也不妥，因为工商业不生产“纯产品”，对其征税最终会引起商品价格上涨。这一方面会使税收转嫁到生产阶级身上，造成资本减少，从而间接减少“纯产品”；另一方面会把税收负担仍旧转嫁到土地所有者身上。这与直接征收地租税是同样的作用。所以，简化税制，降低赋税的征收费用，只直接收取地租税是最合适的。

魁奈的这种主张在客观上会免除工商业资本家的税，维护工商业的发展和产业资本家的利益。这正是后来法国资产阶级大革命中运用法律没收土地所有权的办法，也是英国李嘉图学派充分发展了的现代政治经济学的最终结论。但魁奈的这种观点在外表上似乎仍是为土地所有者打算的。这就是其封建性外观的一种表现。

魁奈提出的单一地租税的观点当然是错误的，因为以“纯产品”学说为基础来考虑税收的观点本身就是狭隘和错误的。不过，由于这种单一税在资本主义兴起的时代维护了资产阶级利益，因而在历史上起过一定的积极作用。

（3）魁奈主张实行自由贸易政策，反对国家对经济的干预。他认为只有自由竞争才符合“自然秩序”。这种政策更是反映了当时资产阶级的典型观点及要求。

第四节 杜尔哥的经济思想

一、生平简介

安·罗伯特·雅克·杜尔哥（Anne Robert Jacques Turgot，1727—1781）出生于和工商业大资产阶级比较接近的官宦贵族家庭，20岁获得神学士学位，第二年任修道院院士，23岁任修道院名誉院长。他对宗教感兴趣，会6种语言，写过一系列哲学著作和内容相当深刻的关于纸币的著作。1751年，杜尔哥放弃神职后又从事政治活动，当过代理检察长（1752）、裁判长（1753）、巴黎市议会参议员。他与狄德罗、达兰贝尔等“百科全书”派人物交往密切，并为《百科全书》撰文。他曾在州内进行经济改革，后来任法国国王路易十六的海军大臣和财政大臣，推行过重农主义主张，进行过改革。后来他因触犯贵族利益于1776年被罢官，之后专门从事自然科学研究。他在经济学方面的导师是本沙·戈尔内。

杜尔哥的主要著作是《关于财富的形成和分配的考察》（1766）。他在其另一部著作《戈尔内颂》（1759）中第一次系统地表述了他的经济思想。

在经济改革方面，杜尔哥主要推行了自由贸易政策，实行自由竞争；改革税收制度，让各阶级一律纳税；取消行会。有时，他被学术界认为是“自由放任，自由通行”这一著名原则的首倡者。

杜尔哥是重农学派的重要代表人物。他没有正式加入重农学派的组织，但在经济思想和经济政策主张方面与重农学派是完全一致的。杜尔哥基本是在走自己的经济问题研究之路，但实际上把魁奈和重农学派的经济思想向前推进了一大步，并提出了一些新的见解。

二、对魁奈经济思想的发展

魁奈的封建性外观在杜尔哥这里是完全不存在的。马克思认为，在杜尔哥那里，重农主义体系发展到了最高峰。

（一）阶级划分观点

杜尔哥进一步发展了魁奈关于阶级划分的观点，在生产阶级和不生产阶级中又划分出两个阶层——工人（一无所有，只能靠劳动挣取工资维持生活）和企业家（农场主、制造业主、资本家，他们积累了大量货币，将其投入生产，依靠资本获取利润）。这种初步的阶级划分为以后更正确的阶级划分和分析提供了条件。

杜尔哥依据社会经济发展进程划分阶级，先划分出生产阶级（土地耕种者阶级）和薪资阶级（工匠阶级）；再从生产阶级中划分出土地所有者阶级（可自由支配的阶级）；最后，把工业中的薪资阶级进一步划分为具有资本主义性质的企业家和单纯的工人。

杜尔哥描述了资本主义农业中3个阶级的形成过程，他看到生产资料和劳动者的分离导致了雇佣工人的产生。他认为，最初，耕种者与所有者是统一的，所有权与经营使用权也是统一的，没有阶级之分；但当土地全部被占有后，出现了加工生产农产品的受雇者。这就出现了生产阶级和不生产阶级，土地所有者自己则不再劳动，而只是雇用别人来耕种土地，变成收取“纯产品”的土地所有者阶级。这时所有权与经营使用权发生了分离。而基于农业的最初分工，整个社会得到进一步发展，于是产生了农业与加工业阶级划分的基础和出发点。

杜尔哥对阶级形成和划分的叙述是不完全符合历史事实的。但他提出的雇佣劳动者的产生是从不占有生产资料开始的观点是科学的，对后人有所启发。

（二）工资观点

杜尔哥认为工资应该等于维持工人生活的最低水平的生活资料。他把工资与雇佣工人联系在一起，把工资作为雇佣工人的收入。他认为，工资之所以等于最低的生活资料是因为工人的就业竞争。这种观点也为后来古典经济学家对工资的分析提供了条件。

（三）对“纯产品”的看法

杜尔哥在这方面的观点表明，“重农学派在农业劳动范围内是正确地理解剩余价值的”。他认为，自然力只有在农业中才会发挥作用，但不能独自发生作用，要与劳动相结合才行。他把“纯产品”看作劳动与自然力相结合的产物、劳动利用自然力的产物，看作自然对土地耕种者的自然赠予。其是一种剩余物，是剩余劳动的对应物。杜尔哥还指出，土地所有者能占有“纯产品”的原因就是土地与劳动者的分离。而对于土地私有权，他认为，那是因为人类的习俗和民法而存在的。

（四）对资本理论的发展

杜尔哥以“资本”一词代替了魁奈的“预付”，并且具体分析了资本的各种用途及收入的性质。他认为，资本既可以用于购买田产以收取地租，也可以用于经营和从事制造业以获取利润，还可以用于从事农业经营以获取利润，或者从事商业活动以取得利润，用于贷款发放以取得利息。杜尔哥的这些分析是政治经济学形成和发展历史上对于资本主义制度下基本收入与其他收入本质和性质的第一次分析，也是对魁奈的资本理论的一种发展。

（五）利息与利润观点

杜尔哥论证了利息与利润二者存在的合法性。他从地租中引申出利息，又从利息中引申出利润。他认为，经营工商业取得利润与取得地租是同样合理的，而且由于经营的风险以及经营者需要多费心思，利润还应该高于地租。

对于利息，杜尔哥也同样认为应该由地租引出。他主张利息的大小应该通过借贷双方的自由协议加以确定，反对国家硬性规定利率。

这样，杜尔哥就把资本主义的基本收入划分为了工资、利润、利息和地租。这是有其合理性的。可惜，他缺乏更深入和具体的论述，也不明白收入的真正源泉。

三、杜尔哥的经济改革

杜尔哥的经济改革主要是在影响自由贸易的税收方面。在他的主导下，政府取消了国内对谷物自由贸易的限制及征税，对特权阶级也照章征税；免除了农民建造街道的徭役，代之以税赋；实行了酒类的自由贸易；取消了行会组织。不过，杜尔哥的这些改革行动仅仅实行了很短的时间，就因为受到王室贵族和特权阶级的反对而失败了。

杜尔哥经济改革失败的一个重要原因是，他对封建专制政权的容忍程度抱有幻想，从而导致统治阶级的不满。事实上，他的改革措施只有当资产阶级革命后才能得到实现。

杜尔哥在价值论上持两种观点，既接受生产费用论，也同意主观价值论。他认为，物品满足人们消费需求的能力、供求力量的对比、获取物品的难易程度都是形成“估计价值”的考虑因素。他认为，交换价值（签约价值）就是由“估计价值”派生出来的。这种看法为后来的价值论发展提供了某种出发点。

本章思语

1. 法国重农学派是在什么背景下产生的？
2. 法国重农学派思想体系的主要特点是什么？
3. 魁奈的经济思想的主要内容有哪些？
4. 魁奈的《经济表》包含了哪些重要的经济思想？
5. 杜尔哥的经济思想要点是什么？
6. 杜尔哥进行经济改革的目标是什么？

第三篇

18—19世纪初期的经济思想

[第六章]
亚当·斯密的经济思想

第一节　18世纪以后英国的政治与经济状况

一、18世纪以后英国的社会经济状况

18世纪中叶，英国的资本主义经济已有较大的发展，人口增长迅速，工业在国民经济中的地位显著提高。行会手工业逐步分化瓦解，资本主义手工业成为生产的主要形式，工厂员工规模已达数百人，并逐步扩展到多种行业。

这时，英国议会通过了《圈地法案》，圈地运动因合法化而达到高潮，小农基本上被消灭了。圈地运动不仅促进了农牧业的资本主义经营，而且推动了英国毛纺织业的迅速发展。这一时期，英国的海外殖民扩张及掠夺式对外贸易都为资本主义提供了大量的利润，推动了资本积累。英国开始成为世界上头号外贸强国和殖民强国。

在英国国内，这时分工发展的专业化程度大大提高，技术发明增多，生产中越来越多地采用机器，大批廉价劳动力出现。这些都为工业革命准备了条件。上述条件再加上巨额资本的积累，英国的工业革命就发展起来了。

二、18世纪以后英国的社会阶级结构变化及阶级斗争

18世纪中期，英国的三大阶级基本形成，但资产阶级同封建贵族的斗争仍占主导地位。资产阶级并未完全占据绝对统治地位。资产阶级反对封建残余的斗争，核心是发展资本主义的有利条件，如要求实行自由竞争和自由贸易，对资产阶级和土地所有者阶级间已存在的妥协进行有利于资产阶级的调整。这些要求主要表现在：

（1）在政治上，资产阶级要求改革旧选举法，增加资产阶级在议会中的席位。

（2）在经济上，要求废除一些旧的政策法令（如税收、行会、货币、外贸制度），促进资本主义经济发展。

资产阶级的这些要求在国会内部引发了激烈的辩论。

这一时期，无产阶级同资产阶级的矛盾和斗争有了初步的发展，但主要还是自发的经济斗争，未占据社会矛盾的主导地位，还居于幕后。

上述这些情况都为亚当·斯密在总结前人理论的基础上创立自己全新的资产阶级政治经济学体系创造了环境和条件。

三、从配第到亚当·斯密的古典经济思想的发展

亚当·斯密是英国古典经济学的创始人和集大成者，也是整个欧美古典经济学体系的奠基者和集大成者。他综合了在他以前许多人的观点，加上自己的创见，形成了比较成熟和完整的政治经济学体系。他的经济思想的来自启蒙思想和唯物主义哲学思潮、英国经济理论和法国的重农主义。

从配第到亚当·斯密，其间经历了一百年左右的时间。这中间，有许多经济学家沿着配第开辟的道路，继续探讨资本主义的经济规律，做出了一些重要的贡献，这对亚当·斯密古典经济学体系的形成起到了重要的促进作用。这些人中主要有曼德维尔、洛克、达德利·诺思、马西、休谟、坎梯隆、弗朗西斯·哈奇森（Francis Hutcheson，1694—1746）、伏尔泰（Voltaire，1694—1778）、爱尔维修、魁奈、杜尔哥、本杰明·富兰克林（Benjamin Franklin）以及詹姆斯·斯图亚特。亚当·斯密就是在综合这些先驱的理论基础上建立起自己的理论体系的。

亚当·斯密与他之前所有的经济学家都不同，不仅因为他渊博的知识，还因为他提出了一个完整而又相对一致的有关资本主义制度性质、结构和运行的抽象模型。他清楚地认识到，在主要社会阶级、不同生产部门、财富与收入分配、商业、货币流通、价格形成过程和经济增长过程之间彼此存在重要联系。他的许多政策建议都以他从模型中得出的结论为基础。无论从整体还是局部来考察，这种资本主义的系统化模型都成为亚当·斯密之后大多数重要经济学家著作的特点。无论是考察其逻辑连贯性还是矛盾所在，亚当·斯密的模型都让人感到一样有趣。他对现代经济思想具有开创性的影响，大多数19世纪或20世纪在学术上有尖锐冲突的经济学家都可以在《国富论》首次系统提出的那些概念中追溯到他们的重要观点。[①]

第二节　亚当·斯密概况

一、生平简介

亚当·斯密（Adam Smith，1723—1790）出生于苏格兰科卡第城的一个海关职员家庭。他14岁时进入格拉斯哥大学学习哲学，深受其老师哈奇森教授的影响。亚当·斯密关于分工与交换必不可少的思想、个人劳动的主要动机是自利和自爱的思想，都是他以后的经济思想体系中的重要一部分。在格拉斯哥大学，亚当·斯密与休谟结为挚友，并深受其功利主义道德观的影响，这对后来亚当·斯密经济思想的发展产生了较大作用。再往后，亚当·斯密由于成绩优秀，被推选进入牛津大学。毕业之后，他担任了爱丁堡大学的讲师、教授，讲授修辞学、文学、逻辑学，以及格拉斯哥大学的道德哲学等几门课。在亚当·斯密的时代，政治经济学还包含在政治学和道德哲学中，而不是大学里一门独立的学科和课程。1759年，亚当·斯密出版了《道德情操论》，使他成为英国第一流的学者。1764年，亚当·斯密辞去了大学教授职位，担任贝克莱公爵的私人教师，并陪同公爵游

---

① 亨特. 经济思想史——一种批判性的视角［M］. 颜鹏飞，总校译. 上海：上海财经大学出版社，2007：31.

历法国和瑞士。在法国，他见到了“百科全书”派的伏尔泰和爱尔维修。这两个人对重农学派的魁奈和杜尔哥都具有较大的影响。亚当·斯密回国后，就在家乡专门研究经济学，1773年写成了《国富论》原稿，经过3年的修订后，于1776年正式出版。该书出版时，恰逢美国发表《独立宣言》。他公开出版的这本《国富论》正好适应了英国当时产业资产阶级的需要，为自由放任政策提供了理论基础。这样，亚当·斯密就成了英国著名的经济学家。1778年，他出任苏格兰爱丁堡海关税务司长，工作之余仍从事经济学研究。1787年，他被推选为格拉斯哥大学名誉校长。

二、《国富论》的基本思想及结构

《国富论》在西方经济思想史上占有划时代的重要地位，是古典经济学的经典著作。亚当·斯密在该书中继承和发展了前人的研究成果，尤其是配第以后的经济研究成果，并把当时的经济知识归纳起来，首次创立了系统的古典经济学体系。该书的许多思想成为以后大部分经济学家进行经济理论研究的基础和先导，因此，亚当·斯密在经济学界备受推崇。《国富论》也是马克思创立自己的经济学（特别是《资本论》）时所借鉴和继承的重要内容。《国富论》的出版使政治经济学开始成为一门真正独立的学科。我国曾有严复的文言文译本，书名为《原富》(1902)。1936年，王亚南、郭大力重新翻译了《国富论》，出版了白话文译本。

《国富论》研究的是国民财富的性质和它产生及增加的原因。亚当·斯密认为，国民财富即一国所生产的商品总量，是由生产性劳动创造出来的劳动量财富的源泉。他认为，工业、农业等各行业和生产部门都能够创造财富。这个观点比前人有了很大进步。他还认为，政治经济学的目的就是增进国民财富，增加人民和国家的收入，实现“富国裕民”。增进财富的办法主要有两种：一是通过分工来发展和提高劳动生产率，增加产出；二是通过增加资本、劳动的人数、生产资料，即积累过程来增加产出。

《国富论》在结构上分为5篇：

第一篇是“论劳动生产力增进的原因并论劳动生产物自然而然地分配给各阶级人民的顺序”。该篇主要谈分工，还从分工的前提和后果的角度谈到货币、交换、交换价值和工资、利润、地租3种收入。

第二篇是“论资财的性质及其蓄积和用途”，着重分析资本主义的性质、各阶级的构成、资本积累的条件、资本用途。该篇认为，增加财富的途径重点在于通过增加资本积累来增加生产性劳动。第一篇和第二篇基本包括了亚当·斯密政治经济学理论的全部核心内容。

第三篇是“论不同国家中财富的不同发展”，从经济史角度考察了促进或阻碍国民财富发展的因素。

第四篇是“论政治经济学体系”，研究了经济思想史，说明错误的经济学说和政策怎样妨碍了国民财富的增长（着重分析了重商主义和重农主义学说的错误），并提出实现经济自由的根本性政策指导思想。

第五篇是“论君主或国家的收入”，指出国家财政收支对国民财富的影响。这一篇相当于财政学。亚当·斯密在这里重点阐明了政府的经济职能。

《国富论》全书贯穿了自由放任的原则，认为自由放任比国家干预对经济发展更为有利。亚当·斯密指出，每个人得到了个人利益，国家也就取得了利益。这种自由放任思想主要是反对为封建君主服务的重商主义经济政策和指导思想。亚当·斯密在这里还歌颂了以分工为基础的工场手工业的优越性。

三、社会历史观及方法论

（一）形而上学的资产阶级世界观

亚当·斯密在著作中表现出来的是一种明显的资产阶级个人主义、自由主义、“人性论”和“自然秩序”的立场与世界观。

亚当·斯密认为，资本主义制度是永恒的、自然的、永不改变的，但最初在人类社会成熟之前有一个蒙昧时期。一旦私有制产生，就进入了“永恒的社会”，以后就只有生产的发展，而没有制度的更替。他把资本主义的经济规律当作人类社会的普遍规律。他认为，人的活动是由人的本性（利己心）决定的。在道德上，人既有同情心、利他心，又有利己心。在经济上，利己是目的，利他是手段。主观上要利己，但客观上必须以利他为手段才能利己。经济活动中，主要是利己心在起作用。追求个人利益和有代价地帮助他人产生了交换行为，这使双方都能达到利益的满足，这样就展开了社会经济活动。社会就是基于人性的交换的联合。这实际上讲的是资产阶级的阶级性。他认为，这种人性也是永久和永恒的，是经济活动和体系的出发点。在私有制社会内，特别在资本主义社会内，亚当·斯密说明了现实存在的某些现象和规律，但这种客观性是很有限的。从根本上来说，亚当·斯密这种世界观是主观个人主义的、形而上学的和不完全符合历史实际的错误观点。

（二）研究方法的二重性

亚当·斯密在经济学研究方法方面有许多角度，在很多地方表现为理论逻辑上缺乏一致性，甚至是矛盾的（二重性）。他一方面在其对人的经济理性（利己的“经济人”）假定下，赞美“看不见的手”引导下的自由市场经济制度，对经济现象进行直观的描述；另一方面，又从经济关系的内在逻辑上进行本质的探讨。因此，在他的著作中，既有历史与逻辑的矛盾，也有历史与逻辑的统一。

《国富论》中有许多正确的观点，但也充满了矛盾。这种情况不仅与亚当·斯密的历史观和阶级立场有关系，也与他使用不统一（二重性）的研究方法分不开。

亚当·斯密的二重性的研究方法是与其二重性的研究任务完全一致的。具体说来，他在研究中既使用归纳方法，也使用演绎方法；既使用生理学和解剖方法，深入研究各种经济范畴的内在联系及规律性，探求资本主义经济活动的本质，又使用现象描述的方法，注重对经济的外部现象的描述、分类。亚当·斯密用这两种方法都取得了一定的成果，但由于他未能使两种方法辩证地统一起来，因此时常会造成一些矛盾。

尽管亚当·斯密的某些理论缺陷在政治经济学的形成时期在所难免，但其根本缺陷是由资产阶级受当时的立场和视野本身的限制而造成的。

尽管亚当·斯密的理论体系成为广泛推崇的经济学经典，但其自相矛盾的理论往往成为以后学者们相互争论的起点，也成为后来古典经济学派和庸俗经济学派的最早思想来源。

第三节 亚当·斯密的分工和交换理论及货币理论

一、分工和交换理论

分工和交换理论是亚当·斯密经济理论研究的出发点。这种研究的路径和思想观点主要源于配第、曼德维尔的经济思想与弗格森的《市民社会史》(1767)所表露出来的思想。

亚当·斯密认为，分工是提高生产力、发展和增进国民财富的重要途径和主要因素。他说："劳动生产力上最大的增进，以及运用劳动时所表现的更大的熟练、技巧和判断力，似乎都是分工的结果。"[①]亚当·斯密的这种观点反映了他所处的工场手工业时代的特点，当时除了分工之外，其他更显著的技术进步尚未明显与此相悖。

亚当·斯密对分工的看法主要涉及如下一些方面：

（一）分工的优点

亚当·斯密认为分工能提高劳动生产率。这是分工的优越性所在。他以有18道工序的制针业的情况为例，不实行分工，有的工人一天甚至不能做出一枚别针；实行分工后，则平均每人每天可做出4 800枚别针。

亚当·斯密认为，分工能够提高劳动生产率的原因在于：

首先，分工能使劳动者的专业技巧提高，实现专业化和简单化操作。这能够使工人很快掌握和提高相对简单或单一的操作技术，从而增强劳动熟练程度。

其次，分工后可以节省工种和工序相互之间转换的时间。

最后，分工能够在操作简化的基础上，发明和运用许多能够进一步简化劳动和减少劳动量的机械，从而提高劳动效率。

亚当·斯密由此得出结论：劳动者个体之间才能的差异主要是由分工造成的，而不是由生来就有的自然天赋造成的。

（二）分工的缺点

亚当·斯密认为分工是社会不平等的根源之一。在他看来，这是分工的缺点。亚当·斯密的这种思想直接来源于他的老师弗格森。亚当·斯密认为，分工会使工人在劳动中长年累月从事单调死板的活动，因而限制了工人全面的活动能力和智力的发展。这既造成人们之间的不平等，也对人的健康发展不利。

亚当·斯密看到了劳动分工的差别，但把它混同于社会的不平等，这是错误的。社会的不平等根源并不在于劳动分工。他实际上不仅混淆了社会分工与工场内的劳动分工，而且混淆了国内分工与国际分工。

（三）分工的原因

亚当·斯密认为分工产生的原因是人的交换本性。他认为，人类的利己心会使之产生交换倾向，而交换倾向又会导致分工。这是一种"缓慢而逐渐造成的结果"。他否认分工

---

① 斯密．国民财富的性质和原因的研究（上卷）[M]．郭大力，王亚南，译．北京：商务印书馆，1972：5.

是由人发明出来的。这一点具有一定的客观意义。但他把分工归因于人类本性中的交换倾向，是错误的，也是颠倒因果的。历史上，分工先于交换；理论上，分工导致占有制的变化，然后才可能谈到交换。

（四）分工的限制

亚当·斯密认为，分工产生后，其发展也会受交换范围的限制。他说："分工起因于交换能力，分工的程度，因此总要受交换能力大小的限制，换言之，要受市场广狭的限制。"①这样，他就把分工与自由贸易联系在一起，认为一切限制自由贸易的措施都会影响分工的发展，妨碍社会福利的增长。他以此为根据批判了重商主义的政策，宣传自由贸易思想。

亚当·斯密的这个论述在他直接考察资本主义经济时，具有客观的合理性，但其片面性在于，他只看到分工促进劳动生产力提高，没看到劳动生产力的发展也会推动分工的发展。他只从人的本性的角度看待分工，而忽视了分工是一种社会的和历史的现象。他的这种观点与他的社会历史观有一定联系。但他毕竟强调了分工，强调了分工的客观作用，这在他那个时代是一种贡献，是优于重农主义的。

二、货币理论

亚当·斯密的货币理论对洛克、休谟和坎梯隆的经济思想是有所继承的。但亚当·斯密货币思想的源泉是詹姆斯·斯图亚特的理论。在理论上，亚当·斯密在分工之后先谈货币，之后才谈到价值。这种论述次序是不利于从价值和价值形式方面去了解货币的。但他的货币理论代表了英国古典经济学关于货币理论的最高成就。这种理论的主要内容表现在以下几个方面：

（一）货币的性质与起源

亚当·斯密比较明确地指出，货币是随着商品交换的发展逐渐从"许多种类货物"中分离出来作为"共同衡量标准"或"共同价值标准"的一种货物。在这方面，他大大超过了其前辈。

他认为，货币的产生主要是为了克服商品之间直接交换（物物交换）的困难，以及克服物物交换中相对价值形式太多不容易记忆的困难。随着分工和交换的发展，物物交换越来越不方便，于是有人逐渐地先把自己的商品换成大家都需要的商品，然后再用这种商品换取自己需要的商品。久而久之，这种大家都需要的商品就逐渐变成了一种交换的媒介，从普通商品中分离出来。亚当·斯密发现，历史上，许多国家曾经使用过各类不同的商品作为交换的媒介，后来都逐渐发展为用贵金属作为大家普遍接受的交换价值的"共同衡量标准"。最后，由于在各种金属中，金银的价值最易确定，因此，人们把金银规定为比较各种货物的最准确的标准，因而也把它看作最适当的价值尺度。亚当·斯密没有把金银充当货币的原因神秘化，而是从金银本身适于充当货币的优良属性来考虑的。

亚当·斯密肯定了货币的商品性质，这是其在货币理论方面能够取得成就的关键。亚当·斯密更可贵的地方在于，他能从劳动价值论的角度出发坚持货币的商品性质。他说：

① 斯密．国民财富的性质和原因的研究（上卷）[M]．郭大力，王亚南，译．北京：商务印书馆，1972：16.

“以货币或货物购买物品，就是用劳动购买，正如我们用自己的劳动取得一样……它们含有一定劳动量的价值，我们用以交换其他当时被认为有同量劳动价值的物品。”①这一认识是对配第的有关观点的发展。

此外，亚当·斯密研究了铸币的形成过程。

亚当·斯密在货币理论上的缺点是没能深入分析商品的矛盾，没看到价值的货币形式同商品的矛盾之间的内在联系，因而不能真正克服货币分析上的困难，不能真正说明商品怎样成为货币，为什么成为货币，通过什么成为货币。

（二）货币的职能

亚当·斯密对此也有不少深刻见解。他曾多次论及货币作为价值尺度的职能，并且指出：“金银价值对其他货物价值的比例……取决于一定数量金银上市所需要的劳动量对一定数量他种货物上市所需要的劳动量的比例。”②尽管亚当·斯密没有提出社会必要劳动量的概念，但他看到了货币执行价值尺度职能的客观基础，是金银和其他商品的上市所需的劳动量以及它们之间的比例。

亚当·斯密还区分了货币作为价值尺度和价值标准的职能。他把前者称为“价值的自然标准”，把后者称为“数量的自然标准”。前者使一切商品有了共同的价值尺度，后者使得同等的数量能有同等的价值。在这个基础上，他还正确区分了“货币价值”的“两种变动”：一是由于同一名称的铸币在各个时代所含金银分量的不同而产生的变动；二是由于同一分量的金银价值在各个时代各不相同而产生的变动。③但亚当·斯密没有看到，金银价值的变动不会妨碍它们执行价值尺度的职能，也不妨碍它们执行价格标准的职能。他企图寻找到一种“不变的”价值尺度。

此外，亚当·斯密还注意到价值尺度的三重化（同时采用三种货币价值的表现形式）同货币作为价值尺度之间的矛盾，从而区分出本位金属和非本位金属的区别。

对于货币的流通手段职能，亚当·斯密也有较充分的论述。他提到了货币两种基本职能的关系。他认为，由于金银成为价值的尺度，其也就成了交易的工具。在《国富论》中，亚当·斯密把这两种基本职能叫作货币的“两重作用”：“货币是交易的媒介，又是价值的尺度。”④正是看到货币克服了物物交换的困难，亚当·斯密才说“货币是流通的大轮毂，是商业上的大工具”⑤。但他没有看到货币使交换打破了空间、时间和个人的限制与同一性，造成了买卖的对立和危机的可能性。

（三）流通中的货币量

亚当·斯密认为，铸币量取决于一国靠铸币流通的商品价值，流通会吸收一个使自己达到饱和的数量，但绝不会容纳更多的数量。⑥他甚至看出了一定时期内商品流通所需的货币量取决于流通中的商品价值和货币流通速度。在这方面，亚当·斯密的错误是，他根据全部产品可分解为收入的观点断言，实业家之间流通的商品价值不能超过实业家和消费者之间流通的商品价值。这种观点对后来的托马斯·图克（Thomas Tooke，1774—1858）

① 斯密．国民财富的性质和原因的研究（上卷）[M]．郭大力，王亚南，译．北京：商务印书馆，1972：26.
② 斯密．国民财富的性质和原因的研究（上卷）[M]．郭大力，王亚南，译．北京：商务印书馆，1972：302.
③ 斯密．国民财富的性质和原因的研究（上卷）[M]．郭大力，王亚南，译．北京：商务印书馆，1972：30.
④ 斯密．国民财富的性质和原因的研究（上卷）[M]．郭大力，王亚南，译．北京：商务印书馆，1972：1.
⑤ 斯密．国民财富的性质和原因的研究（上卷）[M]．郭大力，王亚南，译．北京：商务印书馆，1972：267.
⑥ 斯密．国民财富的性质和原因的研究（上卷）[M]．郭大力，王亚南，译．北京：商务印书馆，1972：12-13.

产生了较大影响。

（四）纸币问题

亚当·斯密事实上是把纸币作为流通手段的货币符号来研究的。但他认为纸币造价和维持费用低，而且比铸币更方便。由于纸币代替了铸币，所以金银会在国外发挥巨额资金的作用。所以，亚当·斯密把纸币看作"流通界的新轮子"。不过，他也认识到使用纸币的危险性，担心"发生无法制止的灾祸"。

对于纸币的流通量规律，亚当·斯密也做出了开创性的贡献。他认为：任何国家，各种纸币能毫无阻碍地到处流通的全部金额，绝不能超过其所代替的金银的价值，或（在商业状况不变的条件下）在没有这些纸币的场合所必须有的金银币的价值。[①]这种严守金本位纸币数量的观点，就是李嘉图所说的"斯密规律"。该论点说明亚当·斯密已经看出纸币流通量规律取决于金银币流通量规律。但他经常把纸币和信用货币等同起来。在信用货币理论方面，亚当·斯密也颇有建树。他研究了信用货币的基础、形式及作用，还涉及了世界货币及其流通规律。马克思评价说："亚当·斯密关于信用货币的观点是独创的而且深刻的。"[②]

总之，亚当·斯密的货币理论在英国古典经济学的历史上是引人注目的，但比较零散。他在批判重商主义的财富观时，往往会走到否定货币的极端。不过，与其成就相比，其错误毕竟是第二位的。

第四节　亚当·斯密的价值理论

价值理论是亚当·斯密理论体系的基础和核心部分，在这个基础上才能谈到他的分配理论。亚当·斯密在价值论上的主要贡献是，他在经济思想史上第一次比较系统地阐述了劳动价值论。但他的劳动价值论往往和别的价值观点混在一起，形成了二元论的观点：劳动价值论是最主要的，但还有耗费劳动决定价值和购买劳动决定价值两种观点。另外，还有三种收入决定价值的观点，以及从购买劳动决定价值引申出来的生产费用价值论观点。

一、财富观点

亚当·斯密指出：劳动是财富的源泉。"一国国民每年的劳动，本来就是供给他们每年消费的一切生活必需品和便利品的源泉。"[③]从劳动一般的抽象意义上说，这是很大的进步，为他划分出生产劳动部门与非生产劳动部门以及劳动价值论的创立提供了条件。

但在考察物质财富的源泉时，亚当·斯密忽视了自然因素的作用，这比起配第退步了。不仅如此，他在考察价值源泉时反而不能撇开自然因素。这主要是由亚当·斯密未能有意识地区分作为使用价值的物质财富和作为交换价值的纯粹社会财富所导致的。所以，他在一般地谈到劳动是财富的唯一源泉时，没有指出物质财富源泉的因素除了劳动因素之外，还包括自然因素。亚当·斯密还未能始终坚持和贯彻自己正确的抽象财富观。亚当·

---

① 斯密．国民财富的性质和原因的研究（上卷）[M]．郭大力，王亚南，译．北京：商务印书馆，1972：275.
② 马克思，恩格斯．马克思恩格斯全集（第13卷）[M]．中共中央马克思恩格斯列宁斯大林著作编译局，译．北京：人民出版社，1972：158-159.
③ 斯密．国民财富的性质和原因的研究（上卷）[M]．郭大力，王亚南，译．北京：商务印书馆，1972：1.

斯密的财富观为后来英国早期社会主义经济学家反对资本主义提供了理论依据。

二、交换价值和使用价值的区分

亚当·斯密在政治经济学史上第一次明确区分了交换价值和使用价值这两个概念，并从术语上说明了它们的内涵，指出了二者的不一致。

古希腊的色诺芬和亚里士多德（Aristotle，前384—前322）曾经认为，物品具有使用和交换两种用途。但由于那时商品经济关系不发达，他们这种关于使用价值和交换价值的萌芽思想，还不可能进一步明确，也不可能提出比较准确的术语。

亚当·斯密认为，使用价值是指特定物品的效用，而交换价值是指由于占有某物而具有的对其他物品的购买力。他认为，物品交换价值的大小和使用价值的大小无关。使用价值很大的东西，往往具有较小的交换价值，或者没有交换价值；交换价值很大的东西往往具有极小的使用价值，甚至没有使用价值。对此，亚当·斯密采用了水和钻石的例子来加以证明。亚当·斯密的这个例子后来被经济学界称为亚当·斯密的“价值悖论”。亚当·斯密认为，交换价值是由劳动决定的，而不是由使用价值来决定的。

亚当·斯密在价值论方面的缺点是，没有进一步从交换价值中抽象出价值来，只停留在问题的表面，没有深入到本质中去。另外，他也不明白商品本身包含的两个因素中的使用价值与交换价值的对立统一关系。他只强调了两者的区别，甚至把这种区别和对立推向极端，而不知道两者之间还有相互统一的关系，看不到使用价值是交换价值的物质承担者。这样，亚当·斯密甚至混同了商品和劳动产品，混同了商品和自然存在的物品。

三、交换价值

亚当·斯密给自己的价值理论提出了三个任务：

第一，交换价值的真实尺度是什么？（即构成一切商品真实价格的究竟是什么？也就是说，交换价值由什么决定？）

第二，构成真实价格的各部分究竟是什么？

第三，在什么情况下，市场价格会高于、低于或等于自然价格？

（一）交换价值的真实尺度

亚当·斯密认为，衡量一切商品交换价值的真实尺度是劳动。不论哪个部门的生产劳动都创造价值。亚当·斯密的这一看法是其在价值理论方面的功绩。

自从配第以来，经济学家已经把自然价格和市场价格区分开了，已经用劳动来决定自然价格了。但是配第认为，只有生产金银的劳动才决定价值。富兰克林从价格中抽象出了交换价值，并认为所有生产商品的劳动都创造价值。亚当·斯密与富兰克林的价值观点是相近的。

亚当·斯密是从分工中引申出交换价值来的，因此，他认为，商品的交换不过是体现在这些商品中的不同的劳动量的交换，所以，商品的交换价值由劳动决定。但他不了解这种劳动的社会性质，因此不能明白究竟是什么劳动决定或衡量商品的交换价值。对此，亚当·斯密提出了相互矛盾的二元观点：

1.商品交换价值的真实尺度是该商品在交换中所能购买或支配的活劳动量

这是从商品交换过程中所表现出的劳动量的关系，来说明衡量商品交换价值的尺度。这里的劳动是商品价值在交换过程中的外在表现，或者说是指价值的外在尺度——交换价值。

2.商品的“真实价格”是由生产商品时所耗费的必要劳动量决定的

亚当・斯密说：“每件东西的真实价格，即每件东西对于想要得到它的人的实际代价，是为了得到它付出的辛苦和烦恼。”①而“通常获得生产任何商品时所使用的劳动数量，就是规定它应当购买、支配或交换的劳动数量的唯一条件”②。这种从生产商品时所耗费的劳动量角度谈的是商品价值的内在尺度。亚当・斯密还看到了商品价值量与生产中所耗费的劳动时间量之间的正比例关系，以及复杂劳动还原为简单劳动的问题。但有时他也会以心理因素来解释耗费的劳动。

关于价值这两种尺度的关系，亚当・斯密认为，生产时耗费的劳动量决定交换时购买的劳动量。但他没有意识到内在尺度与外在尺度的区别，没有意识到内在尺度指的是价值，而外在尺度指的是交换价值。他往往把两者混淆起来，有时还以购买劳动代替耗费劳动，有时也以工资代替价值的决定尺度。

（二）构成真实价格的组成部分

亚当・斯密认为，前资本主义社会和资本主义社会“商品真实价格”中包含的因素不同，从而劳动决定价值的原理也就有所变化。

他认为：在资本积累和土地私有尚未发生以前的初期野蛮社会，获取各种物品所需要的劳动量之间的比例，似乎是各种物品相互交换的唯一标准。在这种社会状况下，劳动的全部生产物都属于劳动者自己。一种物品通常应可换购或支配的劳动量，只由取得或生产这物品一般所需要的劳动量来决定。③这表明，亚当・斯密看到了在简单商品生产和交换中价值的外在尺度与内在尺度的一致性，从而认为耗费在商品生产上的一般劳动量是决定商品交换价值量的唯一因素。

亚当・斯密认为，在资本主义条件下，劳动产品不再全部归于劳动者，而是要与资本家和土地所有者共享。这时虽然外在价值尺度没有发生变化，但决定该尺度的内在价值尺度，即他所说的“商品的真实价格”发生了变化。他认为，这时“商品的真实价格”已不再是单由耗费的劳动所构成，而是由工资、利润、地租三者构成了。这里，他混淆了价值的决定和分配，把因果关系倒置了。这不仅在本质上发生了错误，而且在量上发生了错误（丢掉了生产资料等不变资本的转移价值，马克思把亚当・斯密的这个错误观念称作“斯密教条”）。被许多经济学家奉为经典的“斯密教条”，却在研究再生产时把他们引入了歧途。

亚当・斯密对社会历史发展的敏感性使他感到，在前资本主义时代与资本主义时代，价值在表现形式上有所不同。但他关于三种收入决定价值的观点是错误的。这种错误的价值论为生产费用价值论开创了道路。

---

① 斯密．国富论［M］．唐日松，等译．北京：华夏出版社，2005：24.
② 斯密．国富论［M］．唐日松，等译．北京：华夏出版社，2005：37.
③ 斯密．国富论［M］．唐日松，等译．北京：华夏出版社，2005：37.

（三）市场价格波动的中心

亚当·斯密也声称，一切收入，包括资本的利润在内，都是生产费用。他把和生产费用相对应的价格称为自然价格，把高于或低于自然价格的价格称为市场价格或实际价格。

他说："当任何商品的价格不多也不少，恰好足够用以支付在生产、制造这种商品并将其送入市场所使用的土地的地租、劳动的工资和资本的利润时（根据它们的自然比率），这种商品就可以说是按其所谓的自然价格出售的。"①而"通常任何商品所出售的实际价格，被称为市场价格"②。

他认为，市场价格一方面以自然价格为基础，另一方面受商品在市场上的供给量和有效需求（愿意支付该商品的自然价格的人的需求）之间比例的影响，发生了高于或低于自然价格的波动。生产者的利害关系会因市场价格的升降而波动，从而相应地扩大或缩减生产，调节供应量，最终会在长期内使市场的价格与价值趋于一致。他说："自然价格和以往一样是中心价格，所有的商品的价格都持续不断地向它靠拢。"③

亚当·斯密实际上是看到了价值规律的作用，以及它对生产的调节机制。但他主要强调了价值规律的自发性，没有看到价值规律自发运动中的强制破坏作用。他的自然价格是指与平均生产费用相一致的价格，即生产价格。以生产价格代替价值来说明问题，本身就包含了错误。

亚当·斯密的"自然价格"包含两种含义：一是指以货币表现的商品的价值；二是指生产价格。但亚当·斯密往往在直接混同价值与生产价格的情况下，使用"自然价格"这一术语。他在上述对价值规律及其表现的研究中所说的"自然价格"，主要是指生产价格，却是从错误的收入决定价值观点出发的。

亚当·斯密在对价值规律作用的研究中，提出了"有效需求"和"有效需求者"的概念。他在坎梯隆关于市场价格与"内在价值"由于供求状况而不一致的观点的基础上，又进一步突出强调了对必然性的认识。他看到了市场价格既会背离，又在经常趋向"内在价值"这个中心，从而把市场价格的波动看作价值规律作用的正常形式。

亚当·斯密在此还有一个弱点，就是他考察市场价格和自然价格的关系时，并没有讨论资本积累和土地私有制产生之前和之后市场价格波动的中心有何变化。

四、亚当·斯密形成二重价值观的原因

亚当·斯密之所以形成了二重价值观点，是因为除了混淆价值与交换价值的这个主要原因之外，他还在很多别的方面发生了混淆，表现在以下几个方面：

（1）把价值增值的问题与价值形成问题混在一起，从而把简单商品生产与资本主义商品生产混为一谈。实际上，他更为重视的是价值增值问题，而不是价值形成问题。

（2）混同了独立商品生产者与雇佣劳动者，因而也就会把简单商品生产与资本主义商品生产混为一谈。

（3）混同了物化劳动与活劳动。

（4）混同了价值决定与价值表现。

① 斯密．国富论［M］．唐日松，等译．北京：华夏出版社，2005：43.
② 斯密．国富论［M］．唐日松，等译．北京：华夏出版社，2005：44.
③ 斯密．国富论［M］．唐日松，等译．北京：华夏出版社，2005：45.

（5）混同了价值的内在尺度与外在尺度，企图寻找“不变的价值尺度”。

（6）把劳动（一定量商品所买到的劳动量）当作了不变的价值尺度。

亚当·斯密是经济思想史上第一个系统地阐述劳动价值论，并以之为基础展开其经济理论的古典经济学家。他首次宣称任何生产部门的生产劳动都是国民财富的源泉。他克服了重商主义和重农主义的偏见，真正从生产关系上来认识和研究价值理论，做出了积极的贡献。

但由于资产阶级历史观的偏见，亚当·斯密把资本主义社会和生产方式永久化、绝对化和一般化了，因而忽略了研究商品和价值的社会实质，甚至没有真正抽象出价值概念，没有区分开资本主义商品生产与简单商品生产，造成了他价值论中的两重性、矛盾和错误。从方法论上说，亚当·斯密的内在分析方法和表面现象的描述方法也是二重性、矛盾和错误的根源之一。他对价值更多的研究集中在了对价值的衡量上，而较少深入分析价值本质。

尽管如此，亚当·斯密的许多理论矛盾推动了后来经济学家对一系列重大课题的研究和思考。在他所处的那个时代，他出现这些矛盾是自然的、可以理解的。总的说来，劳动价值论始终是其理论体系的基础。马克思说：“斯密的这种摇摆不定以及把完全不同的规定混为一谈，并不妨碍他对剩余价值的性质和来源的探讨，因为斯密凡是在发挥他的论点的地方，实际上甚至不自觉地坚持了商品交换价值的正确规定，即商品的交换价值决定于商品中包含的已耗费的劳动量或劳动时间。”①

第五节　亚当·斯密的阶级与收入理论

在分配问题上，亚当·斯密研究了社会产品怎样“自然而然地被分配到各阶级中”，认为分配只有符合自然规律才有利于生产发展。

一、三个阶级与三种基本收入

（一）三个阶级

亚当·斯密在政治经济学史上第一次正确地论述了资本主义社会的阶级结构，认为资本主义社会存在工人阶级、资产阶级和土地所有者阶级三个基本阶级。亚当·斯密打破了重农学派在阶级划分上的部门界限，依据经济地位和收入状况来划分阶级。这是一种很大的进步。亚当·斯密对阶级的划分基本上较正确地反映了资本主义社会的状况。这基本与按生产资料占有情况及生产中的关系和收入情况划分的方法相一致。阶级划分是斯密展开分配理论的前提条件。

（二）三种基本收入

依据对阶级的划分，亚当·斯密把社会收入相应地也划分为工资、利润和地租三部分，并指出工资、利润和地租是社会的基本收入。他还指出三大阶级分别以地租为生、以工资为生和以利润为生的基本事实。他认为，其他收入，如利息、租金等都是这三种收入

---

① 马克思，恩格斯. 马克思恩格斯全集（第26卷第1册）[M]. 中共中央马克思恩格斯列宁斯大林著作编译局，译. 北京：人民出版社，1972：48.

派生的，各种收入的总和就是国民收入。

亚当·斯密以劳动价值理论为基础，论述了三种基本收入，从而在一定程度上揭示了资本主义生产关系的内在联系，并在特定形式（具体形式）上接近于认识剩余价值的来源问题。可以说分配问题是亚当·斯密全部经济理论的核心。但另一方面，由于他的收入价值论观点使其分配论的阐述又含有表面的、错误的因素，因此其成为以后的庸俗经济学观点的理论渊源。他还认为，资本主义制度下，土地所有者阶级和工人阶级的利益同社会经济发展是相一致的，只有资产阶级不一致。

二、工资理论

亚当·斯密主要研究了工资的性质、标准以及变动趋势，因为必须在劳动创造的价值中扣除工资之后才谈得上提供利润和地租。

（一）工资的性质

亚当·斯密认为："劳动生产物构成劳动的自然报酬或自然工资。"这说明了工资是工人的劳动收入，而其他社会收入是非劳动收入。但这是土地私有和资本积累产生之前的情况。他认为，在私有制产生之前，劳动者不必付地租和利润，全部产品都是工资。私有制产生后，工资就只占产品的一个部分了。他明确表示，劳动生产力的发展对工人是没有好处的，因为它导致了私有土地和资本积累的产生。但此后劳动生产力取得了最重大的发展。这在客观上说明亚当·斯密有一定的历史敏感性，其在一定程度上指出了资本主义制度下工资范畴所包含的剥削关系，但他没有接触工资的本质和社会历史性质。

亚当·斯密有时也认为，"工资是劳动的价格"。这是从他的收入价值论出发的。他认为，工人出卖的是劳动，工人与资本家是类似于简单商品生产者之间进行等价交换的关系。这种观点否认了剥削，从而与前一种观点存在矛盾。

（二）工资标准

亚当·斯密认为，工资既然是劳动的价格，当然也会有自然价格和市场价格，后者围绕前者波动。工资的市场价格是工人实际得到的工资量，这是由劳资双方的竞争决定的；但竞争中工人总是处于不利的地位。这里，他较正确地论述了劳资关系的情况。

工资的自然价格是维持工人自己及家庭生活、传宗接代所必需的生活资料的价值。这实际上是继承了配第和坎梯隆以来的观点，以及亚当·斯密自己的劳动价值论的观点。工资的自然价格的观点实际上是把劳动力作为商品来谈的，但他实际上又不知道劳动与劳动力的区分，从而常常把"劳动力的价格"混同于"劳动的价格"。他还研究了名义工资和实际工资的关系，指出二者经常不一致。

（三）工资变动趋势

亚当·斯密认为，工资的升降取决于市场上劳动的供求情况；对劳动的需求又与国民财富的增长密切相关。

他把国家分为三类：

第一类是比较繁荣的国家，国民财富不断增加，对劳动的需求也不断增加，工资呈现上升的趋势；但这又会引起物价上涨。

第二类是经济停滞的国家，国民财富不增不减，对劳动的需求也不增不减，工资也不变动。

第三类是国民财富衰退的国家，对劳动需求少，工资下降。

由此，他得出结论说："丰厚的劳动报酬既是国民财富增加的必然结果，又是国民财富增加的自然征兆。"①他认为，国家的繁荣富足与工人的利益是一致的。这是明显的资产阶级观点，但在资产阶级上升时期有一定的客观合理性。不过，他也看到，在劳动的实际价格受劳动力供求影响的情况下，雇主常居于比劳动者更加有利的地位。

此外，亚当·斯密看到了计件工资对工人的危害，还研究了工资间的差异问题。

三、利润理论

（一）亚当·斯密对利润问题的两种解释

1.劳动价值论的利润观点

在这种情况下，亚当·斯密认为，利润是工人劳动所生产的价值的一部分，是对劳动生产物的一种扣除，是工人劳动生产物中被别人占有的一部分。这种观点实际上把利润看成了剩余价值，认为其是工人劳动所增加的价值中扣除工资后的余额。

亚当·斯密还认为，利润是随资本积累的出现而产生的历史范畴，是工人加到原材料上的价值中的扣除部分。他说："资本一经在某些人手中积累以后，他们其中的有些人自然会运用该资本来推动勤奋的人们去工作，为他们提供原料和生活资料，以期通过对他们产品的销售或通过他们的劳动，使原料的价值有所增值而获得利润。在用产成品交换货币、劳动或其他货物时，所得利润除了可以足够支付原料的价格和工人的工资以外，还必须要有将其资本用来经营这个企业的企业家的利润……因此，在这种情况下，工人使原料增加的价值分为两部分：一部分用于支付工人自己的工资；一部分是他们的雇主因提前预支原料和工资的全部资本的利润。"②这段话说明，亚当·斯密认识到了剩余价值的真正起源，也说明他把工业利润看作最初为资本所占有的剩余价值，而地租只是利润的一部分扣除的思想。

亚当·斯密不仅认为利润不是劳动的报酬，而且着重批判了利润是资本家监督和管理劳动者的工资的观点。他认为，利润的多少与资本的大小恰好是成比例的，而与资本家的管理没有关系。当工厂由雇用的员工进行管理时，就可以明显看出把利润看作资本家管理劳动者的工资这一观点的错误了。

总之，亚当·斯密建立在劳动价值论基础上的利润理论是较为正确的。他认识到了利润在本质上是一般剩余价值的性质和来源。但他实际上并没有对利润和剩余价值加以区分，而且常常混淆二者。

2.收入价值论的利润观点

亚当·斯密把"来自运用资本的收入称为利润"，认为利润是构成价值的来源之一，是资本的"自然报酬"。他甚至说利润是资本家维持生活所必需的收入。他的这种看法是错误的，与上一种利润观点是矛盾的。这种观点实际上是以资本家的立场和愿望来解释利

---

① 斯密．国富论［M］．唐日松，等译．北京：华夏出版社，2005：57.
② 斯密．国富论［M］．唐日松，等译．北京：华夏出版社，2005：37.

润的。他有时也把利润说成对使用资本所具有的风险和麻烦的报酬。

（二）利润变动趋势

亚当·斯密认为，资本的增加和扩大会提高工资，因而，增加投资就倾向于降低利润。此外，他认为，竞争（行业内）也会自然地倾向于降低该竞争性行业的利润。这里，亚当·斯密并没有搞清楚利润率与利润量变动的区别，也没有搞清楚资本家间的竞争是利润转化为平均利润的原因，而且没有搞清楚平均利润率下降的主要原因是资本有机构成普遍提高，而不是各行业资本普遍增加。

亚当·斯密认为，利息是由利润派生出来的，“利息永远是一种派生的收入，如果不能从使用货币所获得的利润中支付，也一定会从其他某种收入的来源中支付”[①]，利率的升降与利润率的升降是一致的。他还认为，利率是利润率的标志，利率低，说明利润率也低。对此，他举了英国的例子加以说明。这实际表明，亚当·斯密看到了随资本积累而来的利润率的下降趋势，但没有正确地说明原因。他认为，利率下降的一般原因是借贷资本供过于求，特殊原因是利润率下降。

亚当·斯密说：“自己不使用资本，而将钱借给他人从而获得的收入，称之为利息或佣金。这是借款人支付给贷款人的一种补偿，为了酬谢贷款人使他有机会从使用货币中获得利润。这种利润中的一部分自然归于借款人，因为他承担了使用资本的风险和麻烦；一部分归于贷款人，他给借款人提供了货币的利润的机会。”[②]他的这种对利息来源的解释，多少比前人前进了一步。

四、地租理论

亚当·斯密在欧美经济学说的发展史上最先系统地研究了地租。不过，他在级差地租理论研究方面的成就稍逊于配第。

（一）以劳动价值论说明地租

亚当·斯密认为，地租是地主凭借土地私有权无偿占有的劳动者创造的那部分收入，是不劳而获的收入。土地成为私有财产后，地主就会要求得到地租。他的这种观点接触到了地租的本质，但没有区分开资本主义地租和前资本主义地租，也未能真正说明资本主义的绝对地租。

亚当·斯密从上述这种观点出发，进一步把资本主义地租看成为使用土地而支付的价格。在量上，他探讨了自然地租应在收获物中占多大的比例。他认为，自然地租是按照土地实际情况所支付给地主的最高价格。在决定租约条件时，地主都会设法使租地人所得的土地生产物份额，仅仅足以补偿他提供种子、支付工资、购置和维持耕畜与其他农具的农业资本，以及提供给当地农业资本的普通利润。[③]

这样，亚当·斯密实际上已在资本主义三个阶级的关系的基础上说明了地租的本质。这一认识是远远超越配第的。他还由此批评了把地租看作改良土地的资本的合理报酬（利润或利息）的观点。在此，亚当·斯密强调了对土地所有权的垄断对地租的决定意义。这

---

① 斯密．国富论［M］．唐日松，等译．北京：华夏出版社，2005：41.
② 斯密．国富论［M］．唐日松，等译．北京：华夏出版社，2005：40-41.
③ 斯密．国富论［M］．唐日松，等译．北京：华夏出版社，2005：113.

实际上涉及的是资本主义制度下的绝对地租，但他本人没有这种明确的认识。

在地租问题上，亚当·斯密也有混乱之处。他有时把地租和利润作为并列的对劳动生产物的扣除，有时又把地租看作对劳动产品的第一个扣除，把利润作为对劳动产品的第二个扣除。这一事实说明，他的地租理论同样是不彻底和混乱的。

亚当·斯密还进一步分析了垄断因素对地租的作用，因为拥有土地所有权本身就意味着垄断。他说："地租作为为了使用土地而支付的价格，自然是一种垄断价格。"①马克思对亚当·斯密的这种看法给予了肯定，认为这具有一定的科学性。但是，亚当·斯密没有平均利润和生产价格理论，因而不能在劳动价值论基础上正确地说明农业中的垄断价格。他只是简单地认为，地租的高低是价格高低的结果。这样，他就又回到流通领域去说明地租的产生，从而滑到错误的方向去了。

（二）以收入价值论解释地租

亚当·斯密在对地租问题看法上的一个突出矛盾是，一方面，撇开不变资本，把价值分解为工资、利润和地租；另一方面，把价值等同于"自然价格"（生产价格），认为工资、利润和地租是"自然价格"的三个源泉。从这种观点出发，他把地租作为价值的基本源泉之一，认为地租是土地所有者阶级自然而然应该得到的收入。他的这种观点固然与其错误的价值观有联系，也和重农主义思想对他的影响分不开。重农学派曾经把地租看作自然力的产物和特殊的恩赐。亚当·斯密也认为农业资本推动的生产劳动量是最大的，自然力和人一起参与了劳动，所以农业可以提供地租。他说："这种地租可以说是地主借给农业家使用的自然力的产物。"②这种错误解释为在他之后的萨伊和李嘉图学派的庸俗理论提供了先导。

（三）第三种地租理论

这种观点把地租看作农产品的市场价格超过其"足够价格"的余额。这里，亚当·斯密把足够补偿使产品进入市场所使用的资本并提供普通利润的价格叫作"足够价格"，也就是包含成本价格和平均利润的生产价格。他还把市场价格叫作普通价格。他认为，根据市场需求的情况，普通价格可以大于、小于和等于"足够价格"。普通价格大于"足够价格"时，包含地租；普通价格等于"足够价格"时，不包含地租；普通价格小于"足够价格"时，普通价格就只能被用来补偿资本，但不能支付平均利润。亚当·斯密认为，"足够价格"的特征就是不包含地租。所以，在这里，他又否定了地租是"足够价格"的构成部分，地租又成为市场价格超过"足够价格"的结果。我们说，亚当·斯密地租理论的混乱，最终使他无法通过价值到生产价格的转化、利润到平均利润的转化，来科学地说明资本主义地租的真正来源。

（四）其他地租观点

1.第一性地租和派生性地租

亚当·斯密认为，农业地租是第一性地租，畜牧业、林业和经济作物种植业的地租是派生性地租。他还认为，建筑地租和所有非农业土地的地租的基础都一样，都是由农业地

---

① 斯密．国富论［M］．唐日松，等译．北京：华夏出版社，2005：114.
② 斯密．国民财富的性质和原因的研究（上卷）［M］．郭大力，王亚南，译．北京：商务印书馆，1972：333.

租调节的。

2.级差地租

亚当·斯密在这方面的论述还不如配第。他在涉及地租量时谈到，地租随土地肥沃程度的不同而不同，随土地位置的不同而不同。这是对的，但是他并没有展开论述。

3.地租涉及的社会利益

亚当·斯密认为地租与社会经济发展程度成正比，社会越发展，地租越多。所以，他认为土地所有者的利益与社会利益是一致的，不必公开反对土地所有者的利益。

亚当·斯密关于地租的这些观点都反映了他所处时代英国革命和社会发展的状况。

第六节　亚当·斯密的资本理论与社会资本再生产理论

一、资本理论

在亚当·斯密之前，配第已经从概念上区分了资本和货币。达德利·诺思则第一次明确地提出了资本（stock）的清晰概念，并把活资本与私藏的货币对立起来。他还看到任何开矿的职能资本或借贷资本，都能达到增值的目的。休谟认为，同一资本既可以用作职能资本，也可以用作借贷资本。

詹姆斯·斯图亚特则初步考察了资本的产生过程，在英国古典经济学历史上提出了富有独创性的“自由人手”思想。他说明，所有部门的剩余劳动都以农业中的剩余劳动为基础，但农业部门为工业部门准备了“自由人手”，从而指出了社会中生产条件和劳动力的分离，说明了制造业的出现和资本的产生。这是詹姆斯·斯图亚特超过亚当·斯密和李嘉图的地方。亚当·斯密是把生产条件和劳动力的分离过程的完成作为资本的既有前提的，但他没有考察这一分离过程本身。李嘉图则根本不知道这一分离过程。

不过，亚当·斯密毕竟是英国古典经济学家中第一个比较系统地研究资本理论的人。毫无疑问，他在这里同样受到了法国重农学派的资本理论的重大影响。他把资本作为影响国民财富增长的重要因素，研究了它的性质、原因及种类划分。

（一）资本的性质

在这方面，亚当·斯密的见解有其独到之处。

在有的地方，他认为，资本就是能为资本家带来利润的那部分财富，而资本是社会发展到一定时期时才出现的。亚当·斯密的观点实际上触及了资本的本质，可惜他没有深入论述，只是把资本产生的过程和条件作为既定的前提来对待。在研究次序上，亚当·斯密是先研究利润，后研究资本。这证明他并没有真正理解资本的本质，他只是把资本作为影响产品分配变化的重要因素来看，只是将其作为增进财富的重要因素来对待。

在另一些地方，亚当·斯密又认为，资本是用于再生产的那部分“预储资财”，是为取得（利润）收入而用于生产的生产资料。他区分了资财由于不同用途而具有的不同性质和作用。他的这种观点的错误体现在他混同了资本与生产资料，认为资本是超历史的范畴。该观点既不能区分资本家的资本和小生产者的生产资料，也不能说明资本的社会性质，还回避了资本家对工人的剥削，似乎利润是生产资料本身提供的一种收入，是一种

“自然报酬”。亚当·斯密的这种观点与他的收入价值论有关。

（二）资本的来源

亚当·斯密认为：“资本增加的直接原因，是节俭，不是勤劳。诚然，未有节俭以前，须先有勤劳，节俭所积蓄的物，都是由勤劳得来。”[①]这种观点就个人来说有一定的道理，但是从资本主义社会中资本家阶级的最初产生来说，是错误的。

首先，这种观点把资本等同于财产，否认了它的社会本质。

其次，它完全抹杀了英国资本原始积累历史过程的真实性。这点也与亚当·斯密所处时代有一定关系。

（三）资本的划分

亚当·斯密把重农学派关于资本的具体范畴加以普遍化，但比起重农学派的划分出现了退步。

亚当·斯密根据资本带来利润的方式是否通过流通来划分不同资本的类别。他把资本划分为固定资本和流动资本。他认为：“资本可被用来生产、制造或购买产品，然后将产品销售出去，取得利润……这样的资本可称为流动资本。”[②]“资本可以用来改良土地，购买生产用的机器或工具，或用来购买不需要改变所有者，或不需要再次流通，就可以创造利润的东西。这样的资本可称为固定资本。”[③]他认为，固定资本不必经过流通，流动资本则要经过流通、更换主人才能提供利润收入。

亚当·斯密这种对资本类型的划分是经济思想史上的第一次，对考察社会再生产中资本的运动有重要意义，比重农学派的观点前进了一大步。但其缺点是，他的解释不科学，只注意了物质形态，没有注意价值形态。同时，他混淆了生产领域的流动资本和流通领域的流动资本，误以为商业资本是典型的流动资本。他没有划分出不变资本和可变资本。亚当·斯密的这些错误与他的劳动价值论不彻底、没有劳动二重性学说有密切的关系。

亚当·斯密实际上还提出了人力资本的概念。这比起现代欧美经济学界提出的人力资本概念早了200多年，可以说是现代人力资本概念的先驱性观点。

二、社会资本再生产理论

亚当·斯密并没有系统地继承和发展重农学派（特别是魁奈）关于社会总资本再生产的观点。他只是在自己理论的基础上，对社会再生产问题做了一些论述。因此，在这里他相比魁奈反而倒退了。

亚当·斯密把资本的概念普遍化，并以“固定资本”和“流动资本”来代替重农学派的“原预付”和“年预付”。他对社会各部门间的流通也做了一些描述，并接触到了一些分析社会资本再生产和流通问题的重点，特别是接触到了社会总产品的实物形式和价值形式如何补偿这样的重点。但亚当·斯密并未沿着正确思路前进，其主要原因是“斯密教条”的错误妨碍了他。

---

① 斯密．国富论［M］．唐日松，等译．北京：华夏出版社，2005：37．
② 斯密．国富论［M］．唐日松，等译．北京：华夏出版社，2005：205．
③ 斯密．国富论［M］．唐日松，等译．北京：华夏出版社，2005：205．

（一）斯密教条

亚当·斯密从三种收入决定价值的观点出发，认为社会总产品的价值只能分解为工资、利润和地租三个部分。马克思称之为“斯密教条”。该教条的错误在于，它丢掉了社会总产品和总价值中的生产资料（不变资本）部分，失去了分析社会再生产和流通的重要条件和前提。亚当·斯密只是从个别资本的角度考虑生产资料的价值补偿，而对社会资本未考虑补偿。事实上，年产品如果全部作为收入消费掉，就不可能进行再生产了。“斯密教条”堵塞了通向正确分析社会再生产问题之路。它不仅混淆了资本和收入，把资本变为收入，也混淆了生产消费和个人消费。

我们说，亚当·斯密生活在资本有机构成很低的工场手工业时代，特殊的历史环境使他有可能忽视不变资本。但主要还是他的理论本身有错误，他不懂得劳动在商品生产条件下具有二重性，导致他将年产品价值和年价值产品混同起来。“斯密教条”对后来的经济学者产生了消极影响。

然而，亚当·斯密毕竟有着现实敏感性，当他沿其理论教条走不通时，他就直接求助现实，迂回曲折地前进。

（二）总收入与纯收入

亚当·斯密认为，全体居民的总收入包括他们土地和劳动的全部年产物。总收入中减去维持固定资本和流动资本的费用后，其余供居民自由使用的部分就是纯收入。这种观点同“斯密教条”是矛盾的。实际上，亚当·斯密讲的纯收入才是国民收入，而总收入是总产值。由于事实上，只要分析再生产就无法回避生产资料价值的补偿，所以，他只好将分析社会总产品价值时丢掉的生产资料价值部分，又通过总收入和纯收入的概念划分偷偷地捡回来了。

此外，亚当·斯密在从物质形态上考察总产品时，发现机器等生产资料无法归入个人消费范围，这和他的理论教条相矛盾。他只好认为，生产资料这部分产品在物质形态上不能归入社会纯收入，但在价值方面可以归入社会纯收入；生活资料则在物质形式或价值形式上都能归入社会纯收入。

亚当·斯密的价值论和再生产观点不彻底，使他不能得出社会生产两大部类和两种社会消费的观点。

即便如此，亚当·斯密如果把他全部关于再生产的考察合理地综合起来，就会得出基本正确的分析。那样的话，离解决社会再生产的全部问题也就相差无几了，但他最终在此之前就止步不前了。

三、生产劳动与非生产劳动

新生的资产阶级把自己作为进行生产劳动的代表，来同那些被其认为是进行非生产劳动的人相对立。新生的资产阶级要求发展生产，把非生产劳动者的人数降到最低限度，也要求自己的理论家从理论上对此给予支持和论证。亚当·斯密就是适应新生的资产阶级的这种需要，进行了创造性的探索，在这一领域做出重要贡献的代表。

亚当·斯密认为，资本积累会增加劳动者人数，这是增加财富的重要条件。但并非所有的劳动人数扩大都是有利的，必须扩大参加生产劳动的人数，而不是扩大参加非生产劳动的人数。

亚当·斯密关于生产劳动和非生产劳动的定义也有两重性：

（1）生产劳动是同资本相交换并能够生产利润（生产价值）的劳动。非生产劳动是同收入相交换的，不生产利润，即不生产剩余价值的劳动。

（2）生产劳动是生产价值，能物化在商品中的劳动。非生产劳动是不生产价值，不能物化在特定对象或商品中的劳动。

在第一种见解中，亚当·斯密已经懂得，生产劳动和非生产劳动的区分是由劳动的一定社会形式产生的，而不是由劳动的物质内容和结果产生的。这种见解触及了问题的实质和要害，说明了资本主义生产方式的特征，反映了资本主义生产关系及劳动采取的特定社会形式。这种解释符合当时资产阶级的需要，也反映了客观情况。这是亚当·斯密的一大功绩。

第二种见解是从商品生产的角度说明劳动的物质形式。这是比较抽象的、绝对的、超越特定社会形态的，但它未触及资本主义生产劳动的实质。亚当·斯密得出这种见解是由于，资本主义的发展在客观上越来越表现出：生产劳动者大多从事商品生产，非生产劳动者大多提供服务。他被经济的表面现象所迷惑，只注意了商品和价值的物质形态。当然，描述和说明客观经济现象，也是亚当·斯密的主要任务之一。

此外，第二种见解既受到了亚当·斯密反对重农学派的影响，又受到重农学派的影响。这种影响就是：亚当·斯密放弃了他自己的剩余价值观点，接受了重农学派关于农业劳动是真正的生产劳动的观点。他只是不同意重农学派否认制造业和商业劳动是生产劳动的观点。正因为如此，亚当·斯密在以雇佣的生产劳动量大小对资本进行分类时认为：一是农业，二是制造业，三是商业，四是零售商业，凡是把资本用于这四者之一的人，就是生产劳动者。他认为，租地农场主的生产劳动量最大，甚至荒谬地认为其使用的牲畜也是生产劳动者（这一荒谬观点为后来的麦克库洛赫（J. R. McCulloch）所接受，其用来解释价值的增值）。

总之，尽管亚当·斯密关于生产劳动的观念存在一些混乱，但在当时的历史条件下，毕竟是可以理解的，而且其实际上具有反封建的革命意义。

第七节　亚当·斯密的国际贸易理论

一、经济自由主义与自由贸易

经济自由主义是贯穿亚当·斯密的经济政策和观点始终的一个统一的思想。“自由放任”是其经济政策的基本原则和中心思想。这个原则和中心思想具有强烈的反对封建主义和重商主义的倾向。自由放任原则的具体表现就是：自由经营、自由竞争、自由贸易。

17世纪末以来，洛克、达德利·诺思、曼德维尔、坎梯隆以及法国重农学派，都主张实行经济自由。亚当·斯密在此基础上，进一步从“经济人”的假定出发，第一次系统地论述了经济自由主义的理论和政策，并以之贯彻《国富论》全书。

亚当·斯密关于后来经济学界所说的“经济人”的概念，是指人在经济活动中总能把利己主义和理智行为恰当地相结合。他认为，人的本性是利己的。人们从事经济活动的唯一动机和目的，就是追求自己的最大经济利益。但人又不能独自满足一切需求，总要求助于人，这样，交换就成为解决这一矛盾的桥梁。交换完全是人们出自本能的一种自然倾向。交换的产生又引起了分工、货币、价值、工资、利润、地租等一系列经济范畴。

亚当·斯密从个别商品生产者之间交换的互利性推导出，个人利益与社会利益是同时或事后达到一致的。利他的结果是利己行为和利己手段的产物，而利己结果的实现以利他为先决条件。社会利益的实现是许多个人利益实现的结果。每个人都追求个人利益，整个社会的利益最终也就在客观上获得了实现和增进。主观上，每个人都是在为自己打算；客观上，每个人要达到这一目的就必须选择最恰当的方式和最有利于社会的方式，最终，人们所各自选择的利己行为和利己手段会使社会资源达到最优配置，使社会获得最大利益。亚当·斯密甚至认为，人们对利己目的的追求，往往比他们本意直接追求公众利益的行为会更有效地促进社会的利益。这里面一个重要的因素就是"一只看不见的手"（或"一只无形的手"），即市场机制的自发作用，会有效地进行调节。充分实行经济自由就会建立起理想的"自然秩序"，实现个人与社会两者最大利益的统一，促进社会和谐发展。

亚当·斯密关于"看不见的手"的论述如下：的确，通常他既不打算促进公共利益，也不知道他自己是在什么程度上促进那种利益。他之所以宁愿投资支持国内产业也不支持国外产业，考虑的只是自己资本的安全。而他管理产业的目的在于使其产品的价值能达到最大程度，所想到的也只是他自己的利益。在此种情况之下，与在其他许多情况之下一样，有一只无形的手在指导着他去尽力达到一个他并不想要达到的目的。而并非出于本意的目的也不一定就对社会有害。他追求自己的利益，往往使他能比在真正出于本意的情况下更有效地促进社会的利益。[①]

亚当·斯密是以经济自由主义来反对封建主义和重商主义广泛利用国家干预经济生活的办法进行原始积累的。在重商主义时代，由于资本主义力量尚不强大，国家干预这只"看得见的手"是经济生活中必不可少的。到亚当·斯密的时代，情形已经有所不同了。他的观点充分反映了资本主义有广泛的发展、资产阶级社会地位上升时期的要求。这时的资产阶级理直气壮地认为自己是代表社会利益的。他们个人的利益是同社会利益完全一致的，因而不能对其经济活动进行干预和限制。只要达到了经济自由，理想的"自然秩序"和经济目标都会顺利实现。所以，经济自由主义下的自由放任政策就是最好的经济政策。

亚当·斯密从英国当时的情况出发，将自由放任政策具体地表现在如下几个方面：

第一，通过废除传统的学徒规章和居住法，来实现劳动力的自由买卖和流动。亚当·斯密主张，每人都有选择职业的天赋自由。

第二，通过废除"限嗣继承法""长子继承法"以及其他限制自由转让土地的规定，实现土地自由买卖。

第三，废除地域性关卡税费和其他一些税收限制，实现国内贸易和流通的自由。

第四，废除保护关税政策、对外贸易的禁令和特许公司的商业垄断，实行对外贸易自由。

亚当·斯密的这些主张也反映了英国在世界上处于经济领先地位，竞争力强，迫切需要增加资本积累，获取海外廉价资源，以更快发展经济的要求。

---

① 斯密. 国富论［M］. 唐日松，等译. 北京：华夏出版社，2005：327.

总之，亚当·斯密关于主观利己、客观利他的说法，是对资本主义经济关系下人们社会联系的片面反映，也是对其《道德情操论》中观点的进一步发展。联系亚当·斯密《道德情操论》的观点，可以看出，亚当·斯密对于资本主义制度下的商业道德不仅强调了利己的积极作用，还强调了利他（博爱）是实现利己的必要条件。所以，还不能说亚当·斯密将资本主义的商业道德完全看作极端利己（或损人利己）主义。但是，亚当·斯密只看到了人们相互联系和依赖的单方面的积极利益关系，没看到相反方向的关系，更没有看到相互的利益冲突。他只看到个人对社会的基础性作用，没看到社会对个人行为制约的决定性前提作用，也没看到个人利益的内容及实现的形式、手段都取决于社会条件。亚当·斯密所讲的基本上是私有制下的利己主义，但他将其抽象化和一般化了，将资本主义的人性当作普遍的人性。亚当·斯密在此基础之上建立的自然和自由制度的思想，在当时的历史条件下有其一定的历史进步意义，反映了新生资产阶级的充分自信心。但在我们社会主义市场经济条件下，具有的应是远高于亚当·斯密所说的人性和道德。

二、国际分工与贸易理论

亚当·斯密的国际分工与贸易理论是其关于个人分工和交换学说的发展、扩大和延伸。在这方面，他主要在分工优势理论基础上提出了国际贸易理论。这在政治经济学史上具有深远的影响，到今天仍是一个重要的、现实的经济理论问题。

关于分工优势理论的提法，源自advantage一词。由于该词有“优势”“利益”“有利条件”的含义，所以理论界就有了相应的含义相同的不同提法。与之对应的反义词是disadvantage。英国古典学派的分工优势理论有绝对优势（absolute advantage）和比较（相对）优势（relative advantage）之分，有时又称绝对成本和比较成本。

西方经济学界对于分工优势理论的起源认识混乱。有的认为是源于罗伯特·托伦斯（Robert Torrens，1780—1864），继承于李嘉图，发展于约翰·穆勒。有的认为是源于李嘉图。也有少数人认为源于亚当·斯密，但仅限于绝对优势（成本）理论，只有李嘉图才提出了比较优势（成本）理论。现在比较流行的多是后一种提法，我国经济学界对该种提法亦多持肯定态度。其实情况并非如此，比较优势理论也是亚当·斯密最早涉及的。

优势的概念虽然可在重商主义著作中以及从配第一直到休谟的著作中找到，但只有亚当·斯密的《国富论》第一次明确地对此加以阐述。正是亚当·斯密在政治经济学历史上把优势区分为绝对优势和比较优势，把劣势区分为绝对劣势和比较劣势。

亚当·斯密在反对重商主义主张的“有利的贸易差额”理论和政策中，提出了绝对优势理论。他把生产的目的和优势理论联系起来，认为要实现生产目的，就必须根据本国的生产优势进行国际分工，发展生产，在国内实行自由放任政策，在国际上实行自由贸易政策。

亚当·斯密认为，分工的好处主要是可以降低生产成本，节约社会劳动，使每个人都发挥自己的特长和优势。他认为生产者感到“为了自身的利益，应当把全部精力集中到比邻人有优势的方面，而以劳动生产的一部分或等价的东西，即其一部分的价格，来购买他们所需要的其他物品”①。分工和优势的原理对于国际分工和贸易同样有效。“如果外国

---

① 斯密．国富论［M］．唐日松，等译．北京：华夏出版社，2005：328.

能够提供比我们自己制造还要便宜的商品，我们最好就用我们较有优势的产业生产出来的产品的一部分向他们购买。”[①]

关于分工优势，亚当·斯密认为，一个国家的优势，有的是所固有的自然条件，如气候、土壤、矿藏以及其他非人力所能控制的相对固定的环境等；还有的是后来获得的，如劳动熟练程度和技术等。亚当·斯密称前一种为自然优势，后一种为后来获得的优势。二者都可以形成该国生产上的成本优势，从而在国际市场上具有价格优势。“只要甲国有此优势，乙国无此优势，乙国向甲国购买，总是比自己制造有利。”[②]这样，亚当·斯密就提出，各国完全可以形成以绝对优势为基础的国际分工，并开展国际贸易，从而获得比本国自己生产那些不具备绝对优势的产品更多的利益。

此外，亚当·斯密阐述了比较优势理论的基本论点。他说：现在最富裕的国家，固然在农业和制造业上都优于邻国，但制造业方面的优越程度必定大于农业方面的优越程度……在农业方面，富国劳动生产力未必都比贫国劳动生产力大得多，至少不像制造业方面一般情况那样大得多……贫国的耕作，尽管不及富国，但贫国生产的小麦在品质优良及售价低廉方面，能在相当程度上与富国竞争。但是，贫国在制造业上不能和富国竞争；至少在富国，土壤、气候、位置适宜于这类制造业的场合，贫国不能和富国竞争。[③]这里，亚当·斯密实际上是说明，富有国家的比较优势在制造业方面，所以应当专门发展制造业；贫穷国家的比较优势在农业方面，应当专门生产农业。在此基础上，就可以形成以相对优势为基础的国际分工。

亚当·斯密认为，上述合理的国际分工可以节约生产成本，提高劳动生产率，增加产品数量。但是合理的国际分工的形成与自由的国际贸易分不开，没有经济和贸易的自由，这一切就都谈不上。这种理论仍然反对当时重商主义国家的干预政策，也从英国资产阶级当时的利益出发。这种理论基本上是一种静态分析的产物，是将当时生产条件的优势和劣势基本看作固定不变的。从长期发展的眼光来看，这种理论尽管有其合理性，但终究存在僵化与片面的错误。亚当·斯密的主张实际上具有为英国制造业在国际经济中的优势地位与格局固定化进行辩护的意味。

第八节　亚当·斯密的财政税收理论

一、对政府职能的看法

亚当·斯密从其经济自由主义出发，反对国家干预经济生活。这样，他就必然反对规模庞大和开支浪费的政府机构，要求廉价政府，要求把同政府费用有关的一切非生产费用压缩到最低限度。为了证明其论点，他首先说明了国家和政府的职能。

亚当·斯密认为，在自然且自由的制度下，国家的职能是：

第一，“保护本国社会的安全，使之不会遭受其他独立社会的暴行与侵略”；

第二，“尽可能保护社会上各个人，使他们不受社会上任何其他人的压迫，即要设立

① 斯密．国富论［M］．唐日松，等译．北京：华夏出版社，2005：328.
② 斯密．国富论［M］．唐日松，等译．北京：华夏出版社，2005：329.
③ 斯密．国民财富的性质和原因的研究（上卷）［M］．郭大力，王亚南，译．北京：商务印书馆，1972：7-8.

严正的司法机关”；

第三，“建立并维持某些公共机关和公共工程”。

这些就是所谓社会“守夜者”的国家观念。其中，保障国家和个人的安全是其核心问题。亚当·斯密这些看法的实质是，主张对资产阶级的权利和自由提供国家层面的（立法和执法）保证，再加上必要的服务。

二、财政税收理论

亚当·斯密认为，国家和政府既然只是社会的“守夜人”，其执行职能所需的费用必然大大少于干预经济生活的政府所需的费用，也就是说，政府是廉价的。但无论怎样廉价，政府总得支出，所以政府也要有收入。这就产生了财政理论的问题。

亚当·斯密认为，财政理论主要是解决三个问题：

第一，什么是君主或国家的必要费用，其中哪些部分应由全社会的一般课税来支付，哪些部分应由对社会内特殊部分或特殊成员的课税来支付；

第二，应由全社会支付的费用，将用什么方法向全社会课征，而这些方法的主要利弊是什么；

第三，近代各国政府几乎都用这种收入的一部分来作抵押以举债，其理由及其原因何在，此种债务对社会真实财富即土地和劳动的年产物的影响又怎样。

简而言之，亚当·斯密的财政理论包括财政支出、税收和公债问题。

（一）财政支出

亚当·斯密按国家职能把政府财政支出的费用分为四类：

（1）国防费用，这是必不可少的。

（2）司法费用，也是不可缺少的，但应从法院手续费中支付。

（3）公共工程和公共机关的费用，也是不可缺少的。它主要涉及方便商业的道路、桥梁、运河、港口等公共工程和保护特殊商业的公共机构，还有学校和宗教机构。前者可由受益的工商业者支付，后者可由受教育者负担，成年人的宗教教育费用则应由教会负担。

（4）君主的生活费用，应由社会负担。

亚当·斯密认为，这四项支出都会因历史时期不同而不同，因此，应力求节俭，防止浪费；对于生产，也应尽量降低成本，消除生产中一切多余的、非必需的费用。

（二）国家税收

亚当·斯密继承和发展了配第关于征税要公平、便利、节省的观点，系统地提出了一般税收的四项原则：

（1）国民均需在可能的范围内，按照各自能力的比例，即按照各自在国家保护下享得的收入的比例，缴纳税赋，维持政府。

（2）各国国民应当完纳的赋税，必须是确定的，不得随意变更。完纳的日期、方法、金额都应当让一切纳税者及其他的人了解得十分清楚明白。

（3）“各种赋税完纳的日期及完纳的方法，须予纳税者以最大便利。”

（4）“一切赋税的征收，须设法使人民所付出的，尽可能等于国家所收入的。”

这四项原则简称为“平等”“确定”“便利”“经济”。亚当·斯密最强调“确定”的原则。总之，亚当·斯密的税收原则反映了新兴工商业资本家对改革旧税制的要求。

关于税收的源泉，亚当·斯密认为，税收归根结底是从工资、利润、地租这三个原始源泉而来的。该观点同他的劳动价值论和剩余价值观点相一致，是比较深刻的。因此，他对税收本质的认识比配第要深刻一些。

由此出发，亚当·斯密将税收分为三大类进行详细讨论：

（1）地租税，即对地租征课的税收。他认为，地租是“能够直接课税的对象”，是“最宜于负担特定税收的收入”。因为对地租征税不会对任何产业带来不利的后果，而且地租税无法转嫁。当然，地租税无法转嫁的观点是错误的。亚当·斯密对于与地租税有关的各种税也都进行了考察。他认为建筑物租（房租税）中包含的地皮租，甚至比普遍地租更适合作为特定税的对象。

（2）利润税，即对资本收入课征的税收。亚当·斯密把资本收入分为支付利息和支付利息后的剩余两部分。他认为，利息不宜于直接课税，因为货币资本的数量可以保密、转移，因而无法确定。所以，货币利息的税率应是“极低的税率”，征税时要“非常宽大”。另一部分利润是企业利润，“分明是不能征税的对象”，因为它总会转移到别的收入中。

（3）工资税。他认为，当劳动需求和食物价格既定时，工资税会提高工资（按税率比例），最终又会通过提高物价和压缩地租转嫁出去。为此，亚当·斯密也反对征收工资税，但他认为官吏报酬是可以征税的。

总之，亚当·斯密认为税收的三种源泉中，只有地租最适宜征税。这充分反映了他的资产阶级立场以及反对重商主义经济政策和封建土地所有权的态度。

（三）公债

这是政府财政收入的另一源泉。亚当·斯密所说的公债是国家举借的一切债务的统称。

亚当·斯密认为，如果政府财政收支平衡，并且没有重大的非常财政支出，就没有举债的必要。现代商业国家尽管平时财政收支平衡，但没有节余，在战争支出较大时，要解决收入增加问题，就要征新税或发行公债。借债是应付紧急需要的唯一办法。其好处是可在征税很少的情况下，逐年筹得战争费用。但亚当·斯密认为，公债是有害的举债制度，既不利于国家，也不利于民众，非在战时，无积极作用可言，因为公债会使资本从生产劳动方面转移到非生产劳动方面。公债利息也是这样。总的说来，税收是优于公债的。

关于公债的偿还，亚当·斯密认为，如果政府只用预支的办法筹款，则只要做到下面两点，就可以从债务中被解救出来：

（1）不要使限定期间内的债务负担超过基金所能负担的金额；

（2）第一次预支没有得到偿债之前，不做第二次预支。

总的说来，亚当·斯密关于公债的观点有其科学性，如接近于认识到公债是政府弥补财政亏空的一种手段；看到资产阶级政府支出的非生产性；觉察到公债也是一种税收，是“对勤劳课税来维持懒惰”。但他的认识有片面性，即没看到公债也可用于生产。公债曾经是原始积累的最强有力的手段之一。亚当·斯密也没看到公债与税收的相同本质。

总的说来，亚当·斯密关于公共财政应当服务于经济和社会的思想和原则，不仅对当时英国经济的发展具有积极意义，即便在今天，也仍然具有重要的意义。

本章思语

1. 亚当·斯密所处时代英国的社会经济状况和政治状况如何？
2. 亚当·斯密经济理论体系的方法和特征分别是什么？
3. 试述亚当·斯密的分工和交换理论。
4. 亚当·斯密货币理论的要点是什么？
5. 亚当·斯密价值理论的内容和特点分别是什么？
6. 试述亚当·斯密关于社会阶级划分和收入分配理论的内容。
7. 试评述亚当·斯密的资本理论和社会资本再生产理论。
8. 亚当·斯密关于国际分工与贸易理论的内容是什么？
9. 亚当·斯密财政税收理论的主要内容是什么？

[第七章]
李嘉图的经济思想

第一节　李嘉图概况

李嘉图是19世纪初英国古典经济学的主要代表和完成者。他把古典经济学发展到了最高峰。

一、生平简介

大卫·李嘉图（David Ricardo，1772—1823）出生于英国一个犹太人的资产阶级家庭。他受过两年荷兰商业学校教育后，从14岁起跟随父亲做交易所经纪人，从事证券交易活动，后来自己独立经营证券交易业务，25岁时成为巨富。此后，李嘉图转入学术研究，起先涉足自然科学，后来对经济学问题产生了浓厚的兴趣。1809年，李嘉图完全转移到对政治经济学的研究上。1819年，他被选为英国国会下议院议员。李嘉图虽然没有正式参加某一政党，但他是托利党（保守党）政府反对派中代表工业资产阶级利益的最激进的集团中的一员。李嘉图的经济理论带有强烈的党派色彩。

1809年，李嘉图匿名发表了《黄金价格》一文，奠定了自己货币理论的基础。1810年，他又将那篇论文改写为《黄金的高价是银行纸币贬值的明证》一文。1811年，李嘉图发表《答博赞克特先生关于金价委员会报告的实际观感》。1815年，他发表《论谷物低价格对资本利润的影响：证明限制进口的不适宜——兼评马尔萨斯最近两本著作〈地租的性质和发展的研究〉和〈对限制外国谷物进口政策的看法的根据〉》。1817年，李嘉图出版了其名著《政治经济学及赋税原理》。1822年，他发表了《论对农业的保护》。此外，他还有大量的书信，这些书信的内容被后人整理出版。

在李嘉图的所有著作中，以《政治经济学及赋税原理》最为重要和最有影响力。这是李嘉图的成名代表作，其重要性和影响力可与亚当·斯密的《国富论》相提并论。但该书的结构比较松散，只有前两章可以给人以高度的理论享受。该书在基本经济思想上具有一贯性，李嘉图明确独到的见解使该书成为英国古典经济理论的最高成就和完成的标志。该书在提出问题的尖锐性、方法的一贯性和价值论观点的彻底性方面，都超过了亚当·斯密的《国富论》。《政治经济学及赋税原理》有个很突出的特点，即具有论战性。因此，有些人认为李嘉图是经济学中某一派别的领袖。李嘉图的《政治经济学及赋税原理》主要研究收入分配法则，在着眼点上，它与《国富论》仍是一样的，都是放在资本积累和国民财富的增长上。但是，由于李嘉图所处的时代与亚当·斯密不同，李嘉图重点从收入分配的角度讲，怎样的收入分配才最有利于资本积累和经济增长。

二、时代背景

从亚当·斯密的《国富论》到李嘉图的《政治经济学及赋税原理》，其间经历了40年左右的时间（1776—1817）。该时期正是欧洲历史上阶级斗争十分激烈复杂、发生重大事件和产生重要影响的时期：英国发生了工业革命，法国发生了资产阶级大革命。

（一）英国的工业革命

工业革命指从18世纪下半叶开始于英国的用机器生产代替手工劳动的生产技术改革，以及与之相应的改革。工业革命促进了资本主义经济从工场手工业时代向机器大工业时代的过渡，从而为资本主义经济制度的最终确立奠定了基础。工业革命最终对社会产生了多方面的影响。李嘉图进行经济研究的时期正是工业革命迅速发展和扩大的时期。

（二）社会阶级斗争

工业革命彻底改变了英国社会原有的封建阶级结构，激化了阶级矛盾和阶级斗争，最终形成和确立了工人、资本家、地主这三大阶级。在这一过程中，主要的阶级矛盾是土地所有者阶级与资产阶级的矛盾。这是资本主义与保守的封建残余势力的矛盾。此外，工人阶级与资产阶级的矛盾也大为尖锐，只不过没有占据主导地位，还没有完全走上历史的前台。工人从形式上对资本的隶属变为实际上对资本的隶属，工人阶级和资产阶级之间的斗争发展起来。工人自发的经济斗争不断出现，空想社会主义思想也出现了。

英国当时主要的阶级斗争是资产阶级和土地所有者阶级之间的斗争。资产阶级竭力拉拢无产阶级一起反对土地所有者阶级。李嘉图的经济理论则是这一斗争的理论旗帜。这场斗争在政治上表现为对议会改革的争论，在经济上表现为对《谷物法》存废和货币改革的争论。李嘉图积极参加了这场斗争，为工业资产阶级的主张提供了理论依据。斗争的最终结果是处于上升时期的工业资产阶级取得了胜利。

三、社会历史观和经济学研究方法论

李嘉图的《政治经济学及赋税原理》同亚当·斯密的《国富论》一样，其基本思想都是资产阶级经济自由主义。只是亚当·斯密的思想建立在启蒙学者的自然秩序或理性观念的基础之上，而李嘉图的思想除此之外还建立在杰里米·边沁（Jeremy Bentham）的功利主义哲学的基础之上。当时，亚当·斯密时代的启蒙学者的自然秩序或理性观念已开始被一些人发展而走向空想社会主义；资产阶级的批判武器已开始被一些人反过来用作批判资本主义制度的武器。这时，资产阶级新的武器则是应运而生的边沁的个人功利主义。

边沁继承和发展了洛克、休谟、爱尔维修、切萨雷·贝卡里亚（Cesare B. Beccaria，1738—1794）等哲学家的人性论和实用性功利主义观点。他认为，社会完全是从属于个人的“虚构的机体”，个人利益是人类行为的准则，即寻求快乐和避免痛苦。“最大多数人的最大幸福”就是每个人个人利益的加总，也就是社会利益。这也是边沁提出的功利主义口号和公式。边沁认为，功利主义不仅应当成为个人行为的指导原则，而且应该成为立法者活动的标准。尽管边沁不承认所谓自然秩序的观念，但他同样主张国家不要干涉经济事务，要实行自由放任的经济自由主义。

李嘉图认为资本主义制度是永恒的、自然的、合理的，是社会生产唯一可能的和绝对是进步的自然形式。因此，资本主义是无须为之辩护的。这一点表现在李嘉图毫无顾忌和无所隐瞒的思想观点与经济理论的阶级主张方面。这也反映了在李嘉图时代资本主义制度的进一步发展和巩固。李嘉图认为，实现资产阶级的个人利益，可以保证最大多数人的最大利益，同时保证了生产力的高度发展，其具体办法就是实行经济自由主义。这样，李嘉图的思想基础就是边沁的资产阶级个人功利主义。不过，李嘉图在一定程度上是承认并阐述和论证了阶级对立与阶级斗争的。他甚至企图从“自然因素”方面去寻找其根源。

在经济学研究的方法论上，李嘉图批评了亚当·斯密研究方法的二重性和不一致性，力求坚持始终以抽象法研究经济现象的内在联系。为此，李嘉图认为劳动时间决定价值是经济理论的基础和出发点，并由此探讨资本主义社会的各种经济现象、范畴和规律，观察它们与这一基础相互适合或矛盾到什么程度。在这方面，他取得了较大成功，深刻地阐述了一些经济范畴和原理。但李嘉图的缺点是，在其形而上学的社会历史观支配下，他对抽象方法的运用出现了片面和僵化的情况，从而使逻辑与历史相矛盾了。由于把一切历史因素统统抽象掉了，所以李嘉图丢掉了对于经济范畴的起源和性质的分析，只着重于经济的数量方面，甚至企图一劳永逸地找出一个永恒的范畴体系。这方面的问题正是造成李嘉图经济理论产生根本错误的重要原因。当然，李嘉图不能对经济规律表现形式的发展过程进行分析，也是个重大的缺点。

李嘉图的经济研究和讨论都是以其永恒的范畴体系为标准的。他总是直接简单地去检验一切经济现象。明白这一点，是理解李嘉图理论体系弊端的前提。

第二节　李嘉图的劳动价值论

劳动价值论是李嘉图经济理论和范畴的基础。李嘉图以之贯穿于自己的全部理论体系，并以之验证别人的各种理论范畴。李嘉图的劳动价值论基本是在亚当·斯密劳动价值论基础上的批判、继承和发展。

一、对亚当·斯密价值理论的批判

李嘉图的《政治经济学及赋税原理》本身就是从评论亚当·斯密的价值理论开始的。他明确承认他自己的价值理论出发点就是亚当·斯密的价值理论。可以说，没有对亚当·斯密的理论批判，就不可能有李嘉图劳动价值论的发展。但李嘉图的批判不是简单地否定，而是采取分析的态度，摈弃其中的错误，吸收和改造其中有价值的东西。从整体上说，李嘉图是继承和发展了亚当·斯密劳动价值理论的正确方面的。

（1）否定亚当·斯密关于财富是能够得到的权力和能支配的权力的观点。李嘉图认为，财富不能按照它所能买到的劳动量来衡量。另外，亚当·斯密关于财富源泉的命题也有片面性。李嘉图指出，作为财富源泉的因素，除劳动之外，还有自然因素。他不同意亚当·斯密所说的自然只在农业中起重要作用，而在制造业中不起什么作用的观点。

（2）否定亚当·斯密的价值取决于商品能够买到和所支配的劳动量的观点。李嘉图也反对亚当·斯密把劳动的价值当作始终不变的、唯一真实的和最终的尺度。李嘉图认为，决定价值的劳动与劳动的价值是完全不同的。前者是生产商品时所消耗的必要劳动量，后者是劳动的报酬，即工资。二者不仅性质不同，而且数量不等。“劳动的价值”和其他商品一样，受各种因素影响而经常变动。李嘉图这一批判以及他提出的劳动所决定的价值并不取决于劳动的价值这个正确命题，驳倒了至少从范德林特、休谟、重农学派，到亚当·斯密及其追随者关于工资决定价格的错误命题。李嘉图的见解具有重大的理论和现实意义。

（3）李嘉图不赞成亚当·斯密关于谷物价值不会改变的说法，但他未能揭示出亚当·斯密这一观点与价值取决于购买到的劳动的观点之间的逻辑联系。甚至，李嘉图自己后来也热衷于去寻找不变的价值尺度。这就难怪后来的“新李嘉图主义者”斯拉法（P. Sraffa）按照李嘉图的思路去寻找不变的价值尺度，最后却回到了亚当·斯密的购买劳动决定价值的观点。

（4）李嘉图不同意亚当·斯密关于原来商品价值的决定不适用于雇佣劳动制度的观点。李嘉图根本不同意亚当·斯密关于商品中包含的劳动时间决定价值的规定不适用于雇佣劳动制度的观点，但他自己的阐述未能切中要害。

（5）李嘉图始终不赞成亚当·斯密收入决定价值的错误观点。李嘉图认为，生产中的必要劳动量决定商品的价值，这与价值决定以后再如何分配没有关系。李嘉图指出了亚当·斯密错误价值理论的要害，认为亚当·斯密的错误在于把价值决定于劳动的规定狭隘地只限于资本积累和土地私有制产生以前的历史阶段。李嘉图认为，资本积累和利润的存在，与土地私有制和地租的存在一样，都不会妨碍价值规律的作用。

不过，李嘉图的劳动价值论最大的缺点，是缺乏亚当·斯密那种历史感。因此，他虽然批评了亚当·斯密的观点混乱和不能保持理论上始终一致，但他缺乏对重要范畴变化过程的考察，因而，他直接把资本主义的现实范畴等同于一般简单商品生产的范畴，这就产生了一系列另外性质的矛盾和难题。

二、对劳动价值论的发展

（一）使用价值、交换价值与价值

亚当·斯密曾经区分了商品的使用价值和交换价值，但没有抽象出价值，也没有理解使用价值与价值的对立统一关系。李嘉图肯定了亚当·斯密的正确区分，但是不赞成其错误观点。他否定了亚当·斯密关于交换价值很大的商品可以没有使用价值的错误观点。他说：“效用对于交换价值来说虽是绝对不可缺少的，但不能成为交换价值的尺度。”[①]“一种商品如果全然没有用处，或者说，如果无论从哪一方面说都无益于我们欲望的满足，那就无论怎样稀少，也无论获得时需要耗费多少劳动，总不会具有交换价值。”[②]这表明，李嘉图已经意识到商品的使用价值是其交换价值的物质承担者。

对价值和交换价值做出初步的区分，是李嘉图对古典价值理论的一大贡献。他在《政

① 李嘉图．政治经济学及赋税原理［M］//斯拉法．李嘉图著作和通信集（第1卷）．郭大力，王亚南，译．北京：商务印书馆，1962：7.

② 李嘉图．政治经济学及赋税原理［M］//斯拉法．李嘉图著作和通信集（第1卷）．郭大力，王亚南，译．北京：商务印书馆，1962：7.

治经济学及赋税原理》一书中对二者的区分进行了比较明确的阐述，但是在术语的运用上没有固定下来，使用了很多不同的说法，如价值和交换价值、绝对价值和相对价值、实际价值和比较价值。在上述这些说法中，前者均指价值，后者均指交换价值。李嘉图强调，他着重研究的是后者，尽管他已经感觉到，价值是内在的，是由劳动决定的，交换价值是外在的，是价值的表现。

《政治经济学及赋税原理》出版后，李嘉图继续探讨这种区分。他在去世前不久所写的《绝对价值与交换价值》的手稿中，已经在相当大的程度上克服了《政治经济学及赋税原理》中的价值概念的缺陷，发展了关于绝对价值的观点。在《政治经济学及赋税原理》第三版出版后不久的一封信中，李嘉图说："商品生产所耗费的劳动不是它的交换价值的尺度，而是它的实际价值的尺度……交换价值决定于实际价值，从而决定于生产所耗费的劳动量。"①李嘉图在批评特罗尔（H. Trower）时曾经说："当你口头上说交换价值时，你思想上从来没有真正价值的观念——而我却一直是有的。"他还说："一种商品的交换价值是不会改变的，除非它的真正价值或它所交换的其他物品的真正价值发生了变动。"②在《绝对价值与交换价值》中，李嘉图说：有人也许会问，我所说的"价值"一词的意义是什么？我判断商品价值是否有所变动的标准是什么？我的答复是，衡量一种商品的贵贱，除了为取得这种商品而做出的劳动的牺牲以外，我不知道还有什么别的标准。任何东西原来都是用劳动购买的，没有它，就没有一样具有价值的东西能够生产出来……我们的意见一经统一，就认为一切商品都是劳动的产物，除非是花费了劳动的，否则它就没有价值。我们会清楚地看到，投入商品的劳动量的或多或少，是其价值变动的唯一成因。③

但是，李嘉图最终没能从交换价值中抽象出价值来。这就使他在长期研究中，术语概念混乱，混淆价值和交换价值。李嘉图的概念混乱，也使像塞缪尔·贝利（Samuel Bailey，1791—1870）这样反对他的人，抓住这一弱点大做文章。

（二）劳动价值论观点

1.最初观点的演进

李嘉图在《政治经济学及赋税原理》之前较早的文章中，曾经认为金银的价值决定于以下几个方面：一是它们的稀缺性；二是为取得这些金银而使用的劳动量；三是在开采它们的各个矿场所用资本的价值。后来，他又认为，商品价格受到两方面的影响：一是货币相对价值的变动；二是特定商品的价值变动。到出版《政治经济学及赋税原理》时，李嘉图已经比较一贯地坚持劳动决定价值的原理了。

2.《政治经济学及赋税原理》的观点

李嘉图的最大贡献就是他一贯坚持并创造性地发展了劳动决定价值的基本原理。他在《政治经济学及赋税原理》中一开头就说明了：商品的价值或这个商品所能交换到的任何其他商品的量，取决于生产这个商品所需的必要劳动的相对量，而不取决于付给这一劳动的报酬的多少。他还说道，规定各种物品的现在相对价值或过去相对价值的，是劳动所将

---

① 李嘉图．政治经济学及赋税原理［M］//斯拉法．李嘉图著作和通信集（第1卷）．郭大力，王亚南，译．北京：商务印书馆，1962：2.

② 李嘉图．政治经济学及赋税原理［M］//斯拉法．李嘉图著作和通信集（第1卷）．郭大力，王亚南，译．北京：商务印书馆，1962：38.

③ 李嘉图．政治经济学及赋税原理［M］//斯拉法．李嘉图著作和通信集（第1卷）．郭大力，王亚南，译．北京：商务印书馆，1962：371.

生产的各种商品的相对量，而不是给予劳动者以换取劳动的各种商品的相对量。这就明确地否定了亚当・斯密关于购买到的劳动决定价值的观点。

在说明价值决定于劳动时间后，李嘉图事实上已经抛弃了把商品的稀缺性说成是价值源泉的错误观点。尽管他在《政治经济学及赋税原理》中提到：具有效用的商品，其交换价值是从两个源泉得来的：一个是它们的稀缺性；另一个是获取它们时所必需的劳动量。但他实际上把商品分成了两类：一类是不能再生产的商品；另一类是能够大量再生产的商品。他认为，只是前一类商品的价值决定于稀缺性，像罕见的雕像、画作、古书、古钱币以及风味特殊的葡萄酒等，其价值会随消费者的购买力和爱好而变动。这种商品在市场上只占商品总额的极小部分。商品的绝大多数属于后一类，可通过劳动任意增加和不受限制地进行竞争，其价值完全取决于生产它们所需的必要劳动。李嘉图研究的正是这后一类商品的价值决定问题。这样，他就把价值规律的研究放到了资本主义大工业生产和自由竞争的条件下。这种研究是一个重要的理论进步和贡献。

李嘉图指出了亚当・斯密价值理论的矛盾和错误，认为“一切物品价值的大小和它们的生产过程中所投下的劳动量成比例”，并指出劳动是商品价值的内在尺度。李嘉图始终坚持这一原理，并反对亚当・斯密以土地私有制和资本积累为界限采取两种价值决定原则。其实，李嘉图与亚当・斯密在这里各有特点，都有一定的合理性，也都有一些错误。亚当・斯密的优点是其具有历史性视角和眼光，觉察到不同社会条件下价值规律的表现形式会有变化，因而要有不同的解释，其错误在于用多元的价值理论未能正确说明他觉察到的变化。李嘉图的优点是始终坚持劳动时间决定价值的原理，并且能够始终贯彻之，其缺点恰恰在于缺乏应有的历史感，只是机械地、简单地把不同历史时期、不同过程和范畴的概念直接等同和混淆起来，甚至丢掉了很多必要的中介。这样，李嘉图就不能真正说明资本主义制度下价值规律的表现和作用。

对决定价值的劳动的性质，李嘉图一方面提到劳动同机器和自然要素一起增加商品的使用价值；另一方面，他又说，商品的价值只能来自人类的劳动。李嘉图在这里实际上已接触到了创造使用价值的劳动和创造价值的劳动的区别，但他未能达到劳动二重性的高度。

在价值量问题上，李嘉图接受了亚当・斯密关于价值取决于必要劳动的量的论点。他进一步指出必要劳动不是个别劳动，而且必要劳动既包括直接生产该商品时所耗费的劳动，也包含生产所用的生产资料时所需的必要劳动。他还说明，必要劳动是在最不利的生产条件下生产某商品所必须耗费的劳动。李嘉图在这里的贡献是明显的，但其错误也是明显的，即错误地规定了必要劳动的含义。

李嘉图也继承了亚当・斯密关于简单劳动和复杂劳动的思想，但他也没有提出明确的科学用语，而且比亚当・斯密更加糊涂。李嘉图没有首先分析劳动复杂程度和商品价值量的关系，就忙着去考虑劳动复杂性对商品相对价值的影响，甚至把劳动复杂程度的差异同工资率的差异混为一谈，以至于重蹈了工资决定价值的覆辙。

李嘉图还有一大功绩，即他提出了一个原理：影响商品价值的不仅是直接投在商品上的劳动，还有投在协助这种劳动的器具、工具和工场建筑上的劳动。这说明他感觉到了新价值的创造和原有价值的转移之间的区别，区分了直接劳动和间接劳动。但是，他在这里漏掉了原料。由于劳动二重性学说是后来的马克思独创的，因此李嘉图他还不能真正理解新价值的创造和原有价值的转移是怎样进行的。

三、关于不变价值尺度的研究

这是李嘉图所经历的一个痛苦的探索过程。配第和亚当·斯密都曾经在此陷入了困境，李嘉图对此也采取过批判的态度。李嘉图在《政治经济学及赋税原理》的第一、二、三版中都否定了“不变的价值尺度”。他说：这种尺度是不能找到的，因为任何一种商品本身都会和其价值须加以确定的物品一样地发生变化。①但是，他并不明白亚当·斯密寻找不变价值尺度的原因，也未分清价值的内在尺度和外在尺度。这就潜伏了他在思想上产生反复的可能性。

果然，后来他也陷入其中。他也认为：假使我们有一个完美的价值尺度，其自身的价值既不会增，也不会减，就可以用以确定其他物品的实际变动和比例变动，计量某一商品的变动时，就无须去了解已计量的那个商品其自身有没有变动。②于是，李嘉图也开始为寻找“不变的价值尺度”而思考和努力。这种努力当然是徒劳的。李嘉图至死也未能解决这个问题。临终前，他不得不痛苦地承认：“必须认识到，在自然界没有完美的价值尺度这样一个东西。”③

李嘉图同亚当·斯密一样，把价值的内在尺度和外在尺度混为一谈。正如马克思所说：“只要把这两个东西混为一谈，寻求‘不变的价值尺度’甚至就成为一种理性的本能。而可变性正是价值的特点。对‘不变的东西’的寻求表达了这样的思想：内在的价值尺度本身不能也是商品，也是价值，相反，它必须是某种构成价值，因而形成内在价值尺度的东西。”④

四、李嘉图价值理论体系的基本矛盾

（一）价值规律同利润规律或劳动和资本的交换规律之间的矛盾

这个矛盾是李嘉图无法克服的最大困难之一。

这一矛盾早就存在于亚当·斯密的价值体系之中。亚当·斯密无法以价值规律说明劳动和资本的交换，因而宣布价值规律不适合雇佣劳动制度。李嘉图并不了解亚当·斯密遇到的这个难题和亚当·斯密思想上的矛盾，不理解亚当·斯密提出收入价值论的原因。他只是简单宣布二者没有矛盾，其实这既未弄清问题，也未解决问题。李嘉图仅仅满足于证明劳动价值论不会为劳动的价值所推翻。至于同资本相交换的劳动是不是商品，它同其他商品有何不同，价值规律是否适合它，为什么，这些都是李嘉图未曾认真思考和研究过的。

此外，李嘉图在考察价值时，是把资本与劳动的交换当作例外来看待的，因为他未能区分劳动和劳动力。但是，只要把资本直接同劳动相对立，只要把商品同直接劳动相对立，只要把一定量物化劳动直接同一定量活劳动相对立，价值规律同资本和劳动的交换规

---

① 李嘉图．政治经济学及赋税原理［M］//斯拉法．李嘉图著作和通信集（第1卷）．郭大力，王亚南，译．北京：商务印书馆，1962：35.

② 李嘉图．李嘉图著作和通信集（第4卷）［M］．蔡受百，译．北京：商务印书馆，1980：373.

③ 李嘉图．政治经济学及赋税原理［M］//斯拉法．李嘉图著作和通信集（第1卷）．郭大力，王亚南，译．北京：商务印书馆，1962：377.

④ 马克思，恩格斯．马克思恩格斯全集（第26卷第3册）［M］．中共中央马克思恩格斯列宁斯大林著作编译局，译．北京：人民出版社，1974：168.

律的矛盾就是无法解决的。

（二）价值规律同等量资本获得等量利润的规律之间的矛盾

价值规律同等量资本获得等量利润的规律之间的矛盾，即价值规律与利润平均化规律或生产价格规律之间的矛盾。这是李嘉图又一个无法克服的巨大困难。

事实上，李嘉图已在个别场合感觉到了生产价格和价值之间的差别。马克思说，他是古典学派中第一个考虑价值规定与利润平均化规律间的现象关系，第一个注意到同量资本有机构成存在差别的人。李嘉图也注意到了竞争对利润平均化的作用，即市场价格围绕生产价格而波动，但缺乏历史感的他，把生产价格等同于价值，有时又将自然价格等同于生产价格。这样，他就无法解决这个矛盾了。

李嘉图体系这两大矛盾不断为其论敌所利用，作为攻击他的理论的靶子和缺口，以致后来成为导致李嘉图学派解体的致命创伤。

五、概括评价

李嘉图的劳动价值论是古典经济学价值理论的最高成就。它是19世纪初英国资产阶级与土地所有者阶级进行斗争的强有力的武器，但它又总括了作为现代资产阶级典型的英国资产阶级的观点。

当然，李嘉图的劳动价值论对资产阶级而言也意味着某种潜在的危险和不祥之兆，后来竟被英国空想社会主义者用来作为反对资本主义制度的武器。不过，这绝非李嘉图的本意。恩格斯说：权利的公平和平等，是18、19世纪的资产者打算在封建制的不公平、不平等和特权的废墟上建立他们的社会大厦的基石。劳动决定商品价值，劳动产品按照这个价值尺度在权利平等的商品所有者之间自由交换，这些——正如马克思已经证明的——就是现代资产阶级全部政治的、法律的和哲学的意识形态建立于其上的现实基础。①

不过，李嘉图的劳动价值论也未能逃脱整个古典派的根本缺陷，即不懂得使劳动和劳动时间表现为价值和价值量，使价值成为交换价值的特定的社会形式。在缺乏应有的历史感，不能使逻辑与历史相统一，把资本主义生产自然化和永恒化的经济学家中，李嘉图是个典型代表。由于这一缺陷，所以他不可能自觉地去研究劳动为什么要表现为价值、劳动量为什么要表现为价值量的问题，也不可能提出这类问题。“不识庐山真面目，只缘身在此山中。”资产阶级的经济学家在资产阶级的视野内，很难明白价值、交换价值、货币等都是劳动在特定的社会生产关系下所采取的表现形式。他们关注的只是价值量，而不是有关经济范畴所代表的生产关系和社会关系。在他们那里，劳动产品的价值形式直接就是资产阶级生产方式最抽象、最一般的形式，这使资产阶级生产方式成为一种特殊的社会生产类型，因而同时具有了历史特征。这很容易使他们迷惑。尽管如此，李嘉图的劳动价值论仍然是资产阶级经济学理论中成就最高的。他和亚当·斯密的劳动价值论都为马克思提出科学的劳动价值论提供了启示。

---

① 马克思，恩格斯．马克思恩格斯全集（第21卷）［M］．中共中央马克思恩格斯列宁斯大林著作编译局，译．北京：人民出版社，1965：210.

第三节 李嘉图的货币理论

对李嘉图货币理论的评价，在经济学说史上分歧较大。其实，李嘉图的货币理论既有正确的一面，也有错误的一面。

货币问题是李嘉图经济理论的重要组成部分。他对政治经济学的研究就是从这方面开始的。1808—1811年英国金块论战期间，李嘉图写了第一本著作《关于黄金的价格》。这是当时关于货币问题的论战开始的重要标志。1816年，李嘉图在小册子《一个既经济又安全的通货的建议》中重新阐述了自己的早期观点，还提出了同货币数量论相对立的新观点。这个新观点在他的《政治经济学及赋税原理》一书中得到了进一步的发挥。

李嘉图最初对货币问题的研究，是直接由银行券流通现象引起的。货币问题论战中的银行学派，是受英国内阁大臣和主战派所支持的英格兰银行，其主张发行银行券只需部分黄金或金币作为储备。其认为，金价上涨的原因是黄金稀缺，而不是银行券发行过多，价值变动的原因在于黄金。如果恢复金本位制，黄金就会外流，所以要停止兑换银行券。

受到议会反对派辉格党与主和派支持的通货学派，是银行学派的反对者，李嘉图是其代表。他们认为，发行银行券必须以全部足额的黄金作为储备，而且可以无限制地自由兑换。他们认为，金价上涨的原因是纸币发行过多，价值变动的原因是纸币，只有恢复自由兑换，才能稳定金价。这时，李嘉图尚未真正讲清楚货币的性质，但在观点上已经与休谟有显著不同。

一、对货币理论的贡献

（一）货币具有商品性质

在《政治经济学及赋税原理》中，李嘉图正确地指出，金银的价值决定于物化在生产金银过程中耗费的劳动时间。他继承并完成了亚当·斯密从劳动价值论出发来说明货币具有商品性质的观点。由于李嘉图看出了黄金的内在价值变化引起的价格变化，所以他正确地说明了迷惑了很多人的16—17世纪欧洲贵金属增加和物价上涨的现象。这充分说明他与货币数量论者休谟在货币观点上是根本不同的。

李嘉图肯定了货币是商品，和其他商品一样受同一规律支配，并批评了把货币看作特殊物品的见解。

李嘉图在货币问题上的缺点是，没有深入研究货币的社会本质。了解商品怎样成为货币，为什么成为货币，以及通过什么成为货币，正是真正的困难所在，李嘉图却始终没有研究这些问题。他错误的货币理论之所以能出现，就是因为其不懂得劳动决定价值和商品必然最终发展到形成货币这两者之间的联系。这使得本不该相信货币数量论的李嘉图，却陷入了货币数量论。

（二）对于货币职能的研究

李嘉图主要研究了价值尺度和流通手段两种职能。此外，李嘉图研究了货币的支付手段职能，有时在个别地方也提到作为世界货币的职能。由于李嘉图当时面对的货币主要是金属货币，所以他对货币职能的论述最不充分的是货币的贮藏手段职能。

（三）研究了支配通货数量与价值的规律

首先，李嘉图认为，贵金属的价值由物化在其中的劳动时间量决定，因此，流通手段的数量取决于货币本身的价值，流通中所需要的货币量同货币的价值成反比。

其次，他认识到一国流通手段的数量也决定于流通中的商品数量，二者成正比。

最后，流通手段数量决定于它的节约程度，即同一货币的流通速度。这二者成反比，用公式表示为：

流通中的货币数量=（商品价值×商品总量）÷（货币价值×流通速度）

李嘉图这一思路使他能够较好地分析纸币的流通。他指出，金银币不会超过流通需要，但纸币有可能超过流通需要。这样，纸币过多就会引起通货贬值或通货膨胀。他认为，“我们通货的所有祸害都是由于银行纸币发行过多”。由此出发，李嘉图反对通货膨胀或贬值。

李嘉图还区分了可以随时兑换硬币的纸币和不能兑换硬币的纸币，认为前者不会引起通货膨胀或贬值，后者则能引起通货膨胀或贬值。他赞成亚当·斯密关于纸币数额绝不能超过它所代替的金银的价值的论点，并以此作为检验英国纸币流通量是否过剩的标准。

当李嘉图沿着正确思路研究支配通货数量和价值的一般规律时，他已经发现了货币流通规律，并且事实上已经知道了纸币流通规律，已经意识到纸币流通规律是从纸币代替的金银价值这一关系中形成的。在这方面，李嘉图也无愧于是亚当·斯密的伟大继承者，他是英国古典经济学的最杰出代表。

（四）赞成使用纸币

他认为，纸币可以节约制造金属货币的昂贵的金属材料，还具有可以根据需要随时发行的优点。但是，李嘉图认为，只有以贵金属为通货本位的纸币，即可以随时兑换硬币的纸币，才是最理想的货币。他主张纸币由政府发行，而不由私人商人或银行家发行，认为这会减轻人民的纳税负担，但他担心运用纸币也可能出现滥用发行权的危险。

二、货币数量论观点

这是李嘉图从商品价格和流通中货币数量的表面现象出发时产生的错误观点。

李嘉图看到英国的纸币贬值以及与此同时发生的商品价格上涨，企图给以解释，但他给自己的理论涂上了一层国际的色彩，从通货的国际平衡的角度加以说明。他认为：

（1）全世界的贵金属是根据流通的需要按一定的比例分配于各个国家的。这种需要取决于各国的实业和财富，从而取决于各国的支付数目和频率。这样分配的贵金属在所有的国家都具有相同的价值。这时通货在国际上就是平衡的，各国间没有贵金属的进口和出口。

（2）一国内如果黄金产量增加，超过了流通中所需要的货币量，黄金的相对价值就会下降，商品价格就会上涨。这时会有两种情况发生：一是减少黄金生产，使流通中的黄金数量适合流通需要，从而使黄金恢复到正常的价值量；二是在打破黄金国际平衡水平的情况下，发生黄金从市价较低的国家通过对外贸易流向市价较高的国家的情况，直至恢复到原来的金价水平和通货的国际平衡。如果黄金生产缩减，金价上涨，就会发生同上述情况方向相反的变化。

（3）纸币发行量的增加与上述情况意义一样，也会引起相同的结果，只是纸币不能进入国际流通和平衡。

这里，问题的核心就是其货币数量论，认为货币量增加会造成币值下降，商品价格上涨。李嘉图产生这种错误的原因在于，他只看到货币的流通手段职能，认为其只作为价值符号在起作用，而且把纸币和铸币同等看待，把二者的流通规律也同等看待。同时，他丢掉了价值尺度和贮藏手段的职能。

李嘉图的货币数量论是在《黄金的高价是银行纸币贬值的明证》一文中得到系统说明的，后来又有所重复。在他的货币理论中，科学因素和庸俗成分混杂在一起，但他自己从未意识到，更未清算过自己的错误。

三、稳定货币的观点

李嘉图从其比较正确的货币和价值理论出发，提出了以金本位为基础的可兑换纸币制度。他主张发行代替金币流通的银行券要有十足的金币储备，以便随时自由无限地兑换。但事实上没有必要设立十足的金币储备，因为银行券是一种信用货币，而真正的信用货币并不以金属货币流通为基础，而是以汇票流通为基础。李嘉图在1816年提出上述方案，其后历经近30年的争论。1844年，英国议会通过了以李嘉图的方案为指导思想的《皮尔银行法案》。英格兰银行取得了发行的垄断权。由于后来在这一方案的执行过程中曾经发生过3次拒贷的危机，这一方案被迫停止了。客观地说，李嘉图稳定货币的主张，反映了当时工业资产阶级的要求。

第四节　李嘉图的分配理论

一、分配理论在李嘉图理论中的地位

李嘉图认为，社会产品在土地所有者阶级、资产阶级和工人阶级间进行分配的规律和法则，是政治经济学研究的主要问题，也是他经济理论体系的中心。他论述的一切经济问题都是从这一角度展开的，但他讲分配时绝不脱离生产，也不脱离资本积累，他是在与生产、积累的相互关系中讲分配问题的。在李嘉图时代，英国工业已有巨大的发展，社会财富也已经大量增加。这时，英国资产阶级需要解决的问题突出表现在，怎样从新创造出来的社会财富中拿出更多的收入来积累和扩大再生产。

李嘉图没有割裂生产和分配。他想通过研究分配来论证最有利于资本主义生产发展的条件。其分配论的核心是，剩余价值如何分割为利润和地租。李嘉图自己没有独立的剩余价值范畴，他只有剩余价值的特殊形态。由于李嘉图论述利润与工资时，实际上撇开了不变资本部分，因此，就这一点来说，他考察的实际上是剩余价值。也正因为如此，才可以说李嘉图的分配理论实际上是从工资出发的。李嘉图让工资份额在分配中起决定作用，把利润看作商品价值超过工资的余额，把地租看作商品价值超过工资加利润的余额。但李嘉图的分配理论毕竟是建立在劳动价值论基础上的。

李嘉图本人的论述次序是：地租、工资、利润。他把地租作为第一个扣除，把工资当作定额，把利润作为余额。这种次序与他研究分配的背景和目的有关。他着重说明的是分

配的量的关系和比例。李嘉图的分配理论为资产阶级反对土地所有者阶级的斗争提供了理论武器。

二、李嘉图的地租理论

在分配理论中，李嘉图最突出的贡献就是其地租理论。地租既是当时社会经济矛盾和斗争的中心，也是李嘉图考察分配问题的中心。

李嘉图的地租理论受到了詹姆斯·安德森（James Anderson，1739—1808）和爱德华·威斯特（Edward West，1782—1828）有关观点的很大影响。

（一）安德森与威斯特的地租理论

1.安德森的地租理论

安德森的理论对于资本主义生产方式具有典型意义。马克思说安德森是“现代地租理论的真正创始人”。安德森主要是为农场主的利益而写作的。他没想到其理论对英国古典经济学具有重要的科学意义，也没想到要把地租问题作为一个独立的论题论述，更没研究地租同经济学体系的关系。

李嘉图不满意亚当·斯密的地租理论，但对安德森和威斯特的地租理论很满意。不过，他是从马尔萨斯那里间接接受安德森的地租理论的。他误以为马尔萨斯和威斯特都是资本主义现代地租理论的创始人。

亚当·斯密只注意到了18世纪初到18世纪中叶英国谷物价格下降的情况。李嘉图则只注意到18世纪末19世纪初英国谷物价格上升的情况。安德森比他们都全面，既看到了18世纪上半叶英国谷物价格下降的情况，又注意到了18世纪下半叶英国谷物价格上涨的情况。安德森认为，地租规律与农产品价格涨落没有关系。他考察的前提是：

第一，社会上不存在妨碍对土地任意投资的土地所有权；

第二，社会上始终存在运用于农业方面的足够资本；

第三，耕种次序从较好的土地向较坏的土地推移是相对的；

第四，较坏的土地经过改良可以变成较好的土地，农业生产率的降低不是绝对的，而是相对的，绝对的农业生产率还是提高的。

安德森认为，是土地产品的价格决定地租，而不是相反。这就是说，地租不是来源于土地，而是来源于土地产品的价格，即价值，亦即源于生产土地产品的劳动。这就否认了地租是农业特殊生产力的产物、是土地肥力的产物的观点。

安德森认为，地租同土地的绝对生产率没有关系，只与其相对肥沃程度有关，因为等量谷物，不论其来自何种等级的土地，在市场上都可以按同一价格出卖。这样，耕种最肥沃土地的利润就一定比耕种其他土地的利润大得多。最终，在某些低等级土地上，耕种费用同全部产品价值相等。这里的利润指土地产品价格超过费用的余额，而费用包括实际费用和平均利润。这里的价格指生产品的市场价格。安德森认为，只有超额利润能够形成地租。安德森在这里所说的，显然是级差地租。

但是，安德森认为，土地等级是可以改变的，因而地租是可变动的。另外，他也看到，级差地租中，有一部分是租地农场主人工提高土地肥力的结果，但它表现为土地本身原有的生产力。这样，租地农场主投资改良土地本身的成果却落入土地所有者手中，他们就不愿进行那些租期内收不回来的投资。于是，这就成为发展农业的障碍。安德森据此反对当时英国阻碍农业发展的土地制度。

安德森还是英国最早提出土地收益递减规律的人。他认为，土地上的相对劳动生产率会降低，尽管土地可以改良，但绝对劳动生产率还是会提高。

2.威斯特的地租理论

威斯特在不知道安德森著作的情况下，独立地阐述了现代地租理论。马克思称威斯特的《论资本用于土地》（1815）是一本“在政治经济学史上有划时代意义”的著作。

威斯特的地租理论与古典劳动价值说有一定联系，但不如李嘉图的紧密；其他论述则比李嘉图的要好。他认为，土地肥力会越来越差，级差地租就以此为前提。这为李嘉图所接受，他们犯了同样的错误。威斯特比较深刻地阐述了级差地租理论。他还反对限制谷物进口。

（二）李嘉图的地租理论简介

李嘉图的主要贡献仍在于以劳动价值论为基础和标准，阐述了地租的性质、产生、变动等规律。这也是他的地租理论有别于安德森和威斯特的地租理论的最突出特点。

1.地租的性质

李嘉图认为，“地租是为使用土地的原有和不可摧毁的生产力而付给地主的那一部分土地产品”或者报酬。他把另外一部分对土地投资所产生的利润和利息，同支付给地主的全部地租产生的利润和利息，以及支付给地主的全部地租总额区分开，并排除掉。他认为，只有前者才是真正的地租。

李嘉图这一认识的可取之处在于，他想将真正的地租和利润区分开，从而说明土地所有者阶级的寄生性和土地所有制的不合理性。其错误在于：第一，土地的生产并非不可改变和不可摧毁；第二，土地的生产力并非原有的。事实上，土地的生产力的形成和变动既是个自然的历史过程，也是与社会过程分不开的。李嘉图自己在后面也说到农业投资中“这类资本的一部分一经用来改良土地之后，就会和土地不可分离地结合在一起，并且会增进土地生产力，由于使用这种资本而付给地主的报酬完全属地租性质，而且受一切地租规律的支配”①。这就是否定了其土地原有生产力的说法。

2.绝对地租

李嘉图否认绝对地租的存在。他认为，最坏的土地不能提供地租，最初的土地也不能提供地租，这当然是错误的。

其原因在于：

（1）李嘉图如果承认绝对地租，承认最坏的土地提供地租，他的价值论就会被推翻。把商品价值等同于平均价格即生产价格的逻辑错误，逼迫他在两种可能性中择一：或者承认存在绝对地租，放弃劳动价值论；或者坚持劳动价值论，否认存在绝对地租。李嘉图选择了后者。他为政论而否认了事实，为逻辑而否认了历史。

（2）不存在土地所有权，是李嘉图地租理论的一个出发点，这必然会导致他否认绝对地租。他不懂得土地私有权的垄断正是绝对地租存在的前提。绝对地租就是土地所有者凭

① 李嘉图. 政治经济学及赋税原理［M］//斯拉法. 李嘉图著作和通信集（第1卷）. 郭大力，王亚南，译. 北京：商务印书馆，1962：223.

借土地所有权的垄断所取得的地租。

（3）假定资本可以自由地流入农业部门，是李嘉图地租理论的又一出发点。这也必然导致其否认绝对地租。李嘉图不理解土地私有权的垄断会阻碍资本自由流入农业部门，使农业部门的利润不参加平均化过程，从而使农产品按高于生产价格的价格出售，由此经常提供绝对地租。

（4）他否认绝对地租同他关于耕种序列绝对地从优到劣地推移这一进程，即所谓农业生产率绝对降低的规律有关。

（5）他以工农业资本有机构成相同为前提，否认农业劳动生产力落后于工业，这也促使他否认绝对地租。当然，这是从他混同价值与生产价格的错误中派生的。

3.级差地租

李嘉图没有绝对地租的概念，因此，他也没有区分绝对地租和级差地租。李嘉图认为最坏的土地不能提供地租，于是他的探讨就全部集中于级差地租。在古典经济学家中，李嘉图最充分地探讨了级差地租的问题。李嘉图在这方面的主要贡献是他在继承前人（安德森和威斯特）理论的同时，为级差地租理论提供了科学的基础，即劳动价值论的基础。

（1）级差地租的定义："地租总是由于使用两份等量资本和劳动而获得的产品之间的差额。"[①]这个定义基本正确，但他忘记加上"在同量的土地上"这一限制条件。

（2）级差地租产生的条件：土地数量的有限、土地肥力的不同、土地位置的差异。他说："使用土地支付地租，总是因为土地的数量并非无限，质量也不是相同的，并且因为在人口的增长过程中，质量和位置较差的土地也投入耕种了。"[②]实际上，李嘉图在这里探讨的是级差地租的第一种形式。这也是李嘉图研究的重点。他的这种探讨和具体例证表明，级差地租是与土地等级相联系的，是土地耕种者耕种较好土地所获得但被土地所有者占有的超额利润。

（3）另一种级差地租：李嘉图指出，在同一块土地上连续追加投资，同样会产生级差地租，但最后追加的资本不支付地租。他还指出，在租约期内，追加投资产生的超额利润归租地农场主所有，只在租约期满后，它才落入土地所有者之手，成为级差地租。

（4）李嘉图级差地租理论的科学贡献之一，是指明了劣等地生产条件决定农产品的"比较价值"，即生产价格。他认为，在劣等地上生产最后那部分农产品时花费了较多的劳动，所以农产品的比较价值就提高了；绝不是因为向土地所有者支付了地租，农产品的比较价值才提高。

（5）在涉及地块优劣的级差地租方面，李嘉图的错误在于：

一是把土地耕种的下降序列当作级差地租形成的前提，而不懂得级差地租只与土地等级有关，与耕种次序无关；

二是没有区分农产品价值和生产价格；

三是把劣等的生产条件决定农产品价格的论点推广到一切商品领域。

李嘉图的最大错误是以土地收益递减规律为基础说明级差地租，从而把安德森、威斯特等人的错误加以推广，以致被后来的资产阶级经济学家推广到一切生产要素，作为一条

① 李嘉图. 政治经济学及赋税原理［M］//斯拉法. 李嘉图著作和通信集（第1卷）. 郭大力，王亚南，译. 北京：商务印书馆，1962：59.

② 李嘉图. 政治经济学及赋税原理［M］//斯拉法. 李嘉图著作和通信集（第1卷）. 郭大力，王亚南，译. 北京：商务印书馆，1962：59.

普遍规律。

4.地租发展的趋势

李嘉图针对亚当·斯密等同价值和“自然价格”（生产价格）的错误指出，地租绝不加入自然价格，它不是农产品自然价格的构成部分，因为不提供地租的最坏的土地产品价格等于该产品的自然价格，等于该产品的价值。它决定农产品的价值。所以，地租只是农产品价格高昂的结果，而不是原因。由于李嘉图也混淆了价值和生产价格，因此，他的上述观点只有在说明级差地租时才是正确的。而对于绝对地租，李嘉图的观点就不对了。绝对地租是农产品价格昂贵的原因，而非结果。

由于级差地租产生的原因是土地有限性引起的土地经营垄断，而绝对地租产生的原因是土地私有权的垄断，所以，等于价值的市场价格所高于生产价格的差额，会转为绝对地租。由此，李嘉图的说法（即使地主全部放弃地租，土地所生产的商品也不会更便宜）对于级差地租来说是对的，对于绝对地租来说却不对。

从级差地租的观点出发，李嘉图对地租的发展趋势做出了估计。他认为：

（1）随着资本积累和人口的增加，社会对农产品的需求也会越来越大，人们就会扩大耕种面积。

（2）当有限的优、中等土地被耕种之后，人们就会越来越多地耕种劣等地，投入更多的劳动。

（3）这样，农产品价值（从而相应的价格）就会上涨，地租也会相应地上涨。随着历史的发展，地租有上涨的趋势。

（4）农产品价格和地租上涨，又会使利润下降。

（5）利润下降影响积累，地租完全是对社会的浪费。

由此可见，土地所有者阶级的利益与社会利益是矛盾的。

（三）李嘉图地租理论的社会意义

李嘉图没有像亚当·斯密那样把地租和利润并列看作劳动产品的两个独立扣除部分。他是把地租看作利润的一部分，认为那是对利润的扣除。他说：地租除了从构成利润的基金那里得来之外，绝无别的来源；构成利润之后，随着社会的进一步发展，利润可以转变为地租。这样，他就把地租和利润对立起来。他还说：“地租是价值的创造，但不是财富的创造。”这样，他就为其地租理论赋予了社会意义。

李嘉图地租理论的关键就在于他完全站在工业资产阶级的立场上，从理论上论证社会的发展会导致地租的高涨，而土地所有者阶级的利益是和工业资产阶级的利益，甚至是和全社会的利益相矛盾的。

李嘉图的地租理论从社会意义上来说，是把当时英国工业资产阶级反对《谷物法》实际斗争的观点上升为理论，又反过来以这个理论为工业资产阶级提供斗争武器。李嘉图认为，社会发展和资本积累造成的对农产品需求的扩大与英国土地的有限性是造成农产品价格上涨的主要原因，但是，实行自由贸易，废除《谷物法》，向国外购买廉价谷物，可以抑制和克服农产品涨价的趋势。土地所有者阶级捍卫《谷物法》是维护土地所有者本阶级的利益而和社会绝大多数人的利益相对立的，因此，应该由社会来反对《谷物法》。在这一斗争中，李嘉图还试图说服工人阶级与工业资产阶级一起反对土地所有者阶级。

(四) 李嘉图地租理论的局限性

李嘉图在资产阶级的局限性之内，把地租理论发展为当时最完整和较为科学的地租理论。但是，正因为资产阶级本身的局限性，李嘉图的地租理论存在一些较大的缺陷和错误：

1.地租范畴缺乏历史观点

李嘉图的资产阶级局限性使他把资本主义地租概念应用于一切时代和一切国家的土地所有权，而没有区分资本主义地租和封建地租。尽管事实上他是从资本主义现实关系出发的，但在观念和范畴上，他总是把二者混为一谈，一方面，以资本主义地租去囊括一切地租；另一方面，又超出一般的超历史的地租范畴，从而抹杀了资本主义地租的特殊历史意义。

2.错误地把级差地租形成的条件当成了原因

其实，级差地租形成的原因是土地私有权的垄断和土地经营的垄断，而土地肥沃程度和位置的差别是级差地租形成的条件。李嘉图这个错误还导致他错误地认为历史上耕地的利用次序是由优等地到劣等地。李嘉图的这一引申观点既不符合历史情况，在理论上又是不必要的。

3.土地收益递减规律

作为追随安德森理论的结果，李嘉图级差地租的一个基础是“土地收益递减规律”。这完全是一条片面的“规律”，是吸取自别人（杜尔哥、安德森和马尔萨斯）的东西。该“规律”是在假定生产力和技术水平不变的前提下发生作用的，但这个假定既不正常也不典型，它对说明级差地租的产生也不是必要的。级差地租的形成条件只需证明，在同一土地上投下等量的几笔资本和劳动会得到不同的产量。有时候，李嘉图也会考虑农业中由于技术进步而产生的使收益增大的趋势。他感到机器的改良、劳动分工和分配的改进、生产者在科学和技术两方面熟练程度的提高，有抵消收益下降趋势的作用。但他又认为，由于人口增长太快，需求太大，这种抵消收益下降趋势的力量太有限了，在长期中还是收益递减具有更大的影响力。

4.否认绝对地租的存在

同安德森一样，李嘉图否认了绝对地租的存在。这是因为他完全忽视了土地私有权的垄断，而这点是同地租理论相矛盾的。一方面，这不符合资本主义的实际；另一方面，它客观上只是为资本主义社会中消除土地私有提供了一种资产阶级的愿望和可能。整个古典经济学都没有绝对地租范畴，这就说明了资产阶级局限性的一个方面。李嘉图的这一错误既同他忽略土地私有权的垄断有关，又同他混同价值和生产价值的错误有关。

5.忽视农业中土地经营的垄断

和安德森一样，李嘉图忽视了农业中土地经营的垄断，从而认为农业中始终存在足够的资本。这实际上是把农业看作同工业一样，资本可以自由流动。另外，他否认了土地所有权问题，也就否认了农业自由投资的重要条件。

三、李嘉图的工资学说

当李嘉图在地租理论中把地租也看作对利润的一种扣除时，他实际上就把分配问题归结为工资和利润的关系了。由于地租是对利润（剩余价值）的直接扣除，因而土地所有者阶级与资产阶级的利益冲突是第一位的。这种观点是符合英国当时的社会实际的。

可是，李嘉图把工资作为分配中的一个定额，而把利润作为一个余额来处理了。

（一）关于工资的性质

李嘉图一开始就把劳动当作商品，误以为工人出卖的是劳动，而劳动也有自然价格和市场价格。这是十分错误的。但由于李嘉图事实上研究的是劳动力，所以其工资理论仍有科学价值。

亚当·斯密一直把工资和一般劳动收入混在一起，李嘉图则和亚当·斯密不同，他始终一贯地把工资和雇佣劳动的收入联系起来。但李嘉图和其他古典经济学家都没有劳动力的概念，也都没有把工资与劳动力联系起来。他们都把工资当作“劳动的价格”，把劳动看作商品，这样，他们就不可能有正确的工资范畴。

（二）工资量的确定

李嘉图认为，劳动的自然价格（价值）决定于生产工人为维持本身及其家属的大体生存所必需的最低生活资料的价值，而这种生活资料的价值取决于生产它们所耗费的社会必要劳动的价值。李嘉图的这种看法表明，在具体到工资量的确定时，他已经不再把工资看作“劳动的价格”，而是转到“劳动力的价值（或价格）”上面来了。正是在有了这种转变后，李嘉图把其工资理论与劳动价值理论联系起来了。其实，李嘉图自己并未意识到实际上以劳动力价值进行分析的这种做法也是所有古典经济学派的做法，不过李嘉图更为明确和一贯罢了。即使如此，他也没有明确的“劳动力商品”的概念。

李嘉图在论证方面是通过劳动市场上对劳动的供给和需求的规律来说明工资量的确定的。他区分了劳动的“市场价格”和“自然价格”。他认为，劳动的“市场价格”是“根据供求比例的自然作用实际支付的价格。劳动稀少时就昂贵，丰裕时就便宜”。劳动的“自然价格”是“让劳动者大体上能够生活下去并不增不减地延续其后裔的生活所必需的价格”。李嘉图认为，劳动的“自然价格”不是指劳动者所取得的货币工资额，而是指用这些货币所能买到的食品及必需品数量和享用品数量。李嘉图事实上区分了名义工资和实际工资。他认为，名义工资即劳动的“市场价格”，是随劳动市场的供求变动而经常变动的；实际工资即劳动的“自然价格”，是在一定社会历史条件下根据各国风俗习惯和传统确定的，它是相对稳定的，不易变动。名义工资和实际工资经常发生背离，但长期中有一种使名义工资与实际工资相适应的趋势。李嘉图认为，人口的自然繁殖率的变化会自动地调节工资，使其等于工人最低生活资料的价值。

（三）工资的变动规律及趋势

李嘉图认为，劳动的自然价格是可以变动的。它随不同国家、同一国家的不同时期以及不同的风俗习惯而不同。

李嘉图认为，在短期内，工资是变动的。劳动的市场价格会相对其自然价格发生波动。当劳动的市场价格高于其自然价格时，工人的生活情况会变好，也有助于改善家庭健康状况，刺激人口增长，增加劳动供给量；反之，则会使工人生活状况变坏，最终减少劳动供给量。在长期内，这两种趋势会基本拉平，使劳动的市场价格等于其自然价格，谷物会因生产时需要更多劳动而涨价，货币工资上涨不足以抵消谷物涨价的程度。在更长时期内，人口规律、收益递减规律等的作用使工资出现下降的趋势。

李嘉图提出，随着社会的发展，工业品价格趋于下降，农产品价格趋于上升，如果工人在食品方面做出少量牺牲，就能在工业品方面得到大量的满足。

李嘉图认为，在国家层面不应实行对工资的规定和干涉，应由自由竞争决定。他也反对《济贫法》，并认为它会鼓励工人懒惰。李嘉图的工资观点同样反映了他反对土地所有者阶级维护《谷物法》以降低工资的用意和把工人工资低下说成是人口规律的做法。在维护利润方面，他有时会同马尔萨斯站在一起。

（四）相对工资与比例工资的理论

这是李嘉图工资理论中最突出的贡献，是具有独创性的理论。它对理解资本主义社会的阶级关系具有重要的理论意义。它实际上是剩余价值理论的另一种表达形式。

李嘉图认为，工资与利润加在一起具有同一价值。工资的价值完全取决于工作日中工人为了生产和再生产他工资的那一部分劳动时间和归资本家所有的那一部分劳动时间的比例。这样，工资就是按照工人从产品总价值中所得的比例来计算的，而不是按照工人得到的生活资料的量来计算的。于是，在既定的总价值中，工资和利润的分配就总是呈相反方向变动。工资直接影响着利润的增长。由于工资的自然价格有一个最低限度，所以必需品的价值就具有了重要意义。李嘉图在《政治经济学及赋税原理》中明确宣称：本书的目的之一就是说明必需品的实际价值每有跌落，劳动工资就会减低，资本利润则会提高。换句话说，在任何一定的年产值中，付给劳动阶级的份额将会减少，而付给那些使用他们的资金来雇用劳动者的人的份额将增加。①

这种相对工资的概念说明，即使存在技术进步，工资绝对量有提高，但只要它的提高落后于利润的提高，相对工资仍是下降的。

李嘉图在这里比较客观地说明了资本主义制度下的阶级利益关系，从而为他将土地所有者阶级与全社会的利益对立起来做了交代。不过，他毕竟也客观地表明了工人与资本家利益的对立，只不过当时这种矛盾居于次要地位。李嘉图的这种正确见解，越往后就越为资产阶级所不能容忍。

四、李嘉图的利润理论

（一）考察的对象

李嘉图所说的利润有时和剩余价值相混同。他在考察利润时，是以事先既定的平均利润率为出发点的。他假定一切商品都按其自然价格出卖，因而资本的利润率在所有的行业都相同。这样，自然价格就是包含平均利润的生产价格。

李嘉图考察了竞争使不同部门的利润率平均化为一般利润率、市场价格平均化为生产价格的作用，得出了等量资本会得到等量利润的规律。这是他的贡献。但是他不懂得不变资本和可变资本的划分。他没有研究过剩余价值的一般形式，也没有研究过纯粹形式的利

---

① 李嘉图．政治经济学及赋税原理［M］//斯拉法．李嘉图著作和通信集（第1卷）．郭大力，王亚南，译．北京：商务印书馆，1962：361.

润，他的理论就不能科学地说明剩余价值向利润以及利润向平均利润的转化。

尽管李嘉图在有的地方也明确区分了绝对利润和利润率，但整体说来，概念是含糊的。他就是在这种情况下考察利润的。

（二）局限性

李嘉图没有独立完整的利润理论，即没有在劳动价值论和剩余价值论基础上直接论证利润的产生和存在。他只是把利润作为余额看待，只注重利润量的大小。

李嘉图代表了资本家的观点，不把工资和地租作为生产费用来扣除，而把利润作为余额。此外，在研究利润量时，他从农业中的劣等土地不提供地租出发，认为产品价值只分工资和利润两部分；在工业中，他又撇开土地这个因素，在考察资本时撇开不变资本。这样，在李嘉图的研究中，利润和剩余价值就成了一回事。

（三）影响利润量的因素

首先，李嘉图认为，利润是同资本成正比例的，而不是同劳动成正比例的。

其次，由于李嘉图把利润作为余额，所以影响利润量的因素就是产品中扣除的生产费用、地租和工资。关于地租，他着重在研究利润的趋势时谈到；工资则成为影响利润的直接和决定性的因素。

李嘉图认为：

（1）工资与利润呈反方向变化；

（2）由于利润是余额，所以变动的主要方面就在于工资；

（3）在一定长度的工作日内，无论生产率怎样，创造的价值总是相同的。

工资是一个相对确定的量，其水平取决于生产生活必需品的劳动生产率的高低（历史道德的传统因素较稳定）。劳动生产率高，必需品价廉，工资就下降，利润则增加；反之，情况就相反。劳动生产率的变动先影响工资，再影响利润。

李嘉图的这种观点在客观上揭露了资本家和工人的阶级利益的对立，这是李嘉图的贡献之一。但李嘉图受资产阶级形而上学历史观的局限，把这种对立普遍放到所有社会形态中去，认为这是永恒的自然规律。这是十分错误的。

此外，他只注意工资和利润量的关系，而无视资本主义剥削关系，混淆利润和剩余价值，利润只与相对剩余价值变动相联系，也是错误的。他只注意劳动生产率对利润的影响，没看到工作日长度和劳动强度的变化，以及其他因素的影响。这也影响其利润观点的正确性。

李嘉图之所以能在一定程度上揭露工人与资本家的矛盾，只是因为这种斗争还居于幕后，其还从属于资本家阶级对封建势力的斗争。李嘉图还相信国民经济的发展给资本家和工人都会带来好处。

（四）利润率下降的趋势

李嘉图认为，利润的自然趋势是下降的。他从土地收益递减规律出发，说明人口和资本增长，土地不够，粮价和地租都会上涨。这既使工资相应持续上涨，也使社会资本积累受一定限制，结果利润的增长大受影响，资本家将受害最深。李嘉图由此提出了对社会前景的悲观看法和利润率下降的规律。李嘉图认为，主要原因在于地租的上升，基础条件在于人口增长（他赞成马尔萨斯的观点）和土地收益递减规律。地租上涨是自然趋势，不必由地主负责，但地主坚持《谷物法》，反对自由贸易、自由输入谷物，因而人为地妨碍了资本积累，加剧了利润率的下降。这样，李嘉图就为政治上反对土地所有者阶级的斗争提供了经济上的理论依据。实际上由于李嘉图不懂资本有机构成理论，他不可能正确说明利润率下降的规律。

五、李嘉图的利息理论

李嘉图的利息理论是亚当·斯密利息理论的直接延续。尽管他在《政治经济学及赋税原理》中对利息论述不多，但思想比较清楚。

李嘉图几乎没有提利息的本质，因为他从未明确区分剩余价值和它的具体形式——利润、利息和地租。

对于利率和利润率的关系，李嘉图完全赞成亚当·斯密的看法。他承认利率取决于利润率，但不能因果倒置，说利润率取决于利率。李嘉图还指出，利率还会由于货币资本的供求变化而发生暂时变动。他是把利润率的变动看成利率变动的最后原因和长期原因。李嘉图也反对国家强制规定利率，而主张利息自由。

总的说来，李嘉图的利息理论并不突出。

第五节 李嘉图的资本、积累、再生产与经济危机理论

一、资本理论

李嘉图对资本本质的认识甚至还不如亚当·斯密，他比亚当·斯密更缺乏历史观点。他认为，物、劳动资料等都是资本，而且早期社会就有了。他把资本关系看成永恒的自然史上的关系。

但李嘉图对资本的本质认识也有深刻之处。比如，他把工人阶级说成被（工资）基金、积累的劳动使用的阶级，把资本（机器）看成使用劳动的手段。

他看到，影响商品价值的，不仅有直接花费在其上的劳动，还有花费在协助这种劳动的器具、工具和建筑物上的劳动。他在这里实际上是区分了耗费劳动和转移劳动。由此，他进一步区分了两类资本：维持劳动的资本；投入工具、机器及建筑物上的资本。这种区别同不变资本和可变资本的划分一样，具有重要的理论意义。但李嘉图最终未能形成不变资本和可变资本的概念。他从一开始就漏掉了作为原料存在的那部分资本。他实际上转向了固定资本和流动资本。

李嘉图在此的新见解是，把固定资本和流动资本的差别与不同的资本周转时间相对比，并从不同的流通时间引出固定资本和流动资本的差别。这也就归结为流通时间相一致时再生产时间的差别。

二、积累理论

按本意说，李嘉图以分配问题为中心研究政治经济学就是想证明：怎样的分配有利于积累和扩大再生产。这里自然应当包含他对积累和再生产的深入研究。可惜，这恰恰又是

他的弱点。

他接受了亚当·斯密将资本家超过个人消费的储备的增加看作资本的增加的观点，并把它推广到全社会。他认为生产超过消费的量，就是资本的增加，而整个社会资本的增加就是积累。他也同亚当·斯密一样，错误地认为资本家“节约的收入”将全部用于工资，由生产工人消费。这完全是由漏掉不变资本的“斯密教条”造成的理论错误。李嘉图的区别仅在于强调储蓄要由生产剩余价值的工人消费，才能使资本增加。

对于资本积累的方法，李嘉图指出，积累资本有两种方法：增加收入或减少消费。①他还将其与财富增加的两种方法联系起来，说：国家财富的增加可以通过两种方式：一种是用更多的收入来维持生产性的劳动——这不仅可以增加商品的数量，而且可以增加其价值；另一种是不增加任何劳动量，而使等量劳动的生产效率增大——这会增加商品的数量，但不会增加商品的价值。②在李嘉图看来，资本的增加和财富的增加没有什么不同。但事实上，他的两种提法是不一致的，前者取决于利润率的提高和商品降价，后者则与此无关。

李嘉图认为，利润既是积累的手段，也是积累的动机。由于利润的下降趋势，积累动机也会减弱，最终消失，而那就是世界末日。

对于资本的构成，李嘉图开始是追随亚当·斯密否定约翰·巴顿（John Barton，1789—1852）的见解的，但后来又颠倒过来了。巴顿认为，资本积累必定引起资本构成的变化，因为对劳动的需求不会随着资本的积累而增加。李嘉图先否定了巴顿的观点，后来又在《政治经济学及赋税原理》第三版中加入了《论机器》一章，转而公开赞同巴顿的观点。他说：“资本每有增加，其中就会有越来越大的部分用在机器方面。资本增加时，劳动的需求虽将继续增加，却不会成比例地增加，其增加率一定是递减的。”③这是李嘉图资本理论上的一个进步，长期结果是有利的。

三、再生产理论

这方面，李嘉图只有一些零星的看法，没有形成系统的理论。他受“斯密教条”的影响，把商品价值全部分解为工资和利润。这里，由于把地租放到利润中去考虑，所以也可以说李嘉图将价值分解为工资和剩余价值。但他也丢掉了不变资本，这样就不能从再生产角度考虑不变资本的再生产和补偿、更新了。

另外，李嘉图认为积累只能源于利润和地租，工资永远是必需的生产费用。他并不理解扩大再生产的物质条件。

李嘉图要求发展生产，要求政府赋税有利于再生产。他认为：“凡属赋税都有减少积累能力的趋势。”④李嘉图的这种观点反映了产业资本的利益和要求。

李嘉图认为，资本的积累和生产规模的扩大会导致利润率递减，但只要利润总量在增加，扩大再生产就会继续。如果利润总量下降，则即使产量和价值都随生产规模的扩大而

① 李嘉图．政治经济学及赋税原理［M］//斯拉法．李嘉图著作和通信集（第1卷）．郭大力，王亚南，译．北京：商务印书馆，1962：110.
② 李嘉图．政治经济学及赋税原理［M］//斯拉法．李嘉图著作和通信集（第1卷）．郭大力，王亚南，译．北京：商务印书馆，1962：236-237.
③ 李嘉图．政治经济学及赋税原理［M］//斯拉法．李嘉图著作和通信集（第1卷）．郭大力，王亚南，译．北京：商务印书馆，1962：338.
④ 李嘉图．政治经济学及赋税原理［M］//斯拉法．李嘉图著作和通信集（第1卷）．郭大力，王亚南，译．北京：商务印书馆，1962：128.

增加，扩大再生产也不可能继续。这里，实际上李嘉图认识到了资本主义扩大再生产的界限是利润量。从妨碍利润的原因来说，他认为，土地所有者阶级的存在是资本主义扩大再生产的障碍。尽管如此，他仍主张扩大土地的年产量，增大投资，实行谷物自由贸易，以扩大再生产。他甚至讲：这种投资的目的是增加产品。我们应当记住，这正是我们的最终目的。只要能取得更大的年产量，即使有一半资本价值减少甚或全然被消灭，对社会来说又有什么关系呢？那些因为资本在这种情况下遭受损失而叹息的人，是在主张为手段而牺牲目的。[①]

四、经济危机理论

在经济危机问题上，李嘉图是否认普遍生产过剩和经济危机的。这不仅因为当时英国的经济危机还没有完全普遍化，还因为他看不到其普遍性和必然性，而且他接受了一些错误的理论教条，妨碍了他对这一问题的深入研究。这主要表现在以下几个方面：

（1）李嘉图接受了萨伊定律，认为产品只是用产品购买的；需求只受生产的限制，所以不论一个国家有多少资本，都能得到使用。他把资本家当成了理性的小生产者，把资本主义商品生产当成了物物交换的简单商品经济，从而否认了生产过剩的可能性。

（2）李嘉图接受了詹姆斯·穆勒（James Mill，1773—1836）关于生产和消费之间、供给和需求之间、购买量和销售量之间能够经常达到必要的平衡的观点，从而在基本倾向上否认了经济的普遍失衡和生产过剩。

（3）李嘉图一方面接受了亚当·斯密关于需求无限，因而生产和资本的使用也没有限制的观点，另一方面批判了亚当·斯密关于暂时生产过剩和资本过剩可能性的观点，建立起一套否认经济危机具有客观必然性的理论。李嘉图认为，由于自由竞争下资本可以自由转移，所以价值规律会自动平衡经济，理性的资本家（经济人）也会使自己的投资合理化，从而避免生产过剩。总之，他认为，资本主义经济完全可以自动调节，达到稳定的均衡状态。

（4）李嘉图歪曲了资本主义生产的目的和性质，把它当成自然经济、简单小商品生产，从而否定经济危机发生的必然性。这使他不自觉地出现了历史认识上的倒退。

（5）源于其错误的再生产理论，李嘉图认为储蓄总能顺利地转化为投资，因而不会发生危机。尽管有时候他承认局部生产过剩也许会发生，但也仅限于此，并且要以此否定普遍的生产过剩。他认为，扩大生产就可以赚钱，有了钱就会购买商品来满足需求。所以，需求可以说是无限的，只要努力扩大生产，就会增加收入和需求，因此，社会上绝无普遍生产过剩之虞。

到后来，李嘉图也曾经在一定程度上承认，农业上丰收时商品丰富，会对生产者有害，而稀缺往往是有利的。他认为在欧文的共产式村落中，反而没有这种弊病。

李嘉图曾经在经济危机问题上与马尔萨斯展开长期论战，也和西斯蒙第展开辩论，结果是李嘉图的观点成为占统治地位的观点。这不能不令人深思。固然马尔萨斯和西斯蒙第有其理论错误，但李嘉图的观点迎合了资产阶级要扩大生产的利益是明显的。在李嘉图那个时代，虽然客观上经济危机并未完全普遍化，但他的理论毕竟是错误的。当然，李嘉图

① 李嘉图．政治经济学及赋税原理［M］//斯拉法．李嘉图著作和通信集（第1卷）．郭大力，王亚南，译．北京：商务印书馆，1962：229．

的错误和某些经济学家蓄意得出否定生产过剩和经济危机的庸俗观点还是有显著的区别的。

第六节 李嘉图的财政理论

财政问题，尤其是税收问题，也是李嘉图研究的主要问题之一。这从他的代表作《政治经济学及赋税原理》的书名就可以看出。该书中李嘉图共用了12章的篇幅集中探讨税收问题，可见税收问题在李嘉图经济理论中的重要地位。李嘉图实际上就是从宏观角度探讨各种税收对资本积累的作用和影响的。

一、对国家经济作用的看法

李嘉图赞成亚当·斯密对国家职能的看法和反对国家干预经济的观点。他主张实行“商业完全自由的制度”。他相信资本主义社会中个人利益和国家利益的一致性、个体利益和整体利益的一致性。他认为，只要完全取消国家干预，实行彻底的经济自由，个人就可以最有效地利用资本和劳动，最大限度地增进社会利益。如果一切国家都取消对经济生活的干预，各国就都可以最有效地利用自己的资源，最大限度地增进各民族的利益。

二、财政观点

基于上述见解，李嘉图认为，政府开支是非生产性开支，这些开支都是从该国的生产性劳动中取得的。而作为政府经费来源的税收，对于生产而言就是一种弊病。所以，从促进生产的角度讲，李嘉图认为，最好的财政计划就是支出很少的财政计划，最好的赋税就是税额最少的赋税。

三、赋税观点

李嘉图完全赞成亚当·斯密提出的税收四原则，并以之作为检验英国当时的税收制度是否合理的标准。据此，他还反对英国当时的土地税，认为按亩征收土地税，不管肥力好坏，都是违反税收四原则的。

李嘉图说：赋税是一个国家的土地和劳动的产品中由政府支配的部分；它最后总是由该国的资本或是由该国的收入支付的。①一方面，这个看法接近于说明税收是国家无偿占有的一部分价值；另一方面，没有说明税收是国家无偿占有的雇佣者创造的一部分剩余价值。此外，这段话还说明，李嘉图把税收的源泉归结为两个：资本或收入。这种看法当然是错误的。

李嘉图认为，“赋税的巨大危害……在于整个说来的总效果”②，这种效果“通常不是减少资本，便是妨碍资本的积累”③。所以，他主张政府“不要征收那种必然要落在资本上面的赋税”④。当然，李嘉图也知道，大多数赋税最终还是要通过收入支付的。

---

① 李嘉图．政治经济学及赋税原理［M］//斯拉法．李嘉图著作和通信集（第1卷）．郭大力，王亚南，译．北京：商务印书馆，1962：127.

② 李嘉图．政治经济学及赋税原理［M］//斯拉法．李嘉图著作和通信集（第1卷）．郭大力，王亚南，译．北京：商务印书馆，1962：129.

③ 李嘉图．政治经济学及赋税原理［M］//斯拉法．李嘉图著作和通信集（第1卷）．郭大力，王亚南，译．北京：商务印书馆，1962：188.

④ 李嘉图．政治经济学及赋税原理［M］//斯拉法．李嘉图著作和通信集（第1卷）．郭大力，王亚南，译．北京：商务印书馆，1962：129.

李嘉图认真详细地考察和研究了地租税、利润税和工资税。他认为，地租税只会影响地租，而不能转嫁到任何消费的阶级身上，但地租是最合适的课税对象。而“农产品税不会由地主支付，也不会由农场主支付，而只会由消费者在上涨的价格中支付”①。对于地租中属于“地主所有的资本的利润”，应和其他资本一样一视同仁地对待。对于地皮租税，李嘉图感到如把土地作为唯一的课税对象，就有可能威胁到资本的所有权。

对于利润税，李嘉图认为是可以通过提高商品价格转嫁给消费者的，但对工人的必需品征税，就会产生降低利润率的趋势。不过，李嘉图并未涉及利润税转嫁给工人的问题。

李嘉图认为，工资税会使工资上涨，最终由资本家支付，这样，“工资税事实上就是利润税”②。

四、公债观点

李嘉图认为，经常发行公债并非好事，它会使人们产生依赖性，不知节俭，也会使国家贫穷，陷入困境。由于公债的偿还最终会加重税收，所以公债也会减少生产资本。他认为，公债的本金与利息不同。利息不过是通过税收，由一部人那里转到另一部分人那里，但不影响国家的穷富；本金则会减少生产资本，从而会减少收入。

关于公债的归还，李嘉图认为，国家在非常时期所举的债，应当在平时努力偿还。而还债的基金只有来自政府收入超过政府支出的余额，即来自财政盈余时，才能起到增加财政收入、节约财政支出的作用。

对于因大量公债陷入困境的国家，“如果不惜牺牲经济财产中的一部分偿还所需来赎身解厄，那便是一种明智之举”③。

李嘉图还认为，如果政府发行公债为赤字融资，则其结果与征税是一样的，也就是说，发行公债和征税的效果是等价的。李嘉图的这一看法为20世纪后半叶的美国经济学家詹姆斯·布坎南（James M. Buchanan，Jr.，1919—2013）和罗伯特·巴罗（Robert J.Barro，1944—）所扩展和延伸，成为现代宏观经济学中经常提到的所谓“李嘉图等价定理”。

总的说来，李嘉图的财政税收理论是为工业资产阶级利益着想的。这在当时反映了资本主义生产方式发展的要求，因而基本上是一种进步的理论。

第七节　李嘉图的国际贸易理论

一、国际自由贸易的思想

李嘉图完全拥护亚当·斯密关于国际自由贸易的思想。他反对国家干预，主张建立国际自由贸易、自由发展、合理分工的经济秩序。他在亚当·斯密的基础上把这一理论向前大大推进了一步。

关于国际自由贸易的好处，李嘉图认为：

① 李嘉图．政治经济学及赋税原理［M］//斯拉法．李嘉图著作和通信集（第1卷）．郭大力，王亚南，译．北京：商务印书馆，1962：133.

② 李嘉图．政治经济学及赋税原理［M］//斯拉法．李嘉图著作和通信集（第1卷）．郭大力，王亚南，译．北京：商务印书馆，1962：189.

③ 李嘉图．政治经济学及赋税原理［M］//斯拉法．李嘉图著作和通信集（第1卷）．郭大力，王亚南，译．北京：商务印书馆，1962：21.

第一，国际自由贸易可以增加本国国民现有收入下所能购得的商品的数量和品种；可以由于进口商品的价格低廉而降低工资，提高资本利润；还可以使同量资本购买到更多的生产资料，雇用更多的工人，从而有助于储蓄和扩大资本积累。

第二，国际自由贸易有助于资本和劳动得到最好的使用。这一方面是因为可以实行合理的国际分工和专业化生产，充分利用资源，提高劳动生产率；另一方面是因为英国可以凭借其经济优势，向殖民地和附属国输出商品，输入原材料及所需物品，通过对殖民地和附属国的贸易，迅速扩张致富。

第三，国际自由贸易可以保证和自动调节贵金属（通货）的国际平衡。李嘉图认为，正常情况下，贵金属在各国间的分配是平衡的，即根据各国的实业和财富以及流通的需要，被按一定比例分配到各国。这时，贵金属的价值在各国都是相等的。如果某国贵金属数量大增（由发现金矿或贸易顺差等所导致），超过实际需要量，其价值就会下跌，物价就会上涨。这样，原有的平衡就被打破了。这时，贵金属的价值或购买力在国外依然未变，于是人们纷纷通过对外贸易，购买国外商品，或把贵金属投资到国外使用。而这又会降低国内贵金属数量，使其价值恢复。最终，通过国际自由贸易，贵金属的国际平衡会被自动调节。经济中出现相反的情况，也会自动得到调节。这种观点当然包含了李嘉图的货币数量论。不过，国际贸易的确可以调节各国的贵金属数量和比例。

第四，国际自由贸易可以阻止国内利润率下降或促使其上升。按照李嘉图的观点，影响利润率的最主要因素是工资，影响工资的又是工资可以买到的食物等农产品的价格。农产品价值会随社会发展而上升，只要实行自由贸易，能够从国外进口廉价谷物和其他商品，就会提高利润率或阻止利润率下降（但这是少数情况）。但李嘉图认为，这种情况在当时的英国由于土地所有者阶级及其代言人推行《谷物法》而受到阻碍。李嘉图反对《谷物法》的根据即由此产生。李嘉图与马尔萨斯等人关于《谷物法》存废的大论战充分显示了英国当时工商业资产阶级与土地所有者阶级之间尖锐的矛盾和斗争。

从一般情况来说，李嘉图认为，外贸部门不可能通过平均化过程而提高国内的一般利润率。自由贸易下，通过商业竞争和均衡化过程，外贸的高利润率会逐渐下降到一般利润率的原有水平。马克思批评了李嘉图的错误，并指出，处于有利条件下的国家，可以用较少的劳动换回较多的劳动，外贸中高利润率与低价格可以同时存在，不等价交换也会存在，平均化也会发生，但不是平均到原有的水平。

二、比较优势理论

李嘉图在国际贸易理论上的最大贡献就是，他发展和深化了比较优势理论（也称比较成本理论）。亚当·斯密曾经以实际例子对比较优势理论做过初步的阐述（如第六章所述）。后来，李嘉图又从劳动价值论的角度对比较优势理论进行了详细阐述，其主张在相当长的时间里成为广泛流传和深具影响的国际分工与贸易活动的理论依据。

（一）比较优势理论的地位和意义

李嘉图继承了亚当·斯密的绝对优势理论，但他更强调比较优势理论。他主张即使效率最低、成本最高的国家也有自己的比较优势，因而也能从贸易中获得利益。他没有像亚当·斯密那样把重点放在绝对优势上，也没有像亚当·斯密那样，把对外贸易主要看作剩余产品的贸易。

李嘉图的态度反映了机器大工业时代的特点，也反映了当时经济发达的英国在对外贸易中处于绝对优势的情况。李嘉图把亚当·斯密相对优势的概念发展成了系统的比较优势理论，从而说明任何国家都可以通过国际分工和国际贸易得到好处。他的这一理论实际上为英国集中精力发展本国在绝对成本和相对成本上都具有优势的行业提供理论依据，从而为英国在国际贸易中获取更多利益服务。当然，客观上这也为其他国家可以和英国展开国际贸易提供了理论依据。

李嘉图的比较优势理论在国际贸易理论的发展史上是颇负盛誉的，在经济思想史上也是颇有地位的。由于他反对《谷物法》，推动本国产业发展，也推动国际贸易和国际分工的发展，还由于他以劳动价值论为基础，所以该理论至今仍具相当大的影响力和现实意义。

（二）基本内容

李嘉图和亚当·斯密一样，也是从个人分工和专业化的必然性引申到国际分工和专业化的必然性。他说：如果两人都能制造鞋和帽，其中一个人在两种职业上都比另一个人强一些，不过制帽时只强1/5，而制鞋时强1/3，那么这个较强的人专门制鞋，那个较差的人专门制帽，岂不是对双方都有利？[①]按此道理，他说："由此看来，一个在机器和技术方面占有极大优势因而能够用远少于邻国的劳动来制造商品的国家，即使土地较为肥沃，种植谷物所需的劳动也比输出国更少，也仍然可以输出这些商品以输入本国消费所需的一部分谷物。"[②]这样，李嘉图就说明了，在各国生产条件的比较中，绝对优势之中还有更有利的比较优势，而绝对劣势之中仍有比较有利的比较优势。一方面由于资本和劳动不能进行国际自由转移，另一方面由于比较优势下的分工谁都有利可图，于是，各国都可以在比较优势理论的指导下，在国际分工中找到合理的位置进行生产和贸易，而不必拘泥于绝对优势条件。

李嘉图采用了"两个国家和两种产品"的简单国际贸易模型来说明比较优势理论。

该模型的假定是：

有两个从事国际贸易的国家——英国、葡萄牙，有两种贸易产品——毛呢和葡萄酒。假定劳动和资本进行国际自由流动，不考虑运输费用、生产成本变动、技术变化等因素的影响，两国劳动生产率的对比见表7-1。

表7-1　**两国劳动生产率的对比**

项　目	同量毛呢	同量葡萄酒	成本比较	
英国	100人/年	120人/年	1.1（毛呢）	1.50（葡萄酒）
葡萄牙	90人/年	80人/年	0.9（毛呢）	0.67（葡萄酒）

在这两种商品的生产上，英国与葡萄牙相比都处于绝对劣势，而葡萄牙与英国相比都

① 李嘉图．政治经济学及赋税原理［M］//斯拉法．李嘉图著作和通信集（第1卷）．郭大力，王亚南，译．北京：商务印书馆，1962：114.
② 李嘉图．政治经济学及赋税原理［M］//斯拉法．李嘉图著作和通信集（第1卷）．郭大力，王亚南，译．北京：商务印书馆，1962：114.

处于绝对优势。英国绝对劣势中的比较优势是生产毛呢，而葡萄牙绝对优势中的比较优势是生产葡萄酒。如果两国都按照具有比较优势的产品进行专业化生产，再进行国际贸易，则都会比自己同时生产两种产品时所得到的利益更多，这对双方都有好处。

英国国内生产毛呢和葡萄酒的劳动消耗量的比率为100∶120，即1∶1.2。葡萄牙国内生产毛呢和葡萄酒的劳动消耗量的比率为90∶80，即1∶0.88。在英国国内市场上，1.2单位毛呢可以交换1单位葡萄酒；而在葡萄牙国内市场上，0.88单位毛呢可以交换1单位葡萄酒（1.125单位葡萄酒交换1单位毛呢）。

这样，实行国际贸易后，只要换取1单位葡萄酒的毛呢数量少于1.2单位，对英国就有利；只要换取1单位毛呢的葡萄酒数量少于1.125单位，对葡萄牙就有利。这样的国际贸易使双方都能满意，双方都可节省劳动。英国仅用100人全年劳动生产的毛呢，就可换到自己要花费120人全年劳动才能生产的葡萄酒；葡萄牙用80人全年劳动生产的葡萄酒，就可换回自己要花费90人全年劳动才能生产的毛呢。国际贸易使英国至少节约了20人的全年劳动量，使葡萄牙至少节约了10人的全年劳动量。

这样，李嘉图就从比较劳动量耗费的角度说明了，比较优势的基础是比较劳动生产率。有比较优势的产品在国际市场上就可以有比较优势价格，就可以带来更多的利益。

（三）国际分工模式

李嘉图依据比较优势理论提出了一个国际分工的模式。他说：正是这一理论，决定葡萄酒应在法国和葡萄牙酿制，谷物应在美国和波兰种植，金属制品及其他商品则应在英国制造。①在李嘉图看来，只要各个国家都在自由贸易条件下按照自己的比较优势进行生产和国际交换，大家就都会获得更多的利益。这样，李嘉图就将自由贸易的好处从国内扩展到国际，从亚当·斯密提出的范围有限的绝对优势理论扩展到范围更加宽泛的比较优势理论。

（四）简要评价

李嘉图的比较优势理论是在劳动力没有国际自由流动的前提下，以劳动价值论为基础的。这是其科学因素。这样李嘉图就为把国际贸易理论建立在劳动价值论基础上找到了一个科学的支撑点。

比较优势的差异实质上是比较劳动生产率的差异。该理论既反映了当时英国在国际贸易中的经济状况、地位，也反映了工业资产阶级的要求。这一理论既为当时英国扩大资本积累服务，也为各国间的贸易在指导思想上提供了可信的依据。所以，该理论成为以后许多年直至当前在国际分工和贸易中仍然有用的指导原则。

李嘉图的比较优势理论当然也有其缺点和错误。

首先，该理论是一种纯粹的抽象推理，它丢掉了经济关系中的历史和现实因素。这种理论客观上对把当时的英国作为支配国、其他国家作为被支配国的分工贸易格局加以合理的肯定，似乎这是最理想的分工。

其次，该理论未能解释和说明国际贸易中的不等价交换。实质上，这种理论在当时对英国是最有利的。

最后，这个理论涉及的范围也仅限于两国模型，未能在更广泛的范围里进行分析，而

① 李嘉图．政治经济学及赋税原理［M］//斯拉法．李嘉图著作和通信集（第1卷）．郭大力，王亚南，译．北京：商务印书馆，1962：113．

且持静态的观点，把比较优势永恒化了。尽管李嘉图也区分了自然优势和人为优势，但往往把它们看作不变的和超历史的。

三、劳动价值论在国际上的作用

李嘉图错误地认为适用于国内贸易的价值规律在国际上失效了。他发现在国内市场上不能用100个英国人的劳动产品交换80个英国人的劳动产品，但在国际市场上能用100个英国人的劳动产品交换80个葡萄牙人、60个俄国人或120个印度人[①]的劳动产品。所以，他说："支配一个国家中商品相对价值的法则不能支配两个或更多国家间互相交换的商品的相对价值。"[②]

李嘉图事实上感觉到，由于资本和劳动在国际上不能自由转移，所以在资本主义的世界市场上，调节商品交换比率的规律已经不是价值规律，而是一种有别于价值规律的规律，也许是利润的平均化规律。于是，他试图以市场价格与自然价格的关系去说明它。他的结论是：只要商品在进口国中不是垄断对象，最后决定商品在进口国销售价格的乃是出口国中的自然价格。

李嘉图的看法在客观现实上有一定的道理，但在理论上讲是不对的：

（1）他缺乏正确的社会必要劳动时间的概念，这样就不能形成"世界劳动的平均单位""国际价值"概念，就无法理解价值规律在国际上的应用及发生的重大变化。

（2）他混淆了价值和生产价格，无法说明二者的转化，也无法说明国际价值向国际生产价格的转化。

（3）他把价值与使用价值对立起来，认为国际贸易只会增加一国的使用价值量，而不会增加价值量。这一错误妨碍了他对国际贸易利益的分配问题的研究，也使他从劳动价值论转向了购买劳动决定价值的观点，提出价值是由"一国土地和劳动产品的数量来衡量的"[③]。这就是说，他一方面把价值的表现形式当成了价值的衡量形式，即把外在尺度作为内在尺度；另一方面抛弃了劳动价值论，采取了被他抛弃过的购买劳动决定价值的观点。

李嘉图在国际贸易中对价值规律的理解，是其劳动价值论根本缺陷的集中暴露。

本章思语

1.李嘉图的经济哲学观是怎样的？

2.李嘉图劳动价值论的贡献和缺点各是什么？

3.试述李嘉图货币理论的基本内容。

4.李嘉图分配理论的内容是什么？

5.李嘉图关于资本积累和社会再生产理论的特点是什么？

6.李嘉图财政理论的特点是什么？

7.评述李嘉图的比较优势理论。

---

① 李嘉图的原话是"东印度人"。

② 李嘉图．政治经济学及赋税原理［M］//斯拉法．李嘉图著作和通信集（第1卷）．郭大力，王亚南，译．北京：商务印书馆，1962：112.

③ 李嘉图．政治经济学及赋税原理［M］//斯拉法．李嘉图著作和通信集（第1卷）．郭大力，王亚南，译．北京：商务印书馆，1962：108.

[第八章]
马尔萨斯的经济思想

马尔萨斯是英国庸俗政治经济学的创始人。他的经济理论是代表土地所有者阶级利益的。他在许多理论上继承了别人的观点，如他的人口理论来自约瑟夫·唐森（Joseph Tounsend），地租理论来自安德森，价值理论及销售理论来自亚当·斯密和西斯蒙第。马尔萨斯与李嘉图为同时代人，两人私交很好，但同时是经济理论上的论敌。当时，英国工业革命趋于后期，产业资产阶级日益壮大，无产阶级与资产阶级的斗争还处于幕后。资产阶级排挤土地所有者阶级的利益及权利在当时已成为不可阻挡的趋势，这两个阶级间的斗争十分激烈，土地所有者阶级在各个领域都企图保留自身利益而顽强抵抗。马尔萨斯正是没落的土地所有者阶级的代言人。他与李嘉图曾代表不同阶级长期进行论战，这对经济思想的发展产生了较大的影响。

第一节　生平简介

托马斯·罗伯特·马尔萨斯（Thomas Robert Malthus，1766—1834），生于英国萨里郡的贵族家庭。马尔萨斯为家中的次子，无法继承家庭财产，其父便竭力培养他的学识，并让他加入教会。后来，他进入剑桥大学耶稣学院学习哲学和神学。马尔萨斯自幼聪颖，经常与作为他启蒙家庭教师的父亲就社会问题展开讨论。他提出的问题常常令其父难以回答，他提出的反对意见又往往无法批驳。马尔萨斯在大学时成绩出类拔萃，知识广博而充实，而且十分关注社会问题。

马尔萨斯在30岁时发表了第一篇关于社会问题的论文——《危机，一个宪法之友对于大不列颠近来的重要事态的看法》（1796）。1793年，英国的威廉·葛德文（William Godwin，1756—1836）出版了《政治正义论》，抨击私有制给社会带来的罪恶与灾难。1794年，法国的马奎斯·孔多塞（Marie Jean Antoine Nicolas de Caritat，Marquis de Condorcet，1743—1794）出版了《人类理性发展的历史观察概论》，认为人民的贫困根源在于资本主义的社会制度。马尔萨斯与他的父亲就这些学说展开了辩论。1798年，马尔萨斯正式担任英国萨里郡奥尔堡镇的牧师，同年匿名出版了《论影响于社会将来进步的人口原理，反对葛德文、孔多塞和其他作家思想的评论》（以下简称为《人口原理》）。该书引起了社会广泛注意，为英国统治阶级所赏识，但也为大多数人所反对。马尔萨斯于1799—1802年在欧洲各地进行了旅行考察，这为他充实《人口原理》的内容、说服读者创造了条件。1800年，他发表了《当前粮食价格高昂原因的探讨》，提到《人口原理》第二版的问题。葛德文在1801年发表了一篇文章——《帕尔博士传道讲演读后感》，对马尔萨斯的《人口原理》中的观点进行反驳。1803年，马尔萨斯公开署名出版《人口原理》，对葛德文做出回答。这是修正和补充过的版本，并改名为《论人口原理，或人口对人类将来和现在幸福影响的观点》。该书在他生前共出版6次，不断得到修订。

1805年，马尔萨斯就任位于英国赫福郡的哈利伯瑞（Haileybury）学院（东印度学院）的历史学和政治经济学教授，其间出版过一些政治经济学著作：《关于谷物法的短文集》（1814—1815）、《地租的性质与发展的研究》（1815）、《政治经济学原理》（1820）、《济贫法》（1817）、《政治经济学定义》（1827）和《价值的尺度》（1823）等。

第二节　人口理论

一、理论要点

马尔萨斯是第一个专门研究人口问题的人，他也是通过《人口原理》得以闻名的。《人口原理》主要是为统治阶级的整体利益辩护而反对工人阶级的，它要证明当时像孔多塞那样的激进思想家所宣传的法国革命精神是空想，工人的贫困是受自然规律制约的，与统治阶级无关。

马尔萨斯在《人口原理》初版序言中写道："有一次，同一个朋友读到葛德文氏《一个研究者论教育、道德和文学》书中的贪欲和浪费论，这便是这篇论文的起源。"[①]这个朋友就是他的父亲丹尼尔·马尔萨斯。据说，他父亲曾把风靡当时的葛德文的著作推荐给马尔萨斯，但马尔萨斯对葛德文的著作和法国大革命都持反对态度。父子间发生了思想分歧。在与他的父亲辩论后，他说："因笔述较口谈更能向朋友明白叙述思想，所以写了这本小册子。"[②]

马尔萨斯写作《人口原理》的时候，在法国大革命的影响下，英国工业革命所产生的社会矛盾也激化起来了，从而产生了激进的改革运动。葛德文于1793年出版了《政治正义论》，其主张消灭人为的制度——私有制。1794年，法国的孔多塞出版的《人类理性发展的历史观察概论》一书，也论证了社会改革的必要性。该书于1795年被译成英文，流传于英国。他们主张的社会改革和革命，对当时的英国统治阶级来说是十分危险的。马尔萨斯正是代表了统治阶级的利益，认为社会贫困所导致的一切问题，均来源于人口过多。于是，他为了反对那些激进的社会改革思潮，出版了《人口原理》。

马尔萨斯的《人口原理》在1798年首版匿名出版时，主要是反对人类理性可以控制人口增加的观点。马尔萨斯提出两个重要前提：

（1）食物为人类生存所必需；

（2）两性间的性欲是必然的，且几乎会保持现状。

然后，他提出了两个假定：

（1）人口增长在没有受到妨碍时，会以几何级数增加；

（2）生活资料在同样情况下，只会以算术级数增加。

---

① 马尔萨斯．人口原理［M］．子箕，南宇，惟贤，译．北京：商务印书馆，1961：著者序．
② 马尔萨斯．人口原理［M］．子箕，南宇，惟贤，译．北京：商务印书馆，1961：著者序．

由此，马尔萨斯推论，人口的增长总是快于生活资料的增长，下层人民的贫困不会有持久的、大的改善。于是，他得出结论：自然规律会要求人口的增加与生活资料的增加相平衡；否则，自然规律就会发生作用，通过对人口增长的抑制来恢复平衡。

抑制人口增长的方式有两种：

（1）积极的抑制，如饥荒、战争、疫病、贫困对人口的抑制。

（2）预防性抑制，又分为两种：一是道德的抑制，如坚持独身和性的道德；二是不道德的抑制。马尔萨斯对道德的抑制的有效作用深表怀疑。

总括起来，马尔萨斯把其人口原理归结为3个命题或基本内容：

（1）人口必然地为生活资料所限制。

（2）只要生活资料增长，人口就一定会坚定不移地增长，除非受到某种非常有力而又显著的抑制的阻止。

（3）这些抑制和那些遏止人口的优势力量并使其结果与生活资料保持同一水平的抑制，全部可以归纳为道德的节制、罪恶和贫困。[①]

《人口原理》初版因为适合英国统治阶级反对劳动群众运动的需要，并且写得十分通俗，所以博得了英国当权者的热烈赞扬与喝彩。马尔萨斯于1799年到欧洲各地搜集有关资料，回国后对《人口原理》进行了修改和补充。1803年，马尔萨斯用其真实姓名出版了《人口原理》第二版。第二版的篇幅从初版的5万多字增加到20多万字，内容重点也从初版对社会改革问题的论战，变为对人口原理的探讨。马尔萨斯还吸收了安德森提出的土地肥力递减规律，将其作为其人口理论和自然史的基础。此外，在第二版后的各版中，马尔萨斯陆续增加了他并不抱希望的道德抑制、对空想社会主义的批判等内容。但总的说来，其原理变化不大。

依据其人口原理，马尔萨斯还引申出了一些观点，认为：

（1）劳动群众的生活状况取决于他们的人口数量。生活资料既定时，人口的增减会引起工资水平和生活状况的相反变化，从而进一步引起人口数量的反向变动。这是一种周而复始的变化。其调节机制是人口与生活资料的比例。

（2）《济贫法》有害无益。

（3）葛德文等人关于社会改革的理论站不住脚。

二、对《人口原理》的简单评论

（一）《人口原理》的错误与目的

马克思、恩格斯基本上是否定马尔萨斯的《人口原理》的。

首先，马尔萨斯的《人口原理》初版攻击法国大革命和与它同时期的英国改革思想（葛德文等）。[②]他以葛德文所说的人类的理性可以控制人口增加的论点入题，以人口对生活资料压力的永恒性的论断来证明人类理性的局限性，从而否定人与社会可以完善的理想。

马尔萨斯把劳动群众的贫困归咎于所谓的“人口规律”，其为剥削制度辩护的立场和

---

① 马尔萨斯. 人口原理［M］. 子箕，南宇，惟贤，译. 北京：商务印书馆，1961：14.

② 马克思，恩格斯. 马克思恩格斯全集（第26卷第1册）［M］. 中共中央马克思恩格斯列宁斯大林著作编译局，译. 北京：人民出版社，1972：61.

意图明显可见。他甚至认为：一个生在已经被占有的世界上的人，如果不能从他享有正当要求的双亲那里获得生活资料，如果社会不需要他的劳动，他就没有要求获得最小份食物的权利。事实上，他是多余的人。大自然的盛大筵席上没有他的空席。她（指大自然——编者著）命令他离开，如果他不能引起她的某些客人的怜悯，她将迅速执行自己的命令。如果这些客人起身把位子让给他，立刻就会出现其他的闯入者，要求同样的恩惠。来者不拒的传说使大厅内充满了无数的申请者。宴会的和谐被破坏，先前那种丰盛变为不足；客人们的幸福为大厅每一处的不幸和依赖的场面所破坏，被一些人的吵闹和纠缠所破坏，他们正在为没有找到他们听到传说后所指望的那份食物而理所当然地感到愤怒。客人们在违反给所有闯入者所制定的严格命令时，从自己的错误中吸取教训已经过迟，这些命令是宴会的伟大的女主人发布的，她希望自己的所有客人能够吃得丰盛，又知道她不能供给无限的数目，所以当她的餐桌已经位满时，仁慈地拒绝接纳新的来客。①

马尔萨斯认为，即便按照葛德文的设想，消灭了现存社会制度，建立起理想社会制度，那也是“美丽的空中楼阁”，而且只要经过50年那样短的时间，使现今社会状态堕落的暴行、压迫、虚伪、贫穷，各种可恶的罪恶和各种形式的贫困，就会由最急迫的事情，由人性中的内在的、绝对与人为法规无关系的法则，再生出来。②

马尔萨斯的结论是，现行的私有制的资本主义社会最好。他说：所以和各文明国家里现在所流行的相差不很大的财产支配制度，似乎很可以确定下来作为最好的（虽然不是充分胜任的）良药，来矫正这个社会所患的各种弊病。③他认为：不平等的社会状态给善良行为提供自然的报酬，并广泛地、普遍地使每个人都希望在社会里往上升，而害怕沦落。这种社会形态无疑是最能发挥人的能力和智慧，并且是最有利于人类的品德的锻炼和改进的。④

其次，马尔萨斯以抽象的、一般的人口规律来代替和抹杀资本主义特殊的人口规律。马克思说：“每一种特殊的、历史的生产方式都有其特殊的、历史地起作用的人口规律。抽象的人口规律，只存在于历史上还没有受过人干涉的动植物界。”⑤

最后，马尔萨斯的“人口论”本身的错误和矛盾也是明显的：

一是他提出的“两个公理”都排斥了具体的、历史的状况。试问：原始人和现代人在这两个“公理”上该有多大的差距？

二是“两个级数”的假定本身也是错误和矛盾的，即是不符合现实的。

三是他对影响和抑制人口增长的因素作用的分析中，片面强调消极因素，即他所谓的“积极的抑制”，而忽略了人的理性和科学技术的作用，更忽视了社会制度的作用。

四是“土地收益递减规律”并非无条件普遍适用的。

关于马尔萨斯人口理论的创新性问题，马克思指出，马尔萨斯的人口理论并非其所创造，而是接受别人的观点后加以修改而成的，有些甚至是“剽窃”的。

比如关于“两个公理”，1767年，詹姆斯·斯图亚特在其《政治经济学原理研究》中就认为，一切动物包括人类增殖基本原理首先是生殖，其次是食物，生殖赋予生存，食物

---

① 马尔萨斯. 人口论［M］. 郭大力，译. 北京：商务印书馆，1961：531-532.
② 马尔萨斯. 人口原理［M］. 子箕，南宇，惟贤，译. 北京：商务印书馆，1961：316.
③ 马尔萨斯. 人口原理［M］. 子箕，南宇，惟贤，译. 北京：商务印书馆，1961：323.
④ 马尔萨斯. 人口原理［M］. 子箕，南宇，惟贤，译. 北京：商务印书馆，1961：330.
⑤ 马克思. 资本论（第1卷）［M］. 中共中央马克思恩格斯列宁斯大林著作编译局，译. 北京：人民出版社，1972：692.

则维持生存。休谟也曾在其《论古代国家的人口稠密》一文中指出："饮食男女乃是人类的本能。"①马尔萨斯显然接受了这些看法。

在关于"两个级数"方面，罗伯特·华莱士（Robert Wallace）在其《关于上古和近代人类数目的论争》中，已经企图证明人口会按照几何级数增加。他还认为阻碍人口增长的原因是：

（1）自然的原因，如气候、土壤、地震、洪水、瘟疫；

（2）道德的原因，如战争、贫困、宗教、独身、多妻、怠惰、奢侈。

华莱士在《纵谈未来》中认为，共产主义共和国开始时虽能消灭贫困，但最终会因人口过剩而失败。但这种观点受到了葛德文的批判。

唐森在《西班牙旅行记》中也提出，人口增长有超过生活资料增长的趋势，并在《论济贫法》中反对实行《济贫法》。

马尔萨斯显然接受了这些人的观点。他还引用富兰克林的话来说明这点。他说："富兰克林博士曾经说过，对于植物或动物的繁殖天性，除了它们的拥挤和它们在生活资料方面的相互干扰之外，是没有任何其他约束力量的。"②在对这些观点进行证明时，他还引用了弗朗西斯·普雷斯（Francis Place，1771—1854）的例子。

关于《人口原理》涉及的土地肥力递减规律，马尔萨斯则是从安德森那里接受过来的。安德森曾于1777—1796年出版了三卷本文集《农业与农村论》，于1799—1802年出版了《关于农业、自然史、艺术及各种问题的文录》一书，其中谈到级差地租及土地肥力问题。后面那本书恰好是在《人口原理》第一、二版出版间隔出版的。而《人口原理》第一版没有这一内容，第二版才加入了这一内容，但并未说明该思想源于何处。马尔萨斯直接把该"规律"作为他人口理论和自然史的基础。

（二）《人口原理》中的某些合理因素

当然，我们也需要正确对待马尔萨斯《人口原理》中的一些合理因素。从主要方面来说，马尔萨斯的《人口原理》是错误的、辩护性的，但其中也有个别地方具有一定的合理因素，不能绝对化和简单化地对待马尔萨斯的人口理论。

1.人口要与生活资料成比例

对人口要与生活资料成比例的提法，在一定程度上含有关于人类社会两种再生产需要互相适应的思想。恩格斯指出：生产本身又有两种。一方面是生活资料即食物、衣服、住房以及为此所必需的工具的生产；另一方面是人类自身的生产，即种的繁衍。一定历史时期和一定地区内的人们生活于其下的社会制度，受着两种生产的制约：一方面受劳动的发展阶段的制约；另一方面受家庭的发展阶段的制约。恩格斯还说道，自从有了国家，"家庭制度完全受所有制的支配"③。

2.人口问题

从现实具体情况来看，这确实是值得认真注意的问题。人不仅是生产者，也是消费者。从人的一生来看，消费是绝对的，生产是相对的。人的生产能力及其发挥要受各种客

① 休谟. 休谟经济论文选［M］. 陈玮，译. 北京：商务印书馆，1984：110.

② 马尔萨斯. 人口原理［M］. 子箕，南宇，惟贤，译. 北京：商务印书馆，1961：1-2.

③ 马克思，恩格斯. 马克思恩格斯全集（第4卷）［M］. 中共中央马克思恩格斯列宁斯大林著作编译局，译. 北京：人民出版社，1972：2.

观和主观条件的限制。社会发展必须处理好这二者的关系。

第三节　经济理论

马尔萨斯在经济理论方面的影响不如其人口理论影响那么大，但凯恩斯对他还是很推崇的。凯恩斯解决就业问题的政策思想就来源于马尔萨斯的相关理论。

一、价值理论

马尔萨斯基本继承和发展了亚当·斯密价值理论中购买劳动和收入决定价值的错误观点，反对李嘉图的劳动价值论。他认为价值取决于交换中所能换取到的劳动量，但他有时又认为，工业品的价值是由生产费用（三种收入）决定的。马尔萨斯看到了资本与劳动相交换的性质（在价值不等方面），但他混淆了劳动与其他商品，也混淆了资本和其他商品。他在说明价值决定时，还谈到了供求的长期作用。应该说，在经济思想史上，马尔萨斯是第一个对供求关系做出了比较详细阐述的人。

马尔萨斯也知道：需求的实际程度和供给的实际程度比较起来，二者总是大致相等的。如果供给总是很少，需求的程度就不能提高；如果供给总是很多，在大多数情况下，需求的程度将成比例地按照亟待脱售的愿望所引起的价格下跌而提高，最后消费将等于生产。所以在这种意义上，供求比例的变动不可能发生。[①]这样，他又提出商品价值取决于“需求强度”的论点，但“需求强度”又取决于商品价格。他说：任何可以交换的商品的通常价格，可以认为包括三个方面——在生产中所雇用的劳动者的工资；使生产得以便利进行的资本的利润；地租，即使用地主的土地的肥力的报酬。[②]于是，马尔萨斯又走向商品的价值由三种收入决定的观点，即由生产费用决定的观点。在马尔萨斯看来，这是与购买劳动决定价值相一致的。商品所能换取的劳动就可以作为交换价值的尺度。

最终，他认为，商品的价值平均说来是由它们的自然品中所包含的积累的和直接的劳动，加上全部垫支期间的一般利润，商品一般能支配的劳动量必然可以代表和衡量其中所包含的劳动量和利润。[③]马尔萨斯就这样把亚当·斯密的庸俗观点“统一”在了自己的价值论中。

马尔萨斯的价值理论主要试图说明亚当·斯密价值论的混乱，也要说明李嘉图“耗费劳动决定价值”的错误。

二、利润理论

在价值论的基础上，马尔萨斯说明购买劳动大于耗费劳动的部分就是利润，这是由买方支付的。这与劳动不相干，因为劳动已得到其全部价值——工资。而他又认为工资是永远不变的（就价值而言），尽管货币或实物工资可变，但劳动本身价值不变。他把利润作为生产费用的组成部分看待。马尔萨斯的利润论是“让渡利润”论。

---

① 马尔萨斯. 政治经济学原理［M］. 厦门大学经济系翻译组，译. 北京：商务印书馆，1962：57.
② 马尔萨斯. 政治经济学原理［M］. 厦门大学经济系翻译组，译. 北京：商务印书馆，1962：68.
③ 马尔萨斯. 政治经济学原理［M］. 厦门大学经济系翻译组，译. 北京：商务印书馆，1962：75.

三、地租理论

马尔萨斯的地租理论主要是为土地所有者阶级利益辩护的。

鉴于18世纪末到19世纪初，英国谷物价格上涨对工人和资产阶级不利而对地主有利的情况，资产阶级经济学家纷纷群起而攻之，由此引发了有关《谷物法》存废的斗争。亚当·斯密曾认为地租产生于土地私有权的垄断。戴维·布坎南（David Buchanan，1779—1848）于1814年发表意见赞成亚当·斯密这一见解，并认为地租不会增加国民财富，它只是财富的转移。地租的增加是社会的一种损失，是对消费者的一种剥夺。地主的所得就是社会的所失。李嘉图则从另外的角度说明地租产生于“大自然的吝啬”，但被地主掠走，于资本积累不利。

为了反对上述观点，维护土地所有者阶级的既得利益，马尔萨斯分别在著作《地租的性质和发展的研究》（1815）、《政治经济学原理》（1820）中提出了自己的地租理论。

马尔萨斯认为：“地租可以被界说为总产品价值中扣除各种耕种费用后归于地主的部分。”①地租既不是源于土地垄断的收入，也不是源于“自然的吝啬”，而是源于土地的慷慨。

马尔萨斯认为，地租产生的具体原因是：

第一，基于土地的性质，土地能够生产比维持耕种者的需要更多的生活必需品。

第二，生活必需品在适当分配以后，就能够产生出它自身的需求，或者能够按其生产量的多寡而养活若干的需求者。

第三，肥沃土地的相对稀缺性或是天然的，或是人为的。②

马尔萨斯认为，市场上农产品价格之所以会超过生产费用，就是基于上述原因。这决定于土地的自然和人为的肥力，以及它的特殊性质，而不是由于土地垄断。这种超额部分就是地租。其实，马尔萨斯所讲的是级差地租，他否认绝对地租。他是把土地肥力递减规律同地租联系在一起的。

马尔萨斯还极力证明，地租上涨是社会发展的必然现象，是财富增长和社会进步的象征。他认为，地租上涨的原因是：

（1）资本积累使利润下降；

（2）人口增多使工资下降；

（3）农业改良或劳动强度增大，使得生产一定产品所需要的劳动者数量减少；

（4）农产品价格因需求增加而上涨，但生产费用在名义上并未降低，以致生产费用和市场价格之间的差距加大。

马尔萨斯认为，地租不仅会给土地所有者阶级带来好处，还会给制造业带来需求。它是赋税最有力的源泉，是国民经济不可缺少的部分。另外，地租的增长是经济进一步繁荣和富裕的最明显标志。

马尔萨斯还以上述理论和从外国进口谷物会增加对外依赖性为借口，极力反对自由贸易，主张维持《谷物法》。这些都表明了马尔萨斯的政治立场及理论的辩护性。

---

① 马尔萨斯．政治经济学原理［M］．厦门大学经济系翻译组，译．北京：商务印书馆，1962：119.

② 马尔萨斯．政治经济学原理［M］．厦门大学经济系翻译组，译．北京：商务印书馆，1962：119.

四、产品实现论和经济危机理论（有效需求论）

马尔萨斯把财富看作对人类必要的、有用的物品，它依存于生产。但价值与之不同，它取决于人们对物品的需求愿望和购买力。价值依存于收入分配。所以，财富和价值的关系就是生产同分配之间的关系。这二者结合起来，资本主义生产才能发展。在他看来，生产与分配就是生产与消费或供给与需求间的关系。这也是生产发展的条件。

由于马尔萨斯认为利润及价值取决于流通领域，因而产品的实现问题就是十分重要的。产品能够实现与否取决于市场上有效需求是否充足。有效需求就是人们的购买愿望加上购买能力。市场有效需求充足，产品销售就能顺利实现；否则，就会出现生产的普遍过剩，发生经济危机。马尔萨斯提出的这个有效需求的概念已经成为现代经济学中普遍运用的概念。这也是马尔萨斯对经济学的一个贡献。

马尔萨斯对李嘉图和萨伊否认资本主义普遍生产过剩危机的观点表示反对。他认为，物物交换的理论是错误的。商品除和商品相交换外，还可用劳动和服务与之相交换。商品的价值在交换中会因供给过剩而下跌。

他还认为，交换是利用货币进行的，货币甚至可直接成为交换的对象。

他主张，为了保证财富不断增长，生产能力和分配手段必须结合。“对于决定分配的产品价值的增加，最有利的因素是：①地产的分割；②国内和对外贸易；③使社会中占适当比例的一部分人从事于私人服务，或者可能以其他方式提出对多种产品的需求，而不直接参与产品的供给。”[①]这就是说，应保证资本主义土地私有制，扩充商业需求，增加社会净需求。

马尔萨斯认为，生产者增加消费，只会增加生产费用，减少利润，从而降低积累动机。对劳动者来说，提高消费水平会引起人口增长，最终使消费水平降低。而资本家的消费，既受利润的限制，又受积累的限制。况且，作为卖方的资本家，另一方面又是买方，因而他们不能靠提高产品价格来提高利润。

马尔萨斯认为，仅有工人、资本家的购买和消费还不够，必须有一个足够大的第三者阶级来消费。这些人具有消费的意愿和能力，可以消费掉比工人和资本家所生产的数量更多的物质产品；否则，生产阶级（商人）就不能继续有利地生产多于他们所消费的数量的物质产品。在这个第三者阶级中，地主无疑居于显著的地位。但是，假如地主没有他们所养活的大批从事私人服务的人手的帮助，单靠他们自己的消费仍然不足以保持和增加产品的价值，并且不能使产品数量的增加足以抵消其价格下跌而有余。在那种情况下，资本家也不能有效地继续保持其原有的储蓄和消费习惯。按照马尔萨斯的意见，社会必须依靠地主、官吏、僧侣、军队等非生产性消费者，他们只买不卖，使利润能够全部实现；否则，危机的爆发就是必然的。第三者阶级消费者的购买力来自地租、赋税、国债等收入，但资本主义本身的内在缺陷是有效需求不足。要避免经济危机、发展资本主义，最根本的办法就是保证和扩大非生产性消费者阶级的利益。

在普遍生产过剩危机可能性的问题上，马尔萨斯与李嘉图等人进行了经济思想史上的首次长期论战，结果是李嘉图的观点在其后一百多年内占据了主流。但马尔萨斯关于有效

---

① 马尔萨斯．政治经济学原理［M］．厦门大学经济系翻译组，译．北京：商务印书馆，1962：306.

需求不足的经济危机理论对凯恩斯的思想产生了极大的影响，对于凯恩斯创立宏观经济学理论体系亦颇有启发。

总之，马尔萨斯的经济理论是站在土地所有者阶级、资产阶级立场上反对工人阶级，但更主要的是站在土地所有者阶级立场上反对工业资产阶级。

马尔萨斯以其经济理论与李嘉图的经济理论长期对抗，展开论战，充分表明了其经济学的阶级立场、政治立场以及强烈的辩护性。不过，马尔萨斯的理论也表明了对资本主义经济发展中重大问题的一个早期思考——要保持市场经济在总供给和总需求方面的均衡；否则，经济就会出现问题。马尔萨斯的这个观点得到了现代西方经济学家的高度评价。其有效需求的概念也为凯恩斯所接受。凯恩斯对马尔萨斯的评价是超过对李嘉图的评价的。他认为，在英国，马尔萨斯的研究路线几乎全部消失，而李嘉图的方法竟在一个世纪内占完全的统治地位，这对经济学的进步是一种灾难。如果只有马尔萨斯一直是19世纪经济学发展之父而没有李嘉图的话，那么，今天的世界就聪明得多，也富裕得多。①

本章思语

1. 试评述马尔萨斯的人口理论。
2. 如何评价马尔萨斯的经济危机理论？

① 陈晓律．西方经济学巨子［M］．北京：新世界出版社，1997：110.

[第九章] 萨伊的经济思想

第一节 萨伊对经济学的看法

一、生平简介与时代背景

(一) 生平简介

让·巴蒂斯特·萨伊（Jean Baptiste Say，1767—1832）是与李嘉图、马尔萨斯、西斯蒙第等人同时代的法国经济学家。经济学界以他的名字命名的“萨伊定律”在现代也很有影响力。

萨伊于1767年生于法国里昂的一个大商人家庭，早年经商，后去英国留学。这期间他目睹了英国工业革命的情况，也接触了亚当·斯密的经济原理。法国大革命时，萨伊在一家保险公司工作。他积极参与政治活动，并一度从军，但他后来因敌视雅各宾政权而反对革命。1794—1799年，他任《哲学、文艺和政治旬刊》的主编，在刊物上发表经济文章，批评国民大会的活动，由此受到拿破仑的赞赏，被委任为法官，后又被临时派到财政委员会工作。萨伊的《政治经济学概论》出版于1803年。由于该书宣扬的亚当·斯密的经济自由主义与拿破仑的政策相抵触，萨伊被迫辞职。1815年，波旁王朝复辟，萨伊重新受到重视。他被派去英国考察工业，以便学习英国的先进经验并运用于法国。在英国期间，萨伊曾到格拉斯哥大学讲授政治经济学，后来还写了《政治经济学问答》（1817）和《政治经济学教程》（1828—1830），这两本书在理论上与《政治经济学概论》完全一样。1830年，萨伊担任法兰西学院的政治经济学教授。

萨伊是法国向英国古典经济学学习的创始人（这有别于重农学派），也是欧洲大陆上与英国古典经济学传统相一致的政治经济学的主要奠基人。尽管萨伊与李嘉图、西斯蒙第都是同一时代的人，但他们的理论之间的差距不小。李嘉图吸取了亚当·斯密的劳动价值论因素，加以发挥，成为英国古典经济学的集大成者。萨伊则继承和发扬了亚当·斯密理论中的其他因素，把亚当·斯密的理论通俗化和法国化。当然，在系统化和通俗化的阐释中，他也提出了自己的一些观点。萨伊的经济理论与当时法国的阶级斗争也是密切相关的。

（二）时代背景

法国资产阶级大革命迅速、彻底地扫除了封建统治。法国人民的斗争特别是无产阶级斗争出现得较早。他们带着比较独立的纲领和要求参加了资产阶级大革命，但资产阶级害怕无产阶级壮大会危及自己，因而在革命胜利后加紧压制工人阶级以及对工人阶级有利而对大资产阶级不利的理论。这时，法国资产阶级需要的就不是古典经济学派的科学结论了，而是为自己的利益辩护的理论。从这一点上说，萨伊经济理论的出现与法国当时的阶级斗争密切相关。

从传统上说，法国的古典经济学派也由于法国的特殊情况（小生产者众多，资产阶级还没有像英国那样在经济上得到充分发展，就遇到了无产阶级的威胁），而始终未能达到英国那样成熟的程度。

二、对政治经济学的看法

（一）关于政治经济学的性质

萨伊主张把政治经济学同政治学严格区分开，从而使之成为像化学、物理学和天文学那样的“实验科学”和纯粹的、精确的科学。这种提法是经济思想史上第一次出现的。萨伊实际是首倡了对政治经济学阶级性的抹杀。他说：“如果它满意地证明，富人和穷人的利益，以及各个国家的利益，不是相对立，而所有对抗全是愚蠢，如果可从这些论证推断，许多被认为无药可治的弊病，不但可以救治，甚至容易救治。”[①]他主张政治经济学只需研究关于财富的规律。他认为政治经济学不仅要同政治学分开，还应当同统计学、部门经济学分开。

（二）关于政治经济学的研究对象

萨伊认为政治经济学的研究对象应当是财富的生产、分配和消费的规律。这与亚当·斯密《国富论》的研究对象是有一定差别的。

（三）关于政治经济学的方法

萨伊最先主张政治经济学的实证性。他说：政治经济学，要成为有实际效用的科学，就不应当教导人们什么必定发生，尽管这是根据从适当的推论和无可怀疑的前提演绎出来的，而应当说明，实际发生的一个事实怎样成为另一个同样确定的事实的结果。政治经济学应当确立把事实联结起来的链条，并根据观察，在两个环节的连接点确定这两个环节的存在。[②]

这方面，萨伊提出了为绝大多数资产阶级经济学家所承认和接受的政治经济学“三分法”，即把亚当·斯密的经济学划分为生产、分配和消费三个互相独立的部分来研究和叙述。这种方法后来为詹姆斯·穆勒所修正，加入了“交换”，而成为“四分法”。

萨伊这种划分是有一定积极意义的，因为在他之前有些经济学家仅把研究范围局限于少数几个经济范畴，或者过分庞杂，无一定规范。萨伊的“三分法”大体上是按社会再生产的环节划分的。它可使政治经济学的研究范围比较系统和明确。这是应当肯定的。

---

① 萨伊．政治经济学概论［M］．陈福生，陈振骅，译．北京：商务印书馆，1982：55.
② 萨伊．政治经济学概论［M］．陈福生，陈振骅，译．北京：商务印书馆，1982：45-46.

萨伊的政治经济学只是抽象、永恒的所谓“纯粹科学”。他把资本主义生产关系一般化为永恒的生产关系，而抽掉其特殊性和历史性。这是错误的。其“三分法”割裂了经济过程的内在联系，把几部分置于同等并列地位，抹杀了生产的决定性作用。

第二节　萨伊的经济理论体系

萨伊的经济学理论体系基本上脱胎于亚当·斯密的《国富论》，但是，他的理论体系在对亚当·斯密的理论体系进行通俗化解释时，实际上发生了一些不同于亚当·斯密的变化。由于萨伊强调经济学的“纯粹”科学性质，所以在他的著作中，他努力去掉具有时代特征和社会特点的方面，而留下在他看来是任何社会都会适用的方面。萨伊的经济理论体系基本上是按照他的上述想法，以“三分法”构建起来的。

一、生产理论

萨伊认为：“所谓生产，不是创造物质，而是创造效用。”①当然，生产也创造财富。在萨伊看来：

1.生产就是创造效用

财富是有效用的物品，可以满足人的需要。所以，生产就是财富或效用的生产，是创造效用的过程。

2.生产也是创造价值

“创造具有任何效用的物品，就等于创造财富”，因为物品效用就是物品价值的基础，而物品的价值就是由财富所构成的。②

3.生产性劳动

萨伊认为一切能创造效用的劳动都是生产性的。他还认为，创造效用就是提供服务，所以一切提供服务的活动都是生产劳动。这实际上也是亚当·斯密观点（同时创造价值与使用价值的劳动才是生产劳动）的进一步引申。

4.生产三要素论

萨伊认为，资本、土地、劳动是生产中的三个要素。它们共同创造了产品，因而也就共同创造了价值。萨伊的这种观点抹杀了资本主义生产的特点。他也没有指出三要素中劳动的决定性意义。萨伊的生产三要素论为其价值理论和分配理论奠定了基础。

萨伊生产理论的最大问题在于，他过分谈论抽象的一般生产，而抹杀了资本主义生产的特点。其在财富观方面甚至把使用价值等同于价值，忽视了财富的社会性，由此导致他抹杀商品生产的特点，以一般物质生产代替和混同商品生产。

二、价值理论

在价值理论方面，萨伊从不同角度提出了几种不同的看法。

---

① 萨伊．政治经济学概论［M］．陈福生，陈振骅，译．北京：商务印书馆，1982：59.
② 萨伊．政治经济学概论［M］．陈福生，陈振骅，译．北京：商务印书馆，1982：59.

（一）价值的本质

萨伊把生产归结为创造效用，又把效用归结为提供服务。他认为：人们所给予物品的价值，是由物品的用途而产生的……当人们承认某东西有价值时，所根据的总是它的有用性。这是千真万确的，没用的东西，谁也不肯给予价值。①这样，萨伊就把价值归结于效用。萨伊这种看法把亚当·斯密以往区分开的价值和使用价值又混在一起了。从这方面来说，萨伊的价值论属于“效用价值论”。

（二）价值的来源

他从生产三要素论出发，认为既然生产中的三要素创造了效用，当然它们也就同时创造了价值。萨伊这是用说明使用价值的东西去证明价值。尽管价值和使用价值都源于劳动，但萨伊不懂劳动的二重性，他不能区分开劳动这两种性质与创造价值和使用价值的关系。李嘉图曾经明确反驳过萨伊的这种观点。

（三）价值的尺度及衡量

1.价值量可以用效用的量来决定和衡量

萨伊认为，价值既然是由效用决定的，价值量当然就可以用效用的量来决定和衡量。他认为，价值的尺度是效用，但在效用的判断上往往要依据估价者的想法。这样，实际上就较难估计价值。萨伊这种观点最终有转向主观价值论的可能性。

2.循环推论

萨伊认为，价值由效用决定，效用又由生产中的三要素创造，因而效用实际上包含了三要素本身的收入，即生产费用，或者说工资、利润和地租。这样一来，萨伊在探讨价值的衡量时，又提出了“生产费用论”，从而“复活”了亚当·斯密的“三种收入决定论”。这实际上是一种循环推论：价值由收入决定，收入由生产费用决定，而生产费用又由各个部分的具体价值来决定。

3.供求论

萨伊认为价格是衡量物品价值的尺度，而价格取决于市场的供求。这实际上是以价值的外在货币表现来说明价值的决定和测量。

另外，为了说明生产费用本身，萨伊也求助价格，认为供求关系会使价格与生产费用相一致，因此供求决定价值。这种“供求论”当然不能解决根本问题。

萨伊在价值理论上提出了“效用论”“生产费用论”“价格论”“供求论”，但都没有真正说明价格的本质和来源，也没有真正说明价值的衡量问题。他这一大堆理论的核心无非是“效用论”。

萨伊的价值理论为后来许多不同的价值理论提供了基础和出发点。

三、分配理论

萨伊的分配理论也是以生产三要素论为基础的。他从三要素共同创造价值的角度出发，认为参与价值创造的每一种要素都应从总价值中得到其相应的合理报酬，合理报酬就是等于每一种要素所创造的那一部分的价值。这种机制是通过市场上三要素的供求作用最

① 萨伊．政治经济学概论［M］．陈福生，陈振骅，译．北京：商务印书馆，1982：59.

终实现的。马克思说萨伊的分配论的核心即“三位一体”的公式：劳动—工资；资本—利息；土地—地租。这个公式也为后来资产阶级经济学中的所谓“归算论”提供了依据。萨伊的分配论是亚当·斯密分配论的又一种引申和发展。

1.工资

萨伊认为这就是工人劳动所生产出来的那部分价值，也是对工人的劳动和服务支付的代价和报酬。他还由此证明工资变动不会引起利润变动。因此，工资与利润不存在对立，工人与资本家没有矛盾。

2.利息

他把利润分为企业主收入和利息。利息是“对于资本的效用或使用所付的租金”；企业主收入则是对企业家的事业心、才干、承担的风险等给予的报酬，是企业主的工资。萨伊的区分实际上是取消了利润的范畴。

3.地租

他认为，地租是土地生产性服务的产物，是地主“实行节约和发挥智慧”得到的工资。萨伊是把土地所有者与租地农场主相提并论了。

萨伊的分配论也为后来法国巴师夏的经济“和谐论”提供了基础。

四、销售论（实现论）

这一理论的中心就是后来经济学界所说的萨伊定律，即认为，买卖只是商品之间的交换，货币只是便利商品交换的转瞬即逝的媒介。另外，商品的供给会为商品本身创造市场需求，因此在自由竞争的条件下，市场上总供给与总需求总会趋向于相等和均衡。

萨伊提出萨伊定律的主要作用是否认普遍生产过剩的经济危机，宣扬自由竞争资本主义的优越性。其要点有三个：

（1）自由竞争资本主义具有自我调节机制，它将使商品生产供求平衡；

（2）利率能自动调节消费、储蓄和投资，使储蓄和投资相等；

（3）商品最终总是以商品来购买的。

上述这些思想后来为资产阶级古典经济学家所普遍接受，成为20世纪30年代的凯恩斯理论产生之前的传统信条（即便在后来，也还有人信奉萨伊定律，如美国的供给学派）。

萨伊定律在西方经济思想史上有着非常重要的地位和代表性，由它引起的大论战一直延续到当代，成为某种再生产理论和否定普遍生产过剩经济危机理论的依据。李嘉图完全接受了萨伊定律。

萨伊根据上述理论，认为自由资本主义条件下不可能出现普遍的生产过剩的经济危机。供求总是一致的，不一致仅仅是偶然的和局部的比例失调，资本主义自由竞争机制的自动调节作用会自动调节这种情况，使之达到平衡，因此：

（1）生产的产品数量越多，种类越多样，销售也就越快、越多、越广泛，利润也越大，价格也越高；

（2）每个人都与社会全体的繁荣有共同的利害关系，一个企业的繁荣可带动其他企业的成功；

（3）国外产品输入的发展并不会损害本国产品的生产；

（4）对商品生产最有利的办法是扩大供给，而不是单纯刺激消费，关键在于刺激供给。

萨伊的销售论与法国当时处于战争情况下商品供给不足有关，也与他写书时没有见到真正生产过剩的经济危机有关，还与法国工业相对落后的状况有关。一些人出于他们自身利益的考虑，把它公式化和教条化为一般原则。萨伊定律在当时也是萨伊为反驳和否认西斯蒙第等人发出的经济危机言论而提出的。这既反映了萨伊囿于简单商品生产与直接的简单商品交换的眼光，也与法国当时阶级斗争的需要密切相关。

总的说来，萨伊经济思想的基本观点是：提倡经济自由，宣扬阶级和谐，重视生产和供给，强调资本主义经济自动调节机制的作用，否认普遍生产过剩的经济危机。这些观点在西方经济思想史上有较大影响。从其产生起，就有人附和，有人反对，从而引发了经济论战。一直到当代，仍然有人在追随，像供给学派、保守派经济学家对经济自由主义的推崇等，就是具体的例子。

不过，萨伊的观点既有其片面性和错误之处，也不乏一定的合理因素。我们应该对之认真加以鉴别，不能简单对待，一概而论。

本章思语

1. 萨伊是如何看待政治经济学的性质的？
2. 试评萨伊的生产三要素论和效用价值论。
3. 如何看待萨伊“三位一体”的分配理论？
4. 如何看待萨伊定律？

[第十章]

边沁的经济思想*

边沁是西方经济思想史上一位有重要影响的人物。他的思想不仅直接影响到著名的古典经济学家李嘉图、萨伊，而且直接影响到后来的主观效用价值论者和福利经济学家。但是，西方经济思想史教材很少对边沁的有关经济思想进行集中阐述。

边沁是英国的法理学家、功利主义哲学家、经济学家和社会改革者。他是政治上的激进分子，也是英国法律改革运动的先驱和领袖，并以功利主义哲学的创立者、动物权利的宣扬者及自然权利的反对者的身份而闻名于世。他还对社会福利制度的发展有重要贡献。

第一节　边沁概况

一、生平简介

杰里米·边沁（Jeremy Bentham，1748—1832）出生在伦敦东城区的斯皮塔佛德的一个保守党律师家庭。他被人们看作神童，因为他初学走路时便已开始阅读卷帙浩繁的英格兰历史，并在3岁开始学习拉丁文。边沁12岁从威斯敏斯特中学毕业，入读牛津大学皇后学院，并先后获得学士学位和硕士学位。边沁21岁时获得律师从业资格，但很快就因为觉得英国法律缺乏理性基础而感到厌倦。他认为英国法律往往就事论事，有些主观武断。他希望法律能从科学中汲取营养，而不是像18世纪那样为纯粹的特权、自私和迷信所支配。在他父亲的允许和帮助下，边沁开始研究法律并着手写书。一开始边沁孤军奋战，影响不大，直到19世纪初，他投入社会政策和政府的专门的实际工作以后，情况才大为改观。

边沁曾与众多有影响力的历史名人建立了友谊，如亚当·斯密以及法国大革命的一些领袖（尽管边沁具有法兰西荣誉公民的身份，但他也坦率地批评了支撑法国大革命的自然权利理论以及雅各宾派上台后滥用暴力的行为）。他还与拉丁美洲独立运动的先驱——弗朗西斯科·德·米兰达（Francisco de Miranda）建立了个人的友谊，并拜访过米兰达流亡英国时在伦敦的住所。1792年，边沁被法国大革命政府选为法兰西荣誉公民，其建议在一些欧洲国家和美国也受到重视。

1823年，边沁与詹姆斯·穆勒一起创立了《威斯敏斯特评论报》，成为当时的“哲学激进分子”（一群受边沁影响的年轻人）的思想阵地。

边沁在伦敦大学学院（UCL）的历史上占据着重要地位，被公认为伦敦大学学院的

“精神之父”。尽管他经常被载入该校的创建工程的记录，但事实上他本人并没有实际参与伦敦大学学院的建设（该学院创办时他已经78岁了）。由于边沁本人是高等教育理论的强烈拥护者，并被认为是学校早期宗旨“教育人人平等”的支持者，所以伦敦大学学院成了第一所漠视一切性别、宗教信仰、政治主张上的差异的英国大学，而这些主张都与边沁提出的教育思想有直接关联。“国际化”一词就是由边沁本人创造出来的。

边沁于1832年去世。出于他自身的愿望，其遗体被保存并陈列于伦敦大学学院主建筑的北部回廊，完全向公众开放。

边沁一生的主要著作有《政府论断片》（1776）、《道德与立法原理导论》（1789）、用法文出版的《赏罚原理》（1811）（该书后来被分为《奖赏原理》和《惩罚原理》两册）、《为利息辩护》。边沁晚年写了《宪法典》，但未完成，仅有第一卷于1830年出版。

边沁由其友人和学生整理出版的著作有《谬误集》《审判证据原理》《新逻辑体系》《义务学》《行为的动力》等。

二、主要贡献

边沁所处的时代，从英国法制史上看，是保守势力与革新力量激烈斗争的时代。为了驳斥英国著名法学家威廉·布莱克斯通（Sir William Blackstone，1723—1780）在《英国法释义》中对英国法制现状所做的辩护，推进法律改革事业，边沁在总结继承前人思想的基础上，第一次全面阐述了功利主义理论，为英国的法律改革事业奠定了与古典自然法哲学截然不同的理论基础。边沁关于立法原理与立法技术的思想给19世纪的英国法律改革运动以巨大推动，并影响到欧洲一些国家。他以功利主义原则的价值判断为基石，对刑法给予了特别关注，并将评述刑罚合理性作为其关于法律改革的著述活动的开始。因此，边沁的功利主义刑罚观在其法律思想体系中居于重要地位，对现代刑法学界有着很深的影响。资产阶级现代刑法思想中的“威慑说”“规范强化说”“教育改造说”“满足复仇说”等刑罚理论与此都有着极为密切的联系。

边沁也是一位提出新的价值系统以期取代宗教的哲学家。他还是一位社会设计师，可以说是西欧现代化的先驱。尤其是他的伦理观和法律观，为自由民主制度奠定了社会基础。他提出或支持过一些在现代人看来十分重要的观点，如主张个人以及经济的自由、贸易自由；实行政教分离；实行言论自由；主张男女平等，赞成离婚权；呼吁废除奴隶制度和体罚（包括对儿童的）等。

第二节　功利主义思想

西方的功利主义思想最早可以追溯到希腊晚期哲学家伊壁鸠鲁（Epicurus）和斯多葛学派（The Stoics）的观点。伊壁鸠鲁曾经说过：“生命是最大的善，快乐是生命的目的。”18世纪法国“百科全书”派的哲学家爱尔维修发展了功利主义思想。直到19世纪边沁和约翰·穆勒对功利主义及其道德理想进行了全面的阐释，功利主义思想才真正对社会产生了影响，成为西方国家立法和进行政治改革的道德依据。正因为如此，边沁成为西方世界公认的功利主义思想和理论的创始人。当然，功利主义也对经济学产生了影响。

边沁是学习法律和从事法律工作的。他的理想是建立一种完善、全面的法律体系，让普遍、完善的法律之眼洞察社会生活的每个角落，并澄清英国法中“普遍性的不准确与紊乱之处”。边沁通过自己的努力去除了英国普通法的神秘化色彩。他不仅提议了很多法律和社会改革，更阐明了这些法律所基于的潜在的道德原则。这种道德原则就是追求“效用最大化”的“功利主义”。在《道德与立法原理导论》一书中，边沁给出了功利主义的概念，并认为任何法律的功利都应由其促进相关者的快乐、善与幸福的程度来衡量。

边沁的功利主义思想源于贝卡里亚。他说：“我记得非常清楚，最初我是从贝卡里亚《论犯罪与刑罚》那篇小论文中得到这一原理（计算快乐与幸福的原理）的第一个提示的。由于这个原理，数学计算的精确性、清晰性和肯定性才第一次引入道德领域。这一领域，就其自身性质来说，一旦弄清之后，它和物理学同样无可争辩地可以具有这些性质。”边沁在其1881年出版的《道德与立法原理导论》一书中第一次提出了“功利”的概念，比较全面地阐述了功利主义的思想。由于这个原因，该书在19世纪最后的几十年时间里成为新古典经济学的哲学基础。边沁说：功利是指任何客体的这样一种性质：由此，它倾向于给利益相关者带来实惠、好处、快乐、利益或幸福（所有这些在此含义上相同），或者倾向于防止利益相关者遭受损害、痛苦、祸患或不幸（这些相似词组也含义相同）。①

边沁认为：自然把人类置于两位至高无上的君主——快乐和痛苦——的主宰之下，只有他们才指示我们应当干什么，决定我们将要干什么……凡我们所言、所行、所思，无不由其支配……功利主义原理承认这一切被支配的地位，并将其作为自己社会理论的基础。②

边沁的功利主义思想主要包含以下内容：

（1）功利是人们趋利避害、避免痛苦和追求快乐的欲望和行为。“功利”就是人们追求利益的努力，也是追求“幸福”和“快乐”的努力。而这些既包括物质的方面，也包括精神、情感和心理的方面。

（2）边沁功利主义的出发点是个人，但最终既要落实到个人身上，也要落实到社会上，即所谓“最大多数人的最大幸福”，因为这种思想是基于“每个个体的利益都得到满足，社会的利益也就得到满足”的观念。这显然也是对亚当·斯密在《国富论》中所间接表述的功利思想的一种呼应与继承，但是边沁的功利思想和亚当·斯密相比有明显的改进（亚当·斯密出版《国富论》时，边沁还不到30岁，但他已经是一位颇具影响力的、赞成自由主义的激进哲学家和改革者）。他对自由主义的理解也与亚当·斯密有所差别。他并不认为，从个人出发的自利行为会自然而然地得到令全体完全满意的利益和谐与最大化的结果。

所以，边沁的功利主义原理主要包含两方面的基本内容：一是自利选择的原理；二是功利主义原理，即最大幸福的原理。

在边沁看来，自利选择的原理强调人的自然本能与个体理性的一致。只有个人才会对快乐和痛苦具有真实而确切的感受，只有自己才是利益和幸福的真正判断者。所以，个人才会既出于本能，也出于理性去追求其最大利益。这也是人性的自然表现。因此，功利主义的出发点只能是个人。

以往的观点认为，个人的总和就构成了社会，所以个人利益与社会利益是一致的，个人利益最大化的实现就意味着社会利益最大化的实现。但是，边沁发现了其中的问题：如

① 亨特．经济思想史——一种批判性的视角［M］．颜鹏飞，总校译．上海：上海财经大学出版社，2007：106.
② 亨特．经济思想史——一种批判性的视角［M］．颜鹏飞，总校译．上海：上海财经大学出版社，2007：106.

果个人利益的加总没有包含某些人的利益增进，那么传统的这种观点就站不住脚。所以，边沁提出，大多数人的利益增进也就意味着整个社会利益是增加的，是为社会所接受的。这也是符合功利主义原理的，因此边沁强调社会“最大多数人的最大幸福”。边沁的这一功利主义原理对经济学产生了极大的影响，以至于社会经济制度和政策都会以这一标准进行衡量。但是，边沁功利主义判断标准中所包含的主观性和大多数人的阶级性被忽略了(这很可能与边沁认为恒久不变的资本主义经济秩序的必然性与合理性有关，或者说，与他错误的历史观有关)。

功利主义原理强调，人们的一切行为都是遵循趋利避害原则的。“善”（利益、幸福、快乐）就是最大限度地增加了幸福的总量，并且引起了最少的痛苦；“恶”（损失、痛苦）则相反。边沁所说的快乐和痛苦被同时定义为肉体和精神两方面。他认为：快乐就是好的，痛苦就是坏的，因为人的行为都趋利避害，所以任何正确的行动和政治方针都必须做到使最大多数人拥有最大幸福，并且将痛苦缩减到最小程度，甚至在必要情况下可以牺牲少部分人的利益。这就是著名的“最大幸福原则”。

第三节　边沁功利主义思想对经济学的影响

边沁的功利主义思想对许多经济学家产生了重要的影响，如李嘉图、萨伊、穆勒父子、杰文斯（W. S. Jevons)、庇古（A. C. Pigou）等。到19世纪后期，边沁的功利主义思想已经完全成为西方国家的社会生活观、整体社会价值取向、社会伦理准则和道德规范。

一、边沁对边际效用思想的影响

边沁的功利主义思想在某种程度上对后来出现的边际主义思潮以及边际主义经济学理论产生了先驱性的影响。他认为：财富和价值这两个术语是可以相互解释的。一件物品只有拥有价值，才能成为一份财富。根据价值的大小，财富的大小才能得以确定。所有的价值都是以效用为基础的……如果没有用，那么是不可能有任何价值的。[①]不仅如此，边沁还直接批评了亚当·斯密所列举的钻石与水的价值的例子，提出了自己的边际效用理论。

他认为：

使用价值是交换价值的基础……这种区分来自亚当·斯密。但是，他并没有对此做出清晰的说明……

亚当·斯密用水这一例子来证明那一类拥有很大使用价值却被认为几乎不具有交换价值的物品的存在。为了说明亚当·斯密的断言犯了多大的错误，我想亚当·斯密最好去查阅伦敦新河董事会的资料，并记住他在巴黎将会见到的人们运水到住宅零售的场景。

亚当·斯密用钻石这一例子来证明那一类具有很大的交换价值却不具备很大的使用价值的物品的存在。这个例子同前面的例子一样，也是存在谬误的。

钻石的使用价值……既不像水一样必要，也不像水一样永恒，但考虑到它所带给人们的享受，将其效用翻倍并不是毫无理由的。

---

① BENTHAM J. Jeremy Bentham's economic writings（Vol.3）[M]. London：Allen & Unwin，1954：83.

水之所以被视为是不具有任何交换价值的，只因为从使用的角度而言，它几乎毫无价值。如果所需的全部数量都唾手可得，多余的将毫无价值。这也同样适用于酒、谷物和其他任何物品。水是由自然供给的，而无丝毫的人力可言，人们很容易就发现水是十分丰富的，花钱补偿它完全是多余的。但在很多情况下，它又是具有交换价值的，比如当人们用水酿酒时。[①]

边沁也较早地提出了边际效用递减原理，提出快乐和痛苦可以按照其价值进行排序，效用可以加总。边沁认为有一种程序可以测量快乐和痛苦的单位，并以此对人的行为加以预测。他提出，对于人们而言，一项快乐或痛苦本身的值多大多小，将依据下列7种情况而定：（1）其强度；（2）其持续时间；（3）其确定性或不确定性；（4）其临近或偏远程度；（5）其丰富程度；（6）其纯度；（7）其广度。[②]这种程序就是边沁的“幸福计算”(felicific calculus)。作为一个伦理学术语，边沁认为它是证实一种行为正确与否的技术。运用这种计算，根据受某一行为影响的那些人的快乐和痛苦，人们就可以计算出该行为所造成的后果。而快乐……和避免痛苦……能用数学定量表达的结果，这使我们清楚地理解了它们各自的价值。[③]

边沁上面这些看法不仅在实际上和德国的戈森（H. H. Gossen）的看法一样，都为后来的新古典经济学（边际效用学派）奠定了基石，而且为后来主观效用价值论的数学计算奠定了基础。

二、对经济自由思想的影响

尽管边沁的功利主义往往被看作主张追求“最大多数人的最大幸福”，但他仍然认为，在本质上，人都是自私的，更看重自我利益。他说：“一般就每个人心中关于生命的意义而言，自我利益要比其他所有利益加起来还要重要……这种对自我的偏爱无处不在。”[④]边沁在早期认为，为了让每个人都能获得自己的利益，就需要通过法律来维持一种完全自由的经济秩序。如果做到了这点，就会实现社会福利的最大化。而政府对于自由市场的干预会减少社会福利。所以，边沁在早期是完全赞成充分自由的经济和社会秩序的。

但是到1801年，边沁的思想发生了变化，他开始反对自由放任的社会秩序。这源于边沁所观察到的两个事实：

其一，他看到在自由放任的市场上储蓄可能与投资不相等，储蓄的增加会导致生产下降、利润下降、投资减少和失业增加。他认为，在这种情况下，如果政府增加经济运行中的货币数量，“这些受引导的货币将成为财富增长的来源”[⑤]。

其二，他看到政府干预可以降低财富和收入不平等所造成的对社会的消极效应。他以货币边际效用的递减来说明政府干预收入分配，将富人的钱通过再分配分给穷人，将会增加社会的总效用。

---

① BENTHAM J. Jeremy Bentham's economic writings（Vol. 3）[M]. London：Allen & Unwin，1954：87-88.

② BENTHAM J. An introduction to the principles of morals and legislation [M] //MACK M P. A Bentham reader. New York：Pegasus，1969：97.

③ BENTHAM J. An introduction to the principles of morals and legislation [M] //MACK M P. A Bentham reader. New York：Pegasus，1969：96.

④ BENTHAM J. Jeremy Bentham's economic writings（Vol. 3）[M]. London：Allen & Unwin，1954：412.

⑤ BENTHAM J. Jeremy Bentham's economic writings（Vol. 3）[M]. London：Allen & Unwin，1954：124.

所以，边沁说：对于政府之手，我并无任何厌恶和反感的情绪，也不是一个无政府主义者。我把这归结于亚当·斯密及人权拥护者们（因为把最好的国民同最差的国民混在同一层面上的思想混乱）总是去讨论天赋自由的被侵犯，并力图否定这种或是那种法律，争辩说所有的法律都有可能产生消极的影响。政府的干预……总能产生最小的……有点……我可以证明的一件事是……满足。[①]

当然，在这里，边沁将政府看作一个不谋私利、仁慈而公正的组织，它可以平等和客观地增加每个人的福利。事实上，边沁并不能找到这样一个政府。边沁思想的真正意义充其量不过是在有限程度上对社会经济和政治改革起到一些促进作用。

三、其他影响

尽管边沁在货币经济学上的观点与李嘉图完全不同，但他们两人的一些想法都接近于桑顿。边沁认为货币扩张有助于充分就业。他也认识到了强迫储蓄、消费倾向、节俭投资以及收入和职业分析之间的关联。他的货币观点接近他的功利主义观点。

功利主义从18世纪末产生至今，对西方经济学的影响很大。边沁的功利主义观点在提出之初就在一定程度上对亚当·斯密的自由主义经济思想提出了挑战，后来又影响到边际效用理论、厂商和消费理论、政府干预主义、货币政策的发展以及福利经济学。从继承者那里来说，边沁的功利主义思想在约翰·穆勒那里得到修正和扩展。经过约翰·穆勒的经营，“边沁主义”成为经济自由主义者的国家政策的最主要的元素。

应该说，边沁的功利主义思想对于西方国家当时的社会改革和今天的行为也仍然具有重要的影响。首先，边沁的功利主义思想适应了19世纪资本主义社会改革和发展的要求，推动了当时社会许多制度的改革。其次，边沁的功利主义思想推动了社会民众的思想意识变化，其蕴含的启蒙精神和批判态度，推进了社会对落后、僵化、保守制度的正确认识和改革要求。边沁也被广泛地视作动物权利的倡导者，其见解成为今天动物保护主义者的理论依据之一。

边沁力图把他所想到的基本概念说成伦理学的基本概念，但他对这些概念下的定义过于简单或含糊不清，甚至其狂热的信徒也承认他用以计算快乐数量的所谓“幸福计算”不仅不实用，而且在逻辑上也是荒谬的。他所著的《道德与立法原理导论》一书，前几章内容也颇为混乱。边沁既相信人完全是自私的，又说人应该促进最大多数人的最大幸福。这种说法在表面上显然存在矛盾和虚伪之处，在实质上却在为资产阶级利益辩护方面表现了一致性。在边沁看来，自私是人的本性，既然资本主义社会是永恒的，那么资本家的利益既符合人的本性，也是永恒的，而资本家个人的私利与其所在阶级的私利也就存在一致性。这样一来，边沁的功利主义思想在资本主义社会大受欢迎也就毫不奇怪了。

本章思语

1.如何评价边沁的功利主义思想对19世纪欧洲经济思想的影响？

2.边沁的功利主义思想有无合理性？

---

① BENTHAM J. Jeremy Bentham’s economic writings（Vol. 3）[M]. London：Allen & Unwin，1954：196.

[第十一章]
19世纪30年代英国的经济思想论战及其后果*

一、19世纪30年代英国的经济思想论战

19世纪初，英国出现了一批拥护李嘉图经济理论的经济学家，他们被称为李嘉图学派。这个学派的核心人物是詹姆斯·穆勒、麦克库洛赫、托马斯·德·昆西（Thomas de Quincey，1785—1859）。在19世纪二三十年代，李嘉图学派和以马尔萨斯为首的反对李嘉图经济理论的经济学家之间发生了一场论战。

这场论战是英国政治经济学史上最重要的事件之一。论战是围绕拥护还是反对李嘉图的理论进行的。其特点是围绕价值概念的确定和价值与资本主义的关系展开论战。具体问题涉及李嘉图的劳动价值论和利润理论。

论战的社会背景是，无产阶级与资产阶级的斗争在当时还基本处于幕后，资产阶级还没有完全夺得政权。资产阶级反对土地所有者阶级的斗争，在政治上表现为争取议会改革，在经济上表现为废除《谷物法》，在理论上则表现为宣传李嘉图的地租理论。但是，无产阶级和资产阶级的矛盾已潜在地威胁到资产阶级，资产阶级已经在联合无产阶级反对地主阶级的斗争中，感到了这个潜在敌人的威胁。李嘉图的价值和利润理论毫不掩饰地揭示了这一矛盾，为英国当时的空想社会主义者和李嘉图社会主义者反对资本主义制度提供了理论武器。一些资产阶级学者已经感到李嘉图的理论对资产阶级利益构成了威胁。19世纪20年代的论战就反映了上述情况。

论战主要分为两派：李嘉图理论的反对派力图利用李嘉图理论体系的矛盾推翻李嘉图的劳动价值理论和分配理论；拥护派则通过解说和注释的办法来努力维护李嘉图的理论。

这场论战表面上是学术论战，实际上却反映了无产阶级同资产阶级现实斗争的一个侧面。实质上，两派都要维护资产阶级利益，只是手法不同：一个否定李嘉图的理论；一个通过曲解概念来肯定李嘉图的理论。

1817年，李嘉图的《政治经济学及赋税原理》出版，其后不久它就受到了托伦斯的批评。1820年，马尔萨斯出版了《政治经济学原理》一书，对李嘉图的理论进行了集中的批评。同年底，李嘉图写了《马尔萨斯〈政治经济学原理〉评注》一书，对马尔萨斯的观点进行了反驳与批评。从此，双方展开了论战。在李嘉图生前，他和马尔萨斯不分胜负。在1823年李嘉图去世后，这场论战继续在他的反对者和拥护者之间进行。论战的焦点是李嘉图理论体系所存在的两大矛盾。

李嘉图理论体系中两个不可克服的矛盾是：

第一，价值规律和资本与劳动相交换的矛盾。李嘉图的理论中没有劳动与劳动力的区分，因而不能说明剩余价值在价值规律中的合理来源。

第二，价值规律和等量资本获得等量利润的矛盾。

李嘉图混淆了价值和生产价格，混淆了剩余价值和利润，跳过了一系列中间环节和转化过程，因此不能解决这个矛盾。

对这两个矛盾，亚当·斯密和李嘉图都只是有一些片面的感觉，而没有十分明确的认识，因此，他们在著作中并未真正触及这两个极其重要的问题。

二、论战双方的主要观点

（一）反对派的观点

李嘉图反对派的主要代表人物是马尔萨斯、塞缪尔·贝利、乔治·尤利乌斯·波利特·斯克洛普（George Julius Poulett Scrope，1797—1876）、萨缪尔·利特（Samul Littil，1780—?）、朗菲尔德（M. Longfield）、托伦斯。他们首先集中批评李嘉图理论体系的两大矛盾，同时，围绕这两个问题展开全面批评。反对派方面的批评以马尔萨斯为主力。

1.贝利的观点

贝利较全面地批评了李嘉图的价值理论和利润理论。他主要是从价值的绝对意义和相对意义上来反对和批评李嘉图。他先否认价值为劳动所创造，再否认利润与工资的对立。贝利的主要著作是1825年出版的《价值的本质、尺度和原因的批判研究，主要是论李嘉图先生及其信徒的著作》。

贝利反复强调价值的相对性，说它只是商品间的交换关系，反对李嘉图把价值看作实体、看作绝对的东西。贝利还否认资本主义现实中存在价值规律同资本与劳动相交换的矛盾。他认为，李嘉图关于劳动的价值取决于生产工人为取得最低生活资料（构成工资）所需要付出的必要劳动之观点是错误的。他认为，劳动的价值也是一种交换比例，是劳动与构成工资的生活资料的交换比例。至于利润，则被他看作价格超过生产成本部分与垫支资本的比例。这样，价值规律与利润平均化的矛盾也就不存在了。

还有一位所谓“名辞的观察者”在《经济学上若干名辞，尤其是关于价值与需求和供给的论争的观察》（1821）中批评李嘉图的劳动价值论。他反对把价值来源说成劳动。他认为，如果那样，劳动本身的价值就无法解释，而且土地的价值也无法解释。他还在论战中较早批评李嘉图把价值从相对的东西变成了绝对的东西。该观点后来为贝利所接受和发挥。

2.托伦斯的观点

托伦斯主要是以亚当·斯密劳动价值论只适用于原始状态的社会的观点来反驳李嘉图。他认为，价值决定于资本的支出额。他认为，自然价格由生产费用或者由资本支出构成，它不可能包括利润。利润是商品出卖后超出价值的那部分金额。

（二）拥护派的观点

1.詹姆斯·穆勒的观点

李嘉图拥护派的主要代表首先是詹姆斯·穆勒，他与李嘉图是同时代人，还是经济学家、历史学家和哲学家。他曾因生活困难得到过李嘉图的帮助，进东印度公司做职员。詹姆斯·穆勒既是边沁的朋友，又是其门徒。他在宣传和普及功利主义思想上起过很大作用。他也是李嘉图的一贯支持者和追随者。李嘉图代表作的出版曾受到他的鼓励和帮助。他也自命为李嘉图理论的主述者和继承人。事实上，他也是英国经济学家中以系统的形式叙述李嘉图理论的第一人。其主要著作为《政治经济学纲要》（1821）、《英属印度史》、《政治论》等。詹姆斯·穆勒是政治经济学“四分法”（生产、分配、交换、消费）的创始人。他维护了李嘉图的地租理论，并认为级差地租与耕种次序无关，土地私有者也绝不是资本主义生产所必需的当事人，因而可以把土地收归国有。

在论战中，詹姆斯·穆勒过分注重在形式上保持李嘉图理论体系的一致性，并企图通过对李嘉图理论体系的通俗化系统解释，来回答反对派的问题。实际上，他从拥护李嘉图理论的立场上把劳动价值论庸俗化了。

詹姆斯·穆勒对商品价值由劳动决定的观点是这样分析的：价值依存于供求，但最后决定于生产费用，而生产费用是劳动和资本的结合。资本又是蓄积的劳动。于是，价值由劳动决定。

对价值规律和资本与劳动相交换的矛盾，詹姆斯·穆勒是以预支工资加以说明的。他认为，资本与劳动相交换时，工人已得到承诺的工资，于是，工人劳动生产的商品全部归资本家所有。这样，资本与劳动是等价交换，利润与之无关，利润只是资本（蓄积劳动）产生的。这样詹姆斯·穆勒就把李嘉图尚承认的工人与资本家的矛盾、利润与工资的对立、利润是劳动产品中的剩余部分的观点全部抹杀了。

对于价值规律同等量资本应得到等量利润之间的矛盾，詹姆斯·穆勒仍以资本是蓄积劳动加以解释，把利润说成蓄积劳动的工资，从而否认这一矛盾。

2.麦克库洛赫的观点

约翰·雷姆赛·麦克库洛赫（John Ramsay McCulloch，1789—1864）是李嘉图学派的又一个主要代表人物，也是知名的统计学家、政治经济学家和文献收集家。他生于苏格兰的威格敦郡，毕业于爱丁堡大学，先学法律，后转学政治经济学。他当过《苏格兰人》报的编辑，后成为《爱丁堡评论》杂志的主要撰稿人。1824年，他任伦敦大学政治经济学教授；1832年，任英国文书局的主计官，直至逝世。其主要著作有《政治经济学原理：这门科学的产生和发展的概述》（1825）、《论赋税和公债制度的原理及实际影响》（1845）、《政治经济学文献》（1845）。他还发表过大量文章，编注过亚当·斯密和李嘉图的著作。

麦克库洛赫在论战中将理论矛盾向形式上的勉强一致发展。马克思说他“不仅是李嘉图的庸俗化者，而且是詹姆斯·穆勒的庸俗化者”[①]。李嘉图学派在他那里完全解体了。

（1）麦克库洛赫把价值分为“真实价值”和“相对价值”，前者由耗费劳动决定，后者取决于“商品所换得的劳动量或任何一种商品量”[②]。他认为，在自然市场内，二者一致，资本与劳动也是等价交换。这样，就不存在李嘉图体系的第一个矛盾了。在现实中，二者不一致，“相对价值”大于“真实价值”，差额即利润。麦克库洛赫在这里完全把资本与劳动的特殊性淡化和普遍化，最后走到了马尔萨斯的立场上。

---

① 马克思，恩格斯．马克思恩格斯全集（第26卷第2册）［M］．中共中央马克思恩格斯列宁斯大林著作编译局，译．北京：人民出版社，1973：182-183.

② MCCULLOCH J R. The principles of political economy：With a sketch of the rise and progress of the science［M］. Edinburgh：Adam & Charles Black，1825：225.

（2）对价值规律同等量资本应得到等量利润之间的矛盾，麦克库洛赫通过庸俗化“劳动”的定义来加以词句形式上的解决。他把劳动定义为“任何一种旨在引起某一合乎愿望的结果的作用或操作，而不管它是由人、动物、机器，还是由自然力完成的”。他就用这种观点解释陈葡萄酒的增值问题。马克思说他这是对李嘉图理论最彻底的、最无知的破坏。麦克库洛赫实际上最终抛弃了劳动价值论。

三、论战的后果——李嘉图学派解体

这次论战最终导致了李嘉图学派的解体和庸俗价值论的得势。从本质上说，论战双方都反映了当时阶级斗争中资产阶级的利益和要求；从结果上说，双方也都促成了英国古典经济学的庸俗化。反对派企图以庸俗的价值理论代替古典派的价值理论，而拥护派通过歪曲、诡辩来直接庸俗化古典派的理论。就李嘉图学派的解体和古典经济学说的庸俗化来说，拥护派的作用更为重要；对以后资产阶级政治经济学的庸俗化来说，反对派的作用更重要。

本章思语

1. 李嘉图理论体系的主要缺陷是什么？
2. 李嘉图学派解体的原因是什么？

［第十二章］
西尼尔的经济思想

纳索·威廉·西尼尔（Nassau William Senior，1790—1864）是19世纪30年代最明白并最直接地为资本主义制度辩护的英国经济学家。西尼尔的理论是以其政治态度为背景，并结合其实际事务的经验发展起来的，在社会上有一定影响力。

一、生平简介

西尼尔出生于英国威尔特郡一个西班牙裔的乡村牧师家庭。他幼年接受父亲的教育；1803年，进入伊顿公学学习；1807年，入牛津大学马格达伦学院深造，毕业时获文学硕士学位。1819年，西尼尔在伦敦做律师；1821年起，开始撰写经济评论文章；1823年，参加经济学会；1825—1830年，成为牛津大学第一任政治经济学讲座教授。因其与辉格党的密切关系，西尼尔曾先后任若干政府委员会（济贫委员会、工厂委员会、爱尔兰济贫法委员会和教育委员会）的委员，参与制定过1834年的《济贫法修正案》。1847—1852年，他再度出任牛津大学的政治经济学教授。

西尼尔的主要著作是《政治经济学大纲》（1836）、《论工厂法对于棉纺独立业的影响的书信》（1837）、《关于生产财富问题的讲演》、《关于政治经济学入门的四次讲演》（1852）等。

二、对政治经济学的看法

西尼尔企图建立一门所谓“纯粹的经济学”。继萨伊之后，他主张把政治经济学变为“抽象的演绎的科学”“准确的科学”。

在政治经济学的对象方面，西尼尔主张要从中剔除立法、行政、哲学、道德等方面的东西，只研究财富的性质、生产、交换及分配等一般规律。西尼尔认为，政治经济学家不应该对社会有所建议或告诫，他们最主要的任务是说明事实和结论。西尼尔的这种看法被后来的经济学家看作关于经济学实证性质的最早阐述之一。

西尼尔主张，政治经济学家既不能向社会有所推荐，也不应有所告诫；既不允许同情贫困，也不容许嫉视富裕或贪婪；既不允许崇拜现行制度，也不允许憎恶现有的弊害；既不容许酷爱虚名、投合时好，也不容许标新立异或固执，以使人们不敢明白说出所相信的事实，或者是不敢根据这些事实提出在他看来是合理的结论。[①]

---

① 西尼尔．政治经济学大纲［M］．蔡受百，译．北京：商务印书馆，1977：12.

在经济学的研究方法方面，西尼尔主张采用抽象演绎法，从最一般的命题开始推理并建立起整个政治经济学理论。他认为，政治经济学的前提是人们从观察或意识中得到的一般的、主要的基本命题及其推论。

西尼尔提出了政治经济学的四个基本命题：

（1）每个人都想以尽可能少的牺牲取得尽可能多的财富。这是从人的经济本性引申出的功利主义和享乐主义原则。西尼尔的“工资论”和“利润论”即是由此出发的。

（2）人口原则。西尼尔认为，“精神或物质缺陷”及顾虑财富不足的那些人的经济本能会限制他们的生理本能，从而限制人口增长。所以，马尔萨斯的人口论不适用于文明时代。

（3）工业生产力具有不断扩大的倾向。他强调只有在资本主义制度下，各生产要素才能协调一致，无限增长。

（4）假定农业技术不变，在同一地区内增加的劳动，所得的报酬是按比例递减的。尽管总报酬并不减少，甚至还增加，但报酬增量与劳动增量的比例在递减。

由此，西尼尔推论：

第一，农产品价值的上涨是必然的，但工资增加是受限制的。

第二，需要废除《谷物法》，从国外进口廉价谷物（事实上，这种观点在西尼尔发表其看法时就已经过时了，因为经过多年的争论和斗争之后，《谷物法》在那时已经被废除了）。西尼尔的最后这条命题被认为是较早提出的对“边际报酬递减规律”的阐释。

实际上，西尼尔这四个基本命题都富有辩护性。他把其第一命题作为“一个经济学推论过程的一个基本假设”，认为“离开了这一基本事实，推理就无法进行”。当然，这是最典型的功利主义原则。这也就是所谓的“效率”原则。第二命题和第四命题接受了马尔萨斯和当时流行的庸俗的观点。他的贡献是给这两个原则提供了一个功利主义的基础。第三命题是引申了萨伊的观点，并加上了他自己的“节欲”观点。

西尼尔的“纯粹经济学”主张，其实就是今天西方经济学所说的实证经济学。实证经济学就是主张超脱或排斥一切价值判断，其任务仅在于提出和检验用于解释经济现象的理论。从这方面说，西尼尔是继萨伊之后最早提倡实证研究方法的经济学家。

三、价值论

西尼尔的价值论包含以下几个要点：

1.财富是价值的基础

他认为，财富是由有价值的东西构成的，财富就是价值。

2.财富要有效用

他认为，人们对于商品使用价值的主观感受就是效用，“是足以直接或间接产生愉快的能力，这个词包括一切类型的满足，或痛苦（包括一切类型的不愉快）的防止”①。

3.价值具有可转移性

“足以产生愉快或防止痛苦的能力的全部或其一部分，是能够或者绝对地，或者在一个期间内被转移的。”②

① 西尼尔．政治经济学大纲［M］．蔡受百，译．北京：商务印书馆，1977：17.
② 西尼尔．政治经济学大纲［M］．蔡受百，译．北京：商务印书馆，1977：20.

4.供给的有限性

这是最重要的要素。西尼尔认为，效用会随供给和需求状况而变化，商品供给与效用呈反比例变动，供给越多，相应需求就容易满足，效用就越低；供给越少，需求越强烈，效用就越高。因此，物品的稀缺性是衡量价值的重要尺度。物品越稀少，人们对它的评价也越高。西尼尔认为，供给有限性“对价值的影响的主要根源是人性中的两个最有力的要素：喜爱变换和喜爱体面”[①]。

西尼尔对价值的总体看法是：价值即财富，它是由生产成本（生产费用）决定的，而成本就是工资和利润，即“生产所必要的劳动与节制的总和”。

西尼尔认为，财富和价值的源泉就在于三种要素：劳动、节欲和自然力。财富的供给主要就是受这三种要素的制约。他对这三种要素做了必要的解释。他认为，劳动是劳动者对快乐、幸福和自由所做的牺牲。资本被他称为“节欲”，成为资本家对自己从消费中获得享受和满足所做的牺牲，这是为将来的利益而放弃眼前的享受。

西尼尔的这种观点显然是对萨伊生产三要素论的进一步发挥和引申。后来有人还据其生产费用论引申出“资本生产力论”。

四、分配论

西尼尔的分配论以“节欲论”（节制论）为中心。节欲是指“个人的这样一种行为，对于他可以自由使用的那个部分，或者是不做非生产性的使用，或者是有计划地宁愿从事于其效果在于将来而不在于眼前的生产”。

他认为，劳动是工人对个人安逸做出的牺牲，工人节欲以获得“工资”；资本是资本家对个人消费和眼前享乐做出的牺牲，资本家节欲以获得利润。劳动和资本共同创造价值（设自然力不计）……应共同分配，获取报酬。用于生产的节制，得利润；用于非生产的节制，得利息。

西尼尔认为，除去上述分配外，还有“租金”。租金是未做任何牺牲而得到的报酬，即自然要素所有者“没有把他可以扣留的东西扣留起来，只是由于他容许人们得以接受自然的赐予”[②]所取的酬劳。他认为，当自然要素极端丰富、到处可得时，其供给就是无限的。这时，自然要素就只有效用，而无价格，因而不能成为价值的构成因素，于是它不能得到报酬。

节欲论也并非西尼尔的独创，当时英国学者霍布斯、斯克洛普和法国学者热尔曼·加尼尔（Germain Garnier，1754—1821）也都持这种观点，只是西尼尔提出它，正好处于形势最需要的时候。

五、最后1小时论

西尼尔这一理论提出的背景是，1836年英国纺织工人要求按照1833年《工厂法》中关于正常工作时间的说法缩短劳动时间。当时，工人每天劳动12小时，负担沉重、疲惫不堪。《工厂法》规定了少年工和童工的正常工作时间，但未规定18岁以上成年男工的工作时间。不过，该法中有关正常工作时间的条文成为工人缩短工作时间斗争的突破点。

---

① 西尼尔．政治经济学大纲［M］．蔡受百，译．北京：商务印书馆，1977：24.
② 西尼尔．政治经济学大纲［M］．蔡受百，译．北京：商务印书馆，1977：139.

《工厂法》于1836年全部实行。工人提出10小时工作制的要求，甚至把它作为自己的经济竞选口号。工厂主为反对《工厂法》和10小时工作制的运动，便把西尼尔召唤到曼彻斯特的工厂，请他做报告，反对缩短工作时间。西尼尔后来把这次的讲稿整理成了《论工厂法对棉纺织业的影响的书信》，于1837年出版。

最后1小时论的基本观点是：工厂主的利润是在当时《工厂法》规定的11个半小时工作时间中的最后1小时生产出来的。如果工作时间缩短1小时，纯利润就会消失；如果减少1.5小时，连总利润也会消失。

西尼尔举例论证说明，前10小时生产弥补的是固定资本和流动资本，再有半小时的生产弥补的是机器和厂房的损耗价值，只有最后1小时的生产才会产生资本家的纯利润。

西尼尔的这些观点和论证当然都是错误的。他把固定资本和流动资本混同为不变资本和可变资本，又把不变资本转移的价值看成重新生产出来的价值，还把补偿折旧费单列出来，作为总利润。西尼尔这个错误观点的关键是歪曲了价值的生产形成过程，把旧价值的转移和新价值的创造从形式上割裂开，看作分别完成的过程，又把工作时间分成几段，分别对应生产的几个部分。这说明他根本不懂得价值的生产与转移同会计上补偿计算的区别。

如果我们把西尼尔的最后1小时论同其节欲论放在一起，就会发现二者是完全矛盾的。

六、垄断观点

西尼尔对垄断做出了先驱性研究。他指出垄断有四种形式：

（1）垄断者没有生产方面的垄断权，只有作为生产者对某些设备的垄断权。这些设备可以在数量相同或递增的有利条件下无限地使用。西尼尔认为，这种垄断虽然有垄断的便利，使商品价值更接近卖方的生产成本，并能以同等成本增加生产，但并无生产上的垄断能力。

（2）垄断者是唯一生产者，其产品总量不能无限增加，价值会无限制地超过生产成本，只有消费者的意向和财力才能限制它。

（3）垄断者是唯一的生产者，通过增加劳动和资本（“节制”），其产品总量可以无限增加。一方面，买方的意向和财力会制约价格；另一方面，垄断者可以通过扩大销售来降低物品价格（略高于生产成本）。

（4）垄断者不是唯一的生产者，但有特殊设备或自然要素。这类设备或自然要素提供的相对助力，会随着投入的劳动和资本的量的递增而递减。

由于当时的社会经济条件以及西尼尔本人的经济自由主义主张，他还不可能对垄断的概念和相关问题做出科学的说明。

本章思语

1.西尼尔是如何看待政治经济学的性质的？

2.试评价西尼尔的节欲论。

3.试评价西尼尔的最后1小时论。

[第十三章] 西斯蒙第的经济思想

第一节 西斯蒙第概况

一、生平简介

1773年，让·沙尔·列奥纳尔·西蒙·德·西斯蒙第（Jean-Charles-Leonard Simonde de Sismondi，1773—1842）的国籍是法国，出生于瑞士法语区日内瓦近郊的一个新教牧师家庭。其祖先为意大利人，16世纪因躲避宗教迫害移居法国多菲尼。1685年，法国废除南特敕令后，全家又被迫移居日内瓦。西斯蒙第在巴黎读大学，后因家道中落而辍学到里昂一家银行做职员。法国资产阶级大革命时，他返回日内瓦。不久后，瑞士爆发革命，其父一度被捕，后来全家又迁居英国。一年半后，他回到意大利，在那居住了5年。1800年，他又返回日内瓦，从事著述。

二、时代背景

西斯蒙第和李嘉图是同时代人。他经历了英国工业革命、法国资产阶级大革命以及拿破仑战争的动荡。在法国资产阶级大革命中，小资产阶级曾和资产阶级一道热情地参加了反对封建制度的斗争。他们热切希望能够在推翻封建制度后获得经济的自由发展。事实上，法国资产阶级大革命后的最初年代，法国和瑞士的小资产阶级曾一度得到发展，很快在人数上占据了大多数，其手工业生产方式也成为社会基本的生产方式。小资产阶级学者这时也纷纷讴歌资本主义制度，为其成长大造舆论。

但是，好景不长。当资产阶级站稳了脚跟，工业革命的浪潮推向欧洲大陆时，蓬勃发展的大机器生产开始毫不留情地碾向小生产者，把他们昔日的幻想压得粉碎。面对这个新的、比封建制度更为可怕的、危及自身利益的强大力量，小生产者对资本主义制度开始感到绝望，同时感到了幻想的破灭所带来的痛苦。

在阶级矛盾的剧烈冲突中，小生产者阶级开始改变先前的态度。他们要反抗向他们袭来的资本主义制度，尤其是大机器生产，以争取自身的生存和发展。但是，他们并不真正彻底地反对资本主义。他们感到商品生产制度对他们是有用的，但私有制度不能受到威胁。小生产者阶级既要保留资本主义商品生产和私有制，又要阻止大机器生产方式的发展对他们的威胁。于是，一种新的思想，即企图以小生产方式来阻止和延缓资本主义大机器生产方式发展的幻想，就成为19世纪初法国和瑞士小生产者阶级的经济要求。

正是在这种社会背景和时代背景下，西斯蒙第提出了他的经济理论。

三、经济思想

西斯蒙第是西方经济思想史上的特殊人物。他是法国古典经济学的完成者，但他是以对古典经济学的怀疑这种独特方式完成的。他严厉批判了资本主义，揭露其缺点和矛盾，却又猛烈地反对与资本主义相对立的空想社会主义。他反对社会主义，却又经常被认为是个社会主义者。其实，他只是个小资产阶级的社会主义者。他不是在向前看时构造出一个理性的社会主义社会，而是怀念和留恋过去，幻想把现代资本主义社会拉回到他所理想化了的、小生产的、充斥宗法制度的社会。西斯蒙第最终成为小资产阶级经济浪漫主义的代表，并以其理论为小资产阶级经济学奠基。

西斯蒙第的经济思想分为两个阶段：在前期，他是英国古典学派经济自由主义的积极提倡者；在后期，他转而批判古典经济学和经济自由主义，主张小资产阶级经济浪漫主义。

西斯蒙第于1801年出版了其最早的著作《托斯卡那的农业》，于1803年出版了《商业财富或政治经济学原理在商业立法上的应用》，宣扬和阐述亚当·斯密的学说。这使他获得了经济学家的声誉。其后15年间，他转而研究历史，写了《意大利共和国史》(1818)、《法兰西人史》(生前完成29卷)。这期间，他的思想发生了较大的变化。

1818年，《爱丁堡百科全书》编辑部请他撰写“政治经济学”词条时，他又重新开始研究政治经济学。1819年，西斯蒙第出版了他的经济学代表作《政治经济学新原理》。该书放弃了他以前的观点，提出了和亚当·斯密、李嘉图完全相反的看法和结论。该书奠定了他在西方经济思想史方面的地位。1837—1838年，西斯蒙第出版了两卷本的《政治经济学研究》，以大量对历史和现状的研究论证了《政治经济学新原理》提出的观点。此外，他还写了《自由人民之宪制的研究》(1836)，主张应由杰出人物治理国家，反对人民群众参政。

西斯蒙第是站在小资产阶级立场上研究经济问题的，其前、后期思想观点的转变只能用小生产者阶级在资产阶级革命和工业革命发生前后的不同立场和态度加以解释。

法国经济发展缓慢，导致小生产广泛存在，这对法国经济思想和学说的发展影响极大，因而也产生了英、法两国经济学说发展之间的明显差别。这种差别在布阿吉尔贝尔和配第之间已有所显露，到西斯蒙第和李嘉图那里就更明显地暴露出来了。

在政治观点上，西斯蒙第主张自由主义，参加政治活动，支持共和，但不主张人民民主。他认为，国家应关心人民，但人民不能当权；否则，国家会发生混乱。他同情劳动人民，但不主张革命，只希望改良和统治者有善心。

第二节　对古典经济学的怀疑与背离

一、对古典经济学怀疑和背离的原因

18世纪末19世纪初，英、法两国经济发展的不同情况和阶级矛盾的不同情况，以及

西斯蒙第和李嘉图的不同阶级立场，决定了两人对于古典经济学态度的不同。马克思说："如果说在李嘉图那里，政治经济学无情地做出了自己的最后结论并就此结束，那么，西斯蒙第则表现了政治经济学对自身的怀疑，从而对这个结束做了补充。"①

小资产阶级立场促使西斯蒙第认识和揭露资本主义的矛盾，从而在特定的角度上揭示了资本主义经济制度的内在缺陷和不足。这对于李嘉图的理论自然是一个补充。

二、对古典学派经济范畴和原理的说明及发展

西斯蒙第并不是完全独立地建立自己的政治经济学新体系的。他是在继承和批判古典经济学，尤其是通过对社会经济状况的现实考察，对古典经济学进行批判后，才建立了自己的新体系。在这一过程中，他对于古典学派提出的某些经济范畴和原理，做了进一步的说明和发展。

（一）研究方法

西斯蒙第继承了古典学派把经济学作为一门"实验科学"来对待的方法。他更加注重对社会进行考察，依社会状况来评价经济理论和范畴。从某种意义上可以说，西斯蒙第的《政治经济学新原理》正是运用这种方法写出的。后来，西斯蒙第更加明确地说：人们总是把一切关于社会科学的论述普遍推广，我觉得这是陷入了严重的谬误。恰恰相反，我们一定要从具体情况出发研究人类生存条件……反之，如果有人把人的生存条件与世界割裂开来看，或者说，干脆抽象地观察人的生存变革，由此得出的结论，往往会被经验推翻。②应该说，西斯蒙第的这种研究方法是符合实际的，也是有道理的，只是他的阶级立场导致他关注某些方面的局部现实，得出了与社会历史趋势相左的结论。

（二）关于政治经济学的含义

西斯蒙第接受了亚当·斯密的传统。他甚至认为，亚当·斯密代表作的书名《国民财富的性质和原因的研究》就是对这门学科的"最精确的定义"。他认为，把对私人财产的管理称为家庭经济、把对国家财产的管理称为政治经济的提法，是与上述学科含义相一致的。

西斯蒙第认为：政治经济学的研究对象是人人分享物质财富。最好的政治经济学，是对劳动成果的分配加以区别的政治经济学，即把为了全体利益，全体人民必须得到的份额，同为了全体利益，少数人应当获取的份额区别开来。③

（三）财富观点

西斯蒙第继承了亚当·斯密的有关思想，但又从物质（使用价值）方面加以强调。他说：财富永远是通过劳动创造出来，为日后需要而保存起来的东西，而且只是由于这种未来的需要，财富才有价值。④他认为，亚里士多德给财富下的定义是"属于家庭和国家的经过加工的丰富的物质"，这是十分正确的。他还认为：一切财富积累的历史永远出不了

① 马克思，恩格斯．马克思恩格斯全集（第13卷）［M］．中共中央马克思恩格斯列宁斯大林著作编译局，译．北京：人民出版社，1962：51.
② 西斯蒙第．政治经济学研究（第1卷）［M］．胡尧步，李直，李玉民，译．北京：商务印书馆，1998：3.
③ 西斯蒙第．政治经济学研究（第1卷）［M］．胡尧步，李直，李玉民，译．北京：商务印书馆，1998：6.
④ 西斯蒙第．政治经济学新原理［M］．何钦，译．北京：商务印书馆，1998：54.

这样的范围：创造财富的劳动、积累财富的节约、消耗财富的消费。①

（四）劳动价值论观点

西斯蒙第继承了亚当·斯密的观点，并提出了自己的见解。他说：每个人都要估计一下自己生产自己所提供的那件物品花去多少劳动和时间，这就是售价的基础；他也要把自己要给别人的物品所需要的劳动和时间与自己的物品所付出的劳动和时间做比较，这是确定买价的计算根据。只有进行交换的双方经过计算，每个人都认为用这种方式取得自己所需要的东西比自己亲自去做更方便的时候，交换才能实现。②当然，这是简单商品生产的情况。

但是，西斯蒙第强调了劳动的社会性质。他说：价值是以某种社会观念取代了个人的观念；此外，它还以抽象的观念代替了具体的观念。自从人类社会有了商业，有了职业分工，每个人就不是为自己劳动，而是为社会劳动，人们也从社会得到劳动的补偿，对交换价值的估价代替了对物品的估价。价值是对受估价物品进行比较后的估计，不是与某一物品，而是与所有物品进行比较。③

对于社会必要劳动和价值量的关系，西斯蒙第则继承了法国古典学派的传统，更明确地从社会消费和需求出发，并提出："价值就是人们的需求和生产之间的关系。"④在他看来，对价值的估量"是基于被估价的物品的必要劳动量；这种量虽然难以估计，但总由竞争来决定，是比较固定的"⑤。西斯蒙第还说，对价值的估计靠整个社会需求和满足这种需求的劳动量以及将来能满足这种需求量之间的关系。这种交换价值、这种市场价格是富于抽象概念的政治经济学所阐述的最抽象的观念。⑥

马克思对于西斯蒙第在劳动价值论上的新贡献给予肯定，说："西斯蒙第在同李嘉图的直接论战中，不仅强调指出生产交换价值的劳动的特殊社会性质，而且指出：'我们经济进步的特征'在于把价值量归结于必要劳动时间，归结于'全社会的需要和满足这种需要的劳动量之间的比例'。"马克思指出："布阿吉尔贝尔认为生产交换价值的劳动被货币弄得虚假了，西斯蒙第不再为这种现象所束缚。"⑦

（五）对资本的看法

西斯蒙第提出，资本是一种形而上学的、非物质的东西。它的物质形态随生产过程中的一系列交换而不断改变，但其价值是永久的、逐渐增多的、不会再消费的东西。他认为资本像海神普洛透斯那样变化无常，它不断地变化着形态和内容中的一系列不同的面目，而在人们不断以为要抓住它时，它却逃之夭夭。西斯蒙第认为，资本的本质在于能带来收入，但收入都来自劳动。

三、对古典经济学的怀疑和批判

西斯蒙第站在不同于资产阶级的小生产者阶级立场，清楚地看到资本主义经济现实中

---

① 西斯蒙第．政治经济学新原理［M］．何钦，译．北京：商务印书馆，1998：51.
② 西斯蒙第．政治经济学新原理［M］．何钦，译．北京：商务印书馆，1998：54.
③ 西斯蒙第．政治经济学研究（第2卷）［M］．胡尧步，李直，李玉民，译．北京：商务印书馆，1998：219.
④ 西斯蒙第．政治经济学研究（第2卷）［M］．胡尧步，李直，李玉民，译．北京：商务印书馆，1998：220.
⑤ 西斯蒙第．政治经济学研究（第2卷）［M］．胡尧步，李直，李玉民，译．北京：商务印书馆，1998：223.
⑥ 西斯蒙第．政治经济学研究（第2卷）［M］．胡尧步，李直，李玉民，译．北京：商务印书馆，1998：222.
⑦ 马克思，恩格斯．马克思恩格斯全集（第13卷）［M］．中共中央马克思恩格斯列宁斯大林著作编译局，译．北京：人民出版社，1962：51.

的矛盾和缺点，并在其具体分析中提出了涉及资本主义本质的问题。由此，他得出了和古典经济学家截然不同的结论，否定了关于资本主义自然性、合理性和永恒性的结论，提出了对古典学派政治经济学进行重新思考，认真研究分析，进行批判和另建的问题。

西斯蒙第对古典经济学的怀疑和批判，主要是以李嘉图为靶子进行批判性论战。作为亚当・斯密的学生，李嘉图站在资产阶级立场上，讴歌资本主义制度和工业革命，并将劳动价值论作为其理论评判的唯一标准。同样作为亚当・斯密的学生，西斯蒙第却站在小生产者阶级的立场上，批判资本主义和工业革命。西斯蒙第将资本主义的直接现实作为理论评判的唯一标准，其理论见解同样是深刻的，其历史感也很突出。只是他与李嘉图的分析角度不同，这完全是其阶级立场使然。

（一）批判资本主义生产的目的

1.批判资本主义将财富作为经济发展的目的

西斯蒙第并不反对财富，他反对的是财富不能为人所享用。他说：人一生下来，就给世界带来要满足他生活的一切需要和希望得到某些幸福的愿望，以及使他能够满足这些需要和愿望的劳动技能或本领。这种技能是他的财富的源泉；他的愿望和需要赋予他一种职业。人们所能使自己享有价值的一切，都是由自己的技能创造出来的，他所创造的一切，都应该用于满足他的需要或他的愿望。[①]但是，他从资本主义的现实中看到：英国所积累的如此巨大的财富究竟带来什么结果呢？除了给各个阶级带来忧虑、困苦和完全破产的危险以外，还有什么呢？为了物而忘记人的英国不是为了手段而牺牲目的吗？[②]西斯蒙第看到了资本主义发展所带来的贫富两极分化和生产过剩的经济危机，因此，他坚决反对资本主义制度和“错误的经济方针”。他主张：“国民财富就是应该使所有的人分享到生活的好处。毫无疑问，社会成员按不同比例去分享社会劳动成果。”[③]

2.反对古典经济学重物不重人的观点

由上述思想出发，西斯蒙第坚决反对古典学派在发展经济问题上重物不重人的观点。他认为，古典学派过分看重财富的增加。这种观点虽然有助于增加物质财富，但使社会两极分化日益严重，使富者更富，使穷者更穷，穷者更加处于依赖地位，更加被剥削得一干二净。此外，古典学派还会导致经济危机。在他看来，古典学派忘记了“财富的增加并不是政治经济学的目的，而是使大家享福的手段”[④]。古典学派的理论并没有给人民带来广泛的幸福。它带来的经济危机使文明世界遭受灾难。

3.主张建立以福利为核心的伦理经济学

西斯蒙第认为，政治经济学“对人类幸福来说是最重要的科学”，它的研究对象是“人人分享物质财富”。政治经济学的指导思想是：“寻求人类的最大利益，这种最大利益的本身，始终包含提高道德品质与获得幸福。”[⑤]出于这样的考虑，消费和福利就成为西斯蒙第进行政治经济学研究的核心内容。具体说来，西斯蒙第认为：“为了谋求所有的人的幸福，收入必须和资本一同增长，人口不得超过他们赖以生活的收入，消费必须和人口一同增长，而再生产同进行再生产的资本之间以及同消费它的人口之间都必须成相等的

① 西斯蒙第．政治经济学新原理［M］．何钦，译．北京：商务印书馆，1998：49.
② 西斯蒙第．政治经济学新原理［M］．何钦，译．北京：商务印书馆，1998：9.
③ 西斯蒙第．政治经济学研究（第1卷）［M］．胡尧步，李直，李玉民，译．北京：商务印书馆，1998：11.
④ 西斯蒙第．政治经济学新原理［M］．何钦，译．北京：商务印书馆，1998：7.
⑤ 西斯蒙第．政治经济学研究（第1卷）［M］．胡尧步，李直，李玉民，译．北京：商务印书馆，1998：6.

比例。”[①]

按西斯蒙第的设想，政治经济学最终应成为以福利为核心的伦理经济学。在这里，是消费而不是生产居于首位，是政府进行干预而不是实行自由放任的经济秩序，是从人出发而不是从物出发进行研究。

西斯蒙第的经济伦理观点对经济学产生了一定的影响，在一定程度上，他也是伦理经济学的较早提倡者。后来西欧尤其是法国的“社会经济学”就以它为起源。西斯蒙第关于社会的观点及对古典经济学派的反驳，有时也被认为含有“社会核算”思想的萌芽，这在一定程度上预示着后来所谓“宏观经济学”思想的发展。

（二）批判经济自由主义和自由竞争

西斯蒙第是古典经济学在经济理论界成为占支配地位的经济理论以后，第一个与经济自由主义决裂的经济学家。他主张国家干预，以保证分配和消费的正常进行。他认为，经济自由主义的结果是给社会带来灾难。他主张有工厂立法，批判自由竞争。他认为，自由竞争会加剧社会两极分化，打击小企业，危害社会和工人，造成经济动荡。他主张应由国家来约束竞争，以确保小生产者的利益。

（三）批判资本主义分配制度

西斯蒙第认为，资本主义分配制度是不公平的。他指出：“任何财富都是劳动的产品。收入是财富的一部分……通常认为收入有三种：地租、利润和工资。这三种收入来自三种不同的源泉：土地、积累的资本和劳动。如果我们仔细考虑一下就可以看到这三种收入是分享人类劳动果实的三种不同方式。”[②]工资是劳动的价格，它只代表维持工人一年生活的生活资料。它是工人劳动创造的产品中扣除了利润和地租后剩下的部分。工人之所以要与土地所有者和资本家分享自己的劳动成果，只是因为工人被剥夺了一切财产，不得不出卖劳动。随着资本积累和人口增加，在机器对工人的排挤下，工人会日益贫困，工资会越来越低。

西斯蒙第还指出，利润和地租都是对工人的一种掠夺，最后导致社会产生了无产阶级和少数大资产者的对立。这种分配状况无疑造成了社会的灾难。

西斯蒙第对于分配理论的贡献以及他批判古典学派分配理论的正确性在于：

（1）他否认了古典学派把资本主义分配制度及其范畴当作自然合理的和符合自然秩序的见解；

（2）明确指出三种收入的存在是由于生产资料与劳动的分离；

（3）指出广大工人群众的利益与资本积累的对立，以及三种收入之间的相互对立；

（4）指出机器对工人的排挤和工资的下降趋势。

西斯蒙第分配理论的缺陷和局限性在于：

（1）没有把产品的分配关系作为生产关系的组成部分，并在这种生产关系体系之中看待分配范畴；

（2）不理解私有制下的商品经济与资本主义制度的必然联系；

（3）他片面反对分配制度的努力实际上只是一种幻想；

---

① 西斯蒙第．政治经济学新原理［M］．何钦，译．北京：商务印书馆，1998：10.
② 西斯蒙第．政治经济学新原理［M］．何钦，译．北京：商务印书馆，1998：64.

(4) 因反对机器和新技术对工人的排挤而反对技术革命和工业革命的进程。这一点既是错误的，也是愚蠢的和开历史倒车的。

综上所述，西斯蒙第的确以其特有的方式结束了法国古典经济学。他既对这一学说做出了完善性的补充和发展，又以其怀疑和批判的态度，给它画上了“问号”。他是以“问号”作为古典经济学说的结尾的。

第三节　西斯蒙第的经济危机理论

西斯蒙第在经济学说史上最重要的贡献，就是他第一个论证了资本主义制度下发生经济危机的必然性。虽然在西斯蒙第之前，马尔萨斯也说，只有工人和资本家两大阶级的资本主义经济制度会发生经济危机，但他认为现实中存在的所谓不生产、只消费的“第三者阶级”能够自然地化解危机。因此，马尔萨斯对资本主义经济危机的论述是不充分的，并没有说清楚资本主义经济中发生生产过剩经济危机的必然性。而这一点是西斯蒙第首先做到的。经济危机理论既是西斯蒙第全部经济理论观念的集中表现之一，也是他成为法国古典经济学完成者的重要标志。

西斯蒙第生活于19世纪上半叶。当他出版《政治经济学新原理》一书时，正处于19世纪初工业革命普遍开展之时，资本主义的各种矛盾深入发展，经济危机也由偶然和局部的情况而逐步变为周期出现的、必然的和普遍的情况。

古典经济学派，特别是法国的萨伊，从“商品以商品来购买”的传统教条出发，否认商品生产与实现之间会发生脱节的可能性。李嘉图更是接受了萨伊定律（“买就是卖，卖就是买”和“供给能够创造出自身的需求”的观点），把这种观点发展成为否认普遍经济危机的理论。这成为以后相当长一段历史时期资产阶级经济学的一个传统观点。

西斯蒙第的经济危机理论的贡献在于，它确认了资本主义经济制度下经济危机存在的现实性和不可避免性。西斯蒙第是从社会存在大量被资本主义机器大工业所排挤的小生产者的立场看待问题的。他以对资本主义经济制度本身的怀疑结束了古典经济学。他把资本主义的一切矛盾都归结为消费和生产的矛盾，把它当作资本主义经济危机产生的根源。西斯蒙第认为消费是矛盾的主要方面，消费不足是产生资本主义经济危机的原因。所以，西斯蒙第的经济危机理论是消费不足的危机理论。西斯蒙第是经济思想史上消费不足危机理论的首创者，也是第一个论证资本主义经济危机必然性的经济学家（虽然马尔萨斯也在很有限的意义上涉及资本主义经济的消费不足问题，但他认为当时英国资本主义社会存在的三大阶级可以自行解决这个问题）。

一、对社会再生产问题的理解

（一）经济发展的决定因素和条件

西斯蒙第从政治经济学要以人们对财富的分享为对象出发，说明社会再生产过程最终以消费被生产满足的比例为条件。

西斯蒙第说：国民财富的发展过程是一条循环往复的路线；每个结果都相继变成原因，每一个步骤都要受前一个步骤的制约并决定着它后面的步骤。而最后一个步骤又回到第一个步骤。国民收入应该调节国民开支，国民开支则应在消费基金里吸收全部生产；绝对的消费决定一种相等的或者更高的再生产，再生产又产生收入。如果说迅速而完全的消费永远决定更高的再生产，财富的其他部分以一种均衡的速度按比例向前发展，并且继续逐渐地增加，国民财富才能不断地增加，国家才能不断繁荣。一旦这种比例遭到破坏，国家就会灭亡。[①]

（二）生产与消费的相互关系

在这里，西斯蒙第有一个思想上的错误认识：把个人与社会完全等同起来。他说："个人的历史就是全人类的历史"，"就个人方面来说是定不可移的道理，就整个社会来说也是如此"。[②]他对生产与消费关系的论证就是由这点出发并逐步展开的。

西斯蒙第认为，鲁滨孙寓言式的孤立个人的经济活动，是自给自足的经济。在那种状态下，其生产与消费是完全适应的，因为其生产是为消费的需要而进行的。一旦经济中产生了交换，进入商品经济，情况就有所改变了，但原则关系仍未发生改变。这时，生产转化为供给，消费转化为需求。消费决定生产的原则要通过需求决定供给的原则来体现。当资本主义商品经济大发展之后，"每个人都为大家工作，大家的生产也就应由大家来消费"。不过这时，人们对商品供给的需求取决于他们的收入。这就要求收入和消费一致。"社会里的人应该使自己的消费适合自己的收入，他所参加的社会也应该遵守同样的规则；它必须，而且也能够每年消费当年的收入，否则它就会崩溃。"[③]

（三）该理论的合理性与错误

西斯蒙第这种理论的合理性在于：

首先，他看到了生产与消费相互作用的关系，特别是消费对生产的制约作用。这是对的，因为在任何社会，消费都对生产产生一定的制约作用。

其次，他涉及了简单再生产和扩大再生产的条件，特别是涉及了经济各部分的按比例发展问题。

最后，他注意到了资本主义商品生产条件下，生产与消费不直接发生联系的特点。

西斯蒙第这种理论的错误之处在于：

第一，他把消费对生产的决定作用绝对化和片面化了，而且从一种片面性跳到了另一种片面性。

第二，他把消费仅仅理解为生活消费。

第三，他接受了"斯密教条"，把社会年收入等同于社会年产品，不仅丢掉了不变资本，还要把年产品全部消费掉。

第四，他把资本主义生产混同于简单商品生产，把为利润而生产等同于为需要而生产。

第五，西斯蒙第产生这些错误的根本原因在于，他始终用小生产者的眼光去看待大机器生产的资本主义社会。

---

① 西斯蒙第．政治经济学新原理［M］．何钦，译．北京：商务印书馆，1998：79-80.
② 西斯蒙第．政治经济学新原理［M］．何钦，译．北京：商务印书馆，1998：51.
③ 西斯蒙第．政治经济学新原理［M］．何钦，译．北京：商务印书馆，1998：63.

二、对资本主义生产与消费矛盾的分析

（一）资本主义生产无限扩大的趋势

西斯蒙第看到了资本主义的竞争环境推动着资本的迅速集中和积累，各种分工和新机器、新技术的采用都使生产越来越扩大，财富越来越集中了。这就是说，西斯蒙第看到了资本主义生产无限扩大的发展趋势。

（二）社会收入不断缩减的趋势

西斯蒙第认为，机器的采用不仅排挤了失业的工人，而且压低了在业工人的工资，使工人日益贫困。同时，小生产者在竞争中不断破产，纷纷加入雇佣工人的队伍，这也使其收入大为降低。所以，他认为社会收入有不断缩减的趋势。

（三）生产与消费矛盾扩大

西斯蒙第认为，随着社会生产的扩大，人们的绝对需求也相应扩大，但是，现实需求因为受到收入缩减的限制而缩小了。这样，社会消费就被压缩了。于是，扩大的生产和被压缩的消费之间就产生了极大的矛盾。

三、消费不足的经济危机理论

西斯蒙第认为，当生产扩大时，绝对的消费需求也会随之扩大，所以，从这方面看，不能说有生产过剩。问题是现实的消费需求不足，主要是因为社会收入不足。在社会的三种收入中，工资收入低，占的比重大；利润和地租收入高，但用于消费的比重小，积累多，就会产生消费不足和市场需求萎缩的问题。

西斯蒙第认为，收入不足有两方面原因：

首先，收入不足是资本主义分配制度的必然结果。

其次，年产品是以上一年的收入支付的，由于扩大生产的需要，上一年已经从收入中节省出一部分用于扩大积累，这就造成收入小于生产的情况。

如果生产发展过快，收入不足就会突出地表现出来。当市场上的需求与生产不相适应时，就会发生消费不足的经济危机，形成社会的灾难：因为收入不足会导致消费不足，所以生产的扩大终究要引发市场有限的困难。这时，如果能够开辟国外市场，危机尚可避免，但那就是为他人谋福利了。假如国外市场也因竞争而缩小，就会发生全面滞销，产生经济危机。

四、简单评价

（一）西斯蒙第经济危机理论的贡献

西斯蒙第在西方经济思想史上首次指出了资本主义经济危机的不可避免性，并在说明资本主义消费不足的性质时，分析了资本主义生产与消费的矛盾冲突、社会再生产的障碍。他还强调了经济各部分按比例发展的必要性。

西斯蒙第已经看到：一般说来，市场的停滞和千万户的工人失业并不是个人利益所引

起的技术自然发展的结果，而是由于一种与个人利益完全不同的势力造成的。[①]他甚至明确地说：造成市场停滞的唯一原因就是参与共同生产的生产者——老板和工人之间的利益的对立。[②]他还很明确地说：我们反对的是现代的社会组织，这个社会组织剥夺了劳动者的一切财产，使他除了自己的双手，其他一无所有，他没有任何抵抗竞争的保障，没有任何避免疯狂的竞争所带来的危害的保障，他是注定要遭到牺牲的。[③]这是很了不起的洞察。但他没有就此继续探究，将它归咎于根本性的社会经济制度，而是仅仅将注意力转移到分配制度上去。

（二）西斯蒙第经济危机理论的局限性

这主要反映在他未能分析资本主义的基本矛盾及其表现上，这样就不能揭示经济危机的根本原因。另外，他对于资本主义制度下消费不足的说明也是片面的和错误的。他还受到"斯密教条"的影响，错误地把市场上的商品全部归为个人消费品。

（三）西斯蒙第经济危机理论的意义

西斯蒙第站在小资产阶级立场上最大限度地反对资本主义制度，揭露和抨击其矛盾，对人民的穷困寄予了无限同情。所以，他能够在一定程度上指出资本主义经济制度下资本家利益与广大群众利益的对立，也能够指出经济危机的不可避免性，这些都是他应该被肯定的积极理论贡献。西斯蒙第的理论甚至使一些人错误地把他看作社会主义者。

第四节 西斯蒙第的经济浪漫主义的改良纲领

一、改革的出发点

西斯蒙第看到了资本主义的现实矛盾和群众的贫困，以及发生经济危机的必然性，由此出发，他提出了对资本主义经济制度进行改革的设想。

二、改革的立场和性质

当然，西斯蒙第是站在小资产阶级（小生产者）的立场上来提出改革的，因此，他的改革主张就具有小生产者和小资产阶级的幻想色彩。

三、改革的模式

西斯蒙第的改革模式是将封建宗法式的农业与城市手工业相结合，但是，他反对空想社会主义的主张。

四、改革的政策要求

西斯蒙第认为，改革不可能自发进行，必须由国家对经济和社会秩序进行干预才行。所以，他主张由政府采用立法和行政措施来限制竞争，制定限制遗产权的立法，规定工作

① 西斯蒙第．政治经济学新原理［M］．何钦，译．北京：商务印书馆，1998：527.
② 西斯蒙第．政治经济学新原理［M］．何钦，译．北京：商务印书馆，1998：523.
③ 西斯蒙第．政治经济学新原理［M］．何钦，译．北京：商务印书馆，1998：514.

时间，并且禁止使用童工和女工等。此外，为了解决就业问题，并保证社会福利，要控制人口，控制生育。

西斯蒙第主张由政府来保证公平分配：规定工资标准，建立劳动保险，实行公平赋税，实行财产累进税。

五、评价

历史证明，小资产阶级幻想式的经济浪漫主义改革纲领在现实中是根本无法实现的。西斯蒙第的改革固然发自对资本主义经济制度缺陷的否定，但他主张改革为小生产者占主要地位的商品经济，却具有历史倒退的意味。

本章思语

1. 如何理解西斯蒙第的经济思想的性质及产生的背景？
2. 西斯蒙第对古典经济学的怀疑表明了什么？
3. 试评价西斯蒙第的经济危机理论。
4. 试评论西斯蒙第的经济浪漫主义的改良纲领。

[第十四章]
汤普逊与霍吉斯金的经济思想*

19世纪前期，英国资本主义工业化的迅速发展带来了一系列社会矛盾。工业化的发展彻底摧毁了劳动者传统的生活方式。在工厂里，恶劣的工作条件和苛刻的规章制度使工人不堪重负，低廉的工资使工人家庭生活日趋艰难，健康恶化，身心疲惫。生产技术的重大革新和机器使用的不断扩展，使得工人大批失业，连最低下的生活都难以保障。这种情况导致工人先是自发，后是组织起来反抗工业化和机器的使用，捣毁机器，发动暴动。当时，除去空想社会主义者欧文之外，一些同情工人的学者从李嘉图的经济理论中寻找依据，提出了一些具有社会主义色彩的经济思想。其中较为突出的代表人物就是汤普逊和霍吉斯金。

第一节　汤普逊的经济思想

一、生平简介

威廉·汤普逊（William Thompson，1775—1833）生于爱尔兰一个富裕的地主家庭。他曾经在都柏林大学、牛津大学和伦敦大学接受系统的高等教育。他在伦敦大学时结识了边沁，成为功利主义的拥护者。后来，他又认识了空想社会主义者欧文，把功利主义和空想社会主义结合起来，形成了自己的思想。他曾经参加过欧文组织的合作运动，也曾经计划在爱尔兰组织合作村。汤普逊一生的主要工作是从事经济理论写作和宣传。

汤普逊的主要理论著作有《最能促进人类幸福的财富分配原理的研究》（1824）和《劳动报酬》（1827）。

二、分配思想

汤普逊理论著作的核心是分配问题。但是，他和李嘉图有区别。李嘉图以资本主义的分配问题为研究对象，力图说明如何分配才能促进资本的积累和社会经济的增长。汤普逊则试图通过对分配制度的研究，建立一个符合最能促进人类幸福原则的新的分配制度。

汤普逊是将功利主义作为其分配理论的基础的。他说："我们的目标就是要遵循他（指边沁）所指出的道路，把政治经济学上确定了的原理应用到社会科学上，使这些原理和所有其他各部门学问为最能增进人类幸福的财富公平分配服务。”[①]他在其《最能促进人类幸福的财富分配原理的研究》一书中说：考虑到一切效果——良好的和恶劣的，当前的和未来的——功利主义，或者说尽可能谋求人类的最大幸福，是本书中时时刻刻记住的、凌驾于其他一切原则之上的指导原则。[②]

汤普逊认为，分配不公平是当时社会最突出的现实，是少数占有者以暴力剥夺多数生产者财富的结果。他认为这种无保障的制度既不能达到最大幸福，也不能生产最多的社会财富。

汤普逊依据效用原理论证了暴力剥夺对被剥夺者造成的财富和幸福损失，要大于剥夺者幸福的增加，因为幸福的增加总是随着财富的不断增加而递减的。无保障的制度扼杀了个人的生产动机，阻碍了社会生产力的发展。他认为，劳动者的利益是和社会的利益相一致的，利润是对劳动产品的扣除，是阻碍生产力发展的原因。

汤普逊认为，古典经济学家低估了劳动、高估了资本在生产中的意义，尽管他也承认资本对于生产的重要性。他说：立法者和政治经济学家应该特别注意“生产力”和它将来的自由发展，而不是像以前那样只是注意引人注目的积累起来的财富。[③]汤普逊认为，资本就是那一部分能够作为牟利手段的劳动产品，不管它是不是具有耐久性……这些资本家或者地主占有了这些积累起来的产品……这样就产生了资本家和劳动者的要求上的对立。资本家凭借没有保障和强力来统治，把许多劳动者来年的消费资料、生产所必须使用的工具和机器以及他们必须居住的房屋掌握在自己手里，充分并且最好地利用它们，用它们尽可能便宜地来购买劳动者们的劳动力和未来的劳动产品。资本家的利润越大……劳动者所剩下的，取得其他欲望对象的东西就越少。[④]

三、对价值规律和分配的看法

汤普逊接受劳动价值论，把价值规律理解为等价交换的规律。他认为，资本主义经济下的价值规律由于资本对劳动的统治而遭到了破坏。这一方面表现在商品价格与价值的背离上；另一方面表现为劳动者只能得到自己产品的一部分，而其余的部分被以利息、利润、地租的非劳动收入的形式扣除。所以，资本主义剥削的实质就似乎在于劳动与资本的不等价交换。汤普逊认为，这是缺乏“正义”的。

基于这种理解，汤普逊认为，资本主义分配不公问题的解决关键在于遵守等价交换规律，而具体的改革方案就是建立他所推崇的“保障”制度，即将全部劳动产品都归于劳动者的分配制度。汤普逊认为，这种“保障”制度的分配有三个“自然原则”：

（1）一切劳动的进行和继续都必须是自由和自愿的；

（2）全部劳动产品必须归于生产者；

（3）产品的一切交换也必须自由和自愿。

在这种“保障”制度下，等价交换就会恢复，价值规律也就得到恢复，劳动创造全部产品的价值，也就有取得全部产品的权利。这种“保障”制度就是理想的与公平合理的分配制度。这种制度将会强烈地刺激生产的发展，生产和资本就会以空前的速度增加和积累

---

① 汤普逊．最能促进人类幸福的财富分配原理的研究［M］．何幕李，译．北京：商务印书馆，1986：17.
② 汤普逊．最能促进人类幸福的财富分配原理的研究［M］．何幕李，译．北京：商务印书馆，1986：25.
③ 汤普逊．最能促进人类幸福的财富分配原理的研究［M］．何幕李，译．北京：商务印书馆，1986：454.
④ 汤普逊．最能促进人类幸福的财富分配原理的研究［M］．何幕李，译．北京：商务印书馆，1986：194.

起来。

汤普逊的这种思想其实继承了欧文的空想社会主义主张。尽管这种主张代表了劳动者的愿望和要求，但是它在经济学上是错误的。

四、关于合作公社的思想

汤普逊对资本主义分配制度的分析是以伦理观点为依据的，所以，他认为只有生产者获得自己的全部产品的分配制度才是“正义的”，而这只有在合作制度下才能够得到保证。

汤普逊主张的分配制度可以从两个角度加以理解：

其一，从劳动者个人角度看，拥有全部劳动产品的权利意味着劳动者个人实现了等价交换，获得了他的全部劳动产品；

其二，从劳动者整体角度看，拥有全部劳动产品的权利意味着劳动者整体获得全部劳动产品，而劳动者个人的所得取决于全体劳动者之间的再分配。

正是出于这样一种理解，汤普逊便将他的“保障”制度引向了欧文的共产主义合作公社。

不过，汤普逊认为，尽管欧文式的合作劳动组织很好，但其所采用的并不是完全平均的分配制度（虽然其是“保障”条件下最接近合理的制度），还不符合“最大多数人的最大幸福原则”。他希望通过教育和说服，使劳动者之间能够自愿地实现完全平均的分配。

汤普逊的思想既涉及经济，也涉及伦理。所以，他的观点也是兼具二者的。这样，有时候就难免产生思想上的互相矛盾：一方面把社会看作劳动分工和交换的组织，试图通过等价交换的价值规律，寻求对分配问题的合理解决；另一方面，他又赞成欧文式的没有交换制度和价值范畴的空想共产主义合作公社。

总之，汤普逊的经济思想是站在劳动者的立场上，从分配问题入手对劳动价值论的片面运用。尽管其观点代表了劳动者的利益，而且具有某种程度的合理性，但在经济学上是错误的。

第二节　霍吉斯金的经济思想

托马斯·霍吉斯金（Thomas Hodgskin，1787—1869）是当时英国激进主义的出色理论家、政论家和工人运动活动家。他曾经反对英国议会改革，反对扩大选举权。他认为，关键的问题在于资本主义的所有制。

一、生平简介

霍吉斯金出生于英国海军文职职员家庭，12岁时进入海军学校。在英法战争时，他成为海军军官。1815—1818年，霍吉斯金在欧洲进行了3年旅行，收集了德国北部的经济、政治、文化和风俗习惯等材料，写了一本《德国北部旅行记》。后来，他又出版了《保护劳动反对资本的要求，或资本非生产性的证明》（1825）一书，将注意力转向经济问题。霍吉斯金另外两部著作是《大众政治经济学》（1827）和《自然财产权和人为财产权对比》（1832）。

二、对资本主义制度的认识和批判

霍吉斯金并不反对“自由放任”和“竞争”。他是相信“竞争”并且主张自由放任的极端个人主义者。不过，他也从英国古典经济学中得出了利润是剥削收入的结论，并且提出了全部劳动产品应该属于劳动者的要求。霍吉斯金也反驳了那些为利润辩护的认为“资本具有生产性”的理论。

霍吉斯金认为，社会上存在两种权利和两种所有制：自然权利和人为权利、自然所有制和人为所有制。建立在劳动基础上的所有制以自然权利为依据，它是先于法律而存在的。建立在剥夺别人劳动基础上的所有制以人为权利为依据，它破坏了自然所有制，侵犯了自然权利，因而依赖法律的规定和保护。人类社会的历史就是自然所有制和人为所有制斗争的历史。原始社会只存在自然所有制，后来，暴力消灭了自然所有制，形成了人为所有制，即依次逐渐建立的奴隶制度、封建农奴制度和资本主义雇佣劳动制度。不过，霍吉斯金认为，人为所有制的演变进程是一种前进的运动，也是自然所有制排斥人为所有制的运动。这种运动应该以自然所有制的最终胜利而结束。

霍吉斯金以李嘉图的劳动价值论为基础，将资本主义雇佣劳动制度归结为资本对劳动的暴力统治和剥削。他认为劳动产生一切价值，而资本和土地不产生任何东西。资本本身就是劳动的产物，而利润则是全部劳动产品的一部分。利润的扣除使劳动只能得到其产品的一部分。所以，霍吉斯金要求在劳动获得全部劳动产品的基础上恢复自然所有制。

霍吉斯金也认识到，在分工发达的大生产条件下，每一个工人不可能占有他生产的全部产品。他指出：“再也没有什么东西可以叫作个人劳动的自然报酬。每个工人只生产整体的一个部分，由于每个部分单独就其本身来说没有任何价值或用处，因此没有东西工人可以拿来说：这是我的产品，我要留给我自己。”①这样，霍吉斯金实际上是把获得全部劳动产品的权利作为工人整体的权利看待的。

霍吉斯金也批判了认为资本具有“生产性”的理论。他首先证明了流动资本的非生产性。一些资产阶级经济学家认为，资本家积累了生活资料，并以工资的形式预支给工人，所以，没有资本，生产就不能进行。霍吉斯金对此表示反对。他认为，生活资料的大部分并不处在资本家储存的形态，而是在分工制度下不断地被分别生产出来。分工是同时发生和互相支持的劳动过程。社会的全部生产以各生产部门同时进行生产为前提。所以，流动资本不代表任何劳动积累。工人所进行的劳动依靠的是劳动者本人与其他工人并存的劳动，而不是积累的过去的劳动。资本家能够为工人提供生活资料只是因为他们支配着一切生产部门的并存劳动。

霍吉斯金还认为，货币模糊了生产的性质，加强了资本家为工人蓄积生活资料的幻觉，另外也在实际上给予了资本家支配工人劳动的权力。所以说，资本家为工人积累生活资料，只不过表示其必须拥有足以支付工资的货币，以便工人用这些货币从流通的蓄水池中取得自己的消费品。从整个阶级来考察，就是买回自己产品的一部分。作为凭证，工人以货币买回自己产品的一部分；作为代价，资本家以货币换取和占有了工人们的全部产品。

---

① 晏智杰. 西方经济学说史教程［M］. 北京：北京大学出版社，2002：238.

对于固定资本，霍吉斯金认为，它不能归结为并存劳动，而应归结为积累劳动。不过，他还是赋予活劳动在生产中的决定性作用。他指出：工具和机器都是劳动产品……当它们只是过去劳动的结果而不由工人加以适当利用时，它们就不能补偿制造它们的费用……如果它们被长期闲置不用，它们就会失去其大部分价值……固定资本之所以有用，不是由于过去劳动，而是由于现在劳动，它对于它们的所有者提供利润不是因为它被积累着，而是因为它是获得劳动支配权的手段。[①]马克思评价说霍吉斯金在“这里终于正确地抓住了资本的性质”[②]。

不过，霍吉斯金毕竟不了解资本主义生产方式下，劳动的生产力如何变为资本的生产力、剩余劳动如何变为利润的过程和真正原因。他只是简单地将资本对劳动的支配权理解为暴力的作用。他也不能摆脱把资本看作蓄积劳动的观点束缚，从而把否定资本的生产性变为否定资本家的生产性。所以，他是只要资本不要资本家的；但是，如果不要资本家，劳动条件也就失去了资本的性质。

本章思语

1. 汤普逊的分配理论是怎样的？
2. 试评论霍吉斯金对资本主义经济制度的批判。

① 晏智杰．西方经济学说史教程［M］．北京：北京大学出版社，2002：239.
② 马克思，恩格斯．马克思恩格斯全集（第26卷第3册）［M］．中共中央马克思恩格斯列宁斯大林著作编译局，译．北京：人民出版社，1974：328.

第四篇

19世纪中晚期的欧洲经济思想

[第十五章]
约翰·穆勒的经济思想

第一节 约翰·穆勒概况

一、生平简介

约翰·穆勒（John S. Mill，1806—1873）是英国19世纪著名的经济学家和哲学家。他是詹姆斯·穆勒的长子，从小深受经济理论的熏陶，思想上受边沁功利主义和孔德实证主义的影响。他与许多经济学家熟识。他很早（17岁）就做了东印度公司的职员，后来业余从事政治经济学及哲学著述。约翰·穆勒的著作有《政治经济学论文集》（1829）、《逻辑体系》（1843）、《论政治经济学中若干未解决的问题》（1844）、《政治经济学原理及其在社会哲学上的应用》（1848）、《论自由》、《自传》等。1865—1868年，他担任英国议会下院议员。

二、时代背景

约翰·穆勒活跃于19世纪40年代。当时，无产阶级与资产阶级的矛盾和斗争已经尖锐化和表面化。宪章运动、经济危机、法国二月革命、早期社会主义思想的传播，都对约翰·穆勒的思想产生了影响。

约翰·穆勒是19世纪四五十年代英国最有名的经济学家。他的《政治经济学原理及其在社会哲学上的应用》多次再版，成为19世纪中叶以后在英国流传最广的经济学教材和读物，直至边际效用学派兴起，这种情况才有所改变。

三、经济思想的特点

约翰·穆勒的经济思想总的特点是调和论与折中主义。他总结了19世纪上半叶各种经济理论，加以综合，在此基础上形成一个体系，其内容不仅有古典经济学的成分，也有庸俗经济学的主张。约翰·穆勒既坚持私有制和自由竞争，也注意到了工人的要求。他的经济学标志着资产阶级古典经济学阶段的完成，在经济思想史上占有重要地位。

约翰·穆勒在政治倾向上是改良主义者，在哲学上是功利主义者，在经济学上是折中主义者，在立场上是资产阶级自由主义者。

第二节　综合的经济学体系

约翰·穆勒的经济思想经历了三个发展阶段：

第一阶段以《论政治经济学中若干未解决的问题》为标志。在这一时期，他主要表述李嘉图的理论。

第二阶段以其代表作《政治经济学原理及其在社会哲学上的应用》为标志。该书以优美的文字、清晰易懂的方式，结合现实问题，阐述和发挥了李嘉图的理论，同时吸收了一批庸俗经济学家的理论。有人认为，这时约翰·穆勒的经济思想基本上已经成熟，他有自己独到的见解。

在第三个阶段，他深入研究社会主义作家的著作，进一步分析了许多现实的社会问题。

有人认为，由于约翰·穆勒明显的社会主义倾向，应当把他看作“社会主义者”、激进派和社会改革家。

《政治经济学原理及其在社会哲学上的应用》是约翰·穆勒的代表作。他自称该书以亚当·斯密和李嘉图的经济理论为基础，但他也继承了马尔萨斯、萨伊、詹姆斯·穆勒、西尼尔等人的某些理论和见解。他把那些人的有关理论用折中和综合的办法形成了一个新的庸俗经济学体系。他赞成亚当·斯密和李嘉图以个人主义为基础的经济自由主张。

一、对政治经济学的看法

（一）政治经济学的对象

约翰·穆勒认为，政治经济学的研究对象是“财富的性质及其生产与分配的规律”。但他为使其经济理论服从于政治上的改良主义，为了“使资本的政治经济学同这时已不容忽视的无产阶级的要求调和起来”，使古典学派关于分配规律取决于生产关系的正确观点体现在其《政治经济学原理及其在社会哲学上的应用》的“绪论”中，而将生产关系与分配关系割裂开来。

约翰·穆勒认为，生产规律具有永恒的、自然规律的性质，而分配规律是暂时的、可以随人的意愿而变动的规律。“财富的生产规律与条件，具有物理学真理的性质。其中没有任意选择的要素”，财富的分配则不然，这显然是社会制度问题……分配依存于社会的法律与习惯。

约翰·穆勒认为，资本主义的问题主要是分配严重不均，所以，可以通过调整收入分配制度来改良资本主义。

（二）政治经济学的研究方法

约翰·穆勒认为，政治经济学是从事理论研究的抽象的思辨科学，属于“社会哲学”，因而要从人的本性、心理、精神，以及社会关系、社会制度等各个方面加以研究。他主张效法亚当·斯密的《国富论》，采取抽象演绎方法和经验实证方法进行研究。

二、价值理论

（一）价值观点

约翰·穆勒认为，价值论并不是政治经济学的主题。财富的生产与价值无关，只有分配才和价值有关系。所以，他在《政治经济学原理及其在社会哲学上的应用》中，先谈分配论，后谈价值论。这与他以交换价值代替价值、否认价值实体的看法有关。

在约翰·穆勒看来，价值是一个相对的名词：一个商品的价值，不指示该物体自身所固有的某种实在的性质，不过指示它交换所能得到的他物的分量；一物的价值或交换价值，即指它的一般购买力。

（二）对交换价值的理解

约翰·穆勒把交换价值区分为市场价值和自然价值。他认为市场价值决定于供求。对于他主要进行分析的自然价值，他认为可以分为三类情况：

第一种情况涉及数量有限、供给不能任意增加的商品，但这不是主要的情况。他认为这种商品的价值属于稀缺性价值，其取决于供求的均衡点，与生产成本无关。

第二种情况涉及数量可以无限增加，但是单位生产费用不变的商品，如工业品。

第三种情况涉及供给数量可以增加，但单位生产费用达到一定程度之后就会随产量增加而递增的商品，如农产品。

约翰·穆勒认为，第二类和第三类商品的价值决定于生产费用，区别仅仅在于后者取决于单位成本最高的生产费用。

至于生产费用，约翰·穆勒认为，其主要因素是劳动（直接劳动和过去的劳动）和资本（作为“节欲”的结果）。从对生产费用的垫支角度看，工资即对劳动的垫支，利润即对资本垫支的补偿，于是，商品价值就决定于生产费用，也就是决定于工资加利润。约翰·穆勒价值论的核心是自然价值中的生产费用论。从李嘉图到约翰·穆勒，庸俗经济学的一个趋势就是把李嘉图的劳动价值论说成只是一种生产费用论（原始的、只把劳动作为唯一生产费用的原始费用论）。约翰·穆勒的生产费用论是以总结的形式完成了抛弃古典劳动价值论的时代任务。

从总体上说，约翰·穆勒认为，在价值规律问题上，再没有任何东西需要留待现在或将来的作者去澄清，它的理论已经完全了，所以要做的只是一种综合工作。他的价值理论实际上只是19世纪上半叶出现的相对概念论、供求论、劳动论、节欲论、生产费用论等庸俗价值观点的混合物。

不过，约翰·穆勒在分析需求时，看到了需求与价格的反向运动，从而有了需求规律和需求的价格弹性的初步概念。这种分析为后来的西方经济学家所重视，尤其是在马歇尔手中得到了发展，成为现代西方经济学中微观分析的一种常用工具。

三、对国际价值的论述

约翰·穆勒认为，在国际贸易中，商品价值决定于生产费用的法则不适用了，只能决定于“供给和需求的法则”。约翰·穆勒称之为“国际需求方程式”。该方程式的内容是：在自由贸易（不考虑运输费用）条件下，两种进出口商品的比例（其国际价值的比例）不取决于生产费用，而取决于供求关系。这两种商品在两个国家间的交换比例将使两种商品的出口量都正好与两国在该比例下对进口商品量的需求相等，但这两种商品在两国之间的交换比例不可能大于它在不存在外贸时的国内交换比例。

不过，约翰·穆勒认为，生产费用决定商品价值的法则仍然制约和规定着国际上交换比例的上限和下限。他说："我们知道，变动所不能超越的界限，是此国此二种商品的生产费用的比例，与彼国此二种商品的生产费用的比例。"他在这一基础上进一步阐述了劳动生产率的提高对国际价值的影响。

约翰·穆勒的上述理论对李嘉图的比较成本理论是重要的补充，而且对进一步研究国际贸易理论也有一定的启发意义；但他在这里强调的只是供求规律和生产费用论对国际价值的影响。

四、生产理论

约翰·穆勒对生产的一般情况进行了论述。他认为，任何社会生产都必须具备三个要素：劳动、资本及自然所提供的材料或动力。

约翰·穆勒说：在劳动这个观念中，不仅包括动作，而且必须包括思想或筋肉或二者用在特殊职业上所引起的一切不快乐的感情、一切肉体的束缚或精神的烦恼。他认为，劳动不创造物质，只生产效用。他依效用把劳动分为三类：

（1）生产第一类效用的劳动，即生产物质产品的劳动；

（2）生产第二类效用的劳动，即培植自身或他人的体力和智力的劳动；

（3）生产第三类效用的劳动，即给人们提供一定快乐或避免烦恼、痛苦的活动。

约翰·穆勒从经济增长的角度提出了对生产劳动和非生产劳动的划分。他认为，生产物质产品的劳动是生产性劳动，但有时又认为间接有助于生产物质产品的劳动也是生产性劳动。

约翰·穆勒认为，资本即"蓄积的原先劳动的生产物"，是用来维持生产性劳动的。他认为，"严格说来，资本并不具有生产力。唯一的生产力是劳动生产力"，"资本的生产力不外是资本家借助他的资本所能支配的实际生产力的数量"。

约翰·穆勒一方面错误地把资本等同于用于生产的物质产品，把资本混同于构成资本的物质组成部分；另一方面又正确地看到资本是一种生产关系。

对于自然提供的材料与动力，约翰·穆勒认为，这是生产的自然要素，土地是其中最重要的。他甚至认为可以由此说生产的三要素是劳动、资本与土地。

约翰·穆勒把生产增长的规律看作三要素增长的规律。他认为："生产增加的规律，必然是诸要素规律的结果。生产增加的限制，必然是诸规律之下的限制。"他认为：

（1）"生产增加第一依存于劳动"，而劳动的增加即"人口的增加"。根据马尔萨斯的研究，劳动并不必然成为生产增加的主要障碍。

（2）生产增加"第二依存于资本"。资本的增加必须依存于储蓄数额的多少和储蓄欲望的强弱。所以，资本是生产增加的制约因素。只有发展生产使纯产品增多，并节约下来再用于生产，才会使生产增加。

（3）生产增加"第三依存于土地"。约翰·穆勒认为，土地报酬递减规律是土地生产的基本规律和趋势。他的结论是，生产增长受资本和土地的制约，要发展生产就必须解决这两方面的问题。

当然，约翰·穆勒关于生产劳动能力的劳动也属于生产性劳动的见解，普及教育提高劳动者智力是劳动生产力最重要的因素的观点，当人口增长超过生产增长速度时必须限制人口的主张等，对我们发展经济都有一定的参考和借鉴意义。

五、分配理论

在地租理论方面，约翰·穆勒复述了安德森、威斯特、马尔萨斯和李嘉图的级差地租理论，但其已经具有反对土地所有者阶级的锋芒（《谷物法》在约翰·穆勒的《政治经济学原理及其在社会哲学上的应用》出版前两年的1846年已由法令规定废除；1832年议会改革后，社会主要矛盾已不再是资产阶级同土地所有者阶级的矛盾）。总之，约翰·穆勒认为地租是使用土地的代价，是自然垄断的结果。

在工资理论方面，约翰·穆勒的观点基本上属于“供求论”。他认为，“竞争是工资的主要支配者”。工资是劳动的报酬，是为使用劳动所支付的代价。工资水平的高低，在短期内由市场对劳动的供求决定，由工人人数与资本对它的需求量的比例大小决定，这就是“工资基金论”，是从李嘉图学派延续下来的；在长期内，由工人人数决定。这两种观点其实是一致的。他虽然同意自然工资决定工人最低生活费，但认为在马尔萨斯人口规律下，无法改变自然工资低下的状况，并对当时英国工会提高工资的斗争结果深表怀疑。

约翰·穆勒的利润理论是一种折中与混合的庸俗理论。他基本上接受了西尼尔的节欲论，认为利润是节欲的报酬，但还应该加以补充。

约翰·穆勒把总利润分为“利息、保险费和管理工资”。利息是“节欲”的报酬；保险费是对投资风险的报偿；管理工资是资本家管理和领导生产时所付出的劳动和技能的代价。约翰·穆勒以后的资产阶级经济学者大多沿袭了他的这种观点，并加以形式化。

约翰·穆勒也看到了不同行业中的利润具有平均化的趋势。当他解决李嘉图体系第二大矛盾时，他接受了他父亲关于利润的“垫支学说”的观点，即认为生产开始时，资本家对工人做了工资的垫支，所以，以后工人劳动的产品就应归资本家所有。“如果工人自己有足够的基金足以维持这一时期的生产，他就可以等到生产的完成以取得超过仅是最低生活费的那一部分工资，甚至全部的生产物。”

六、对社会进步和政府职能的看法

约翰·穆勒受到孔德的影响，把经济学分为静态学和动态学。《政治经济学原理及其在社会哲学上的应用》的第一、二、三篇是对生产、分配和交换做静态考察，第四篇则从动态角度分析社会经济进步对生产和分配的影响。其动态学总体取自李嘉图，但也增加了一些新的内容。

约翰·穆勒根据生产增长的三大要素（人口、资本、技术）来综合考察社会进步对分配的影响。他认为，由于资本积累、市场竞争、技术进步、收入递减规律等综合作用的结果，在经济发展进程中，地租将上涨，土地所有者阶级会因此获益。工人阶级如能控制人口，生活也会随社会发展有所改善。利润则呈日益下降的趋势，即使有制约因素，最终也必然会使财富停止增长。那时，社会将进入一种静止状态。那就是一种理想社会：没有激烈竞争，收入均等，人们过着简朴、舒适、悠闲的生活，个人可以得到充分发展。

约翰·穆勒认为，政府的职能随着经济制度以及政府自身性质的变化而变化。他赞成政府实行自由放任政策，但除国防、司法的职能和义务外，还应承担一些基础设施建设、保护幼稚产业、发展科学和教育事业等义务。他特别重视高等教育的发展，认为以往科学的最大成就，无不出自高等学校教师之手。

他主张保护私有财产权，但认为遗产继承权应由政府加以严格限制。

七、改良主义的思想倾向

约翰·穆勒的经济调和主义反映了当时的时代特点。但他毕竟不是资本主义的庸俗辩护士。在他身上有着强烈的民主主义色彩，他同情劳动人民，在晚年甚至憧憬社会主义。对此，马克思曾说："为了避免误解，我说明一下，约翰·穆勒之流由于他们陈旧的经济学教条和他们的现代化倾向发生矛盾，固然应受到谴责，但是如果把他们和庸俗经济学的一帮辩护士混为一谈，也是很不公平的。"①

（一）民主主义思想

在这方面，约翰·穆勒的思想是始终如一的。他在青年时代曾经撰文抨击社会的不公和腐败现象，是当时"哲学激进派"的成员。中年时期，他出版《论自由》等专著，宣传自由和民主主义，强烈抨击各种形式的专制。这在资本主义上升时期对宣传资产阶级的民主自由观是有积极影响和进步意义的。19世纪30年代后，他放弃了边沁的功利主义，但始终坚持一个基本信条："促进最大多数人的最大幸福。"他还同情妇女的处境，为广大劳苦群众鸣不平。他的《论妇女的从属地位》成为以后西方女权运动的权威性作品。他把社会不公平的分配制度看作广大劳动群众贫苦的根源，从而主张实行一些改良措施，改善劳动群众的处境。这在尚无革命形势的条件下，是有利于劳动人民的。他竞选议员获胜，就是得到了广大群众的支持。

（二）对社会主义的看法

1.约翰·穆勒对社会的总体看法

人类社会是不断发展和进步的，奴隶制和封建制不合人性，所以要灭亡；资本主义也是一种不完善的过渡的社会阶段。

2.约翰·穆勒对资本主义经济制度的看法

一方面，他认为大生产创造了高度发达的生产力、大量的产品，这是因为经济自由（自由竞争）和私有制激发了人们的积极性。另一方面，资本主义制度也有巨大的缺陷：财产分配不平等，存在社会矛盾和冲突。由此，他同意圣西门的看法，认为资本主义社会应当改革，社会主义也未必不好。

3.约翰·穆勒对社会主义的看法

约翰·穆勒赞成空想社会主义者组织合作公社，共同占有财产，自己选举、自己管理、共同劳动、平均分配的主张。但是，他反对暴力革命，主张改良和渐进变革。他认为，资本主义私有制还没有达到它本身的最好状态。他说："我们应该比较共产主义的最佳形式和私有制可能达到的最佳状况，而不是现在这种状况。""关于个体活动在其最好形

---

① 马克思，恩格斯．马克思恩格斯全集（第23卷）［M］．中共中央马克思恩格斯列宁斯大林著作编译局，译．北京：人民出版社，1972：670.

式之下和社会主义在其最好形式之下能够完成些什么，我们知道得太少，因此还不能指出其中哪一种制度会成为人类社会的最终形式。”①

尽管他有时候认为，“如果要在共产主义及其一切冒险性与现在的社会状况及其一切苦难和不公平之间进行选择……不过是一粒沙子罢了”②，但他最终还是在两者之间动摇着，对两者都缺乏信心，也都抱有希望。他深知资本主义远不如共产主义，但又怀疑：“当前社会道德水平非常低……人们是否有能力接受任何好的制度?”

（三）改革主张

鉴于上述看法，约翰·穆勒主张通过社会试验来最终比较两种社会制度之优劣。于是，他一方面支持小规模的社会主义试验；另一方面认为，为了公平，首先应该进行对私有制改革的试验，因为竞争和经济自由是有优越性的。

对于社会主义，他寄希望于合作公社的试验。他希望工人在平等基础上集体拥有一切资本，自己自由选举和罢免管理人员，并将其取消不利于个性发展的工资制度等。他还一度主张在贫困的农村实行自耕农制，作为解决贫困和骚乱的良方。

对于资本主义的改良，他认为重点是解决好分配问题。他主张征收土地增值税，废除长子继承权，限制遗产权，限制使用童工，由政府经办公共事业，改革教育，节制生育，限制人口等。

经济思想的矛盾和复杂性是约翰·穆勒所处时代的反映。约翰·穆勒的经济理论是集古典经济学和庸俗经济学观点于一体的混合物，充分反映了他的资产阶级本能和局限性。其政策主张和改良倾向则反映了他尚有时代感和良心，作为资产阶级民主主义者和改良主义者，他的内心是矛盾的。约翰·穆勒被认为是经济思想史上综合体系的代表人物。

本章思语

1.约翰·穆勒是怎样看待政治经济学的?
2.约翰·穆勒的政治经济学体系是怎样的?
3.约翰·穆勒的国际价值观点是怎样的?
4.约翰·穆勒对社会主义的看法是怎样的?
5.怎样看待约翰·穆勒的改良主义思想?

① 车尔尼雪夫斯基．穆勒政治经济学概述［M］．季陶达，季云，译．北京：商务印书馆，2011：8-9.
② 车尔尼雪夫斯基．穆勒政治经济学概述［M］．季陶达，季云，译．北京：商务印书馆，2011：8.

［第十六章］
巴师夏的经济思想

弗雷德里克·巴师夏（Frederic Bastiat，1801—1850）是19世纪三四十年代法国最有名的经济学家、经济自由主义的理论大师、自由贸易派的旗帜，他还是乐观主义的“经济利益和谐论”的提出者和宣扬者。

一、生平简介

巴师夏出生于法国南部酿酒地区的工商业者家庭。他24岁继承祖父产业，成为酿酒业资本家。1830年法国大革命后不久，他当选为当地法官，后又做本地区顾问。七月王朝掌权后，他迁居巴黎，从事写作，提倡自由贸易，还组织了“法国争取自由贸易协会”和创办刊物，在经济学界取得了一些声望。1848年二月革命后，巴师夏曾任议员，集中力量攻击空想社会主义和小资产阶级社会主义，其武器就是经济自由主义。1848—1849年革命后，他当选为制宪会议和立法会议代表。

巴师夏的主要经济著作有《经济和谐》（1850）、《经济论辩》（1847）。

二、法国经济自由主义的特点

经济自由主义是随资产阶级一起产生和兴起的一种经济理论，其基本要求是反对国家对经济活动的干涉，主张对个人的经济活动采取自由放任的政策。这种观点原本是古典经济学的基本理想和理论前提。经济自由主义最初是反对重商主义维护封建主利益的经济观点的，其故乡主要在英国，在法国也有较深厚的基础。18世纪中叶以后，英国的亚当·斯密和法国的重农学派就是其主要代表。18世纪末到19世纪初，英国以李嘉图为代表的古典经济学家用经济自由主义反对土地所有者阶级。以柯本·布莱特（Cobben Bright）为代表的英国曼彻斯特学派是经济自由主义主张的推进主力，以其反对代表封建势力的《谷物法》联盟。到19世纪40年代后，经济自由主义也变成了一种对付工人的武器。

18世纪末和19世纪初，法国的经济自由主义既是反对工人运动的武器，又是维护大资产阶级利益、反对中小资产阶级的武器。这与法国资产阶级大革命后中小生产者在法国经济中长期居多数、大地主经济不复存在的情况有密切的关系。全体大资产阶级及酿酒、制丝、制作奢侈品的生产阶层是自由贸易论者，中小资产阶级则是贸易保护主义者。法国这一时期的经济自由主义，一方面是资产阶级反对工人运动和社会主义的武器，另一方面是大资产阶级反对中小资产阶级的武器。

三、经济自由主义学说

巴师夏的经济自由主义学说是适应当时法国资产阶级和大资产阶级需要的，这也是他在经济学界名噪一时的原因。巴师夏在经济理论上没什么重要贡献，他主要是重复别人的论述。

巴师夏较有影响的观点就是其关于“丰富”和“不足”的说法。他认为，对社会经济可从两个角度考察：一是把社会看成生产者的总和；二是把社会看成消费者的总和。

从第一个角度考察，作为生产者的个人，与社会是利益不和谐的。生产者希望社会物品供给“不足”，他才有利可图；同时，他要求保护主义来帮助他垄断市场。而这恰恰与社会广大消费者的利益相矛盾，也与其他生产者的利益相矛盾。他认为，中小资本家希望社会产品的供给“不足”，希望实行保护主义。工人也希望这种“不足”，从而可以扩大生产，增加就业，提高工资，其也希望借助贸易保护主义来保证劳动市场对他们的需求。但这些要求都是与社会利益相冲突的。

从第二个角度考察，他认为，作为消费者的个人，其利益与社会利益是相一致的，希望社会有“丰富”的物品，能够改善其生活，也希望竞争的自由能够降低物价。社会上只有大资产者赞成社会物品的“丰富”，不怕竞争，提倡自由。

于是，巴师夏得出结论：考虑小生产者的利益，就是反对社会利益；考虑消费者的利益，才是真正考虑社会利益。贸易保护主义是保护生产者的，经济自由主义是维护消费者的，两相比较，社会产品的“丰富”显然优于“不足”，经济自由主义显然优于贸易保护主义。于是，巴师夏以此来反对中小资产阶级，为大资产阶级利益辩护；反对工人阶级的斗争，为资产阶级辩护。巴师夏认为，在经济完全自由的条件下，资本主义制度“就是一切社会组织中最美好、完善、巩固和普遍公正的组织”[①]。

四、经济和谐论体系

巴师夏以上述观点为基础，阐述了自己的经济和谐论体系。

（一）提出经济和谐论的动机和意图

巴师夏认为他以前的经济理论对相关问题的阐述缺乏系统性和完整性，经济和谐论就是要弥补不足，从正面阐述自然和谐的资本主义制度的合理性，反驳对资本主义制度的各种指责。这是其提出经济和谐论的动机之一。巴师夏提出这一理论的中心意图是，论证在经济自由的条件下，资本主义制度一定可以达到自然、和谐的境界。只有通过经济自由主义才能实现这种秩序，而这种秩序反过来又成为经济自由主义的动力和源泉。

巴师夏的经济和谐论的中心思想是说明，在私有财产制度不受侵犯及经济自由主义充分发展的条件下，各种经济现象、经济单位、各阶级间的经济利益都是一致的和协调的，劳资之间、土地所有者与社会之间都是和谐的。

巴师夏论证经济和谐论，采用了法国古典学派（重农学派）把社会秩序区分为人为社会秩序和自然社会秩序的观念，来论证其“和谐的理论体系”。他说资本主义社会不仅是自然的，而且是和谐的，其机制就是在自由竞争和自由贸易制度下，社会受内部自然规律

① 巴师夏．经济和谐论［M］．谷书堂，逄锦聚，刘迎秋，译．北京：中国社会科学出版社，1993.

的支配和调节，而这又取决于人的本性。

（二）人性论依据

巴师夏借用了亚当·斯密关于人有“利己”“利人”的本性的说法，认为二者并不矛盾。虽然经济活动中主要是“利己心”起作用，但“利他心”也存在，因而在上帝的神奇威力下，二者可以“和谐”起来。

（三）经济学依据——“服务交换论”

巴师夏认为，“交换”是“经济和谐”的出发点。人的本质在经济上表现为需求（欲望）、努力、满足。欲望是经济活动的动力，要实现它和满足它就要努力。人的努力会创造出“有偿效用”（而自然界还有“无偿效用”——赠予）。但欲望是无穷的，努力是有限的。上帝便安排了“交换”来克服这种矛盾。交换的直接对象即服务。交换可以免除相应的努力。他认为，没有交换就没有社会。“从经济的观点来说，社会就是交换。”[①]“交换就是政治经济学”，交换就会达到社会自然和谐的状态。资本主义就是如此。

巴师夏认为，社会的祸害源于人们对交换制度的和谐结果缺乏认识，以及没有充分实现自由交换。他还据此批驳了李嘉图、马尔萨斯、空想社会主义者的观点。

（四）服务价值论——经济和谐论的理论基础

巴师夏认为交换需要估价，而比较服务就是确定价值。他说：“交换不仅仅是显示出和衡量价值，交换还给价值以存在。”他认为，价值就是服务的比例。服务即通过交换所能免除的努力和紧张。资本主义的服务是平等互利的，因此一定是等价和公平合理的。这样，巴师夏认为就“证明”了有等价交换就有“和谐”，但他的论证把价值与物质、效用及财富的生产过程完全分离开了。

（五）资本主义的“和谐”分配制度

巴师夏认为，工资是工人努力的报酬，这里不存在剥削。工人和资本家是互相提供服务的。资本家的收入中有一部分是指挥和监督劳动的工资（企业主收入）。地租是对土地所有者最初改良土地投入的资本所支付的报酬。投入资本就是提供服务，就是对自己消费的“延缓”，就应该获得报酬。巴师夏的这种论证事实上没有证明地租的“合理性”。

巴师夏认为资本是一种物品，一切物品都是资本。资本是交换和服务的必要前提条件。资本源于资本家的“预见、智慧和节约”。使用资本就是推迟资本家自己的享受，他转让了服务，所以理应获取报酬。巴师夏把资本叫作“延缓”，就是这个意思。

巴师夏认为，利息的合理性就在于它是对转让服务和牺牲所付的报酬。它是对所有者“延缓”消费的报酬。他甚至认为，资本家的利益会越来越差，劳动者的利益会越来越好。这样，社会就会更加“和谐”。这方面他还列出表格来说明工资与利润的相对量变化趋势。但他的这些数字完全是推测出来的，而不是调查出来的。

以经济和谐论大师闻名的巴师夏所提倡的理论，尽管在某些方面描述了资本主义市场经济的现实，但说到底也不过是一套为资本家利益辩护的拙劣的说辞。

---

① 巴师夏. 经济和谐论［M］. 谷书堂，逄锦聚，刘迎秋，译. 北京：中国社会科学出版社，1993.

本章思语

1. 法国经济自由主义的特点是怎样的?
2. 怎样评价巴师夏的经济自由主义观点?
3. 简述巴师夏经济和谐论的主要观点。

[第十七章]
美国早期经济思想*

美国资本主义的发展明显晚于英国和法国，到18世纪后期的北美独立战争（1775—1783）才正式宣告美国的诞生。此后，美国便开始了它独特的资本主义发展道路。

从独立战争到南北战争的近一百年间，美国经济的发展沿着两个基本方向进行：一个方向是北部各州工农业中资本主义关系不断发展；另外一个方向是南部各州种植园经济中的奴隶制也在发展。到19世纪中期，美国南北方在发展资本主义经济上的矛盾日趋尖锐，双方不可避免地发生了直接冲突。斗争的中心是对广大西部土地在经济上和政治上的控制权，以及随之而来的对整个国家的统治权。

1861—1865年的南北战争被称为美国的第二次革命。这是资产阶级的民主革命，废除了种植园奴隶制，确立了北方工业大资产阶级对全国的统治，为美国资本主义的迅速发展扫清了道路。到1894年，美国的工业生产已经超过英、德、法三国，跃居世界首位。这一年，美国的工业产量已达到了全欧洲产量的一半左右。

与德国相似，美国的资产阶级政治经济学同样不具备英国和法国古典经济学产生时的条件。当美国的资产阶级迫切需要经济理论的支持和引导时，其国内的阶级矛盾和斗争已十分尖锐。这时社会上首先需要的并不是推动资本主义一往无前地发展的理论，而是能够调和各阶级矛盾的理论。从总体上讲，政治经济学在当时的美国基本上属于一门外来的科学。

当然从经济思想上说，美国也有一些研究当时面临的具体问题的著作，如涉及工业化问题、保护政策、关税制度、货币问题、财政问题、土地问题、殖民地经济问题等的小册子。所以，当时被称为“小册子时代”。这使美国在这个时代的经济思想的产生和发展具有两个特点：一是带有理论的折中色彩及宣扬阶级调和；二是主张贸易保护主义。这时的著名经济学家有富兰克林、汉密尔顿、雷蒙德（D. Raymond）等。后来，最著名的经济思想家是凯里和亨利·乔治等。

第一节　美国早期经济思想的萌芽

一、富兰克林的经济思想

本杰明·富兰克林（Benjamin Franklin，1706—1790）是美国著名的政治家、开国元勋之一，曾经参与起草美国1776年的《独立宣言》和宪法。他也是美国早期经济思想家、大学者和发明电的自然科学家。

（一）生平简介

富兰克林祖籍为英国，生于美国波士顿的一个小商人家庭，全靠自学成才。他做过排字工人、新闻记者，经营过印刷业，还做过政府职员、邮政局局长。1787年，他出任美国立宪会议代表，曾连任宾夕法尼亚州三届州长，并多次出任美国的外交特使和驻法国大使。他利用业余时间研究学问，发明了避雷针。他还多次参加北美殖民地政府与英国的重大谈判，后来又积极参与美国独立战争。

富兰克林写过一些经济论文，针对当时的现实经济问题发表意见，也涉及一些经济学基本理论和观念。他与法国重农学派有密切联系，并深受其影响。富兰克林的经济学著作有《纸币的性质和必要性的初步研究》（1729）、《对人类增长的观察》（1751）、《关于美洲纸币的评论与事实》（1764）、《论谷物价格与对穷人的管理》（1766）、《论劳动贫民》（1768）、《关于国民财富有待研究的几个问题》（1769）、《贸易原理》（1774）等。

（二）关于货币问题的观点

富兰克林关于货币问题的见解是其经济思想的一个重要方面。他认为，货币是进行贸易所必需的，但要适量。他说：一定比例量的货币是一个国家自由而普遍地进行贸易所必需的。多于这个数量，对贸易没有益处；而少于这个数量，如果非常少，则对贸易极其不利。

富兰克林认为，货币数量缺乏的弊病在于：

（1）引起高利率；

（2）压低地价；

（3）妨碍海外贸易；

（4）给人民生活带来不便；

（5）导致进口增加，使国家贫穷。

他赞成发行信用票据（特别是以土地作为抵押的票据），认为这能有效地履行交换手段的职能，促进贸易的发展。由此，他也说明没有价值的纸币也可以充当交换媒介，关键是有信用。纸币的优点是运输轻便，可大量存放。

（三）关于劳动价值论的观点

富兰克林也有劳动价值论观点。他在《纸币的性质和必要性的初步研究》中第一次有意识地、明白而浅显地把交换价值归结于劳动时间。他说：“银的价值可以和其他一切东西的价值一样完美地用劳动来衡量。”他又说：“既然贸易整个说来不过是劳动对劳动的交换，所以一切东西的价值用劳动来估计是最正确的。”他在这里实际上说的是抽象劳动，但他是不自觉的。他没有对具体劳动和抽象劳动进行明确区分。他不是把交换价值中所包含的劳动当作抽象一般的社会劳动来阐明，从而他不懂得交换价值和价值的内在联系，看不到货币是作为价值实体的劳动的直接存在形式。这样，他不了解货币是价值的一般表现形式，而把劳动作为价值的外在尺度。这就错了。马克思说：劳动时间在富兰克林那里就以经济学家的片面性立即表现为价值尺度。[①]富兰克林从普遍性上把生产价值的劳动从生产金银的劳动扩展到生产所有商品的劳动，但他忽视了生产白银劳动的特殊性，把生产货币（白银）的劳动混同于生产其他普通商品的劳动。不过，富兰克林的这种观点对于经济科学发展并无直接影响。

富兰克林主要是为当时纸币论战的实际需要而涉及劳动价值论的。他是早期的纸币拥护者，曾明确指出，金属铸币正是在流通中转化为价值符号的。他主张增发纸币，使之达到合乎比例的量，因为过多或过少对贸易都无好处。他重视商业的作用，还说出“时间就是金钱”的名言。

富兰克林认为，货币起源于商品交换的困难，并由此引出货币的主要职能。他选择将劳动作为更适合的价值尺度，但认为货币不适宜作为价值尺度。他以货币和谷物生产时所耗费劳动量的相等，来说明二者价值的相等。富兰克林的这些观点在本质上和配第的观点是类似的。不同的是，富兰克林得出了“一国的财富是由它的居民所能购买的劳动量，而不是由他们拥有的黄金和白银量来估价的”结论。

（四）关于财富及其源泉的观点

富兰克林对于财富及其源泉的看法也具有一定的合理性。他认为，财富是由所能购买到的劳动量来估价的，而农业是“一个国家取得财富的唯一正当的方法”。所以，剩余农产品就是财富。工业制造品则是由等值农产品转化而来的另一种形态。工业制造品不过是为了便于贸易和赚钱才生产的。“农业是新财富的真正生产者，制造业不过改变其形式而已，不管它们加工的原料的价值有多少，它们在供应时要消耗掉等量的价值。”尽管富兰克林早年受到重商主义影响，但晚年又受到重农主义影响。他与奈莫尔交情颇深，上述对农业的看法就是他受到重农主义观点影响的证明。

（五）关于人口问题的观点

关于人口问题，富兰克林认为，植物或动物的多育性是无法改变的，但是，其繁殖受它们彼此争夺和互相妨害的生活资料所制约。他的这种观点的潜在含义既和马尔萨斯人口论的基本观点相类似，又有所不同。相似的是，他强调了生活资料对生育的制约作用；不同的是，他认为植物和动物的多育性恰恰又说明这种制约是可以变化的，特别是对于人类的繁殖并不构成绝对的、不可更改的制约。

（六）主张自由贸易

富兰克林赞成自由贸易原则。他主张各国内部和各国之间都应该实行自由贸易原则，并要对自由贸易实行必要的保护。他强调自由贸易原则及对自由贸易的保护是贸易发展的良好途径，强调保护主义是贸易的大敌，贸易促进人类的共同利益。富兰克林所说的保护是指：

（1）保护贸易自由；

（2）鼓励和保护勤劳，根除懒惰；

（3）去掉单纯追逐金银的重商主义措施；

---

① 马克思，恩格斯．马克思恩格斯全集（第13卷）［M］．中共中央马克思恩格斯列宁斯大林著作编译局，译．北京：人民出版社，1962：46。

(4) 实行健全的货币制度，发行充足的纸币，实行信用票据等。

他主张，政府的行为不能超过贸易保护的限度，而要让它自行其是。

不过，富兰克林在任何一方面的见解都未形成系统而完整的体系，也未受到社会的重视。

二、汉密尔顿的经济思想

亚历山大·汉密尔顿（Alexander Hamilton，1757—1804）早年曾任华盛顿的司令部副官、纽约州赋税征收局局长，国家独立时任国会议员，后任美国第一届政府财政部部长。他曾积极参加美国宪法的拟制工作。其经济思想多见于其有关财政问题和工商业问题的政府工作报告。

汉密尔顿在1790—1795年向国会提出过几次报告，特别是《国家银行报告》《公共信用报告》《奖励和保护工业报告》，其中包含一系列发展资本主义的经济纲领，对19世纪美国资本主义的发展产生了相当深远的影响。汉密尔顿关于国家在推动经济发展中起着重大作用的观点，后来成为美国资产阶级经济学的基本传统之一。

汉密尔顿在《奖励和保护工业报告》中提出了工业发展和保护制度的纲领。这是其经济思想的核心。他认为，必须实行保护关税政策，美国工业才能得到发展，才能彻底摆脱自由贸易状况下美国经济的不利地位。他认为，保护关税有七大好处：

(1) 有利于国内制造业的分工；

(2) 有利于国内扩大对机器的使用；

(3) 有利于增加就业；

(4) 有利于鼓励外来移民；

(5) 可以为人们的才能和爱好的差异提供更大的活动空间；

(6) 可以为企业提供更广阔和多样化的场所；

(7) 可以为剩余农产品提供扎实稳定的需求。

汉密尔顿的这些思想对美国、德国等资本主义发展较晚的国家影响较大。德国历史学派的先驱李斯特（F. List）的著作就反映了汉密尔顿的这种影响。

三、雷蒙德的经济思想

丹尼尔·雷蒙德（Daniel Raymond，1786—1849）生于美国康涅狄格州，是律师、经济学家。他是第一个企图建立美国资产阶级政治经济学体系的人，著有《密苏里问题》(1819)、《政治经济学思想》(1820)[①]。

雷蒙德继承了汉密尔顿的经济思想，极力强调国家对经济发展的作用，提倡通过保护关税来发展本国生产力，维持稳定的国内市场。他认为关税应随时修订，提高或降低。

雷蒙德提出，美国经济的特殊性为资本主义经济发展提供了良好的基础。他反对马尔萨斯的人口论，也不承认李嘉图的土地收益递减规律。在他看来，似乎美国是研究和实践政治经济学规律的最好选择。

---

① 《政治经济学思想》3年后改为两卷本《政治经济学原理》。

第二节　凯里的经济思想

一、生平简介

亨利·查尔斯·凯里（Henry Charles Carey，1793—1879）生于美国宾夕法尼亚州的费城。其父马歇·凯里是爱尔兰天主教徒、经济学家和印刷商，因受政治迫害，移居美国。凯里从小受到良好的教育，并由其父教授经济学。1821年，他继承父业，成为大出版商，还拥有造纸、煤气公司等企业。1835年后，他专门从事学术研究，著述甚多。其经济学著作主要有《工资率研究》（1835）、《政治经济学原理》（3卷本，1837、1838、1840）、《过去、现在和未来》（1848）、《农、工、商业的利益协调论》（1850）、《社会科学原理》（3卷本，1855—1859）。

二、经济思想

凯里被经济学界称为“美国学派的创始人”“美国第一个经济学家”。凯里经济理论的主要特点是宣扬阶级利益的调和。

凯里是反对李嘉图经济观点的，因为李嘉图的理论提示了资本主义社会各阶级经济利益的对立，被当时的空想社会主义者用来反对资本主义制度。凯里说：“李嘉图先生的体系是一个制造纷争的体系……整个体系具有挑动阶级之间和民族之间的仇恨的倾向。”他还认为李嘉图是“共产主义之父”。他将李嘉图的著作说成是无政府主义者、社会主义者和资本主义制度一切敌人的“军火库”，是“那些企图用平分土地、战争和掠夺的手段来攫取政权的蛊惑者的真正手册”。

凯里以其阶级观点作为其阶级调和论的出发点和理论基础。凯里的价值论是再生产费用论。他的推理逻辑是：

（1）一切价值都是可以交换的。

（2）劳动是价值的唯一原因。

（3）在生产的时候，商品的价值由其所需劳动的数量和质量来测度。

（4）劳动的质量每有改进，生产一定量商品所需的劳动的数量就会随之减少。

（5）现存资本的价值不能超过其再生产所需劳动的数量和质量决定的价值；同时，随着劳动的质量的每次改进，用以交换的劳动的数量将趋减少。

凯里认为，“现存资本的价值受再生产费用所制约”的论点是他的发现。至于再生产的费用，就是工资和利润。随着再生产费用的减少，资本的价值也将逐渐减少，劳动的价值将逐渐增加。

凯里有时还把价值看作“为了获得生活必需品而必须克服的反作用的尺度，即人对自然的可支配的尺度”。

凯里主张和谐的分配论。他认为：劳动一旦得到资本的帮助，将具有更高的生产率，从而改进了劳动的质量。劳动的质量每有改进，被分配的商品量随之增加。这个增加的生产率，对工人这方面来说，使他有能力对生产出来的商品保留一个不断增长的比例。所以他不断地改善了自己的状况。随着劳动生产率的提高，资本家所得的比例虽然不断减少，但这个递减的部分仍给他一个不断增加的商品量，使他在迅速增多其资本的同时，有可能增加自己的消费。这样，“资本家和工人的利益彼此是完全调和的，双方都从促使资本增长和劳动生产率提高的每种方法中获得好处，而导致相反效果的每种方法将使双方蒙受其害”。

凯里认为，“工人和资本家的状况有着彼此不断近似的倾向”。他还以大量篇幅证明：“随着人口和资本的增加，政府和资本家所得的比例不断减少，而工人所保留的比例不断扩大，其数量也迅速增多。”于是，他欢呼道：“支配劳动产品分配的伟大规律，就是如此。在科学所发现的一切规律中，它可能是最美妙的，因为它正是使人类各个不同阶级之间的现实的和真正的利益达到充分和谐的基础。”

凯里还把这一“调整着财富的生产和分配，并且可以从几百乃至几千年的世界经验中推论出来”的“自然规律”运用于一切国家、一切阶级。他指出，地主与佃农、资本家与工人、种植园主与奴隶，“他们彼此的权利和义务是调和的”，“一切国家的利益是彼此调和的”。

凯里反对李嘉图的土地观点，说耕种土地的次序是从劣到优，地租是对地主及其祖先过去对土地投资和劳动的一种报酬。这样，地租也就是资本的利息，地主与资本家的利益也就和谐了。与工人同资本家的情况相同，农业劳动者同地主的利益也是一致的。

凯里反对马尔萨斯的人口论，但仅仅以美国生活资料增长比人口增长更快的事实来说明，而且缺乏理论证明与反驳。

凯里把他的和谐论与保护关税的永久性主张联系在一起，也同批评英国的政策联系在一起。毫无疑问，凯里的经济理论为美国资产阶级利益辩护的性质和立场是明显的。

这里应注意，美国经济学同德国经济学有着十分明显的相互联系和影响。

凯里说明经济和谐的理论依据，无非是萨伊生产三要素论和分配理论的翻版。他的和谐论同巴师夏的和谐论有所不同：凯里把和谐论与保护关税相结合，主要反对英国的垄断地位，维护美国的利益，促进美国国内工农业的发展；巴师夏是把和谐论与自由贸易相结合，维护法国大资本家的利益。两人的相同之处是都力图调和本国国内的阶级利益和矛盾冲突。凯里的保护关税同李斯特也不一样：凯里主张的是永久性保护关税；李斯特则将保护关税看作权宜之计。凯里把英国经济中的矛盾归咎于其政策不当；李斯特则把这种矛盾及德国的问题归咎于英国古典经济学理论本身。

马克思说凯里是“北美唯一的有创见的经济学家”，是出于他对信贷和农业的见解、反对马尔萨斯人口理论的见解、对英国工业垄断和扩张政策对世界市场产生破坏作用的见解等。在那些方面，凯里都进行了认真的研究，其见解具有独特的意义；事实上也在国际范围内证明了资本主义关系的不和谐。

总之，美国经济学家的理论从一产生就带有浓厚的本国民族主义色彩和实用主义色彩。这在后来的美国经济学理论中也是不少见的。

第三节　亨利·乔治的经济思想

一、生平简介

亨利·乔治（Henry George，1839—1897）出生于费城一个中产阶级家庭，从小深受宗教影响。1855—1865年，他先后做过海员、排字工人，搞过印刷业，办过报，目睹了经济危机中的严重失业和狂热的土地投机。这对他的经济观点尤其是其对土地问题的观点影响颇深。1865年后，亨利·乔治成为作家，对自由贸易、货币发行、政府债券、选举制度等问题提出了自己的主张。1879年，他出版了《进步与贫困》，表明了他的改良主义观点和纲领。该书是亨利·乔治的代表作，受到了社会的普遍赞赏。他阐明的“产业发展以及贫穷增长随同财富增长的原因”，正是当时人们普遍关心和亟待解决的问题。该书在土地问题尖锐的英国等被抢购一空。亨利·乔治的声望很快享誉全球。1891年后，他撰写《政治经济学的科学》一书。亨利·乔治在1897年再度竞选纽约市市长时，突患脑溢血去世。

亨利·乔治的主要著作还有《爱尔兰土地问题》（1881）、《社会问题》（1883）、《保护贸易或自由贸易》（1886）、《劳工状况》（1891）等。他文笔简练，说理明白，文字浅显易懂，且富有激情；但其缺乏严谨的科学态度和缜密的思想体系，写作多凭直觉和激情，有时其凭直觉得出的结论带有神秘的宗教色彩。

二、时代背景

南北战争后，美国资本主义迅速发展，国内资产阶级同无产阶级的矛盾和斗争日益尖锐。在社会大变动的历史条件下，凯里等人的“经济利益和谐论”已经不适应新的需要了。为了替新时期的资本主义辩护，在美国经济学中，对现实经济问题的探讨是受到普遍注意的。关税问题、货币问题、土地问题、黑人问题、托拉斯问题、8小时工作制问题以及一系列其他财产和经济问题，就成了各界争论的中心。

这时对美国舆论界影响最大的是亨利·乔治的经济学说。据说他的《进步与贫困》曾轰动一时，成为美国最畅销的经济学读物之一。该书在欧洲的发行量仅次于亚当·斯密和马克思的著作。

三、经济思想

土地问题是亨利·乔治研究的核心。这方面，他早年受斯宾塞的影响，对《社会静力学》一书推崇备至。他曾多次引用这样一段话：全部土地不是属于个人所有，而是归一个大法人团体——社会所有……在这种制度下，全部土地可以完全按照同一自由律来圈定、占有和耕种。这段话构成了他《进步与贫困》一书的思想基础。

亨利·乔治把上述观点叫作斯宾塞的“第一原理”，并认为它应是“政治伦理学的起点”。他认为，斯宾塞由此引申出两个原则：第一，“生活和个人自由的平等权利”；第二，“使用土地的平等权利”。而最基本的原则是“人人享有自然的、平等的和不可让渡的使用土地的权利”。

亨利·乔治还采纳了约翰·穆勒的土地纲领，赞成将地租收归国有。

（一）分配理论

分配问题是亨利·乔治经济理论的核心。他认为：“土地、劳动和资本共同生产财富，所以产品必须由它们三者分配。”他说：“在劳动能够被使用之前，必须要有土地；而在资本能够被生产出来之前，则必须使用劳动……劳动只能在土地上被人使用，它又从土地中汲取用以创造财富的物质。因此，土地是个先决条件，是劳动的场所和劳动的原料。其自然秩序为：土地、劳动和资本。资本不是我们的出发点，我们应该以土地为出发点。”这样，他的分配论就从地租和地租规律开始，而把工资规律和利息规律看作地租规律的“推论”。

亨利·乔治接受了李嘉图的级差地租论，却丢掉了其科学依据。他凭自己的经验，从贫困同物质进步的关系、贫困同土地垄断的关系出发，对地租论和分配论展开研究。他认为：财富分配不均的主要原因就在于土地所有权的不平等。土地所有权是一个主要的基本事实，它最后决定着一国人民的社会、政治以及由此而来的知识和道德状况。他把地租、土地价值都看作土地私有权、土地垄断的结果，都是“来自强制的价值”。只要地租归国家，一切问题就都解决了。他的公式是：因为总产品=地租+工资+利息，所以总产品-地租=工资+利息。

这样，就可根据一条由“耕种的边际”所确定的所谓“地租线”，把社会财富分为两大部分：工资和利息、地租。他认为，地租的变动是工资和利息变动的原因，二者成反比。这样，在实际上，劳动与资本之间并不存在冲突……同时，资本家与工人之间的尖锐差别在事实上也是并不存在的。

亨利·乔治认为，整个分配规律都受“政治经济学基本规律”的支配，即受人人都以最小努力寻求其愿望满足的规律的支配。这个无比强大的规律跟人类心灵永不可分，就像吸引力与物质不可分离一样。

（二）土地纲领

亨利·乔治认为，“土地问题是根本问题”，“劳动问题”是“土地问题的另一个名称”。而土地垄断是古往今来一切罪恶和灾祸的根源。他甚至把经济危机也归因于土地垄断和投机。他认为，医治贫困及一切社会不幸的灵药，就是“使土地成为公有财产”。不过，他没有明确主张土地国有化。亨利·乔治还提出了开征单一“地价税”的主张。他认为，“地租归公”就是要利用“原有的国家机关”，在“毫无冲突和震动”的情况下“确立土地的公有权”。

总之，亨利·乔治的经济理论反映了19世纪末期美国社会的经济状况和阶级矛盾，反映了经济理论在凯里经济和谐论基础上的进一步引申。这种见解和主张既有为美国资本主义制度辩护的成分，也有推动社会进步的合理成分，其分配理论对后来的经济理论和政策也是具有借鉴意义的。

本章思语

1.试述美国早期经济思想的萌芽。

2.试述凯里经济思想的要点。

3.如何理解亨利·乔治以土地问题为中心的经济思想？

[第十八章]
德国历史学派的经济思想

第一节　德国历史学派概述

一、时代背景

资产阶级政治经济学的产生和演变与资本主义经济的发展和阶级斗争的状况密切相关。古典经济学必须是在资本主义生产已达一定的发展水平，无产阶级与资产阶级的斗争没有真正展开的历史条件下产生的。

德国资本主义的发展比英国和法国晚。当德国的资本主义生产发展到古典经济学产生所必需的发展水平时，其国内无产阶级和资产阶级的斗争已经十分尖锐了。因此，古典经济学就不可能在德国产生了。19世纪中叶，德国的形势正是如此。

德国在当时共分为38个小邦国，各自都有独立的政府、军队、法庭、财政制度、货币以及外交等。经济分割，关卡林立，交通不便，流通阻塞，庄园经济是主要经济基础，农业人口占62%以上，商品生产、城市经济极不发达。这就是当时德意志地区的状况。城乡分割和对立以及行会制度都束缚着产业资本的发展。北方商业资本与南方新兴产业资本之间、封建专制与民主势力之间斗争尖锐。整个德意志地区缺乏统一的、保护民族工业成长的关税制度和贸易政策。英国廉价商品如潮水般涌入德国，致命地摧残着德国的民族工业。如何促进民族国家的统一和国民经济现代化，就成了德意志民族的历史性课题和德国经济学研究问题的主要内容和基本特征。

二、德国经济学产生的思想基础

重商主义、重农主义和古典学派的经济思想是建立在17—18世纪占统治地位的自然法和启蒙主义社会思想的基础上的。但18—19世纪，美国独立运动、法国大革命等重大社会变革的发生，使人们的社会观发生了根本性的转变。人们对过去占统治地位的自然法的思想和理性主义的社会观进行了反思。人们开始强调各个地方和各个国家的历史的、社会的个别性和特殊性，非理性主义的社会观开始抬头。这种思潮后来就成为德国经济学的思想基础，形成了德国历史学派的思想温床。

三、德国历史学派的产生和演变阶段

德国历史学派的产生和发展一般分为下列几个时期：

1.初创时期

初创时期以李斯特为主要代表人物。

2.老历史学派时期

老历史学派时期以罗雪尔为奠基者，希尔德布兰德（B. Hildebrand）为向下一阶段过渡的中间继承者，克尼斯（K. G. A. Knies）为主要骨干。

3. 新历史学派时期

新历史学派时期的主要代表人物是施莫勒（G. Sohmoller）。按传统说法，新历史学派的右翼代表是瓦格纳（A. Wagner），左翼代表是布伦坦诺（L. J. Brentana）。第一次世界大战后，德国经济学家认为，瓦格纳参加社会政策学会的时间很短，其主张更接近约翰·卡尔·洛贝尔图斯（Johann Karl Rodbertus，1805—1875）的国家社会主义。

4. 新历史学派解体时期

新历史学派解体时期的代表人物有马克斯·韦伯（Max Weber，1864—1920）和维尔纳·桑巴特（Werner Sombart，1863—1941）。

德国的经济学界除历史学派之外，其许多大小领邦为长期战争后重建国家财政而兴起了一种综合的国家学，其中经济学部分被人们称为官房学派。人们通常将它视为重商主义的支流，其早期的财政思想、货币论、统计学在经济思想史上具有一定的国际意义。这期间，英、法的古典学派经济学和重农主义经济学也都传入了德国。因此，晚期官房学派是与之合流的，其中一部分成为罗雪尔的历史学派经济学的传统。

四、德国历史学派的一般性特点

德国历史学派的一般性特点主要表现为以下几个方面：

（1）强调各民族经济发展的特殊性，否认普遍性和经济规律的普遍意义，主张以国民经济学代替政治经济学。

（2）强调德国的国家因素和精神道德因素在经济中的决定作用。

（3）在经济学的研究方法方面，反对抽象演绎法，主张以历史归纳法代替，否认理论概括的意义。

（4）在社会经济秩序和阶级立场上，既为资本主义辩护，也为封建残余辩护，千方百计地论证资产阶级与土地所有者阶级利益的一致性，为普鲁士发展道路的合理性与正确性辩护。

第二节　李斯特的经济思想

弗里德里希·李斯特（Friderich List，1789—1846）是德国历史学派的先驱，是19世纪20—40年代初德国新兴工业资产阶级的大思想家和积极的社会活动家、德国保护关税政策的首创者、坚定的民族主义者、反对欧洲专制主义的战士。

一、生平简介

李斯特出生于德国路特林根一个制革匠家庭。1806年，他经过自学参加国家官吏考试，进入符腾堡王国政府任职。在1815年符腾堡的宪法辩论中，李斯特第一次以资产阶级利益代言人的身份出现，主张进行资产阶级要求的改革和君主立宪。1817年，他受符腾堡王国内政部部长的委派，以部长助理身份兼任图宾根大学的实物管理教授，进行政治经济学课程改革和政府行政改革。1819年，李斯特积极组织和参与取消德意志各邦之间的关税、实行全德国内自由贸易、对外实行统一保护关税制度的运动，倡议成立德国工商业者联合会并当选为总书记。

李斯特由于反对封建专制、主张自由主义的政治改革，屡遭迫害。1820年，符腾堡州路特林根的居民选举李斯特担任符腾堡国民议会议员，但遭到政府的否决，政府在次年对他提起刑事诉讼，判处监禁和劳役，迫使他各处藏匿。1822年，在德国各州政府将其驱逐出境的压力下，李斯特先后潜逃到法国、瑞士、英国。1824年，李斯特回国看望亲人遭逮捕判刑，最终被迫放弃国籍、身份，流亡美国。

1827年，李斯特在美国出版了《美国政治经济学大纲》。李斯特在美国受到汉密尔顿保护关税思想的极大影响，并积极参与美国推行的保护关税的活动。当他看到这一政策对美国经济发展所起的积极作用后，更坚定了他为自己的祖国奋斗的决心。1830年，杰弗逊总统派他以美国政府驻德国汉堡领事的身份回国，但遭当地的拒绝。1832年，李斯特加入美国国籍，再度以莱比锡领事的身份重返德国，写了大量的文章，积极参加德国铁路建设工程的宣传工作，并努力推进“德国关税同盟”运动。这一期间，德国一些地方政府对他的排挤和迫害依然如故。1837年后，李斯特被迫迁居法国和比利时，写了《经济学的自然体系》；1840年，他再次返回德国，完成其代表作《政治经济学的国民体系》（1841）。1842年，他出版了《农地制度、小农经营及国外移民》。晚年，他倡导英德联盟，写了《德国政治经济的国家统一》（1845—1846）。

李斯特一生饱受迫害，颠沛流离，流亡在国外达22年之久，终因贫病交加，于1846年11月30日雪夜，在库夫斯泰因的山林中开枪自杀。

二、经济思想与政策主张

李斯特最主要的经济政策主张是实行保护关税政策，反对自由贸易政策，以便建立和发展德国的民族工业。但他认为，德国在经济发展起来之后也可以实行自由贸易政策。他的保护政策不包括农业。这些政策主张实际上也是李斯特建立全部经济学理论体系的目的。李斯特主要的理论和政策的反对目标是古典学派，他也反对当时的社会主义和工人运动。

李斯特的经济思想和政策主张主要反映在他的代表作《政治经济学的国民体系》一书中。李斯特经济思想的核心是生产力理论，政策核心是对外实行保护关税、反对自由贸易，其方法论立场是民族主义和国家主义。

（一）主张保护关税政策

李斯特在他的著作中以大量历史事实证明，自由贸易政策只对先进国家有利，而对落后国家有害。不少先进国家在经济发展之初都实行过保护关税政策。

李斯特在《政治经济学的国民体系》的序言中写道：如果作者是英国人，我几乎不会怀疑亚当·斯密的基本原理，之所以使作者在最近的许多匿名论文中，最后终于在一篇长文中，用我本人的名字对斯密理论展开批判，是由于祖国的实情。同时，今天使作者有勇气将这部著作问世，主要也是由于德国的利害关系。[①]李斯特反对一些德国经济学家把亚当·斯密的自由贸易理论输入德国作为指导思想。

李斯特考察了意大利、荷兰、英国、西班牙、葡萄牙、法国、俄罗斯以及北美的经济发展历史，认为历史的教训是：

第一，对于各国的经济发展，应以国家的统一这种政治力量的形成为前提；否则，繁荣就不会持久。

第二，为了从经济上给国家的统一奠定物质基础，必须形成统一的、自由的国内市场，必须为此而实行国内民主改革。

第三，在对外贸易方面，各个统一的国民经济必须根据其发展阶段的不同，采取不同的对外贸易政策。一般说来，在经济未开化阶段，从经济发展的初期到以农业为主的发展阶段，应该同经济更发达国家进行自由贸易，这会得到利益。本国在某些产业逐步发展，出现了工业与农业的分工和协作关系，形成了国内市场时，则应采取保护关税政策，以防止发达国家的工业品打击本国的产业。这时，经济政策的重点就应该放在保护和培育本国的生产力方面。

第四，如果本国生产力进一步发展了，不怕与外国竞争，就应该回到自由贸易的原则上来，以免本国的企业家变得懒惰和保守，引起本国经济的衰退。

李斯特认为："保护关税如果使价值有所牺牲的话，它却使生产力有了增长，足以抵偿损失而有余。一旦发生战争，国家可以保有工业的独立地位。"他的保护关税政策并非一般意义上的反对自由贸易、实行闭关自守的政策。他把保护关税作为促进和保护本国工业发展的必要手段。为此，他从多方面对保护关税制度做出限制和约束，比如，重点保护对国计民生有重要意义的工业部门和新兴部门；对奢侈品则只给予最低限度的照顾与保护；机器输入则免税或征轻税；对有较强竞争力的企业则放开竞争不必保护，只对无竞争力的企业进行保护。李斯特希望做到对外保护关税与对内自由贸易的统一、暂时保护与将来自由的统一。

有人曾根据上述观点称李斯特为"重商主义者"，这其实是错误的。李斯特的上述观点主要是从国际经济关系的角度，为保护当时本国的幼稚产业资本的积累和发展考虑，在长期中和在本国内部，他并非始终都主张贸易保护主义。事实上，李斯特的政策主张对于德国工业的成长和发展的确起了巨大的作用。这种观点和经验对于落后的发展中国家参与国际经济、取得自身的发展和现代化，具有一定的启发意义。如果说李斯特的出发点是本国利益，那么亚当·斯密、李嘉图又何尝不是如此呢？

（二）强调各国经济的特殊性

李斯特力图从理论上证明各国间的经济发展没有共同的规律。他认为，各国的政治、经济、文化、传统等不同，古典经济学派的"世界主义经济学"却无视各国、各民族的特

---

① 李斯特．政治经济学的国民体系［M］．陈万煦，译．北京：商务印书馆，1961：序言．

点，因而是不适用于其他国家的，应该以“国民经济学”来代替。

这种观点主要是从对外贸易的角度讲的。李斯特认为亚当·斯密的经济学以个人和人类为对象，他主张经济学应是建立在个人与人类之间的“国民共同体”，即国家利益基础上的“国民经济学”。这样，他把经济学分为“私人经济学”和“社会经济学”，并由此把经济学进一步分为“世界主义经济学”和“国民经济学”。他认为，亚当·斯密的经济学是前者，自己的是后者，而政治经济学恰恰应是后者。在李斯特看来，所谓国民经济学，就是指研究特定国家经济发展的具体特点、道路和条件的科学。他说：“作为我学说体系中一个主要特征的是国家，国家的性质是处于个人与整个人类之间的中介体，我的理论体系的整个结构就是以这一点为基础的。”[①]他认为，世界主义立场和观点恰恰是古典学派的最大缺陷，它是以虚构的持久和平局势的概念为理论基础的。按古典学派的理论实行自由贸易，落后国家就必然屈服于先进国家。只有采取保护（贸易）关税政策，才能最终实现各国均能获利的真正的自由贸易。

李斯特的观点实际上反映了经济已高度发达的英国资本主义同暂时落后的德国资本主义之间的民族斗争。他的国民经济学事实上包含双重含义：

（1）从历史发展观点看，是从时间上展开的经济发展阶段论。这种历史主义方法论给德国历史学派留下了传统的遗产，使李斯特成为德国历史学派的先驱。

（2）根据一定阶段的“国民共同体”提出了著名的“国民生产力”理论。

（三）“国民生产力”理论

这是李斯特经济学理论的核心内容。李斯特以自己的“生产力学说”与古典学派的价值学说相对立，他指责古典学派忽视了生产力，把财富本身（产品）与财富的原因（生产力）混为一谈。他主张国民经济学应以生产力为研究对象，而发展生产力又主要依靠国家，不能提倡“个人主义理论”。他说，“财富的原因和财富本身完全不是一回事”，“财富的生产力不知要比财富本身重要多少倍。”[②]

李斯特的“国民生产力”分为四种类型：

（1）人的生产力，包括精神的和肉体的；

（2）自然的生产力；

（3）社会的生产力；

（4）物的生产力。

他认为，人的生产力和自然的生产力是不可分离的，否则无法发挥作用。另外，这两者发挥作用时，又必须在一定的社会秩序下，即在第三种生产力，也就是在一定的“社会的、市民的、政治的状态和制度下”进行。如果社会的生产力混乱，其他因素就不能发挥作用，国家也不会富裕。这种看法反映了德国所处的历史时代的特征。

李斯特在生产力理论中比较看重的是第四种，即物的生产力。他认为，物的生产力主要是“物质的农业、工业和商业资本”的生产力。“工业是国内外商业、海运以及改良了的农耕的基础，从而也是文明和政治权力的基础。”“工业生产力促进科学、艺术的发展和政治的完善，增进国民福利，增加人口、国民收入，增强国家权力，使贸易关系达到全世

---

① 李斯特. 政治经济学的国民体系［M］. 陈万煦，译. 北京：商务印书馆，1961：97.
② 李斯特. 政治经济学的国民体系［M］. 陈万煦，译. 北京：商务印书馆，1961：118.

界，建立殖民地，培育渔业、海运业和海军，使农业高度发展。”他把工业生产力和发展水平当作决定整个生产力的发展水平和整个国民经济、政治独立和文化发达的基础。

但李斯特也针对亚当·斯密强调物质资本的观点，强调了精神资本，并指出二者是因果和相互依存的关系。他认为，亚当·斯密只把体力劳动看作唯一的生产力，其实，脑力劳动、管理、教育等都应包括在内，这是人类知识积累所创造的生产力，是“现代人类的精神资本”。他特别对那些不把科学家、教育家的劳动算为生产劳动，反而把牲畜活动列入生产劳动的观点感到气愤。他愤怒地说：“像牛顿、瓦特或开普勒这样一种人的生产性，却不及一匹马、一头驴或一头拖重的牛。”①

李斯特认为，生产力的发展必须以其自身的分工、协作和协调为条件。精神的生产者越能增强道德观念、宗教虔诚，增进知识，就越能普及自由和健全政治，保障国民的生命财产，对外维护国家的独立并加强国防，从而物质的生产就越能增加。物质的生产者越是增加财富，也就越能促进精神的生产。物质的生产是指物质生产力中农业、工业和商业资本之间的分工和协作。工农业的分工协作是国内市场的基础，商业是媒介，而工业又是农业发展的基础。这些生产分工之间的协调要由国家来保证。实际上，李斯特提出了关于国内经济结构和发展的理论。

（四）经济发展阶段论

李斯特认为，各国经济发展都会经过五个阶段：（1）原始未开化时期；（2）畜牧时期；（3）农业时期；（4）农工业时期；（5）农工商时期。只有处在第五阶段的国家才要求自由贸易；处在第四阶段的国家有必要也有可能实行保护政策，德国就是如此；前三个阶段则不存在实行保护政策的必要性，而应该实行自由贸易政策。他认为，德国和美国当时处在需要保护关税的第四个时期，即农工业时期。

李斯特能从经济发展的历史进程来看待各国的经济条件和经济政策，是其可取之处。但他对经济发展阶段的划分，是以国民经济各部门在经济中的作用和地位为标准，而不是以生产关系作为依据，这是错误的。

（五）农地制度论

李斯特在《农地制度、小农经营及国外移民》（1842）中，将其“国民生产力”理论和国民经济中农、工、商业保持协调发展的主张相联系，提倡推行中等规模的农场经营，以形成中产阶级的农民。他认为，这是现代国家的新式市民，可避免由于土地细分而使东方式的绝对专制主义复活。他曾运用比较分析法研究了各国的土地制度。这种方法比后来的历史学派经济学家的研究方法要高明。

李斯特主张德国应该建立50万个农场，让富裕而有教养的农民进去居住，并从事经营。每个农场要各出一人应付国防。国家也要制定法律，防止农场解体。这样，德国的国民经济和政治体制就有了现代化的基础。

李斯特的经济思想对德国的经济发展产生过很大影响。1848年革命后的10年中，德意志关税同盟地区执行了他的政策，生产力获得巨大发展，史称“李斯特时代”。在国际上，李斯特的经济理论对美国资产阶级商业政策的制定，对匈牙利、罗马尼亚、中国、印

---

① 李斯特．政治经济学的国民体系［M］．陈万煦，译．北京：商务印书馆，1961：126.

度等国家的民族资产阶级争取国家独立和工业自主发展的斗争，也产生过积极的影响。俾斯麦首相也曾采纳过他的一些理论主张。

第三节　德国老历史学派的经济思想

德国老历史学派继承了李斯特的理论和主张，也接受了李斯特对抗英国古典经济学、反对自由主义经济思想的传统。这主要表现在对外经济政策上，即反对自由贸易政策，倡导贸易保护主义和保护关税政策；在国内经济政策上，则主要表现在对抗英国自由主义的古典经济学，为解决社会矛盾和阶级矛盾提供社会改良主义政策。

德国老历史学派理论上比较贫乏，其主要特点就是所谓的历史研究方法，其理论大部分抄袭英法庸俗经济理论并改头换面，如生产要素论、服务论、和谐论等。

德国老历史学派的主要代表人物有罗雪尔、希尔德布兰德、克尼斯。罗雪尔是老历史学派的奠基人，克尼斯为该学派的最突出代表。

一、罗雪尔的经济思想

（一）生平简介

威廉·乔治·弗里德里希·罗雪尔（Wilhelm Georg Friedrich Roscher，1817—1894）出生于汉诺威一个高级法官家庭，在哥廷根大学和柏林大学专攻历史学和政治学。1804年，罗雪尔执教于哥廷根大学，讲授《修昔底德的历史方法》。1843年，罗雪尔出版《历史方法的国民经济学讲义大纲》，该书被人们称为“历史学派的宣言”。罗雪尔首次把萨维尼-阿希荷因（Savigni-Eichhornsche）在法学中的历史方法运用到政治经济学领域中，为德国老历史学派奠定了基础。1848年后，他主持莱比锡大学政治经济学讲座，达46年之久。他以过人的毅力，陆续创建了他在《历史方法的国民经济学讲义大纲》中提及的理论体系，其主要著作是《国民经济学体系》（1854—1894，共5卷）、《16、17世纪英国国民经济思想史》（1851—1852）、《德国国民经济学史》（1874）。19世纪90年代，他将自己在莱比锡大学的经济学讲座让给了自己的学生布伦坦诺。

罗雪尔和老历史学派其他经济学家一样，都是大学教授。他们孜孜以求，试图创建政治经济学和方法论的完整体系，但都缺乏李斯特的那种爱国激情。他们的经济学说主要是为德国产业资本的落后性和妥协性寻找一套理论体系。

（二）经济学方法论和理论要点

1.方法论

罗雪尔主张采用历史的方法研究政治经济学。他把萨维尼-阿希荷因的历史法学方法引入经济学，按照时间顺序和事物发展过程研究经济现象。

罗雪尔认为，经济学与法制史、政治史、文明史等学科有密切的联系，因此，研究和理解经济问题不能仅仅满足于观察现代的经济状况，还要研究各个文化阶段，考察其历史。这些都是引导现代一切不发达国家发展的最好教师。“历史的方法”就是要对各国国民经济进行历史的对比，排除把经济政策作为固定不变的绝对的东西。这种方法对任何经济措施绝不轻易地一概予以表扬，或一概予以非难。

罗雪尔认为这种“历史的方法”是“历史的生理学”“国民经济的解剖学和生理学”。他反对“哲学的方法”或“理想主义的方法”，反对抽象的普遍概括和规律，反对绝对真理。他所看重的唯一规律是历史的发展进化，因而着重于各国国民进化的类比性。

2.基本思想

罗雪尔认为国民经济学的目的，就是要从经济方面去说明一个民族之所思、所欲，说明其遵循的目标和获得的成就，说明其目标选择的理由及成功的原因。

他认为，近代一切民族间都有密切的联系，必须对它们加以比较才能把握一个民族的经济发展本质。而已经灭亡的古代民族的历史会提供完整的教训，必须对古代生活加以特殊研究。

罗雪尔认为，国民经济学的任务在于说明一种经济制度在当时为什么和怎样是合理的和有益的，而现在为什么会逐渐变成不合理的和有害的东西。从历史上看，还不存在对各民族、各文化发展阶段完全有益或完全有害的制度。因此，不要轻易赞美或诅咒一种经济制度。

3.民族主义倾向

罗雪尔认为，国民经济学的主要课题就在于表达一国的经济状况如何，为何由理性变为悖理，由幸福逐渐变成灾难。国民经济学除“单纯地描述人的经济本性和他的经济欲望”之外，只能具体地“考察适合满足这些欲望的各种制度的规律和本质，以及它们所达到的或大或小的成功”。他否认经济中的普遍规律，认为古典经济学派“唯一的错误是主张它们有普遍的适用性”。罗雪尔说：“一种经济理想不能适合每一个国家人民的不同种类的欲望，正如一件上衣不能适合一切人的身材一样。”[①]这样，他就只看重某一个民族某一个时期的具体经验性规律，只注重收集资料，加以描述，而否认理论概括和抽象分析的必要性。

4.经济发展阶段论

罗雪尔从生物发展进化的角度提出，国民经济的发展就像动植物一样，可以将其看作一种有机体，有发生和发展的过程。它要经历幼年、青年、成年和衰老四个时期。这是一种循环往复的运动。他认为，这就是可以从历史描述中发现的自然规律。

罗雪尔还认为，一国国民经济的发展主要受自然、劳动和资本这三种主要经济因素的支配，可以分为自然支配阶段、劳动支配阶段和资本支配阶段。在这里，他还完全接受了萨伊的“三要素价值论”和相类似的分配论。

他依据“经济发展阶段论”指出，德国社会已经发展到资本阶段，贫富阶级对立的时代到来了。但是，社会主义和共产主义“是社会躯体上的疾病”，“建立公有制必将是摧毁一切文化的可怕的革命”，必须加以反对。但社会矛盾又需要解决，这就只能实行“人工治疗”。

罗雪尔认为，私有制是不能废除的，因为人人都有利己思想，都想多享受少劳动。要是提倡公有制，人们对社会总体节约效果的关心程度就大大降低了。“人工治疗”的关键就是保护私有制，实行阶级调和。只要在政治上德国资产阶级与容克地主阶级相协调，经济上各阶级利益相协调，就能给德国带来永久的繁荣。

---

① 季陶达．资产阶级庸俗政治经济学选辑［M］．北京：商务印书馆，1978：327-328.

二、希尔德布兰德的经济思想

（一）生平简介

布鲁诺·希尔德布兰德（Bruno Hildebrand，1812—1878）毕业于莱比锡大学，学的是哲学、历史和语言学。1836年，他在布雷斯芬大学任教，1841年转到马尔堡大学任国家学教授，1844—1845年任该校校长。1846年，希尔德布兰德去伦敦休假期间，因参加德国共产主义者俱乐部的活动而被免去校长职务。在“三月革命”期间，他一度出任国会议员。后其因自由主义的政治思想，亡命瑞士，在苏黎世大学、伯尔尼大学等任教。他不仅是经济学家、历史学家，也是著名的统计学家。他与克尼斯一样，都是统计学史上的代表人物。1862年，他曾和康拉德（1839—1915）一起创办《国民经济学与统计学年鉴》。希尔德布兰德和李斯特一样，关心政治和社会生活，从事铁路建设事业，创办“储蓄银行”和“寡妇年金金库”，并设立统计局等。他和罗雪尔一样，也是从历史学、国家学的研究转入对经济学的研究。在《现在和将来的国民经济学》（第1卷）（1848）中，他批判了过去的各个经济学派，提出了自己关于历史方法的基本观点。1863年，他出版了《国民经济的当前任务》论文集，叙述了他的方法论。1864年他发表著名论文《实物经济、货币经济和信用经济》。在1866年出版的《统计学的科学任务》中，希尔德布兰德强调统计学的重要性，说它在国家学中的地位就像生理学在医学中的地位一样。

（二）经济观点及方法论

在方法论方面，希尔德布兰德说《现在和将来的国民经济学》（第1卷）的目的是要在国民经济学领域中开辟历史研究的方向和方法，从而把国民经济学改造成研究各国国民经济发展规律的科学。他将历史语言学的方法运用于经济学。这种方法同样是19世纪40年代反启蒙主义、反理性主义思潮的表现，它强调的重点依然是多个民族独有的“民族精神”。他直接攻击了古典学派的自然规律学说和抽象方法。

《现在和将来的国民经济学》（第1卷）批判了过去的经济学说，但未能完成希尔德布兰德独自的经济学体系和方法。该书第1章是“亚当·斯密及其学派”，第2章是“亚当·海因里希·穆勒（1779—1829）及其国民经济的浪漫主义”，第3章是“李斯特及其国民经济学体系”，第4章是“社会的经济学说”，第5章是“蒲鲁东的国民经济学说”。

（三）民族主义立场及观点

希尔德布兰德批判亚当·斯密经济学的普遍性。他认为，人类的欲望、性格、财富以及人们的相互关系，总是因历史、地理环境的不同而有所变化。它们是随社会的演进而发生变化的。亚当·斯密的错误在于把历史的、社会的经济规律看成自然规律，并赋予永恒的持续性。他认为，仅靠人类的利己心不可能得出国民经济学的理论基础。德国经济学的任务就是解决“贫困”问题。

（四）强调伦理和精神因素

希尔德布兰德认为，经济规律完全是人类意志的规律，人们的经济行为也不完全受“利己心”的支配。在一切时代，都要遵循道义的动机、宗教、国民的习惯、法律以及公平等概念的规定，其中特别重要的是道义的力量。所以，经济学应是伦理的科学。

(五)经济发展阶段论

希尔德布兰德把人类经济社会划分为三个发展时期:自然经济、货币经济、信用经济。他认为,信用经济是针对现在社会罪恶的最有效的政策。从现实来说,希尔德布兰德主张发展信用经济,普及国民对信用经济的认识,这样就可增加无产者加入大企业的资本,就可消除阶级矛盾了。

(六)对社会主义的批评

在德国“三月革命”时期,希尔德布兰德曾仔细研究过社会主义思想,介绍过恩格斯和蒲鲁东的学说。但他认为,社会主义者轻视历史和传统。他认为历史的基本教训在于,私有制是人类精神发展的最有力杠杆,它是符合历史传统的。他认为,没有私有制,社会就会变成清一色的群众、失去个性的多数。历史证明私有制正在日益巩固,日益摆脱一系列的限制而普遍化。于是,他声称侵犯私有制就是破坏历史规律。

在老历史学派中,希尔德布兰德是最关心社会问题和劳动问题的学者,也是最接近新历史学派的经济学家。

三、克尼斯的经济思想

(一)生平简介

卡尔·古斯塔夫·阿道夫·克尼斯(Karl Gustav Adolf Knies,1821—1898)出生于德国黑森州的马尔堡,早年曾学习神学和国家学。1846年,克尼斯在希尔德布兰德之下任马尔堡大学讲师;1852年为回避政治纠纷而逃往瑞士,在夏夫豪森州立高等学校任教。1855年,克尼斯回国任弗赖堡大学的国家学教授,并从事政治活动。1861—1865年,他在巴登州国会任大学选举的议员;1865年转到海德堡大学执教,长达31年之久。克尼斯的学生中有著名的经济学家庞巴维克、克拉克(J. B. Clark)、埃德温·罗伯特·安德森·塞利格曼(Edwin Robert Anderson Seligman,1861—1939)等。克尼斯的主要著作有《历史方法观的政治经济学》(1853)、《铁路及其影响》(1853)、《货币和信用论》(1873—1879)等。

(二)主要经济观点及方法论

克尼斯称自己的经济学为“相对主义”或“相对性原理”。他不仅反对古典学派,甚至反对李斯特、罗雪尔和希尔德布兰德等提出的历史发展阶段论。他认为,各国国民经济不是固定不变的,而是历史发展的结果,研究并确立国民经济的发展是经济学的一个特殊课题。他认为,首先必须分阶段把握运动着的国民经济的历史形成过程,然后探求为什么会形成这种运动。但他并不构思每个阶段的理想状态,他认为不能用单一的公式来规定一国国民经济发展的因果关系。

克尼斯否认规律,只承认个别的、特殊的具体发展进程,而且认为“共通的与差别的东西,只有通过比较才能予以论证”。在他看来,经济理论的绝对主义只能适用于某一特定的历史阶段,因为它本身就是时代的产物。所以,他强调经济理论的历史性和相对性,反对经济理论的绝对主义。

克尼斯认为,经济学必须是与时代、地点、国民性等一起发生、发展、进步的科学。

“一般规律”也只是对真理的历史的说明，人们只能在一定的发展阶段上认识真理。由于古典学派采用了空间上的普适性和时间上的永恒性，因而不可能真正地理解和阐明各国的经济现象。

克尼斯认为，国民经济生活由两个要素构成：物质要素和人格要素。物质要素可按自然规律说明，人格要素则不行。经济事实和经济规律是两个要素结合的结果。它对于不同的国家来说，是不同的，这里只有“类似的规律”，而没有“绝对同一因果关系的规律”。克尼斯强调了经济生活中的人格要素，就相当于强调了经济理论的相对性，其主张把经济学提高成伦理的、政治的科学。克尼斯由此成为后来新历史学派和伦理学派的先驱。克尼斯还从宗教立场反对“交易所的投机利润”。他认为，经济关系要考虑宗教因素。1859年，他还写过一本《现代的国民经济与国民经济学批判的伦理、宗教立场》。这令人想到后来新历史学派的批判者马克斯·韦伯经济思想的历史渊源。

克尼斯认为，经济学不是精神科学，也不是自然科学，而是以第三种社会现象为研究对象的科学。克尼斯所谓的第三种科学包括国家学、社会学、经济学等。它们的研究对象是许多单独的个人、一国国民，或在一定社会条件制约下共同生活的人们的行为，其行为的动因是精神的作用，其表现则属于感觉的世界。这种经济学研究经济现象和经济生活时，必须与各种文化现象相结合。

克尼斯反对经济学研究中的孤立、抽象方法，强调历史的、统计的分析，主张归纳法是经济学的主要方法。

第四节　德国新历史学派概述

一、德国新历史学派概况

德国新历史学派是德国老历史学派思想、观点和研究方法的继承者。它在德国资产阶级经济学界的统治地位从19世纪70年代一直延续到第一次世界大战。由于历史条件的变化以及当时现实经济问题的要求，该学派在具体的理论和方法方面与老历史学派略有不同。这在它们提出的经济政策方面较为明显。德国新历史学派的理论和研究方法以及它们的政策主张，对后来的制度学派经济理论和国家干预思潮都有一定的影响。

德国新历史学派的出现是资产阶级统治下德国政治经济发展和阶级斗争尖锐化的产物。普法战争和德国统一后，德国资本主义有了突飞猛进的发展，其工业增长速度大大快于英国和法国，到20世纪初在工业上已经跃居欧洲第一位和世界第二位，其经济总量仅次于美国。农业上，德国资本主义也在“普鲁士道路”上迅速发展，随之而来的是阶级矛盾的尖锐和工人运动的高涨。德国的马克思主义影响也在日益扩大。这些阶级矛盾和斗争极大地威胁和震动了德国资产阶级，迫使其采取各种手段来对付工人阶级。德国新历史学派就是在这种条件下，为缓和阶级矛盾和维护资产阶级统治地位的需要而发展起来的。

德国新历史学派继承了老历史学派的传统，但也注入了新的内容和政策主张，其主要目的是宣传社会改良，反对马克思主义和工人运动。

德国新历史学派也被称为“讲坛社会主义”。它源于一批大学教授筹建的德国社会政策学会。这个学会中一些人的观点后来引起了德国经济学界的论战。其导火线是1871年熊伯格（1839—1908）的就职演说和1872年瓦格纳关于“社会问题”的演讲。所谓“德国的曼彻斯特学派”的代表是海因里希·伯纳德·奥本海姆（Heinrich Bernard Oppenheim，1819—1880），他在《国家新闻》报上对教授们的改良主义经济思想进行了批判，嘲笑他们的“社会主义”是“讲坛社会主义”。论战由此展开，从1872年一直持续到19世纪70年代末。其中最引人注意的有巴姆伯格（1823—1899）对布伦坦诺以及特原切克（1834—1896）对施莫勒的论战。前者代表当时德国的自由主义经济思想，后者以社会政策学会为据点，提倡社会改良主义。社会政策学会的核心人物施莫勒公开宣布学会接受“讲坛社会主义”的名称。

德国新历史学派的主要代表人物有：

（1）施莫勒，担任过普鲁士上议院议员，是德国新历史学派的旗手和领袖，其主要著作为《国民经济学大纲》（1900—1904）。

（2）布伦坦诺，曾获1927年诺贝尔和平奖，他最早提出有组织的资本主义，代表作为《现代劳动组合论》（1881）。

（3）瓦格纳，当过下议院和上议院议员，与俾斯麦关系密切，代表作是《政治经济学原理》（1876）。

（4）阿尔伯特·伊伯哈特·弗里德里希·谢夫莱（Albert Eberhard Friedrich Schaffle，1831—1903），代表作为《社会主义要义》。

（5）卡尔·毕歇（Karl Bucher，1847—1930），代表作为《国家经济学的起源》（1893）。

（6）桑巴特，代表作为《现代资本主义》（1902）。

二、德国新历史学派的研究方法的特点

德国新历史学派的研究方法主要是历史归纳法，其特点是：

（1）德国新历史学派对经济规律的看法比老历史学派更走极端，不仅否认一般的普遍规律，否认经济理论的意义，而且否认特殊规律，拒绝一切抽象的理论研究。德国老历史学派的克尼斯还未曾把这种极端观点贯穿到其研究中，而德国新历史学派的施莫勒把否认一切规律变成了德国新历史学派的特点。施莫勒认为，经济是由多方面的因素构成的，这些因素之间关系复杂，没有因果联系。他认为，一般的和普遍的东西是最复杂、最靠不住的，因此，经济学只能收集具体经验材料，进行分类整理。

（2）德国新历史学派反对在经济学研究中运用抽象法，主张采用历史统计方法。德国新历史学派把德国老历史学派的“历史归纳法”变成了“历史统计法”，而且以这种“历史统计法”来排斥一切其他研究方法。其宁愿几十年埋头收集、整理大量具体的、带有浓厚地方色彩的、狭隘的经济材料，满足于对具体经济现象进行描述和总结归类，也不去进行理论概括。这些都与当时德国历史条件下的资产阶级需要有关，也与德国的历史因素有关（没有政治经济学传统，只有七拼八凑的官房学派材料堆砌）。

三、德国新历史学派基本经济观点的特点

1.德国新历史学派比老历史学派更强调伦理和道德因素的作用

自命为“历史伦理学派”的德国老历史学派还谈到自然、技术等因素对经济的作用，而新历史学派仅仅把道德伦理因素看作经济活动中的决定因素，并以此来说明社会现象。

施莫勒、谢夫莱就是这种观点的突出代表。

2.德国新历史学派比老历史学派更强调国家和法律对经济的作用

瓦格纳较系统地阐述和论证了这一观点。德国新历史学派认为，国家是“超阶级性”的，在社会经济发展中有特殊地位和作用。

新历史学派在其他经济理论方面只是重复以往的庸俗理论，而没有什么独特的东西。其全部观点完全都是为德意志帝国直接干预和控制国家经济生活服务的。新历史学派的这些观点也成为其改良主义的理论依据。

四、德国新历史学派的“社会经济政策”

德国新历史学派的“社会经济政策”主要是“讲坛社会主义”和“国家社会主义”的社会改良主义政策。新历史学派最突出的政治特征和政策特征就是其改良主义主张。这种主张也是他们为当时德国资产阶级利益服务的本质的集中表现。

新历史学派不仅是19世纪70年代后德国经济学界的统治学派，而且其直接参与德意志帝国当时的政治运动，其宗旨是宣扬改良主义的社会政策，反对科学社会主义，消除工人革命运动的危险性。该学派在德国有很大影响，其前后有着30多年的统治历史，且强烈地排斥不同观点。

新历史学派认为，最严重的社会经济问题是“劳工问题”，即劳资关系。其主张改良主义政策，即在同情工人的幌子下，用小恩小惠来缓和劳资矛盾。

新历史学派批评经济上的自由放任政策，强烈要求国家干预经济生活，主张由国家制定各种法令和实行各种行政措施来实行自上而下的改良，比如，制定工厂法、劳动保险、工厂监督、孤寡救济等法令；实行河流、森林、矿产、铁路、银行等的国有化；限制土地私有制及改革财政赋税的制定。布伦坦诺认为要由工会监督实行，而不是由国家监督实行这些法令。布伦坦诺在德国新历史学派中是属于自由派的。

1873年，施莫勒发起并组织了社会政策学会，把德国新历史学派的活动延伸到现实的政治领域，从而成为德国容克资产阶级政府的一翼和咨询机构。新历史学派露骨地宣称：“我们极力反对旨在破坏现行的经济制度，使资本主义消灭而代之以共产主义社会的那种社会主义。”“我们虽然不满意于现存社会的各种关系，痛感改良的必要，但我们不是说要变革一切科学，打破一切现存的关系。我们反对一切社会主义的实验……我们在一切方面，承认现存的东西，即经济方法、生产形态、种种社会阶级现存的教养和心理状态的基础，是我们活动的出发点。我们不但这样认识，而且要毫不犹豫地把它来改良。”①

第五节 德国新历史学派的经济思想

一、瓦格纳的经济思想

（一）生平简介

阿道夫·瓦格纳（Adolf Wagner，1835—1917）生于德国埃尔朗根，1853—1857年在

① 陈岱孙. 政治经济学史（下册）[M]. 长春：吉林人民出版社，1981：247.

哥廷根和海德堡大学学法律和国家学。从1858年起，他先后担任维也纳商学院、汉堡大学和柏林大学教授，讲授财政学、经济学和统计学。他早年受英国古典经济学派影响，倾向自由主义思想，后来参加了社会政策学会。他支持俾斯麦的政策，并组织基督教社会党，既反对古典经济学的自由主义，又反对马克思主义，提倡洛贝尔图斯和拉萨尔的国家社会主义。他建立了一整套社会改良主义的财政纲领，以《租税纲领》（1872）为其整个社会改良主义纲领最本质的实践纲领。其主要著作有《政治经济学读本》（1876）、《财政学体系》（1877—1901）、《政治经济学原理》（1892—1894）、《社会政策思潮与讲坛社会主义和国家社会主义》（1912）。

（二）基本经济思想

瓦格纳的主要经济学观点表现在，他把经济组织在结构上分为三类：①营利性经济组织；②慈善性经济组织；③强制性的共同经济组织。后者位于前两者之上，它必须保障历史赋予国家的任务得以完成。他认为国家经费是生产性的，因为它将转入每年的国民生产总值中。他提倡累进税制，主张“国家经费膨胀”规律。他强调经济学应该成为伦理的科学。

瓦格纳认为，国家是集体经济的最高形式，国家的职能是一种警察和公务机关。瓦格纳系统地论证了法律对经济的作用。他认为，作为一定历史产物的法律制度会决定性地影响个人的经济地位。个人必须受法律的制约，不能成为社会的中心。利己心、自由竞争、财产权利、契约关系都属于半经济、半法律的关系，只有立法可以改变它们的状况。所以，应当联系法律制度来研究经济。

瓦格纳把国家救济作为社会改良的主要支柱，但他的国家社会主义是排除工人参与的，是“先上层、后下层”的。他认为工人是国家社会主义政策的受益者，制定社会政策是为了消除分配中的弊端。他不承认自己是“讲坛社会主义者”，但自称是洛贝尔图斯和拉萨尔的门徒，是国家社会主义者。他认为，国家社会主义理论与“科学社会主义”并无二致，坚决主张只有进行社会改良才能实现科学社会主义。

瓦格纳的国家社会主义纲领是：

（1）排除生产中的无政府状态。

（2）“防止利用经济周期的变动”，“制止投机活动”。

（3）实行提高工人工资、稳定工人地位、缩短劳动时间、废除童工和女工、扶助老弱病残、保护孤寡等社会保障和劳动保险。

（4）使改善人民群众道德、卫生、体质、经济和社会的政策归国家和公共团体管辖。

（5）改革财政体制，使地租、利息、企业利润等纳入“公共金库”或“国库”，将有关土地、资本和企业移归国家和公共团体管理。推进“国营化”和“公营化”，尤其是交通、运输、银行、保险等大企业。

（6）筹措上述财源时，目的在于保护下层阶级利益。

（7）通过国家“租税政策”干预投入和所有的分配。

（8）通过国家的社会保险措施使国家统治阶级介入个人消费领域。

总之，瓦格纳的国家社会主义改良主张是依靠上层阶级的道义反省及国家权力的干预，来防止财富过于积聚。他主张的其实就是“福利国家”、俾斯麦的国家干预和“实践的基督教”的混合体，其本质不过是保守的、容克式的社会政策体系而已。尽管其主张具有一定的合理性，但是实际上很难做到。

二、布伦坦诺的经济思想

（一）生平简介

路德维格·布伦坦诺（Ludwig J. Brentana，1844—1931）属于德国新历史学派中的左派或自由派。他早年就学于都柏林、慕尼黑、哥廷根、海德堡和柏林大学，曾是统计学家恩格尔（1821—1896）的研究生。1868年，恩格尔鼓励他去英国研究工会问题。1871—1872年，布伦坦诺出版成名之作《现代工会》。1872年，他为筹备成立社会政策学会出力不小，后任教于布雷斯劳、斯特拉斯堡、比第扬和慕尼黑等大学，讲授经济学、经济史和财政学。布伦坦诺的主要著作有《历史中的经济人》（1923）、《英国经济发展史》（1927—1929，3卷本）、《工资、工时与工效的关系》（1893）等。

（二）基本经济思想

布伦坦诺的根本观点是主张工人阶级团结自由，承认劳动力商品及其时代意义。他说工会的任务就是解除工人的不幸，使他们达到最低生活费用水平。他反对“工资基金说”，认为工资取决于消费者的购买力。提高工资、缩短工时不会影响工效，反而促进机器采用，使工资最高的工人成为最廉价的工人。反对政府强制保险，主张工人自己管理失业保险。提倡农业、商业的自由主义，土地所有权的自由处理。他主张由下而上地推动社会改良。

布伦坦诺认为，工会是资本主义经济的组成部分。他认为资本主义制度可使社会进步，人身自由有保障。但他不提工人阶级的解放，不提消除阶级剥削和差别，始终停留在“社会政策的自由主义”立场。这说明他未摆脱古典经济学自由主义的影响，也未跳出从个人主义利己心出发的社会改良主义立场。他和其他“讲坛社会主义者”的区别之一，就是其以利己心为出发点的“经济人”理论。他认为，经济强者的利己心采取“自由竞争”形式，经济弱者的利己心采取“团结”形式。他说：竞争只是强者的原理、经济的优胜者的原理，所以也特别是企业家的原理；反之，团结是大多数工人和普通平民的原理。[①]

布伦坦诺是“讲坛社会主义者”中唯一能够理解工会组织作用的。他是现代个人主义者。他的改良思想的特点是，强调加强工人阶级自身组织的团结，来改善他们自己的境遇。他是毕生厌恶俾斯麦政权的。

三、施莫勒的经济思想

（一）生平简介

古斯塔夫·冯·施莫勒（Gustav von Sohmoller，1838—1917）是德国新历史学派的旗手和典型代表。他出生于官僚家庭，毕业于图宾根大学。1864年起施莫勒任哈莱和斯特拉斯堡大学教授，1882年转任柏林大学经济学教授，直至1912年退休。施莫勒在1884年

① 陶大镛．外国经济思想史新编（上册）［M］．南京：江苏人民出版社，1990：279.

被任命为普鲁士枢密院顾问，1887年被选为普鲁士学士院院士，1897年代表柏林大学出任普鲁士上院议员，1907年被封为贵族。施莫勒的主要著作有《法及国民经济的根本问题》（1875）、《重商主义及其历史意义》（1884）、《17、18世纪普鲁士国家的行政状况及经济史的研究》（1898）、《社会政策和国民经济学的根本问题》（1898）、《国民经济学一般原理》（1900—1904）、《国民经济、国民经济学及其方法》（1911）等。

（二）基本经济思想

施莫勒代表“讲坛社会主义”的中间派。“讲坛社会主义”的特征是，既同保守的自由放任主义相对立，又同激进的社会主义、社会民主党相对立。他企图承认资本主义经济秩序，进行局部修正和改革，从而解决工人问题。在左右两派观点上，他取折中立场。

施莫勒社会改良主义针对的对象主要是社会中间阶层，如自耕农、手工业者、中小商人等。他认为，要维持资本主义经济秩序的稳定，必须维护“旧中间阶层”免于没落。后来，他看到这是做不到的，于是把“中间阶层”限定为白领、职员、经理、经营管理人员、熟练工人、公务员等。他在这方面主张依靠政府来实行社会改良。他与瓦格纳不同，他向资产阶级妥协，忠于普鲁士王朝，但对封建容克持批判态度。他主要提倡“合法的强权君主制”，以“有机体的国家、道德的国家”，有着“社会的君主”“贫者之王”之称的“普鲁士国王”“有能力而公正的官吏”为社会改良的主体，“以君主的权力去协调劳资关系”。施莫勒这些主张充分表明他在经济思想上同德国曼彻斯特学派的区别。他还提出了国民经济学应具备的历史的、伦理的基础。

施莫勒在《宗教改革时期的国民经济观的历史》（1861）一文中提出：“经济学属于社会科学，它受地点、时间、国民性等条件的制约而不可分割，因此，经济学必须要有历史的基础，更重要的是要到历史的过程中去探求。”①

这样，施莫勒强调：“企图找出国民经济中力量作用的一个最终的统一的法则，那到底是没有的，也是不可能有的。”人们能认识的只是经济史实的“经验的法则”，而这些法则不过是经常重演的现象系列，而不反映因果关系。他认为，研究国民经济学的唯一的科学方法，就是对某个民族历史发展中每个局部的、个别的经济制度和现象进行专题考察。方式是收集资料，加以分类、比较和归纳，得出“经济法则”，说明各自的异同、来源和发展。他强调运用“历史的统计方法”。他认为：“政治经济学的一个崭新的时代是从历史和统计材料的研究中出现的，而绝不是从已经过一百次蒸馏的旧教条中再行蒸馏而产生的。”②这些看法在反映施莫勒对国民经济学的正确历史感的同时，由于过多强调“特殊性”和“经验性”，也在某种程度上陷入了经验主义的狭隘性牢笼。

施莫勒确信，“国民的经济生活与道德的生活之间有着必然的统一和联系”。人们的道义关系比经济关系更基本，而国家就是这种道义关系结合的具体体现。他认为，古典派强调利己心而忽视了利他心等伦理道德因素，而伦理道德因素恰恰是普遍存在的，利他心是始终在起作用的，国民经济学是介于应用的自然科学和更重要的精神科学之间的科学。经济现象既体现自然的、技术的关系，又体现伦理的、心理的关系，经济组织不过是由这种经济现象和伦理规定了生活秩序。他把大部分经济范畴都既看作经济技术范畴，又看成伦

① 陶大镛．外国经济思想史新编（上册）［M］．南京：江苏人民出版社，1990：281.
② 陈岱孙．政治经济学史（下册）［M］．长春：吉林人民出版社，1981：242.

理、心理范畴。

施莫勒从这种观念出发，以社会集团和地域范围划分经济发展过程的阶段。他提出人类历史发展到19世纪已经经历过六个阶段：①种族或马尔克公社经济阶段；②村落经济阶段；③庄园经济阶段；④城市经济阶段；⑤领域经济阶段；⑥国民经济阶段。而15—18世纪相当于由城市经济向国民经济的过渡阶段，当时多实行重商主义政策，其目的在于建设近代国家。

第六节　德国新历史学派的解体

一、德国新历史学派解体的背景

从1890年俾斯麦下台和取消反社会主义者的“非常法”后，德国新历史学派存在的基础就开始发生动摇，开始进入衰退和解体的过程。

在理论方面，造成德国新历史学派衰落的原因有：①奥地利学派的门格尔（C. Menger）对施莫勒的经济学研究方法论展开了批判；②德国新历史学派内部的马克斯·韦伯和桑巴特进行了自我批评。

（一）方法论之争

奥地利学派的研究方法是抽象的演绎方法，但带有强烈的主观成分。奥地利学派自认为其研究方法与英国古典经济学派相一致，而反对德国历史学派的历史归纳法。

奥地利学派的创始人门格尔首倡的“抽象演绎法”，在历史学派占统治地位的德国经济学界长时间不被重视，在大学里也不被采用。对此，门格尔就利用维也纳大学较浓厚的学术气氛，同德国新历史学派进行论战，以扩大其影响。

1883年，门格尔出版了《关于社会科学，特别是政治经济学方法的研究》，批判德国新历史学派不能区别理论科学、历史科学和政策实践的关系，把经济现象的历史记述同经济理论的历史性相混淆，而在方法论上又缺乏理论分析和抽象方法，陷入了世俗的经验主义。此外，门格尔也批评德国新历史学派在研究方法上缺乏“精密的方法”，放弃了对“精密科学和精密规律”的研究。门格尔强调理论经济学同自然科学中的物理学、化学一样。门格尔主张理论是经济学的核心部分，而历史只不过是对它的补充。

施莫勒对此在他主编的《德国立法行政和政治经济学年鉴》（1883）上发表了反驳门格尔的文章《论政治科学和社会科学方法》，主要叙述自己的方法论，避免从正面批判门格尔。施莫勒认为，德国新历史学派虽然在一个时期内主要采用了论述的方法，但它并没有任何忽视理论的地方，他们正是为理论准备其必要的基础。他认为，在此基础上，国民经济学必然会迎来一个新的时期，而国民经济学的理论也只有在利用现在所找到的全部历史的和叙述的资料以及统计资料的基础上才能得以实现。他批评门格尔为获得“精密规律”，而假定以“经济人”和“利己心”为出发点。“这是完全不知道社会，钻进象牙塔内的一种朴素的想法。”施莫勒强调“一切思维和认识自然都要进行抽象，但不能利用抽象来取代国民经济方面的研究和它的真理”。抽象并不是像幽灵那样的幻想，像做梦那样的“鲁滨孙故事”，要认识和发现科学的真理，正确的抽象才是重要的。他还指责门格尔丝毫也不理解历史方法的根本立场及必然性。

1884年，门格尔又发表了《德国历史主义的错误》，以致友人的16封书信的形式出现，说施莫勒“在科学论争的领域内是一个不合格的典型”。他将小册子送给施莫勒，但后者仅附上一封信就又将其退还给了门格尔。

这两人的争论到此告一段落，但其门徒之间的争论持续了20多年，经济思想史上称此为“方法论之争”。两人究竟谁胜谁负，很难说清楚。因为从确立研究活动的普遍规律或一般理论的方面说，门格尔是对的；但如果从研究经济政策制定的依据来说，施莫勒也是对的。德国新历史学派构想出经济的历史发展阶段论，制定各个时期的经济政策，并从它的经济发展历史过程中探求一定的规律，也不能说是错误的。施莫勒后来又将其方法论写成《国民经济、国民经济学及其方法》。这场争论之后，德国新历史学派就进入了衰退阶段。

（二）价值判断之争

马克斯·韦伯于1904年发表《社会科学和社会政策认识的“客观性”》，批判施莫勒借科学的名义把伦理道德和经济的关系混在一起，用道德和法律来克服经济生活中由利己心所带来的弊端，这就是在科学中掺进了“价值判断”。他认为，社会科学应将经济的认识与价值判断相区分。作为经验科学的社会科学，其任务是寻求客观真理，至于企图发现理想和规范，为实践寻求对策，这是属于主观的“价值判断”问题。由于有许多不同“价值观”在斗争，所以应该让人们自由地去选择和评价处于斗争中的各种价值。此即马克斯·韦伯提出的“价值选择的自由性”。他还提出了“理想型”这一可以保持社会科学“客观性”和“价值的自由性”的基本概念和方法。

施莫勒于1911年在《国家科学辞典》第8卷中对马克斯·韦伯的这种看法予以反驳。施莫勒认为，各种对立的“价值判断”是阶级对立的利益表现，而历史的最终目的在于协调并统一在“共同福利”这一理想上，并且按照他的这一理想对各种价值判断做出共同评价。马克斯·韦伯嘲笑这种见解为平庸之至的“伦理的进化论”。

桑巴特、布伦坦诺都支持马克斯·韦伯的看法。尽管桑巴特继承了德国新历史学派的遗产，但他又企图克服新历史学派在理论体系上较为不健全的缺陷，力图将理论和历史加以综合。他认为，历史的记述不应该使用“价值判断”，因为“价值判断常常是主观的，而且只能是主观的”。他在《现代资本主义》（1902—1928）一书中运用自己的发生论、体系论方法研究经济史，使用“经济制度”和“经济时代”两个概念作为其理论体系的统一基础。

马克斯·韦伯和桑巴特两人对德国新历史学派的批评也在很大程度上动摇了这个学派的理论基础。除去理论方面的原因之外，德国新历史学派解体也有其实践方面的原因。第一次世界大战以后，德国政府通过发行纸币在黑市套购外币用来偿付战争赔款，导致了空前的恶性通货膨胀。由于德国新历史学派缺乏货币方面的经济理论和研究，因而面对严重的危机竟束手无策。在这种情况下，许多经济学家纷纷脱离德国新历史学派，这导致新历史学派最终解体。后来，在纳粹政权的镇压下，德国的社会政策学会于1935年被迫解散。

二、德国新历史学派的影响

德国新历史学派在一段时期内，对美、英、俄、日等国的经济学和经济政策都产生了一定的影响，像英国新古典经济学的领军人物马歇尔（A. Marshall）也采纳了他们的许多观点。当然，德国新历史学派对美国和日本的影响是最大的。19世纪70—80年代，德国新历史学派思潮就进入了美国。克拉克1872—1875年留学德国时是克尼斯的学生。此外，还有理查德·西奥多·伊利（Richard Theodore Ely，1854—1943）、凡勃伦（T. B. Veblen）、塞利格曼等人。他们在1885年共同成立了“美国经济学会”。可以说，德国新历史学派的经济思想对美国制度学派影响颇大。

19世纪80年代，德国新历史学派经济学开始进入日本。当时，东京帝国大学（第二次世界大战后改名为“东京大学”）聘请了拉图根讲授政治学、国家学和统计学。1885年，日本的大岛贞益翻译了李斯特的《政治经济学的国民体系》。1887年，厄内斯特·弗朗西斯科·费诺罗萨（Ernest Francisco Fenollosa，1835—1908）在东京帝国大学讲授经济学。1896年，日本以东京帝国大学的金井延（1865—1933）和桑田熊藏（1868—1932）为中心，成立了日本社会政策学会。德国新历史学派经济学进入日本后，很快就成为日本国立大学的“官学”，其对日本的影响直至第二次世界大战结束。事实上，德国新历史学派对日本资本主义的发展起了积极的推动作用。

德国新历史学派的理论和观点既迎合了19世纪德意志民族统一进程中的自然要求，也促进了德国民族主义的发展并为其所接受。第一次世界大战中，德国新历史学派号召“为祖国而战”，进一步将强烈的民族主义推向了军国主义和纳粹主义，也为希特勒的上台提供了铺路石。正是受这一因素的影响，第二次世界大战后，经济学界对德国新历史学派的成就有所忽略。

客观地讲，经济学发展到今天，德国新历史学派的研究方法对于研究经济史和经济思想史依然具有一定的借鉴意义。

三、德国新老历史学派的异同

德国新历史学派与老历史学派之间有一些共同点，也存在一些不同之处。

（一）政治倾向方面

1.共同点

德国新老历史学派都为德国资产阶级的利益及资本主义制度辩护，它们都反对当时德国的进步思想和革命运动。

2.不同点

德国新历史学派的观点主要反映已经取得统治地位的容克资产阶级利益，其主要反对对象是德国的马克思主义和工人运动。

德国老历史学派的观点主要反映在德国封建制度下刚刚兴起的新兴资产阶级利益和立场，这种利益和立场是与封建势力相联系的；其主要反对对象是英国古典经济学派和空想社会主义的观点。

（二）方法论方面

1.共同点

它们都主张采取历史方法来研究经济现象和问题，特别是主张采用归纳的方法来研究本国经济发展的历史经验。它们都赞成以渐进的和量变的观点看待经济发展的合理性，否认以质变和突变观点解释经济现象的合理性。德国新老历史学派的这种方法论具有唯心主义和片面的性质。这既和德国经济社会发展进程的缓慢与相对落后有关，也和德国思想界严重的唯心主义倾向有关。尽管主张渐进与缓慢变革的思想一般来说也具有一定的合理性，但在德国新老历史学派那里，主要是与占据统治地位的社会阶级（容克资产阶级）和集团利益相一致。

2.不同点

德国老历史学派主张采用历史归纳法来研究经济现象。其认为，历史归纳法是一种“历史的生理方法”，是符合历史演进过程的。这种方法也成为20世纪后期所兴起的演化经济学的基本方法和观点。

德国新历史学派主张的是历史归纳法和“历史统计方法”。采用这种方法应更多地进行数据和资料的收集整理工作，但这种方法并未真正涉及对经济理论、经济规律的研究。

（三）经济理论方面

1.共同点

它们都强调经济发展的特殊性，否认各国经济发展存在具有普遍性的客观规律，否认经济学中存在具有共同性的一般理论。它们认为，经济发展在不同的时期都是不同的，没有完全一样的情况，所以，它们都提出了历史发展的阶段论，致力于强调经济的阶段性的具体现象和特征，反对从具体经济现象中抽象出具有共同性和一般经济规律。

2.不同点

德国老历史学派承认各个国家和民族的经济发展有自己的特殊规律，但其强调其中的自然技术因素、文化道德的历史传统等方面的特殊性。

德国新历史学派则完全否认任何经济规律，其只是强调伦理道德因素和国家法律对经济发展的作用。

（四）经济发展阶段的划分方面

德国老历史学派的希尔德布兰德从流通角度提出了经济发展先后有三个阶段：①自然经济；②货币经济；③信用经济。

德国新历史学派的施莫勒提出了六个阶段，毕歇则提出了与德国老历史学派不同的三个阶段：①闭塞的纯自然经济；②都市经济；③国民经济。德国新历史学派关于经济发展阶段的划分基本都是从地域范围角度进行的。

（五）经济政策主张方面

1.共同点

德国新老历史学派都主张通过社会改良主义的政策来调和阶级矛盾，但它们都不主张彻底反对封建制度，而是赞成与旧势力达成妥协。应该说，不彻底的资产阶级改良主义对封建制度不同程度的妥协，是德国资产阶级的特点。

2.不同点

德国老历史学派强调社会改良要通过“赎买”的办法进行，把封建关系变为资本主义关系。

德国新历史学派则是针对当时蓬勃发展的工人运动搞社会改良，借以缓和阶级矛盾，消除阶级斗争和无产阶级革命。

总之，德国新老历史学派之间既有联系，又有区别，既不能将它们看作一回事，也不能认为它们有本质的差别。但是，它们强调经济理论和政策要符合本国实际需要的思想是有道理的，应该给予肯定。

本章思语

1.德国老历史学派形成的时代背景是怎样的?
2.德国老历史学派有何特点?
3.德国老历史学派的思想基础是什么?
4.李斯特经济思想的核心是什么?
5.李斯特为什么主张保护关税?
6.李斯特为什么要反对英国古典经济学的经济自由主义?
7.罗雪尔经济思想的要点是什么?
8.希尔德布兰德经济思想的要点是什么?
9.克尼斯经济思想的要点是什么?
10.德国新历史学派各主要代表人物的经济发展阶段论主张有何不同?
11.德国新老历史学派的经济思想有何异同?
12.德国新历史学派解体的原因是什么?
13.德国历史学派的经济思想对我们有何借鉴意义?

[第十九章]
美国制度学派的经济思想

第一节　美国制度学派产生的社会历史条件

一、社会历史条件及代表人物

美国制度学派是美国资产阶级经济学的一个特殊的重要流派。其出现于19世纪末，盛行于20世纪二三十年代。美国制度学派对美国的经济理论政策产生过深刻的影响，也是当代新制度经济学的先驱。

美国制度学派可以看作德国历史学派的一个变种。它把德国历史学派的历史研究方法演化为对经济制度演进的研究。这一学派也像德国历史学派一样，不在意对经济理论的研究，其重点在于对资本主义经济制度进行批评。它是以批判资本主义的面目出现的经济改良主义学说。

美国制度学派是19世纪末美国资本主义发展所带来的矛盾日益尖锐化的产物。美国资本主义在南北战争之后发展迅速，到19世纪末，其工业产量已跃居世界首位；农业资本主义也得到了很大发展；垄断组织也在整个经济中占据支配地位，控制了铁路、钢铁、石油、化学等重要部门，掌握了全国的经济命脉。这时美国国内的阶级矛盾和斗争以及工人运动也日益展开，对资产阶级的利益和统治构成了威胁。资产阶级迫切要求能有一种新的理论，从经济利益上为它辩护，缓和或者削弱阶级矛盾或斗争。

从经济理论方面来看，美国和德国一样，也没有经历古典经济学的发展阶段。美国资产阶级经济学在19世纪末之前以输入英法的古典经济理论为主，除去某些实用的和政策性的经济问题探讨外，没有真正出现自己的经济学流派。在19世纪末的历史条件下，美国才产生了以凡勃伦为首的“制度学派”和以克拉克为首的“理论学派”这两个主要流派。

美国制度学派不主张对资本主义经济制度采取公开辩护的办法，也不搞系统的经济理论。他们从研究经济制度演进的方面来“批判”资本主义经济制度的某些缺点，宣扬进化论的改良主义的主张。他们反对自由放任，主张国家干涉经济生活，以便缓和阶级矛盾，消除可能引发革命的危机。

美国制度学派的创始人和主要代表人物是凡勃伦，其他代表人物有康芒斯（J. R. Commons）和米契尔（W. C. Mitchell）。

二、美国制度学派的一般特点

美国制度学派的主要特征并不表现在理论方面，因为这个学派的经济学家没有提出一个阐明经济规律的、共同的理论体系。他们研究的课题各不相同，看法也不一致。他们的共同点和区别于其他学派的特征在于对“制度趋势”的研究，以“历史起源方法”去研究与经济有关的各种制度自古以来的各种形态，说明这些制度的作用和与之其相适应的社会经济的关系，从而了解当前的社会经济及其发展趋势。凡勃伦强调从社会心理角度去分析经济制度的发展和演进。康芒斯强调从法律角度研究制度演进。米契尔则主要研究商业循环和经济波动。这些人能够形成一个共同的学派，主要原因是：

（1）他们对经济学的对象、方法、性质有着类似的见解；

（2）政治倾向上有共同点，都对当时美国资本主义制度采取批评态度，认为它有缺陷，应加以改良。

美国制度学派认为，经济学的研究对象应该是制度，特别是与经济有关的制度的起源、发展过程以及在社会发展中的地位、作用，以及它们同社会经济的相互关系。而经济学的研究方法应该是叙述性的“历史起源方法”。对于经济学的性质，他们认为其是进化的科学。经济学是具体的、历史的，而不是抽象的、教条的和非历史的；是进化的，而不是固定不变的。

总之，美国制度学派的基本特征就是研究经济制度趋势，这也是该学派的基础。由于该学派是德国历史学派在美国的变种，它主张用历史方法去研究经济问题，但又否认理论的必要性。美国制度学派把历史方法具体化为研究制度演进机制，因而它比历史学派的理论内容更复杂，把历史主义与社会达尔文主义、行为主义、“职能主义”心理学都引入到经济学中。

美国制度学派与奥地利学派也有一些共同点，其都强调心理因素。不同的是，奥地利学派强调个人心理分析，而制度学派强调社会心理、风俗、习惯。为此，有人也称制度学派为“社会心理学派”。

第二节　凡勃伦的经济思想

一、生平简介

托尔斯坦·本德·凡勃伦（Thorstein Bunde Veblen，1857—1929）是美国制度学派的奠基者。他出生于美国中部农村的一个挪威移民的家庭，幼年勤奋好学，大学毕业后又进入耶鲁大学深造，于1884年获哲学博士学位。他博览群书，对社会学、心理学、哲学、生物学、自然史、考古学等均有涉猎。他先受业于克拉克，后又接受斯宾塞的观点，这对他以后经济思想的形成有较大影响。

凡勃伦长期从事教学工作，自1890年起先后在芝加哥大学、斯坦福大学、密苏里大学和纽约社会研究新学院执教，以资本主义制度“批评者”的面目出现，不断出版著作，受到当时青年经济学者的欢迎。1899年，其成名作《有闲阶级论》问世，一鸣惊人。他的其他著作有《企业论》（1904）、《科学在现代文明中的地位》（1919）、《既得利益》

(1919)、《工程师和价格制度》(1921)、《不在所有权和最近的商业企业：美国状况》(1923)等。

二、经济思想

(一)价值观点

凡勃伦在经济思想上独树一帜，既批评“边际效用经济学的局限性”[①]，又抨击劳动价值论。他认为，价值决定于工艺、人口和自然资源这三个因素，把他独创的“技术至上论”和马尔萨斯主义的地理决定论放到一起。他认为，资本主义生产中的决定性因素不是劳动，而是机器和技术。现代文明的物质基础是工业体系，现代工业的规模和方法是机器所创造的。现代工业社会“除非依靠已被接受的机械装备和机械操作的帮助，否则就不能进行”。所以，他认为他所处的时代是机械操作的时代，也是企业的时代。理论工作者只能遵循“企业家的观点”去“探索现代社会的经济生活”。[②]而“这个现代经济组织就是所谓的‘资本主义体系’或现代工业体系”[③]。

(二)重视制度变革与社会经济发展

凡勃伦着重论证制度因素对各种经济活动的重要作用，从而开拓了一条“关于制度的经济研究”的道路，为制度经济学体系的建立奠定了基础。

1.什么是“制度”

在凡勃伦看来：制度实质上就是个人或社会对有关的某些关系或某些作用的一般思想习惯；生活方式所构成的是，在某一时期或社会发展的某一阶段通行的制度的综合，因此从心理学方面来说，可以概括地把它说成是一种流行的精神态度或一种流行的生活理论。[④]他认为：“制度必须随环境的变化而变化，因为就其性质而言，它就是对这类环境引起的刺激发生反应时的一种习惯方式。”[⑤]

凡勃伦显然受到当时流行的美国心理学家威廉·詹姆斯(William James，1842—1910)思想的影响。詹姆斯强调本能对人类行为的决定性影响。凡勃伦在《技艺的本能》(1914)中，从经济的角度予以发挥，并由人类的本能来解释工艺技术的演变、思想以及社会制度的形成。他认为，制度由思想习惯形成，思想习惯又从人类本能产生。

2.社会制度的产生

凡勃伦认为，人有两种经济本能：一是改进工艺技术的本能；二是渴求获取利益的本能。经济制度相应也有两类：一是满足人类物质生活需要的生产技术制度；二是以获取利益为目的的私有财产制度。在社会经济发展的不同历史阶段，这两种制度的具体表现形式不同。在现代资本主义条件下，这两种制度就表现为“机械操作”与“企业经营”二者的对立和矛盾。

美国制度学派把达尔文主义引进了经济学，把人类社会经济的发展说成是进化的历史发展过程。凡勃伦认为，社会经济发展的进化经历了草莽、野蛮、手工业、机器工业四个

---

① 凡勃伦．科学在现代文明中的地位[M]．张林，张天龙，译．北京：商务印书馆，2008：179.
② VEBLEN T. The theory of business enterprise [M]. New York：Charles Seribner's Sons，1932.
③ VEBLEN T. The theory of business enterprise [M]. New York：Charles Seribner's Sons，1932.
④ VEBLEN T. The theory of the leisure class [M]. New York：Macmillan，1922：190.
⑤ VEBLEN T. The theory of the leisure class [M]. New York：Macmillan，1922：190.

时代。进化过程即制度演进过程。这一过程中不存在适合全过程的不变的自然规律，所以，古典学派的努力是错误的。旧制度同新环境（人口、技能、知识的变化）会发生矛盾，成为保守因素和惰性力量。环境变了，人的生理反应、本能也会发生变化，社会心理也会变化。这又会推动新制度的形成，这种过程是渐进（进化）的，因而对旧制度是可以改良的，因为社会心理的变化是一种自然淘汰的过程，是日积月累、年复一年的渐进（进化）过程。这里不会有突变和飞跃。革命完全是不必要的、无用的，因为无止境的进化，除短期外，是不能预测其趋势的，也不能预测其未来的形式。

3.现代社会经济制度的关系和矛盾

解剖和分析"机械操作"（工业）同"企业经营"（商业）之间的矛盾，是凡勃伦整个经济理论研究的核心内容。

凡勃伦认为，资本主义社会是由两种主要"制度"构成的：

一是"机械操作"，其表示大机器生产在现代生产过程中已起决定性作用，它使现代工业成为一个复杂而又统一的整体，具有高度计划性、组织性和相互联系性，可以无限地扩大商品生产。

二是"企业经营"，其表示资本家通过投资而参与种种活动，其目的在于获取最大的利润。工业巨头、银行家、大商人、财政专家等构成了社会的"有闲阶级"，厂长、经理、推销员等因代理资本家的职能而成为"代理有闲阶级"。整个资本主义社会就是由这两种"制度"构成，是"企业经营"支配下的"机械操作"。

凡勃伦还认为，"企业经营"和"机械操作"是人类经济生活中普遍存在的"私有财产制度""生产技术制度"的具体形式，是从历史上逐渐发展进化来的。"生产技术制度"经历了渔猎阶段、手工劳动阶段、机器工业阶段。因此，资本主义的"机械操作"制度就是"生产技术制度"在机器工业阶段的具体表现形式。私有制则经历了自然经济（占有物品）、货币经济（占有商品）和信用经济（占有资本）的阶段，"企业经营"制度就是金钱交易制度在信用经济阶段的表现和具体形式。

凡勃伦认为，这两种制度归根到底，不过是"社会习惯"和"人类本能"的体现。"机械操作"制度基于工程技术人员的勤勉、守纪律、实事求是的习惯，是工艺"制作本能"的反映。而"企业经济制度"基于人类私有权观念的获取本能和习惯，这又是人类爱好虚荣和自尊本能的反映。不过他也有一种矛盾的说法，即认为资本是所有权的基础，有资本就可得到利润，等量资本就可得到等量利润。他说，最初的所有权是上帝的恩赐，在手工劳动阶段，所有权凭劳动获取；在资本主义社会中，所有权靠资本得来。后一种观点在某种程度上是对前面说法（关于"本能"的观点）的补充，但也与之产生了矛盾。

凡勃伦的上述观点包含一定程度的积极意义，因为他实际上触及了构成资本主义制度的两个方面：生产力和生产关系，并且指出了后者的主导作用，从历史发展的角度进行了分析。但他没有触及资本主义制度的本质，没有看到雇佣劳动制度的矛盾。从客观上说，大机器工业确实是资本主义制度最合适的存在形式，但不是唯一形式，还有其他形式。他的追求利润使之占支配地位的观点并不是错误的，但这只是现象，他并不明白雇佣劳动制度的本质，不能真正懂得利润。

4.对资本主义矛盾的分析

凡勃伦认为，资本主义社会的矛盾和缺点的基础，就在于"机械操作"和"企业经营”之间的矛盾。他认为，这是资本主义社会的主要矛盾，资本主义社会正是在这种矛盾中演进的。

凡勃伦认为，“机械操作”与“企业经营”在本质上是不同的：目的和方式不同。前者追求的是生产效率及产品的适用性，要求经济活动的各方面保持高度的联系以及连续性和规律性，要求实行严格的管理和监督。但是对“机械操作”的支配权和管理权恰恰不在有关的科技人员手中，而是在代表“企业经营”的资本家手里。“企业经营”的目的在于追求最大利润，它迫使“机械操作”服从于该目的。这样，“企业经营”就把经济活动变成了纯粹的金钱交易，并且通过买卖的差价获取利润。这样，二者就发生了矛盾，作为“企业经营”全部活动出发点和归宿的利润就与“机械操作”的要求格格不入，由“企业经营”引起的激烈竞争和垄断，加深了这种矛盾。他认为这种矛盾归根结底是由社会心理习惯的不同所造成的。

凡勃伦的上述看法在一定程度上也揭露出资本主义的一些矛盾，正确地指出追求利润的动机与大机器生产的要求相抵触的一面。但他的分析是较为表面和片面的，把资本主义生产方式的矛盾归结为经营（交易）方式与生产方式的矛盾、工业同商业的矛盾。这实际是以生产与流通的矛盾代替基本矛盾。就生产与流通的矛盾来说，凡勃伦也只看到矛盾的方面，而忽略了联系与统一的方面。

5.资本主义矛盾的结果

凡勃伦认为：

首先，企业经营造成了巨大的浪费，为了追求利润，大量的人力、物力、财力被放到了非生产活动上，甚至开办寄生、腐朽性的非生产行业。

其次，企业经营也造成资本主义经济的波动和经济危机。“企业经营”破坏了“机械操作”所要求的平衡。经济危机和波动阻碍了生产的发展。

他对经济危机和萧条做了大量描述，认为其根源在于“企业经营”，而不在于“机械操作”（“机械操作”本身要求连续性、规律性、计划性和平衡性）。具体说来，问题的根源在于价格暴跌，而价格问题又是社会心理问题（估价）的反映。价格波动完全是由企业家的病态心理引起的：预期售价大于成本就投资，造成生产增加，市场繁荣。其中，信贷越来越发展，推动了这一过程。一旦发现预期售价与实际售价相距很远，就不能取得利润，就会发生破产，形成连锁反应的债务清偿。这时，信贷就会取消或收缩，对资产和商品要重新估价，经济危机就会出现。他还认为，偶然因素有时也会产生经济危机。萧条则主要反映了人们没有恢复信心。

凡勃伦对经济危机的描述和分析，也有一定的客观性，但根本问题是撇开了对造成经济危机的资本主义基本矛盾的分析，仅仅把生产与流通和消费的矛盾归结为价格现象、社会心理。他注意到信贷在经济危机中的作用也有可取之处，但把经济危机的原因完全归之于信贷是错误的。凡勃伦的这些看法是很表面化的，既有主观色彩，也有认识论上的机械论性质。

（三）改良主义方案

凡勃伦提出改良主义方案的主要目的是调整与缓和尖锐的社会矛盾。他认为，托拉斯等垄断组织是“企业经营”为保证经济稳定、突破长期“慢性萧条”的一个新发展，它可以消除竞争和经济危机。他承认，垄断维持的平衡是以生产力不能被充分利用为代价的，但他认为工人也应对此负责，因为工会也是一种垄断组织。垄断并不是理想的解决办法。

另外，他认为，扩大非生产消费、政府开支、公共开支，也有一定作用，但作用很有限。

他认为，最好的办法是实行“技术人员联合体”制度，把经济生活管理权、企业领导权都转入“技术人员联合体”手中。“技术人员联合体”由工程师、科学家、技术专家构成。这是代替“企业经营”的最好的一种寡头统治，因为它以人们的需要为目标，而不以利润为目标。凡勃伦认为，只有“技术人员联合体”才具有较高的觉悟，能带领人们前进，推翻资本主义价值体系，也能按照生产技术的要求实施计划经济。

凡勃伦在宣扬“技术人员联合体”的优越性时，把工人阶级说成了“既得利益者”，具有与资本家一样的性质。

凡勃伦的改革方案其实是改良主义性质的，而不是根本性或革命性的。他的“激进主义”只是一种形式。尽管他的主张在当时也被视为“异端”，并受到正统经济学的严厉批评，但其本质上仍是为资本主义的经济和社会基础寻求解决办法的。其“技术人员联合体”只是生产管理形式的变化，而没有改变资本主义所有制基础。其方案能否实行也存在很大的问题。不过，凡勃伦的经济思想和理论毕竟为美国现代制度经济学派奠定了最初的基础。

第三节　康芒斯与米契尔的经济思想

一、康芒斯的生平简介

约翰·罗杰斯·康芒斯（John Rogers Commons，1862—1945）是凡勃伦的同辈追随者，他是制度学派中另有特色的人物，也是制度学派理论的传播者。

康芒斯生于美国俄亥俄州，1888年毕业于奥伯林学院，1904—1932年，担任威斯康星大学教授，1920—1928年兼任全国经济研究局局长。其代表作为《制度经济学：它在政治经济学中的地位》（1934），这也是制度学派的一部重要代表作。其他著作有《财富的分配》（1893）、《工联主义与劳工问题》（1905）、《劳工立法原理》（1916）、《资本主义的法律基础》（1924）等。

二、康芒斯的经济思想

康芒斯认为，“制度”是人类社会经济演化的动力。“制度”是“集体行动控制个体行动”[①]，最主要的是法律制度。“大家所共有的原则或多或少是个体行动受集体行动的控制。”[②]

康芒斯认为，制度经济学的研究对象是对商品、劳动或任何其他经济数量的法律上的控制，而古典的和快乐主义的学说只涉及物质上的控制，法律上的控制是指未来的物质上

---

① COMMONS J R. Institutional economics：Its place in political economy［M］. New York：Macmillan，1934：70.
② COMMONS J R. Institutional economics：Its place in political economy［M］. New York：Macmillan，1934：70.

的控制。[1]所以，“制度经济学所研究的是‘业务机构的资产和负债’，不同于亚当·斯密的‘国家的财富’”[2]。康芒斯特别重视和强调法律制度对社会经济制度的演变所起的决定性作用。他曾提出“法制先于经济”的主张，认为资本主义制度的产生要归功于法院。

康芒斯认为，资本主义制度是法制促成的一种永恒的合乎演化进程的社会形态。其弊端可通过法院干预和法制的完善去解决，而不需要进行社会变革。他还认为，可“用交易作为经济研究的基本单位”[3]，因为交易把人们的经济利益冲突、相互依赖和社会秩序结合在一起了，这就可以由法院来仲裁、调节。这样，社会的任何矛盾冲突均可解决、调和，“由集体行动控制个体行动”。正因为如此，康芒斯有时把制度经济学适当地称为交易心理学或者谈判心理学。[4]

康芒斯的经济思想对于现代经济学中以罗纳德·哈里·科斯（Ronald Harry Coase，1910—2013）为代表的新制度经济学和法经济学具有一定的影响。

三、米契尔的生平简介

韦斯利·克莱尔·米契尔（Wesley Clair Mitchell，1874—1948）是凡勃伦的门徒，生于美国伊利诺伊州。1892—1899年，他先进入芝加哥大学，后赴德国进修。从1909年起，他任加利福尼亚大学和哥伦比亚大学教授，并主持全国经济研究局工作。第一次世界大战期间，米契尔兼管美国战时工业委员会物价部门的重要工作。其主要著作有《绿背纸币史》（1903）、《商业循环问题及其调整》（1927）、《落后的花钱术》（1937）等。

四、米契尔的经济思想

米契尔以研究货币、物价和经济危机问题闻名。他一贯重视数量分析，倡导运用统计方法来改造经济学。他主张先对事实进行统计分析，然后归纳出理论。他曾对生产、物价、国民收入，特别是经济周期的变化进行过大量统计研究。他在美国经济学界有广泛的影响，也被称为“经验统计学派”的代表人物。

米契尔认为，制度在经济发展过程中的作用只有以全面的经济统计分析为依据，才能具体地显示出来。他曾就经济危机问题说：“统计分析提供了确定各个商业循环学说所强调的各个因素的相互关系和相对重要性的最可靠方法。”[5]他也提到，商业循环是由人们赚钱和花钱的“习惯”所引起的。他把经济危机看作多种因素（包括社会、政治、经济、心理因素）互相结合的现象，但忽略了对资本主义再生产周期的本质特征及客观规律的强调。米契尔对经济周期所做出的研究在20世纪30—40年代具有重要的影响。他是通过具体考察经济周期而进行制度分析的代表人物。

第四节　美国制度学派的发展及影响

米契尔之后，美国经济学家伯利（A. A. Berle）和米恩斯（G. C. Means）合著的《现

---

① COMMONS J R. Institutional economics: Its place in political economy [M]. New York: Macmillan, 1934: 87.
② COMMONS J R. Institutional economics: Its place in political economy [M]. New York: Macmillan, 1934: 72.
③ COMMONS J R. Institutional economics: Its place in political economy [M]. New York: Macmillan, 1934: 4.
④ COMMONS J R. Institutional economics: Its place in political economy [M]. New York: Macmillan, 1934: 111-114.
⑤ 米契尔. 商业循环问题及其调整 [M]. 陈福生，陈振骅，译. 北京：商务印书馆，1962：206.

代公司和私有财产》(1932)、艾尔斯(C. E. Ayres)的《经济进步理论》(1944),对现代资本主义经济的研究依然保持着制度分析的传统。这被看作从凡勃伦学派到新制度学派思想的“桥梁”和“纽带”。

20世纪30年代后期到50年代,凯恩斯主义的迅速崛起使制度学派相形见绌。尽管在经济大萧条中,一些制度学派的经济学家曾经通过参政发挥了较大的作用,但随后便被凯恩斯主义迅速淹没。

20世纪60年代后期,随着凯恩斯主义陷入无法解决经济停滞和通货膨胀的两难困境,新制度学派又开始活跃起来。其一方面继承早期制度学派的传统,侧重于社会、政治、文化、心理等“制度”因素的分析;另一方面,针对新情况对当代资本主义的“缺陷”进行批判,并提出具体的改良建议和方案。

由于新制度学派缺乏严谨的理论体系,也没有被人们普遍接受的纲领,所以它始终没有一支统一的队伍,而且处于资产阶级经济学的“异端”地位。

影响较大的新制度经济学家有美国的约翰·肯尼思·加尔布雷思(John Kenneth Galbraith,1908—2006)和肯尼思·艾瓦特·博尔丁(Kenneth Ewart Boulding,1910—1993),以及瑞典的卡尔·纲纳·缪尔达尔(Karl Gunnar Myrdal,1898—1987),后来又有格尔哈德·科姆(Gerhard Colm)、罗伯特·海尔布罗纳(Robert L. Heilbroner,1919—2005)、沃德(B. Ward)、阿兰·格鲁奇(Allan G. Gruchy,1907—1990)、约翰·莫里斯·克拉克(John Maurice Clark,1884—1963)等人。从长远来说,鉴于新制度学派的研究对象、理论主张和务实精神,它的影响还可能继续扩大。20世纪60年代以后,又有科斯、道格拉斯·诺思(Douglass C. North,1920—2015)、阿门·阿尔奇安(Armen A. Alchian,1914—2013)、哈罗德·德姆塞茨(Harold Demsetz,1930—2019)、奥利弗·威廉姆森(Oliver Williamson,1932—2020)、埃里克·弗鲁博顿(Eirik G. Furubotn)、斯韦托扎尔·平乔维奇(Svetozar Pejovich)、张五常(1935—)等另一种与新古典主流经济学更接近的“新制度经济学”的拥护者出现在当代经济学界,其影响也日益加深。演化经济学的思想和美国制度学派的经济思想也有着密切的联系。

本章思语

1.美国制度学派产生的时代背景是怎样的?

2.美国制度学派的经济思想有何特点?

3.凡勃伦是怎样从制度的角度分析美国资本主义经济的矛盾和特征的?

4.评价凡勃伦的社会改良主义方案。

5.康芒斯和米契尔的制度经济学思想有何特点?

6.美国制度学派对于其后的经济学有何影响?

第五篇

西方近代经济思想的新阶段

[第二十章]
边际效用论的发展

边际效用学派是19世纪末20世纪初新古典经济学的主体，也是当时经济学中影响力最大的流派。该学派的理论直到现在对于当代西方经济学仍有很大的影响。

边际效用学派的理论主要就是由一个以个人主观欲望及其满足为出发点和归宿点，以效用分析为中心的边际效用价值论及孤立、抽象的个体分析方法构成的经济理论。这个理论的主要使命之一，就是反对英国古典经济学中比较科学的劳动价值论，当然也反对马克思主义的科学劳动价值论以及当时各种其他价值理论。

学习和了解了边际效用学派的理论主张，对于进一步了解和分析当代资产阶级经济学有着十分重要的意义。

第一节　边际效用论的思想萌芽*

效用价值论是一种把价值的本质归结为商品的效用或者它满足人的欲望的能力的理论。这种理论在历史上最早甚至可以追溯到古希腊的亚里士多德、古罗马的马尔库斯·波尔基乌斯·加图（Marcus Porcius Cato，前234—前149）和中世纪的托马斯·阿奎纳（Thomas Aquinas，约1225—1274）。17世纪下半叶，英国的巴尔本在其《贸易概论》（1690）中明确提出："一切商品的价值都来自商品的用途；没有用处的东西是没有价值的，正如一句英文成语所说，它们一文不值。"①

一、加利阿尼的边际效用价值论思想萌芽

18世纪时，意大利的费尔南多·加利阿尼在其《货币论》（1750）中同样提出了效用和稀缺性价值的原理，也就是取决于物品的效用和稀缺的性质。具体而言，他认为"价值是一种比率"，是由"效用"和"稀少"二者的比率构成。

加利阿尼的观点实际上是主观效用价值论和边际分析的开端。他把物品能够满足人的欲望和给人带来快乐的性质叫作效用，并且对效用进行了分类。对于稀缺性，加利阿尼则认为是物品的数量和对该物品的使用之间的比率。

加利阿尼也从另外的角度把物品分为两类：一类的数量取决于自然条件；另一类的数量取决于人的劳动和艰辛。在计算劳动的数量时，加利阿尼认为要注意劳动的时间长度、

---

① 巴尔本. 贸易论［M］. 顾为群，译. 北京：商务印书馆，1982：55.

工作人数以及“劳动的价格”（工资）的区分。而工资水平取决于劳动者才能的大小。当然，才能的价值也取决于效用与稀缺性的结合。另外，他认为货币的价值也取决于效用和稀缺性的结合。加利阿尼的观点对于法国重农学派的杜尔哥和后来的边际效用学派都有直接影响。

不仅如此，加利阿尼还提出了时差利息论的萌芽思想。加利阿尼是赞成放贷取息的，但是要符合“等价交换”的原则。放贷使得货币的主人与货币在时间和地点上发生分离，因而也就意味着风险，所以要对放贷支付报酬。在加利阿尼看来，利息就是对待现存货币和远期货币在性质上与补偿损失类似的措施，而且时间和空间对于货币具有相同的作用。加利阿尼在这里所说的利息，实际上就是对货币在时间上的“贴水”。这种观点实际上也是后来奥地利学派的庞巴维克所提出的时差利息论的先导。

二、杜尔哥和孔狄亚克的效用价值论思想萌芽

重农学派的杜尔哥也曾经把商品的价值区分为主观价值和客观价值。杜尔哥认为，客观价值取决于市场，主观价值则取决于卖者对商品的估价。

法国的孔狄亚克也认为，价值取决于人们对物品的需求和欲望以及物品的效用和稀缺性，并且会随着人们对物品需求的强度及物品的稀缺性程度而变动。他还强调，货币的价值也会随着人们对它丰裕或欠缺程度的感觉而发生变动。法国的萨伊也拥护和提倡效用价值论。英国的李嘉图也在其地租理论中使用过相对客观的边际分析方法。

三、劳埃德的边际效用价值论思想

到19世纪30年代，传统的效用价值论开始发展为边际效用价值论。英国的威廉·福斯特·劳埃德（William Forster Lloyd，1794—1852）是第一位明确以边际效用来解释商品价值的人。他对亚当·斯密的劳动价值论提出了疑问，认为价值就是“对所占有物品的估价”，而这又总是同物品的“特殊效用”有关。所谓“特殊效用”，是指人在一定条件下对某种物品效用的主观心理感受。劳埃德还看到了这种“特殊效用”会随着人的欲望不断被满足而递减。他认为，“归根到底，价值一词无疑是指心理感受，它总会在被满足的欲望和未被满足的欲望之间的边际上表现出来”[①]。“价值并不表示某个商品的内在性质。它是一种心理感受；它随着影响这种感受的外部条件的变化而变化，而被感受之物的内在性质却没有任何变动。”[②]可以说，劳埃德比较早地提出了后来被充分发挥的边际效用价值论的某些基本思想。

四、朗菲尔德对价值决定的边际分析

爱尔兰的经济学家塞缪尔·蒙迪福特·朗菲尔德（Samuel Mountifort Longfield，1802—1884）几乎与劳埃德同时对古典劳动价值论提出挑战，但二人所针对的对象有所不同。劳埃埃对亚当·斯密的价值论提出疑问，朗菲尔德却是要修正李嘉图的劳动价值论。劳埃德用纯粹的心理含义解释价值及其源泉，朗菲尔德则以客观意义解释它们，并将价值等同于交换价值。

---

① 晏智杰．经济学中的边际主义［M］．北京：北京大学出版社，1987：54.
② 晏智杰．经济学中的边际主义［M］．北京：北京大学出版社，1987：54.

劳埃德将价值完全归结为主观效用，朗菲尔德则认为价值取决于供求。朗菲尔德的特点是，认为决定供求的是生产成本和效用。生产成本包含劳动、土地和资本的“边际成本”，即在最不利的条件下生产商品所花费的成本。他还由此引申出类似于后来边际生产力分配论的观点。

朗菲尔德在分析需求方面时也提出了类似于边际需求的观点。他把“一个人愿意并且能够为该商品支付的数额，或是他不愿意没有该商品，从而放弃该商品对他所提供的喜悦的数额”[①]，称为“需求强度”。他认为“需求强度”会因人因价格而异。每个人都有一系列强度连续增长的需求；在任何时期引起购买的总是其中强度最低的需求，这个需求……调节着市场价格。[②]这种“最低限度需求论”其实就是后来的边际需求或边际效用理论。总之，朗菲尔德的价值论是一种边际成本论和边际需求论的综合，他是后来以马歇尔为代表的新古典学派的以边际分析为特征的均衡价值论的先驱。朗菲尔德也是边际生产力论的预言者。

五、杜普伊特的边际分析

法国工程师朱尔斯·杜普伊特（Jules Dupuit，1804—1866）在研究实际经济问题和政策选择时，首次运用了边际效用理论和方法。他反对萨伊把一般效用或市场价格作为效用尺度。他认为，效用会因人而异，即使同一人加到同一物品上的效用也会随其消费量的不同而变化。他主张将公共工程带来的被消费商品的生产成本的节约数额作为效用尺度。他称之为“相对效用”或“最后效用”。它表现为购买者为得到它而愿意做出的牺牲与他在交换中必须支付的购买价格之间的差额。随着价格提高，相对效用会降低。杜普伊特有关实用性分析的尝试，在一定程度上反映了消费的愿望和利益。有人认为，杜普伊特是第一位把边际效用递减规律同向右下方倾斜的需求曲线联系起来的经济学家。

第二节 边际思想的早期重要代表人物及其思想

对早期边际思想最有影响的先驱是法国的古诺、德国的杜能和戈森。

一、古诺的经济思想

法国数学家、哲学家、经济学家安东尼·奥古斯丁·古诺（Antoine Augustin Cournot，1801—1877）是最先将数学方法运用于经济分析的经济学家，因而被认为是现代数理经济学的鼻祖。他也是提出边际效用价值论的先驱之一。他认为，在价格决定中，“需求规律”始终居于主导地位。他指出：“一般说来，一个物品越便宜，对它的需求就越大……价格下降，售卖和需求通常就增加。”[③]他还列出函数式：D=F（P），并依此考察了垄断和竞争条件下的价格决定原理。不过，一直到他去世之后，英国经济学家杰文斯、马歇尔和美国经济学家费雪（I. Fisher）继续其事业之前，他的先驱性工作并没有受到经济学界的重视。

---

① LONGFIELD M. Lectures on political economy，delivered in Trinity and Michaelmas terms，1833［M］. Dublin：Richard Milliken and Son，1834.

② LONGFIELD M. Lectures on political economy，delivered in Trinity and Michaelmas terms，1833［M］. Dublin：Richard Milliken and Son，1834.

③ COURNOT A. Research into the mathematical principles of the theory of wealth［M］. New York：Macmillan，1929：46.

古诺第一个提出了完全竞争（纯粹竞争）、双头垄断和完全垄断（纯粹垄断）问题的数学模型。在分析对制造青铜所使用的铜和锌的需求时，他也最早提出了当代经济学所涉及的、推导资源需求的完整模型。作为边际分析方法的先驱，古诺的许多分析都集中在总成本和收益函数的变动率上。这种变动率（数学中的导数）被变成了当代经济学家所涉及的边际成本和边际收益。经济学中现在分析市场的倾向是，从完全竞争的市场结构分析开始，再引入对市场不完全竞争的分析；但古诺的分析与此不同，他是从完全垄断开始分析，再对存在竞争者的市场环境进行分析。在古诺对经济分析的贡献中，有两项分析特别值得注意，即他对完全垄断和双头垄断情况的分析。

（一）完全垄断理论

古诺是第一位对垄断行为进行分析，并得出一般性原理的经济学家。该原理就是我们现在所熟悉的、关于一家企业可以通过确定一个价格来使边际收益等于边际成本而实现其利润最大化的原理。古诺在1838年时就阐述了这一原理：假定一个人发现他自己是一处矿泉水的所有者，而这处矿泉水又具有保健功能，这是其他人所拥有的矿泉水所不具备的。毫无疑问，他可以把每升水的价格确定在100法郎。但是，他将很快看到需求（需求量）是不足的。这显然不是挣得大量财富的办法。因此，接下来他将把每升水的价格降到能使他得到最大可能利润的点上。如果F(p)代表需求（需求量）规律，他将在进行不同的试验之后，最终采取能使产品P·F(p)（总收益）最大的（价格）值……[①]

古诺在这里假定获得矿泉水的总成本和边际成本都为0。在这种情况下，总利润将在总收益（价格与数量的乘积）达到最大时的产量上实现最大化。通过计算，古诺指出，这个数量就是总收益函数的导数（边际收益）为0处的产量。图20-1说明了古诺的这一理论。注意，在图20-1中，矿泉水的所有者面临着一条向右下方倾斜的需求曲线D。边际收益曲线MR位于需求曲线的下方，因为更低的价格会与全部矿泉水的销售有关，而不仅仅涉及那个额外的销售量。这就是说，每增加1单位销售都将把其价格增加到总收益上去，但是，如果不能增加额外单位的销售，在其他单位矿泉水上得到的价格将会是较高的。这种潜在收益的损失必须要从额外销售的矿泉水所得到的收益中扣除掉。于是，我们就会看到，边际收益小于所有产品的价格，而不是第一个产出单位的价格，而且边际收益曲线比需求曲线下降得更快。注意，一旦图20-1中边际收益曲线MR上的点的变动代表图20-1中总收益曲线TR所表明的总收益的变化率，边际收益就是产出PQ的导数。

在图20-1中我们看到，矿泉水的所有者可以要求每升矿泉水的价格为100法郎，就像古诺看到的那样。但是，在这个高价格上，他只能销售65升矿泉水。沿65升垂直下降到图20-1（b），可以看到，矿泉水所有者的总收益是6 500法郎。但是，要注意，在图20-1中，边际收益在价格为100法郎时是80法郎。显然，边际收益（80）超过了边际成本（0）。这对低于200升的所有矿泉水都是一样的。如果每升矿泉水的要价不是100法郎，垄断者将使用试验对错的方法，直至价格稳定在60法郎上。在60法郎上，我们在图20-1（b）中将会看到，买方将购买200升矿泉水，总收益将上升到12 000法郎。可见，任何高于或低于60法郎的价格，都将减少总收益。所以，总收益以及在这个例子中的总利润，在60法郎的价格上达到最大化。在这种产出和价格的结合上，图20-1中的边际收

① COURNOT A. Research into the mathematical priaciples of the theory of wealth［M］. New York：Macmillan，1929.

益为0，边际成本也是0，MR=MC。这是实现利润最大化的条件。

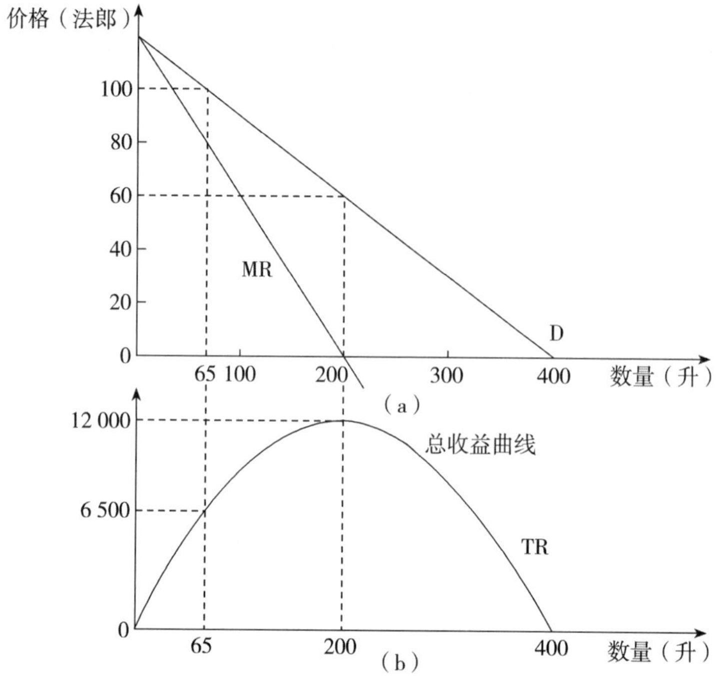

图20-1　古诺垄断理论的图解

古诺把他的理论扩展到了边际成本为正的条件下。他说，面临边际成本为正的垄断者将在MR=MC处的产量水平上实现最大化的利润（收益减去成本）。这种规律也运用到了大量竞争者存在的条件下。

（二）双头垄断理论

古诺关于有两个企业竞争的双头垄断市场的理论，是经济学家分析寡头市场结构中卖方行为和表现的首次尝试。

为了形成对于垄断的可以理解的一般性看法，我们已经设想过有一处矿泉水和一个所有者的情况。现在我们再设想有两个所有者和两处质量相同的矿泉水，在向同一市场上竞争提供矿泉水方面，他们的规模都较小。这种情况下，对于每个矿泉水所有者而言，价格都必定是一样的。如果P是这种价格，D=F（P）为总销售量，D_1和D_2分别为第一处矿泉水和第二处矿泉水的销售量，他们中的每一方将各自寻求收入的最大化。

我们说各自独立的每一方，将只受到非常基本的限制。因为如果他们同意这样以获得各自尽可能大的收入的话，结果将是完全不同的，至于消费者所关心的东西，则与垄断市场下获得的没有什么不同。[①]

在形成其双头垄断理论时，古诺假定了买方的名义价格和两个卖方仅仅按照这个价格调整其产量的情况。每个双头垄断者都估计对产品的总需求，并在假定对手的产量保持不变的情况下安排自己的产量和销售量。通过每个生产者进行一步一步的产量调整，达到一种稳定的均衡，最终双头垄断者将在高于竞争价格和低于垄断价格的价格上销售相同数量

① GOURNOT A. Research into the mathematical priaciples of the theory of wealth［M］. New York：Macmillan，1929：79-80.

的产品。

古诺以图 20-2 所表明的数学和几何学的方法说明了其双头垄断的情况。水平轴代表第一个所有者的销售量 D_1，垂直轴代表第二个所有者的销售量 D_2。曲线 m_1n_1 和 m_2n_2 分别代表第一个所有者和第二个所有者的最大利润曲线。古诺从其数学方程推导出这些曲线。曲线 m_2n_2 表明了在给定第一个所有者提供的不同产量水平时，能使第二个所有者的利润最大化的特定产量水平。曲线 m_2n_2 上的点 a 是说明性的。它告诉我们，如果第一个所有者销售 x_1 单位矿泉水，那么，第二个所有者将会发现通过销售 y_1 单位产品可使其利润最大化。另外，曲线 m_1n_1 表明了第一个所有者在第二个所有者提供不同产量水平时，其实现利润最大化的产量水平。例如，该曲线上的点 b 表明，如果第二个所有者提供 y_1 单位的产品去销售，第一个所有者将会选择提供 x_2 单位的产品，以使其利润最大化。由于这些曲线的建立，每个所有者将对对手提供的销售量做出反应，这条曲线被叫作反应曲线。

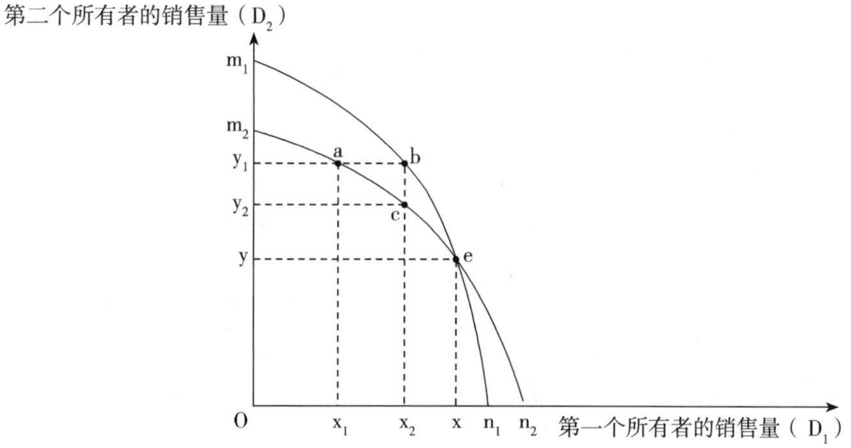

图 20-2　古诺的双头垄断模型

要表明第二个所有者的反应曲线上的点 a 和第一个所有者反应曲线上的点 b 所建立的产量水平无法保持下去是相当简单的。如果第一个所有者销售 x_1 单位矿泉水，第二个所有者将销售 y_1 单位矿泉水。随后，第一个所有者又将如何反应呢？它做出的反应是将销售（点 b 处的）x_2 单位矿泉水，因为当销售量 D_2 具有 y_1 单位时，x_2 将使它获得最大化的利润。一旦第一个所有者提供 x_2 单位矿泉水，第二个所有者就做出反应，（在曲线 m_2n_2 上的点 c 处）提供 y_2 单位矿泉水。这种调试过程将一直继续下去，直到在点 e 处达到均衡。注意，在两条反应曲线的这个交点上，双头垄断者每一方都将销售相同数量的产品（$x=y$），并在给定别人产量的情况下，得到最大化利润。古诺说，这个位置“是稳定的，就是说，如果生产者中的哪一个为了它的真正利益而被误导，使得均衡暂时被偏离，那么，通过一系列反应，通常是其产量幅度的下降，其将回到均衡点”。

古诺的完全垄断理论模型在经济学分析和研究中是至关重要的，这在当代西方经济学教材的原理中得到体现就是一个证明。现代的经济学家发现古诺的分析几乎没有什么错误。在这方面唯一值得注意的一件事就是，古诺没有认识到价格歧视（需求弹性不同的顾客要求不同的价格）的可能性。在市场能够分离开，而且买方不能对商品进行再转卖的条件下，价格歧视是可能发生的。例如，如果矿泉水的所有者能够要求消费矿泉水的买方遵守上述条件，卖方就能要求不同的个别买方支付不同的价格。在这种价格歧视情况下，边际收益将等于对每一个买方要求的价格，而矿泉水的所有者甚至将会比在图20-2所表明的情况下得到更多的收入和利润。

另外，古诺的双头垄断理论由于其不实际的假定和忽略了许多其他对于双头垄断情况的结论而受到了批评。例如，1897年，英国经济学家弗朗西斯·伊西德罗·埃奇沃思（Francis Ysidro Edgeworth，1845—1926）曾在其论文《纯粹垄断理论》（最初以意大利文发表）中指出，双头垄断者并不能确定其竞争对手将如何反应，这种相互反应的不确定性造成了双头垄断的解的不确定性。

在20世纪20年代，经济学家开始拓展双头垄断者和寡头垄断者对于销售率、成本、产品质量和服务方面竞争的可能反应模式。古诺关于企业能够通过假设其对手产量保持不变来设定自己的产量水平的假定被抛弃了。只要我们承认每个企业会考虑到其对手对自己策略的潜在反应，我们就有了一个依赖我们关于其行为假定的、可能出现的结果的整体范围。古诺是一位值得一提的双头垄断和寡头垄断理论方面的先驱性理论家，也是数理经济学家中的先驱。当然，现代理论已经超越了他早期的成果。

二、杜能的经济思想

约翰·海因里希·冯·杜能（Johann Heinrich von Thünen，1783—1850）生于德国奥尔登堡。他在哥廷顿大学学习了不长时间，后来在麦克伦堡购买了房地产。他在那里经营农场，并写下了他的代表作《孤立国》。在1826年出版的该部著作的第1卷中，他提出了一种涉及农产品生产与销售市场距离不同会得到不同的利润的理论。由此，他成为区位理论和农业经济学的先驱。在1850年出版的《孤立国》第2卷中，他扩展了自己的分析，并建立了边际生产力工资理论和边际生产力资本理论。这样，杜能就成为边际学派的一般理论和克拉克的边际生产力分配理论的先驱。

（一）区位理论

在提出区位理论的过程中，杜能首先做了几个假定：

（1）设想在一个附近没有通航河流和运河的肥沃平原的中心，有一个很大的城镇。整个平原的土地都宜于耕种并且同样肥沃。离城镇越远，就越是不易耕种的荒地。该地区和外部世界也没有任何联系。

（2）该平原上没有其他城镇。因此，中心城镇必须向乡村地区供应全部制造品，而它也要反过来从周围的农村获得农产品。

（3）提供给该国的食盐和金属这些矿产品的产地接近这个唯一的中心城镇。我们将把这个唯一的中心城镇叫作“城镇”。①

杜能接着阐述了他的中心问题：

我们要解决的问题是：在这些条件之下将采取何种耕作方式？不同地区的耕作制度将会怎样受到其离城镇的距离的影响？我们假定农业耕作的行为始终都是绝对理想的。

总体说来，非常明显的是，离城镇越近就越是增加的那些产品，其数量和批量都会与其价值相关，遥远地区则因运价昂贵而不能提供这类产品。我们将发现，高度易腐败的产品必须很快地使用。随着到城镇距离的增加，土地将越来越不能被用来生产运费低廉的

① VON THÜNEN J H. The isolated state（Vol.1）［M］. WARTENBERG C M，trans. Oxford：Pergamon Press，1966：7.

产品。

仅仅由于这个原因，各种明显不同的环城镇地带就会形成，每个环带都具有自己特定的固定产品。

从一个环带到了一个环带，由不同的特定产品构成了整个农业耕作系统；而且在不同的环带中，我们也会发现完全不同的耕作制度。①

图20-3是杜能提供的关于其理论的一个适当修改的形式。

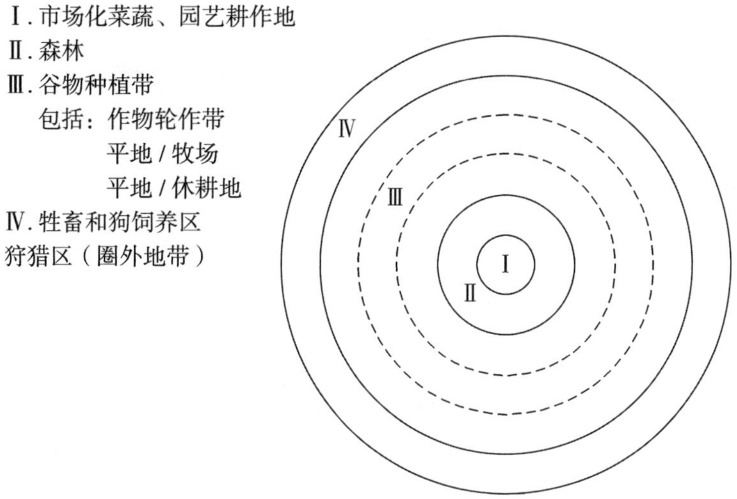

图20-3　杜能的农业区位理论

最里面的圆圈（Ⅰ）是“市场化菜蔬、园艺耕作地”，直接由城镇包围着。这里生长着草莓、莴苣、菜花等精致产品。此外，农民们将饲养专门生产鲜奶的圈养奶牛，因为“不仅（鲜牛奶）运输困难、费用高昂，而且牛奶在高温季节，几小时之后就不再新鲜了”。

第二个环带（Ⅱ）表明，该地区有茂密的森林，它供给城市原材料和建筑材料。这些产品需要在靠近城市的地方生产，因为它们的市场价值与运输密切相关。

邻近的三个环带构成了第三个环带（Ⅲ），叫作谷物种植带。在这个环带的最里圈，地主和他们的佃户将密集地种植谷物，并不断实行轮作，以便从土地上获得最大的产量。在第三个环带的中间环带上，一部分土地种植谷物，另一部分土地进行放牧。第三个环带中最外边的环带的明显特征是，一部分土地种植谷物，另一部分暂时撂荒。

在图20-3中的第四个环带（Ⅳ），农民们将饲养牲畜和狗。尽管这些动物的数量巨大，但是可以把它们以相对较少的费用赶到城里去宰杀。

最后，所有位于第四个环带之外的土地将只用作狩猎。从这里运输任何农产品到城镇的成本相对于这些产品的价值而言太大了。

杜能解释说，环带内农业生产的强度增加、报酬递减会引起我们现在所说的边际成本上涨。这会导致较高的市场价格，而这又会使进一步开发新地区变得有利可图。而农业的密集情况将会拓宽到图20-3中的四个主要环带上。

① VON THÜNEN J H. The isolated state（Vol. 1）［M］. WARTENBERG C M，trans. Oxford：Pergamon Press，1966：8.

（二）边际生产力思想

杜能对于不同类型农业区位的仔细思考引导他发展了一种就业的边际生产力理论。这是以一种原理，即增加的劳动单位会越来越造成农业总产量的较小增加为基础的。李嘉图也曾在他对地租的分析中使用过边际收益递减规律。杜能进一步扩大了对这一规律的运用。他论述道，给出这一原理，农场主必定关心雇佣劳动时不要超过某一点，即最后增加的劳动的成本和增加的农产品的价值相等的那一点。在当代的条件下，杜能认为雇主应当增加劳动单位直到劳动的边际收益（从较大的产量中产生的额外收益）等于雇佣工人的工资支出。杜能还进一步认为，所雇用的最后的工人的边际产品就可使所有工人得到“自然工资”。这成为后来克拉克和马歇尔所做出的贡献是经过深思熟虑的经济依据。

三、戈森的经济思想

19世纪50年代，德国经济学家赫尔曼·海因里希·戈森（Hermann Heinrich Gossen，1810—1858）对以前的效用价值论加以综合，提出了较完整的以消费者心理感觉为基础的价值论。

戈森曾是德国政府的一名小职员，后来他辞去了工作，花费4年的时间闭门写书，最后在1854年正式出版《人类关系的法则及人类行为的规范》。他曾希望该书流传于全世界。戈森把自己的理论对于经济科学的作用宣称为像哥白尼的伟大发现对天文学的作用一样。但是，他的书只卖出去一本，这也许是他的书使用了大量数学语言进行叙述的缘故。一气之下，他收回了印好的书把它们销毁了。戈森对边际主义基本原理的发现被长期埋没、无人知晓，直到杰文斯独立地发现了这个与他自己提出的理论相同的思想为止。杰文斯在1871年出版了其第一版《政治经济学理论》之后，发现了戈森的书。由于戈森早就是边际理论的先驱，杰文斯对自己未能成为边际理论的首创者深感失望。但他完全相信，自己的书就是戈森著作的后续版本。[①]1889年，戈森的著作在德国重印，为这位已经过世的先驱理论家带来了迟到的荣誉。

戈森将自己的经济学原理建立在边沁的快乐和痛苦的计算上。他接受了边沁的观点，认为人是理性的，而且总是试图使自己的纯快乐或者效用最大化。戈森接受了基数效用观点。他假定，效用可以由正常的数字单位来衡量，而且服从于与基数联系在一起的所有的数学运算规则。特别是他提出的“边际效用递减规律”和“边际效用相等规律”这两个经济学的基本规律，预示了杰文斯、门格尔和其他边际主义经济学家的贡献。

（一）戈森第一定律

以现代术语来说，戈森第一定律就是边际效用递减规律。该规律是说，一种商品对于一个人来说，其额外效用是随着已有总消费量的每一次增加而递减的。在其他事情上，这个规律解释了两人之间的产品交换怎样才能使双方获益。例如，饲养牲畜的农民有比他自己愿意消费数量更多的可供宰杀的牲畜，他的边际效用和他能从这些牲畜身上得到的钱相比是较低的。同样，烤面包的人有那么多的面包，以至于超过其消费数量的每个面包的边际效用都较低。面包和肉的交换能使交换双方得到的商品为自己提供比被放弃的那些产品

① 杰文斯的《政治经济学理论》销售得也并不很好，第1版在7年的时间里只卖出去1 000本。

更大的边际效用。

（二）戈森第二定律

戈森第二定律涉及通过理性的消费支出来保证最大化满足的边际效用的平衡问题。戈森说，理性的人将把支出花费在每种商品上，要达到这样一点，即在这一点上，花费在每一种商品上的最后一单位货币会带来与花费在其他任何商品上的最后一单位货币相同的满足。这可以用符号表示如下：

$$\frac{MU_x}{P_x}=\frac{MU_y}{P_y}=\cdots$$

式中：MU_x和MU_y代表两种不同商品x和y的边际效用，P_x和P_y分别是两种不同商品的价格。这个理性消费者的选择规律构成了需求分析的基础，而后者对于边际效用价值论是十分重要的。

戈森认为，人类行为的目的就在于追求最大限度的享乐和避免痛苦。上述两个规律就是人类行为的准则，人的行为必定受它们支配。而政治经济学的首要任务是发现这种享乐规律以及按照这些规律行事的条件。

戈森是围绕合理组织消费和生产问题，发挥其“戈森定律”的，并以之为基础阐述了价值、生产和价格等问题，建立了一个相当完整的主观主义经济理论体系。

戈森认为，价值即数量有限的效用，效用和价值是物品满足人享乐的能力，所以是主观的、相对的。价值量随物品提供的享乐量而定，并且随物品数量的增加而递减，当各边际价值相等时达到最大。但戈森并未得出边际效用决定价值的结论。他也没把价格决定因素归结为效用。相反，他认为，价格变动是引起消费方式变动，从而引起效用变动的条件。总之，尽管戈森的理论还未达到后来那样全面和成熟，但他为边际效用价值论提供了有力的基础，也使后来的研究者得到了启发。

遗憾的是，当戈森在世时，其上述理论却没有受到人们的重视。只是到了19世纪70年代，杰文斯发现了它以后，才逐渐为人们所了解，被命名为“戈森定律”，成为近代边际学派的理论渊源和基础，戈森本人也被奉为边际效用论的先驱和奠基者。

本章思语

1. 劳埃德的边际效用价值思想是怎样的？
2. 朗菲尔德的边际效用价值思想是怎样的？
3. 古诺的边际分析有何特点？
4. 杜能的边际思想有何特点？
5. 试评价戈森的边际效用思想。

[第二十一章]
奥地利学派的经济思想

奥地利学派又称维也纳学派。该学派是19世纪和20世纪初盛行的边际学派中影响最大的一派。其创始人是门格尔。他的主要经济学著作《国民经济学原理》（1871）奠定了奥地利学派边际效用论的基础。后来，门格尔的理论由维塞尔（F. Wieser）和庞巴维克加以补充和发展。这三个人一起成为奥地利学派最主要的代表人物。由于奥地利学派以比较通俗的方式阐述了边际效用论，因而其影响在相当长一段时间内远比数理经济学派的影响大。

第一节　边际学派概述

一、历史背景

工业革命后的100年间仍然有一系列的经济问题和社会问题没有得到解决。尽管生产力有了空前的发展和增长，人们的生活水平也有了提高，但贫穷仍是普遍存在的。特别是财富和分配的不平等引起了普遍的不满。经济波动使许多人生活水平下降，个人已经不再能够仅仅依靠自己的首创性和能力来克服那些会对他们造成冲击的不利条件。农民和农场工人有他们的困难，许多人在较好的利益吸引下和农村穷人团体的驱使下流入城市。在对个人的劳保补偿法实施之前，工业事故往往给工人及其家庭带来痛苦。在引起人们寻求解决办法的问题中，劳动时间过长、危险的和危害工人健康的工作条件、雇主在与工人谈判中的压倒性经济力量、垄断企业的增加，以及老年人的无保障都超过了古典经济学思想的狭隘限制。

欧洲19世纪的倾向是在下面三个方面解决社会问题的压力，并在这三个方面蔑视古典经济学的教条：

（1）促进社会主义；

（2）推动贸易一体化；

（3）由政府通过规范经济来淘汰滥用和浪费，并通过收入再分配来改善生活条件。

边际主义者反对这三种“解决办法”。虽然古典经济学的价值和分配理论不够准确，但其政策看起来是正确的。边际主义者捍卫了市场配置和分配，对政府干预表示痛心，指责社会主义，并寻求对工会进行阻挠的办法，以使之成为有害的。

对早期的边际主义者而言，古典的价值理论和分配理论似乎错误地包含了并不是挣得的收入的地租，以及以劳动时间为基础的交换价值。前一种思想被美国经济学家亨利·乔治抓住并进行了扩展，后一种思想则被马克思抓住了。边际主义者认为，如果古典经济学能够解决其存在的问题（古典的价值理论的缺陷），边际革命就不会出现了。

边际革命正式开始于1871—1874年，英国、瑞士、奥地利诸国几乎同时出现了边际主义的系统性著作：英国杰文斯的《政治经济学理论》（1871）、瑞士瓦尔拉斯（L. Walras）的《纯粹政治经济学要义》（1874）、奥地利门格尔的《国民经济学原理》（1871）。他们各自独立但又几乎同时提出了系统的大致相同的边际效用论。这些彼此独立的系统阐述边际效用价值论的著作，为其后不久崛起的、以这些理论和观点为依据和分析方法的边际效用学派奠定了牢固的基础，开辟了西方经济学发展中的新时期。因此，西方经济学家称这一现象为经济学中的“边际革命”。西方经济学界对于“边际革命”的起因，众说纷纭，归纳起来大体有五种：

（1）认为它是为了反对马克思主义而产生的。

（2）认为它是古典经济学发展的合乎逻辑的结果，把李嘉图地租论暗含的边际分析扩大到了价值论和分配论等方面。

（3）认为它是对古典经济学片面强调供给和成本的一种修正：由强调供给转为强调需求。

（4）认为它是经济学家专业技能提高和经济学专业化或数学化的结果。

（5）认为边际革命是深刻的社会历史背景下的产物。

第一种原因是出于误解；第二种原因则流于形式上的认识；第三种原因也仅仅是部分认识；第四种原因同样只反映了部分事实；只有最后一种原因比较符合历史实际。“边际革命”的发生，既与反对古典学派价值理论的思潮有关，也与造成古典学派衰落、社会主义学说和历史学派等各种“异端”兴起的社会斗争、经济矛盾和阶级斗争条件有关。

二、主要信条

美国经济学家弗里兹·马克卢普（Fritz Machlup，1902—1983）曾经把20世纪30年代初奥地利学派的思想特征总结为下述几个方面：①方法论的个人主义；②认识论的主观主义；③边际主义；④效用对需求和市场价格的影响；⑤机会成本；⑥消费和生产的时间结构。

我们认为，边际学派的基本思想可以浓缩为10个主要原理或主题，这是边际学派的先驱和该学派具有代表性的经济学家所讨论过的。

1.在分析方法上对“边际”的注意

边际学派把注意力集中到制定经济决策的变化点上或者边际点上。边际主义者把李嘉图在其地租理论中发展起来的经济分析原理扩展到了所有的经济理论上。

2.以个别变量或局部问题作为分析的重点

个人和厂商占据了边际分析舞台的中心位置。由于没有考虑总量经济或者宏观经济学，边际主义者考虑的是个别决策的制定、单一类型商品的市场条件、特定企业的产量等。

3.推崇抽象推理方法的使用

边际主义者否认历史方法对李嘉图和其他古典经济学先驱所提出的抽象分析方法的积极作用。

4.对完全竞争的强调

边际主义者一般都把他们的分析建立在完全竞争假定的基础上。[①]这个基础非常狭窄，要求存在个别的、独立的企业，大量买方，许多卖方，同质的产品，统一的价格，没有广告。没有一个人或厂商有足够的经济力量能够明显地影响市场价格。个别人可以使他们自己的行为适应成千上万的人相互作用所决定的市场中的需求、供给和价格。每个人的行为相对于市场的规模而言影响都十分渺小，以至于在市场中没有谁会注意到他的存在。

5.相信需求决定的价格理论

对早期边际主义者而言，需求是价格决定的基本力量。古典经济学家倾向于强调把生产（供给）的成本作为交换价值的重要决定因素。这些早期边际主义者走向了相反的极端，强调最重要的是需求，而把供给排除在外。后面我们会发现，只有马歇尔把供给和需求综合到一起形成新古典经济学。边际学派认为，经济学基本上是边际主义的，这才是对古典学派所做贡献的较为公正且明智的认识。

6.对主观效用的强调

在边际主义者看来，需求取决于边际效用，而边际效用是一种主观的、心理的现象。生产成本包括工作、管理企业和为形成资本金而储蓄货币时的牺牲与烦恼。

7.注重均衡的分析方法

边际主义者认为，经济力量一般会趋向于均衡。无论什么时候干扰引起经济紊乱，一种新的趋向均衡的运动都会发生。

8.在经济分析中将土地与资本品合并处理

边际主义者倾向于在分析和论述作为财产资源回报的利息、租金和利润时，把土地和资本资源放在一起。这有其分析上的优势，并且可以与认为地租是非劳动收入和为保证土地使用而做出的不必要的支付那些看法进行争论。边际主义者一般把对地主的报酬和利息理论结合在一起。

9.假定人们具有理性的经济行为

边际主义者假定，人们在平衡快乐和痛苦、衡量不同商品的边际效用、平衡现在与未来需求时的行为都是理性的。他们还假定，有目的的行为是正常的和典型的，而偶然不正常的行为将会相互抵消。边际主义者所使用的这种方法，可以在边沁那里找到其根源。在那里，他们假定，人类行为的内在驱动力是寻求效用和避免非效用（负效用）。

10.主张政府少介入经济活动

边际主义者继承了古典经济学派的传统，坚持经济活动中最令人满意的政策就是只保持较少政府介入的政策。在大多数情况下，对自然的经济法不加干预就是为了实现社会利益的最大化。

---

① 这里只有一个例外，那就是边际学派的先驱古诺提出的垄断理论和双头垄断理论。

三、基本立场

边际主义者主张，通过推进对市场体制能够有效地配置资源和促进经济自由的理解，来寻求增进所有人的利益。在抽象的技术上来说，边际主义者在这个目标上是有一定道理的。通过表明这点，在竞争环境下，工人所得到的支付似乎将等于他们对产出价值的贡献。

边际主义者似乎还支持和帮助了由通过剥削问题唤起革命的马克思主义的对抗。但是，边际主义（经济自由主义的或者政治保守的经济学）也有利于主张维持现状那些人，即拒绝变化那些人的利益。这种理论反对工会，对人为高工资与向下不灵活的工资会造成失业做出说明，这都有利于剥削者（即使他们中的大多数并不真正理解剥削）。

边际主义也捍卫地主的利益，反对那些以李嘉图地租理论为基础的对地主的攻击。

对那些倾向于反对政府对收入再分配进行干预的人们而言，该学派对他们也是有利的。

四、历史作用

边际主义学派发展了新的和有利的分析工具，尤其是几何图形和数学分析的技术。在某种意义上说，这为经济学成为更精确的社会科学开辟了道路。在需求条件给定的情况下，决定最终产品和生产要素价格的这些工具当然具有其重要性。该学派强调形成个人决策的力量。在这方面和微观的视野内，这种强调也许是有效的。边际主义者明确地阐述了经济分析中的基本假定，反对古典经济学家把它们悄悄地放到背景当中。边际学派引发的方法论争论使目标和证明原理分离。这种证明原理建立在边际主义者所阐述的价值判断和哲学观点的假定的基础之上。

受到该学派许多成员拥护的局部均衡分析方法，对将复杂的现实世界进行抽象，以便更好地理解它是有益的。这种方法在保持其他所有变量暂时不变的情况下，允许一个变量在时间上发生变化。这种方法使得研究者把复杂的现象在时间上进行分解。有无穷变量的无限复杂的社会问题因此会通过有条不紊和系统的方法而得到简化与了解。由于边际主义者在经济分析中引入了连续变量，他们就在一定程度上接近更为现实的情况。

不忽略个别经济单位或者小的经济部门肯定是个优点。边际主义者的微观经济学方法补充了把经济当作一个整体来对待的宏观经济学方法。例如：

（1）虽然某国每单位资本的平均实际收入在上升，但是，特定人群的状况每况愈下。

（2）经济周期对于一家大汽车公司的盈利来说是非常重要的；但是对于一家便利店的店主来说，与一家在热闹大街上经营的竞争性百货店相比，经济周期对它的影响却相对不那么重要。

（3）总量分析告诉我们，某种人力资本形式的投资（如大学教育）会比一些物质形式的资本投资要支付更高的回报；但是，一位银行家不贷款给一位学生去上大学也是有正当理由的，除非政府为该笔贷款提供担保。在给学生贷款的例子里，那位银行家只是反对进行无抵押贷款。显然，边际主义者的微观经济学分析方法在经济理论中占有重要的地位。

五、理论贡献

19世纪70年代，资本主义的各种矛盾日益尖锐，阶级斗争也进一步发展。由于强调供给方面和强调古典劳动价值理论不能满足当时经济活动的需要，由于无产阶级群众运动的高涨和马克思主义的传播，所以资产阶级不仅需要从新的方面来探求价值理论，而且迫切需要一种新理论来与马克思主义对抗，掩盖资本主义的矛盾，为资本主义辩护。边际效用论的产生恰好适应了这种形势的需要。

边际学派的几个信条后来相继都发生了变化，还有一些完全被边际学派所拒绝。

凯恩斯指出把边际主义就业理论和新古典就业理论联系在一起也许是一种谬误。如果一家企业削减工资，它也许会由于在较低的价格上销售更多的商品而扩大其市场。它自己的雇员购买力的下降将不会对其利润产生影响，因为在正常情况下，他们将只是购买其产品的一个可以忽略的部分。但是，如果所有企业的雇员都削减工资，这些企业就可能发现其生产萎缩了，而不是扩大了。

批评意见也认为，完全竞争的假定在19世纪70年代之前是合理的，但是它太受限制了，以至于在19世纪70年代竞争下降以后变得无用。今天，完全竞争只在很少的经济部门里才能找到。

制度经济学家认为，历史的和制度的因素支配着决定工作日长度、消费行为、工资率这类事情时理性个人的计算。

边际主义者认为，最好的政府就是干预最少的政府。

随着新经济事件的扩展和新经济理论的发展，上述这种观点已经过时。这些思想家的分析最初是静态的、无时间的和未经过经验证据证明的。几乎没有人尝试进行理论的归纳证明。实际上，假说往往是在一些排除了检验的途径上成立的。经济周期问题在企业关于供给可以创造它自己的需求因而充分就业就是一种通则的信念中普遍被忽略了。此外，边际学派也不能很好地解释经济增长。

尽管存在上述批评，但是，在当代经济学原理和微观经济学教材中可以发现许多边际主义的分析。该学派的分析方法已经为更广义的新古典学派所吸收了。于是，新古典经济学派和凯恩斯主义宏观经济学的变种共同支配了西方国家的经济分析，并和社会主义一起分享了国际领域。

在今后进一步的深入学习中我们将会发现，边际主义经济学家和他们的先驱做出了数理经济学、基本的垄断模型、双头垄断模型、边际效用递减理论、理性的消费者选择理论、需求法则、边际收益递减规律及其在工业企业中的运用、规模收益的概念、工作与闲暇的选择分析、要素报酬的边际生产力理论这样一些方面的贡献。从20世纪80年代起，由边际主义者所最先引进的这种研究选择问题方法的理论，在经济学专业内部出现了明显的复兴。

边际效用学派后来在欧洲形成了两大学派：一个是以奥地利学派为代表的主观心理学派；另一个是以杰文斯和洛桑学派为代表的、以数学为分析工具的数理经济学派。在美国则有以克拉克为代表的美国边际效用学派。当时影响最大的是奥地利学派。瓦尔拉斯因为偏处于瑞士而未受法国经济学界注意和重视，杰文斯则被后来的马歇尔经济学的声望所淹没。从更长远的观点或者事后的观点来看，瓦尔拉斯和杰文斯的理论都为后来数理经济学派的发展奠定了基础，甚至于极大地影响了整个20世纪西方经济学的主流分析方法。

第二节　门格尔的经济思想

一、生平简介

卡尔·门格尔（Carl Menger，1840—1921）生于奥地利的加里西亚，其父是律师。他曾在维也纳大学和布拉格大学攻读法律。1867年，门格尔在克拉科夫大学取得博士学位。毕业后，他先从事法律事务，接着进入奥地利国务总理办公室的新闻机关工作。那时，他写些市场报告，对价格理论有所涉及。1868年，为取得维也纳大学讲师资格，他开始阅读大量经济学文献。1871年年底，门格尔写成并出版了其成名作《经济学原理》（这与杰文斯的代表作是同年出版的）。次年，他就任讲师。1873年，他辞去公职专任教授。1876—1878年，门格尔任奥地利皇太子的私人教师，陪同皇太子鲁道夫周游欧洲。1879年，他返回维也纳大学任政治经济学教授。

门格尔的长期目标是出版一本关于经济学的系统性著作和一本关于社会科学一般特征与方法的著作。他的研究兴趣和主题范围不断扩大。1883年，门格尔出版《经济学和社会学方法论研究》，挑起了同施莫勒的方法论论战。1884年，他写了《德国历史主义的错误》。他还写过《资本理论》（1881）和《货币》（1892）两篇论文。1900年，门格尔成为奥匈帝国议会上议院议员。1903年，他辞去教授职务，以便全身心地从事研究和写作。在其一生的最后30年中，门格尔几乎没有出版什么著作，因为他对自己的著作并不满意。他在去世时留下的只是一些零星作品和杂乱无章的手稿。不过，门格尔的藏书倒是不少，其身后留下了25 000多册藏书。

二、抽象演绎法

（一）门格尔的观点

门格尔认为，经济史和经济理论都能认识经济现象，但前者研究只是一定时间和场合下个别的、具体的现象及其相互关系，而经济理论是认识经济现象的基本形态及相互关系。因此，经济史只能作为经济学的补充学科，而绝不能代替理论经济学，只有理论经济学才能突破直接经验的局限，建立一种永久性的、一般性的、普遍性的经济原理。这样，经济学研究就必须排斥那种纯粹实用的、经验主义的“历史归纳法”，而采用严密的“抽象演绎法”。

门格尔认为，他主张的抽象演绎法可以“使人类经济的复杂现象还原成为可以进行单纯而确实的观察的各种要素，并对这些要素加以适合其性质的衡量，然后根据这个衡量标准，以再从这些要素中探出复杂的经济现象是如何合乎规律地产生着”①。简言之，就是运用抽象演绎法把经济现象还原为各种要素，再对之进行量的衡量，并找出其运动规律，从而解释经济现象。这里的关键在于，门格尔的这种方法始终是主观的。

---

① 门格尔. 国民经济学原理［M］. 刘絜敖，译. 上海：上海人民出版社，1959：2.

门格尔不仅一般阐述抽象演绎法，而且将其具体化。门格尔将人和物的关系作为政治经济学的研究前提和出发点。他所谈的“人类经济”完全是超历史现实的、人为虚构的。他认为，“人类经济”由两个基本要素构成：一是人类的欲望；二是满足这些欲望的物质的有限性和稀缺程度。由这些基本要素就可以引出经济问题。

在门格尔看来，由于欲望无穷、物质有限，就产生了如何以有限的物质来实现欲望的最大满足问题，这就产生了经济学的任务。门格尔认为，经济学的任务就是研究“人类为满足欲望而展开其预筹活动的条件”。庞巴维克则将经济学的任务表述为“研究人和物质财富的相互关系”。

奥地利学派把具有商品交换关系的经济叫作“社会经济”，把使用生产工具的生产叫作“资本主义生产”，而把“赤手空拳”的生产与个体经济相联系。这样，他们一方面抹杀了社会经济形成的历史阶段性，另一方面把资本主义关系说成永恒的、普遍的关系。

（二）抽象演绎法的特点

1.奥地利学派将对孤立的个人的研究作为抽象演绎法的立足点

这种方法认为，个人是社会的元素，社会是个人的简单算术总和，社会经济则是个体经济的简单、机械加总，而孤立的个体经济是社会经济的缩影。个人和个体经济被看作第一性的和本源的，而社会和社会经济被看作第二性的和派生的。因此，奥地利学派认为，对个人与财货关系的分析之中包含了解释更复杂的社会经济现象的关键和钥匙。这样，奥地利学派就把鲁滨孙式的个体经济作为分析一切经济现象的典型例证和立足点，企图由此延伸出整个社会经济的规律。

奥地利学派这种抽象法与真正科学的抽象法毫无共同之处。科学的抽象法对最抽象的范畴也不能失掉其具有的客观的社会性质。但奥地利学派的这种抽象法完全不是这样。科学抽象法是从复杂的社会生活中抽象出经济生活来，从复杂的社会关系中抽象出最基本的生产关系来。这种基本范畴与整个社会经济的关系是细胞与生命整体间的有机联系，而不是孤立原子与生命整体间的关系。奥地利学派抽象出来的孤立个人是失去社会历史特征的、一切社会都适用的自然人。以“自然的人”的行为当然不能说明具体的“社会经济”。奥地利学派这个“自然的人”的抽象完全是主观心理上的虚构和抽象，它没有现实性。这种抽象有些太过头了。

2.奥地利学派将对个人心理的分析作为经济研究的起点

奥地利学派依据边沁的“苦乐心理”学说，把人的心理动机归结为追求享乐和避免痛苦。他们认为，人类的意志和心理动机决定人类的经济活动。这种活动的出发点、动力和最终目标就是人类的欲望和欲望的满足。

门格尔说，“人类意志决定着人类经济活动的结果”，“人类欲望和自由支配满足欲望的资料，是人类经济的出发点和目标”。[①]这样，门格尔就将经济活动看作追求享乐和避免痛苦的活动，政治经济学就成为研究快乐与痛苦之间关系的学科，成为心理学的附庸和实证，因此，人们的心理状态就是政治经济学研究和分析的起点。维塞尔则干脆宣称政治经济学是实用心理学。

这样，奥地利学派就把一切经济范畴都说成是超越时间、空间，适用于一切时代的永

① 门格尔．国民经济学原理［M］．刘絜敖，译．上海：上海人民出版社，1959：255.

恒心理现象，把客观经济规律变成了心理状态的外在表现。这种观点实际上就是将资本主义的经济制度和经济关系看作永恒的一切人类社会的关系。奥地利学派的这种分析方法当然是错误的。他们颠倒了主客观关系，否认了经济范畴与规律是不依个别人主观意志转移的客观必然性，片面强调和夸大了经济活动中人们的心理作用。

3.奥地利学派强调个人消费，将其与生产割裂开，并脱离社会关系

这是该学派研究方法的又一特点。这个特点一致延续到今天的新古典经济学。奥地利学派认为，满足欲望的过程就是消费，因此，经济本身就是消费活动。至于生产，那只不过是满足欲望的一种手段。生产只能使“经济”复杂化，而不能创造“经济”。因此，生产只是从属因素，消费才是决定因素。在这样的分析中把消费提到首位，而抛开生产这个因素，必然导致强调效用的观点。

这种方法割裂和颠倒了生产与消费的相互关系，片面地强调和夸大了消费的作用，这是违背客观现实的。

三、边际效用价值论

门格尔的价值理论在形式上的最大特点是，不用数学公式的方法进行表述。他也没有在边沁观点的基础上构造其理论。他是通过一张表格的例子来说明其边际效用递减和边际效用相等的规律的。

表21-1中假设了10种（或10等）商品的各种不同数量的边际效用值（从1到10）。每列连续下降的数字代表了增加对指定商品的消费所引起的总满足的连续增加量。

表21-1　**门格尔的边际效用递减表**

消费单位	边际效用									
	食品				烟草					
	1	2	3	4	5	6	7	8	9	10
第1	10	9	8	7	6	5	4	3	2	1
第2	9	8	7	6	5	4	3	2	1	0
第3	8	7	6	5	4	3	2	1	0	
第4	7	6	5	4	3	2	1	0		
第5	6	5	4	3	2	1	0			
第6	5	4	3	2	1	0				
第7	4	3	2	1	0					
第8	3	2	1	0						
第9	2	1	0							
第10	1	0								
第11	0									

门格尔这张表暗含着一个假定，每种商品的每一个单位都代表了相同的货币支出或者努力与牺牲。另外，如果1单位烟草可以用10美元或者5分钟的劳动获得，而1单位食品需要1美元或者50分钟劳动获得，那么和第1单位食品（10美元÷1美元）相比，消费者将更愿意获得第1单位烟草。

门格尔这张表暗含的另一个假定是，理性的（懂经济的）个人将不仅从序数上而且从基数上对其满足进行排序。序数的排列表明，在给出的任何一天把第1美元花在食品上，将比把第1美元花在表21-1中的任何其他商品上获得更多的满足。与此有关的是，只有一种商品的值在排序上高于其他商品。对于基数的值，人们必须说，花在食品上的第1美元恰好给出了花在食品上的第6美元或者花在烟草上的第2美元2倍的效用。这种确切比较的有效性当然是有疑问的。我们将发现，后来的经济学家在发展他们的理性消费选择理论时，以序数效用代替了基数效用。

门格尔从表21-1引出了他感兴趣的结论。假定1个人仅仅能够提供7单位食品，该人满足其食品需求就会按照边际效用的重要性从10单位排到4单位，其他按照重要性从3单位排到1单位的食品需求则不能被满足。那么，7单位食品对于此人的用处何在呢？杰文斯会把从第1单位到第7单位食品每单位的边际效用加总，得出49的答案。门格尔的答案却是28（4×7），用最后1单位边际效用乘以单位数。为什么呢？门格尔回答说，所有的单位都是一样的，作为边际单位，每单位都具有同样的效用。如果1个人每天只有1单位食品，他接近饥饿的状态将使他得到比边际单位本来会有的更大的满足。

门格尔由此认为，全部效用的交换价值并不像杰文斯所说的那样，等于边际效用的交换价值之和。他认为，5单位食品提供的满足（6×5=30）比10单位食品提供的满足（1×10=10）会更多。由此，门格尔认为，较少的商品会提供比较多的商品更多的满足，于是，较少的商品会比较多的商品在出售时要求更多的货币。不过，在这两种算法中，当代经济学家接受了杰文斯的算法。

门格尔认为，对于价值的衡量完全是主观的。所以，1件商品可以对1个人有较大的价值，也可以对另一个人有较小的价值，或者对第三者没有价值，这完全取决于这3个人的偏好差异和每个人所得到的收入总量。因此，价值的性质和衡量都是主观的，这和生产成本无关。

从事经济活动的个人赋予1件商品的价值，等于他从该商品应得的具体满足的重要性。在商品的价值和劳动与其他高级商品被运用到生产中的数量之间，没有必然的和直接的联系。对于1件非经济物品（如原始森林中树木的数量），即使大量的劳动和经济物品被运用到其生产中，人们也不能从那里获得价值。1颗钻石是被偶然发现还是从钻石矿中通过1 000天的劳动获得，对于其价值是毫无影响的。一般地，在现实生活中，是没有人在估价1件商品的价值时，要求了解其来源与历史，而只会考虑该商品能够给他提供的效用，以及如果不能按照自己的意愿拥有这件商品时他就无法得到的享受。一些花费了很多劳动的商品往往没有价值；另一些商品尽管几乎没有花费什么劳动，或者完全没有花费劳动，却具有很高的价值。花费了很多劳动的商品和几乎没有花费什么劳动或者完全没有花费劳动的商品对于经济人来说，往往有着相等的价值。因此，劳动的数量和其他运用到生产中的生产手段的数量不能成为商品价值的决定要素。[1]

门格尔说，交换价值的基础是不同的个人对于一些商品主观评价的相对差异。他否认亚当・斯密把交换价值归结于人们对物品的交换倾向，认为交换是物品使人们得到愉快的结果。门格尔认为，交换能使该交换的参加者增加其得到的满足。贸易会增加交易双方的总效用。“把人们引向交换的原则，就是人们在经济活动中作为一个整体所受到指导的相同的原则；它会尽力帮助人们实现最大限度的满足。”

四、门格尔的归算论

门格尔在为生产要素定价时最先提出了归算的思想。边际主义者强调消费需求，尤其是其主观心理方面在价格决定中的重要性。边际效用和总效用的概念都涉及需求，所以，他们只运用了消费品和服务方面。是什么支配着生产中使用的机器、原材料、土地等这样一些“更高序列”商品的价格呢？门格尔的归算理论认为，这些生产中使用的物品也能使消费者产生满足，但只是间接地通过帮助生产那些能直接满足消费者需求的物品进行的。消费者对一块铁的边际效用是受由这块铁制造的最终产品，比如说一只顶针的边际效用支配的。铁的有用性被归算到顶针的有用性之中。边际效用的原则因此被扩展到整个生产和分配领域。例如，地主得到的地租，就是受那块土地上出产的产品的效用支配的。生产要素或者其替代品被分配使用那些支配其交换价值的价值。生产手段的现值等于它们将要生产出来的消费品（建立在边际效用基础上）的预计价值。这有两步推论：①“对资本系列价值（利息）”的边际扣除；②对企业活动的报酬（利润）。

归算论是对劳动价值论和实际成本价值论的一种攻击。门格尔说，一种最基本的错误就是，对我们来说，商品获得价值是因为这种对我们有价值的商品在生产中被使用了。他说，这种错误的看法不能解释土地服务的价值、劳动服务的价值或者资本服务的价值。相反，生产中使用的物品的价值毫无例外地必定是由它们帮助生产的消费品的预计价值所决定的。门格尔否认一般劳动的价格是由维持劳动力及其家庭的最低的生活费用所决定的。劳动服务的价格像所有其他商品的价格一样，是由其价值支配的。它们的价值则受到“如果我们不能享受到这些劳动服务，就不得不经受因不满足而得不到的那种满足的重要性的支配”。

五、对微观经济学理论的贡献

门格尔对微观经济学理论所做出的贡献令人们产生了深刻的影响。其著作充满巨大的我们讨论范围之外的洞察力。其中一个例子就是他对垄断的讨论，这种讨论很有特点地提出了几个被其他后来者更充分地发展的重要概念：

> 垄断者在影响经济事件的进程方面并非完全不受限制。正如我们所看到的那样，如果垄断者愿意销售一个特定数量的垄断产品，他就不能随意固定价格。如果他固定了价格，他就不能在同样的时间里决定将在这个他设定的价格上售出的商品数量是多少……但是在经济生活中能够给他一个特殊地位的东西，是这样一个事实，即在任何一种给定的情况下，在决定被销售的垄断商品的数量或者价格之间，他有选择权。他在不顾及其他经济人

---

① MENGER C. Principles of economic［M］. Glencoe，IL：Free Press，1950：146-147.

的情况下，只考虑自己的优势，而由自己做出这种选择……

假定垄断商品的价格总是，甚至是经常准确地按照垄断者的销售数量在相反的比例上上升或者下降，或者在垄断者设定的价格之间和可以被销售的垄断商品的数量之间存在的一个相似的比例上上升或者下降，将是完全错误的。例如，垄断者如果把2 000单位而不是1 000单位垄断产品带到市场上，1单位的价格并不一定会从6弗罗林下降到3弗罗林。相反，在这种经济形势下，也许在一种情形下会下降到5弗罗林，但是在另一种情形下，则下降到2弗罗林。[①]

以上两段话表明，门格尔很好地理解了向下倾斜的市场需求曲线和不同的需求弹性的概念。不过，这并不意味着其经济分析没有遗漏或不准确的地方。例如，他没有适当地考虑提高边际生产成本在帮助建立商品的相对价值中的作用。像杰文斯一样，他那么希望反驳劳动价值理论，但是错误地以相似的方式对待他曾批评过的理论。不过，毋庸置疑，门格尔毕竟还是通过其经济分析树立了他在西方经济思想史上的地位和名誉。

第三节　维塞尔的经济思想

一、生平简介

弗里德里希·冯·维塞尔（Friedrich von Wieser，1851—1926）于1874年毕业于维也纳大学法律专业，后去德国海德堡、莱比锡和耶拿大学与庞巴维克一起向历史学派经济学家罗雪尔、希尔德布兰德、克尼斯等人学习经济学。1884年，维塞尔到布拉格大学任教，1899年任政治经济学教授。1903—1922年，他接替门格尔任维也纳大学政治学教授。1917年，他以终身议员的资格担任上议员，并在奥匈帝国的最后两届内阁中担任商业部部长。维塞尔于1922年退休。

维塞尔的主要著作是《经济价值的起源及主要规律》(1884)，介绍和发展了门格尔的理论，创造了“边际效用”一词，把成本分析首次引入门格尔的体系。他的《自然价值》(1889) 吸收了英、法边际经济学的边际成本分析，发展了门格尔的生产要素价值和价格理论，创立了奥地利学派风格的边际生产力分配论。1914年，他出版了《社会经济理论》。

二、维塞尔的归算论

奥地利学派认为，生产资料的价值应由它所生产出来的最终消费品的价值决定，即由它所生产的消费品的“边际效用”决定。门格尔首先提出这一观点，而后维塞尔将其进一步发展。

门格尔把消费品称为第一级产品，把直接生产该消费品的生产资料称为第二级产品，并依次类推。价值的决定是从第一级产品向后逐级传递的过程。庞巴维克完全继承了门格尔这一观点。他认为，产品的价值是决定的因素，而生产手段的价值是被决定的因素，生产手段的边际效用和价值依赖它们产品的预期的边际效用和价值。

---

① MENGER C. Principles of economics [M]. Glencoe, IL: Free Press, 1950: 211-213.

维塞尔的归算论是把生产资料的价值归结为具体各个生产要素在产品中所占有的份额。他认为，生产资料的各种要素（土地、资料、劳动）都参与了生产，因而应当在产品中占有一定份额。而生产要素的价值“也就决定了它所得到的报酬的数量”。所谓“归算”，就是指如何把产品的价值分成份额，再把这份额归属于与生产该产品有关的每个生产要素（生产资料）。他认为，归算论不仅说明了各生产要素的价值，还解决了分配问题。

维塞尔以x、y、z代表三种生产要素。如果：

$x+y=100$

$2x+3y=260$

$4y+5z=590$

则：$x=40$，$y=60$，$z=70$

这就是“归算”价值和分配份额的方法。

三、维塞尔对马克思价值理论的攻击

维塞尔攻击了马克思的劳动价值论。他认为，劳动价值论在德国的广泛传播，是社会主义者们“对利息发动十字军攻击”的主要原因。而他有责任出来反对社会主义者，为资本主义辩护。他认为，马克思的劳动价值论是一种“陈腐的议论”，没有说明“未来社会”中的价值现象，必须代之以边际效用价值论。

第四节　庞巴维克的经济思想

一、生平简介

欧根·冯·庞巴维克（Eugen von Böhm-Bawerk，1851—1914）曾于维也纳大学学习法律专业，毕业后在奥地利政府任职。1881—1889年，他任奥地利因斯布鲁克大学教授，之后入奥匈帝国财政部，曾三任财政部部长；1904—1914年，再任维也纳大学教授。

庞巴维克的主要著作《资本实证论》（1888）对门格尔的价值理论做出通俗的解释，还提出了时差利息论。他在《资本与利息》（1884）和《马克思体系的终结》（1896）中专门批评了马克思的劳动价值理论和剩余价值理论。事实上，在反对马克思主义经济理论方面，庞巴维克是奥地利学派的三个人当中最积极的，也是最有代表性的。正因为如此，才会有人认为“边际革命”就是为了反对马克思主义才产生的。但英国的杰文斯和瑞士的瓦尔拉斯并没有将反对马克思主义经济理论当作最主要的任务。

二、庞巴维克对物品价值及分类的看法

庞巴维克认为，价值就是表明某种关系。这类关系分为两种：一是主观价值，表示财货与人的福利关系；二是客观价值，表示财货与人的福利之外的关系，即财货之间的自然的、机械的或技术性后果的关系，即财货与其对价值形成的关系。财货之间相互交换的关系实际上是指交换价值和购买力。经济学要研究的只是主观价值和客观价值，而客观价值又需要在前者的基础上才能得到解释和说明。因此，主观价值是价值论的主体和骨干。价值论的任务就在于解释主观价值的本质、起源和量的决定。

庞巴维克认为，在本质上，价值就是人们对财货效用的主观心理评价，是个人主观心理状态的反映。

三、庞巴维克的主观效用价值

（一）关于价值起源

庞巴维克从个人的需求和需求满足出发，认为价值起源于主观效用，即财货满足人的某种需求或欲望的能力或性质。其有无与大小，完全取决于人的主观评价。门格尔认为：价值既不是附属于财货之物，也不是财货所应有的属性，更不是自身可以独立存在的。经济人所支配的财货对其生命与福利必定具有一定的意义。价值就是经济人对于财货所具有的意义所下的判断。因而它绝不存在于经济人的意识之外。庞巴维克认为：如果我认为我的福利同某一特定财货有关，占有它就能满足某种需要，能给予我一种没有它就得不到的喜悦或愉快感，或者使我免除一种没有它就必须忍受的痛苦，那么，我将说这一特定财货对我是有价值的。

总之，奥地利学派的所有经济学家都认为，价值起源于主观效用。但这种主观价值的产生是有条件的，不是在任何时候、任何情况下都能产生的。这个条件就是物品的稀缺性加上主观效用，二者缺一不可。庞巴维克说："一种物品要有价值，必须具有有用性，也具有稀缺性。"他举例说，在喷涌的泉水边和灼热的沙漠中，一杯水的效用和价值是有差别的，前者有效用，无稀缺性，因而无价值；后者既有效用，又有稀缺性，因而具有价值。

（二）价值量的决定

庞巴维克说："决定物品价值的不是它的最大效用，也不是它的平均效用，而是它的最小效用。"对此，奥地利学派在主观效用分析的基础上，加入了"边际"概念，从而构成"边际效用价值论"，进一步补充了价值本质和起源问题的论述。

庞巴维克认为，一种财货可以满足人多种不同的欲望，但这些欲望的重要性不同；即使是同一种欲望，随着它不断被满足的过程，欲望程度也会逐渐递减。同时，满足该欲望的财货的重要性会递减。实际上，奥地利学派的经济学家都完全赞同戈森定律的内容，并把它作为边际效用论的理论前提。当财货有限时，就要按照戈森第二定律的要求，把财货适当地加以分配，使其对各种欲望的满足的程度相符。而这样做，就只能在达到欲望满足的饱和程度之前，在某一点上中断其欲望。中断点上的欲望就是边际欲望。它是一系列被满足的欲望中最不重要的、最后被满足的欲望，处于被满足和不被满足的欲望的边缘。物品满足这种边际欲望的能力就是其边际效用。维塞尔于1884年在《经济价值的起源及主要规律》一书中，首先使用了"边际效用"一词，戈森则称之为"最后原子的价值"，杰文斯称之为"末等效用"和"终点效用"，瓦尔拉斯称之为"稀缺性"，门格尔称之为"最小、最不迫切的欲望的满足"。

边际效用就是主观效用量的衡量尺度，其大小决定财货价值的大小。奥地利学派的经济学家用减少供给量的办法加以说明。他们认为，当财货减少时，人们愿意放弃的必然是最不重要的欲望，这时损失或减少的效用必然是满足该边际欲望的效用。因此，边际效用（最小效用）就决定了这部分财货的价值。又因为同种财货各单位的用途是可以互换的，因而各单位价值是相等的，所以，边际效用也决定了全部财货的价值。“一件物品的价值是由它的边际效用量来决定的。”庞巴维克认为，这不仅是衡量价值论的要旨，也是一切交换行为和经济学理论的基础。

在关于价值总量的计算问题上，维塞尔明确提出，应以边际效用乘以物品单位数。庞巴维克也持大致相同的看法，但未单独加以说明。对边际效用的量如何衡量的问题，庞巴维克认为应该由供求关系决定，越是供不应求的物品，边际效用越高；越是供过于求的物品，边际效用越低。不过，这只是关于消费品的价值决定问题，并不涉及资本品。

（三）交换价值（市场价值）的决定

奥地利学派认为，这应该在边际效用价值论的基础上加以说明。实际上，这也是他们主观价值论的重要运用。

庞巴维克认为交换有4种类型：孤立的交换、买方单方面竞争的交换、卖方单方面竞争的交换、买卖双方都有竞争的交换。而最普遍的是最后一种。他认为，价格是在竞争条件下买卖双方对财货的主观评价相互平衡的结果。其中，主观评价又取决于财货的边际效用。价格上限为买方的主观评价，下限是卖方的主观评价。价格最终在上下限间形成，即由“两对边际对偶的主观评价”决定。也就是说，价格最终将在被排斥的最有能力的买方和卖方的主观评价之间形成。

四、时差利息论

（一）理论内容

门格尔主张“资本的生产力”论。他认为“资本的利用”本身会提高“经济人”对生产资料价值的主观评价，使之超过这些生产资料不被利用时的价值和效用。他还认为，利润是对企业家组织和指导经济活动的报酬。资本有生产力，所以会创造价值。门格尔讲的是产出超过投入的差额。

维塞尔的归算论也是以资本的生产力为依据的。这种“归算”的对象是总额（包括原价值补偿及剩余价值），只说明总额归谁，回避了剩余价值的重要问题。

庞巴维克不满足于这些理论。为了有效地反驳马克思的劳动价值论及剩余价值论，从根本上打击以马克思主义理论为依据的社会主义运动，他炮制了时差利息论。

庞巴维克用利息包括了剩余价值的各种形态（包括借贷利息、企业利润、租金、地租等）。时差利息论的基本观点是把一切利息形态的产生及利率高低，看作根源于和决定于人们对待等量的同种商品在现在和将来主观评价的差异。

庞巴维克在研究利息时，首先将物品分为两类：一是现在物品，即能直接满足现在欲望的物品；二是未来物品，即不能直接满足现在的欲望，而是满足将来欲望的物品，或变为现在物品后才能供人们消费的物品（生产资料、劳动都包括在内）。庞巴维克认为，对两种物品（或同一物品的现在与未来）的评价不同，其价值就不同，其差额就是价值时差。庞巴维克说：“现在的物品通常比同一种类和同一数量的未来的物品更有价值。这个命题是我要提出的利息理论的要点和中心。现在物品与未来物品的客观交换价值和价格也一样，因为客观交换价值由主观评价的结果决定。”

对于时差利息存在的原因，庞巴维克认为：时差利息的存在，源于造成人们对现在物品的评价高于对未来物品评价的基础，即“需要和需要的满足之间的差别”。对现在物品的评价优于对未来物品的评价就是出于需要不能被满足的困苦和急迫，比如在灾害、歉收、饥饿、死亡等条件下，需要不能立即得到满足的情况。一切对未来情况抱有好转希望的人也是如此。

庞巴维克说，人们“低估未来”是因为他们在知识上有缺陷，考虑不周到，缺乏想象力。而意志上有缺陷也会导致人们只顾眼前，不顾将来。此外，考虑到人生短促，情况无常多变，因而人们不能等到享受未来的效用。这些原因都会使人注重现在，低估未来，尤其是衰老、患重病、处于危险环境、作战、患传染病的人往往都会如此。

庞巴维克还认为，“现在物品在技术上的优越性”也会造成低估未来。因为现在的生产资料可以比将来才会有的生产资料生产出更多产品，而且有了可以直接满足现在需要的物品（消费品），并不能促成运用生产工具制造更多的消费品。这都是现在物品在技术上的优越性。所以，人们对现在物品的评价要高于未来物品。只有未来物品，没有现在物品，就不能进行资本主义生产。庞巴维克举了独身渔民的例子。这个渔民用手每天捕3条鱼后全部吃光。如果他有1条船和1张渔网，每天就可以捕30条鱼，每月合计捕900条鱼。如果制造1条船和1张渔网需1个月，那么他可以先借90条鱼维持1个月的生活，同时去造船、织网。第2个月月末，他共捕900条鱼，吃掉90条鱼，偿还90条鱼后仍余720条鱼。

庞巴维克认为，时差利息的基本形式是“贴水”。时间不同而造成价值的差异，就是物品价值的时差。由于存在时差，就要求在等价交换中，未来物品的所有者必须付给现在物品的所有者在量上等于价值差价的“贴水”。这种贴水就是利息，即时差利息。各种利息形态都是“贴水”的不同形态。

具体说来，庞巴维克将时差利息分为3种主要形式：

（1）借贷利息。这是最简单的形式，是理想的典型情况。借出的是现在物品，以后偿还的是未来物品，所以，前者的价值大于后者的价值，归还未来物品时必须另外加上一笔“贴水”，即差额，也就是借贷利息。

（2）企业利润。这是庞巴维克基本的利息形式，也是最重要的利息表现。他认为，生产资料和劳动是物质上的现在物品和经济上的未来物品，而工资是现在物品。工资的价值要大于劳动。只有经过一段时间，通过生产过程，生产资料和劳动才能变为现在物品（消费品）。这时，由于时差的关系，价值增加了。这部分增加的价值就是企业利润，也就是对时差的贴水。

（3）耐用品的利息。这就是租金。耐用品包括工具、土地、衣服等。庞巴维克认为，耐用品可在长时间提供一系列不同的效用。耐用品的价值就由这一系列不同时间的效用总和来决定。其中，远期效用价值低于近期效用价值。因此，耐用品的价值就是这个递减系列的价值总和。每经过一段时间，各级效用就向近期效用前进一级，原来的近期效用则“成熟”为现期价值被利用了。各级效用的价值也都增加了一级。他认为，本年价值减去该年耗费，就是该年的租金。这也是现在物品和未来物品的价值“时间租金”，即该时差之“贴水”。

庞巴维克认为，由于土地的年效用系列是无限的，所以，其最终端的年效用价值为零。这样，土地全部现在价值就是其租金（地租），即利息。

（二）简评时差利息论

我们认为，庞巴维克对收入形式的归纳是错误的，没能正确反映资本主义经济中各种收入的实质。

时差利息论的实质是说明时间因素和心理因素可以创造价值，这显然是错误的。时间和空间是一切客观事物存在和活动的基本客观条件，但并不是特定事物本身运动规律形成的原因。庞巴维克把时间的这种性质当作创造价值的原因和条件显然是错误的。价值形成过程和存在形式固然不能脱离时间，但时间本身不是价值形成的原因和本质。庞巴维克高估现在物品的价值，低估未来物品的价值，显然是短期功利主义思想的产物。试想将一堆生产资料放在一边，没有人去加工和运用它们，哪怕经过一万年，它们本身也仍然不会增加价值。至于心理因素，当然也不能构成价值实体。在绝大多数情况下，个人依据某种物品对自己的重要性来评估其价值，并不能成为社会普遍接受的市场经济中的价值。庞巴维克的这种错误就在于割断了价值、剩余价值同劳动和社会性的联系，从而将个人的好恶代替社会经济价值的判断标准，而且直接抹杀了资本主义经济剥削的性质。

庞巴维克的时差利息论是错误的，还在于这一理论基础的依据也是错误的。他强调是个人“需要和对满足需要的（物品）的供应间的差别”引起人们评价的差异，这既是一种理论想象，又是脱离经济关系的纯粹心理问题。他认为人会低估未来的说法，具有逻辑片面性和歪曲的意味，而且无法从经济学上加以说明。难道人们不正是对更加美好的未来抱有希望和理想，才去努力和奋斗的吗？低估未来完全是将悲观主义世界观普遍化和强加于人。连庞巴维克自己也认为，“低估未来”完全不会对价值发生直接影响。至于他所强调的“现在物品在技术上的优越性”，则是从纯技术观点说明价值的产生，这显然也抛开了商品经济的环境和背景。这同样不能说明价值的性质。

五、对马克思价值理论的攻击

庞巴维克认为，马克思主义能够广泛传播的一个重要原因，是反对它的人力量太弱。仅仅利用节欲学说、生产力学说，或巴师夏、麦克库洛赫等辈的劳动学说来反对马克思的理论是不行的，不能给社会主义以根本的反对，也不能给社会主义以根本的打击。因为他们选择的立脚点不对头，这些人不能击中社会主义的真正弱点。为此，庞巴维克用了很大力量来反对马克思的劳动价值论。

在《资本与利息》（1884）一书中，庞巴维克专门用一章来攻击马克思《资本论》第一卷中的劳动价值论和剩余价值论。

首先，他从逻辑上说马克思的推论是不合逻辑的，把类概念与类概念的特殊形式相混淆。他认为，同特殊、具体的使用价值相对的是一般使用价值、抽象使用价值，而不是价值。

其次，他认为，马克思从商品的许多属性中抽象出劳动来决定商品的价值，是不对的。他列举“抽象的使用价值”“稀缺性”“自然的产物”等所谓共同属性，来反对以劳动决定价值。

最后，在实践方面，庞巴维克也举出一些例子来试图说明马克思的错误。他说：

（1）稀有商品的价格大大高于其价值，这说明价值与稀缺性有关，而与劳动无关；

（2）土地并非劳动产品，但也有价格，这也说明价值与劳动无关；

（3）熟练程度不同的工人在同样的劳动时间内会生产不同量的价值，所以，以劳动时间来衡量价值是不正确的；

（4）工资低的生产部门生产的商品价格低，也许能够说明价值与工资有关，而与劳动无关；

（5）相同的时间内，因使用工具不同，创造的价值也不同，这也说明价值与劳动无关；

（6）价格会随供求变动，也说明与劳动无关等。

庞巴维克认为，这些都“可以证明劳动原则在经济生活上的局限性的例外……真是太多，以致使一般原则很难成立”。他认为，马克思不能解释上述例外。因此，他预言马克思能够解释这些问题的第三卷《资本论》很难问世。

当马克思《资本论》第三卷真的出版后，庞巴维克又很快出版了《马克思及其体系的终结》（1896）一书，继续对马克思的理论进行攻击。他认为：“马克思的第三卷否定了第一卷。平均利润率和生产价格论同价值论是不可调和的。”《资本论》第三卷与第一卷互相矛盾。他认为：“马克思的体系同事实毫不相干……他的体系建立在比形式辩证法还不稳固的基础上。”

意大利的阿基尔·洛里亚（Achille Loria，1857—1943）也持同样观点和见解。恩格斯在《资本论》第三卷增补中彻底批判了洛里亚的谬论。这同样也是对庞巴维克的批判。

第五节　简评边际效用价值论

边际效用价值论是奥地利学派全部经济理论的基础与核心。门格尔首先提出了他的基本观点，后来由维塞尔和庞巴维克加以发挥，最终形成了一套系统理论。但在细节上，他们之间各有区别。其中以庞巴维克的论述最为完整、严密和系统，其在经济学说史上具有重要地位和影响。

边际效用价值论是一种主观价值论，是反对种种以客观因素解释价值的理论的。它的目的之一是取代各种客观价值论。边际效用价值论一方面反对古典学派的劳动价值论和19世纪以来的“生产费用价值论”；另一方面反对马克思的劳动价值论，并企图以边际效用价值论来说明商品经济和资本主义经济的一般规律和基础，为进一步分析分配制度提供基础。这点对我们认识价值理论的重要作用有一定的启发意义。

一、价值的起源和本质

我们认为，奥地利学派的价值观点属于超历史的心理范畴。不能说人对物品的主观评价不存在，但关键在于：这种主观评价能否成为价值实体？回答显然是否定的，因为主观评价应该以商品客观属性的存在为前提。主观评价也受人的生理条件制约，是第二性的东西。即使主观评价反映了客观效用本身，也不能构成价值实体，因为只有商品中共同的属性才能构成价值实体（庞巴维克也同意这点）。而使用价值（效用）恰恰是各自不同的，正由于这点，商品才要交换。但也正因为效用性质各不相同，因而无法进行量的衡量和比较，才需要以反映共同性质的价值来衡量。所以，效用（使用价值）只能是价值的物质承担者，而不是价值本身。

庞巴维克说他可以抽象出一种一般的效用作为价值的基础。我们说，这种抽象在纯粹理论意义上当然可能，但这种一般效用能否充当价值实体，是要到实践中检验的。实践证明：一般效用是不能构成价值实体的。

首先，因为它不属于经济范畴，不反映经济关系。它不仅是商品的共同点，而且是一切非商品物品的共同点，如空气、阳光、水流等。这样，它就不能成为说明商品经济关系的基础。

其次，一般效用只能表明某物品有用，只能说明可用物品的一般条件，它连交换的必要性也不能说明。一进入实际交换领域，就不存在抽象的一般效用了。交换的必要性只能用特定的、具体的效用去说明，而交换品在不同使用性质上的量的比较就更谈不上用一般效用去说明了。

边际效用价值论的倡导者企图说明价值的非历史性、非社会性和非客观性，但事实上是不行的。庞巴维克企图以形式逻辑上的同类化来说明自己观点的正确性，但这是不能解决问题的。

从价值实现角度来说，人对商品的评价还是有一定意义的、起作用的。我们过去缺乏这方面的研究，今后则应深入一步。

二、价值量的衡量

奥地利学派想以物品的“边际效用”从主观评价上对商品的价值加以衡量。这在实际上是行不通的。因为主观因素能否衡量价值、怎么衡量，都是有待于解决的问题，甚至在科学技术远比19世纪发达的今天也没有办法解决这些问题。此外，奥地利学派并没有指明边际效用是否是确定的量，这个量究竟是多少。事实上，作为主观评价的“边际效用”是随机变动的、没有确定性的东西，是否能作为确定物品价值量的衡量标准很成问题。所以，“边际效用”的意义是极其有限的，它只能说明：主观心理评价只对具有需求饱和程度的有限物品具有有限的意义，但对价值决定没有意义。庞巴维克自己最终也把“边际效用”量的确定归之于供求关系了。“边际效用”在量上不能确定，是边际效用价值论最致命的弱点之一。另外的致命弱点就是，它将反映人们之间社会关系的价值，仅仅看作反映人与物之间关系的价值。

三、奥地利学派的价格论

我们说，人们的主观评价可以影响市场上价格的波动，但不是决定因素。人们是否购买某种商品，购买多少某种商品，除受人们的主观评价影响外，还受购买能力的影响。而购买能力不仅受他们收入水平的限制，而且受市场价格的影响。实际经济活动中存在的只是以客观市场价格为前提，以个人主观购买力为基础的对商品价值和使用价值进行的主观判断和评价。实际上，多数情况下只能是市场价格决定谁有能力和意愿购买，而不是靠主观评价来决定市场价格。由买卖双方直接自由议价的情况也会存在，但由于交易成本，这种情况在商品经济十分发达的今天已经不多了。在实际议价过程中，买方和卖方考虑到自己的利益也不会以庞巴维克所说的方式（买方由于主观评价高，所以愿出高价；卖方由于主观评价低，所以愿出低价）去议价。

资本家从不注重商品对自己的效用，他们生产的商品只要对别人有效用，能够卖出去，就挣得利润，因此，根本谈不上他们自己对商品的主观评价能决定价值。

奥地利学派的主观价格论以买卖双方的平衡为基础，是其中既有供求论又有均衡论的错误观点。奥地利学派想以主观因素说明问题，但又没有真正展开分析，想抛开客观因素，却又不能离开客观因素。

本章思语

1.边际革命产生的历史背景是怎样的?
2.边际革命的内容要点或产生的主要信条是什么?
3.边际革命的主要贡献是什么?
4.门格尔的研究方法有何特点?
5.门格尔的边际效用价值论的主要内容是什么?
6.庞巴维克和维塞尔的归算论的内容是怎样的?
7.庞巴维克的边际效用价值论的主要内容是什么?
8.庞巴维克的时差利息论的特点是什么?
9.庞巴维克对马克思《资本论》的批评有无道理?

[第二十二章]
数理经济学派的经济思想

第一节　数理经济学派概述

数理经济学派是19世纪末边际效用学派的另一个分支，是边际效用论与数学相结合的产物。杰文斯、瓦尔拉斯和帕累托（V. F. D. Pareto）等人是该学派的主要代表。

配第在《政治算术》（1691）中曾经以统计方法作为分析经济问题的基础，意大利的乔瓦尼·塞瓦（Giovanni Ceva，1647—1734）在1711年写的一篇短文中也广泛应用了数学公式。重农学派和英国古典学派在有些著作中也曾运用某些数学知识分析个别经济问题。

19世纪30年代后，经济研究中开始大量运用数学方法。德国的杜能最先运用微积分和其他数学公式表达经济范畴，如ap=自然工资（a为最低生活维持费，p为全部劳动产品）。法国的古诺是这时期运用数学方法研究经济问题的最著名代表。他用函数表达市场关系，用数学语言和公式表达经济规律。他在《财富理论中数学原理的研究》（1838）一书中运用微积分对垄断、价格、成本等进行了分析。古诺被称为"数理经济学之父"，《财富理论中数学原理的研究》被认为是"划时代的著作"。

德国的戈森也是数理经济学的先驱。他认为，在经济研究中，必须运用数学方法才能确定各因素对结果的作用。在《交换规律的发展和人类行为的准则》一书中，他用数学方程和二维图形说明人们的享乐和法则。

但上述著作和方法在19世纪70年代前并未引起经济学界的注意，直到后来杰文斯和瓦尔拉斯的著作出版后，才开始形成数理经济学派。由于边际效用论在西方经济学界影响的扩大，论证和表述该理论的数学方法也就引起了人们的重视。瓦尔拉斯被认为是数理经济学派的实际创始人，帕累托（将在第二十八章介绍）为其追随者。由于他们都在瑞士洛桑大学任教，所以，他们又被称为数理经济学派中的"洛桑学派"。后来，马歇尔在《经济学原理》中又把数学方法加以推广运用。维克塞尔（J. G. K. Wicksell）和古斯塔夫·卡塞尔（Gustav Cassel，1866—1945）又形成了"瑞典学派"的分支。20世纪50年代以后，在美国的保罗·萨缪尔森（Paul A. Samuelson，1915—2009）、西蒙·史密斯·库兹涅茨（Simon Smith Kuznets，1901—1985）、罗伯特·多夫曼（Robert Dorfman，1916—1983），挪威的雷格纳·安东·基特·弗瑞希（Ragnar Anton Kittil Frisch，1895—1973）等人的推动下，数理经济分析已成为当今西方主流经济学研究和分析的最主要方法，占有极为重要的地位。

数理经济学派的出现标志着西方经济学进入一个新的发展阶段。数理经济学家将数学手段应用于经济学，试图使政治经济学成为“准确的科学”。但数学方法是否应该成为经济学的主要研究方法，是值得怀疑的。尽管经济学问题中包含一定的数量关系，但是经济学研究的主要是人们之间的社会关系，是人际关系，而不是物品之间的数量技术关系。因为数学方法不能代替经济学中的理论抽象方法，而数理经济学派抹杀了经济学中的社会经济关系，只留下了各类的数量关系，把数量关系作为经济学的研究对象，以数学分析代替理论分析，这就完全回避了对经济社会本质的分析，即对人们之间社会关系的分析。这显然是错误的。

数理经济学派把交换作为应用数学方法的出发点，把生产、分配、消费都归结为交换的某种特定形式，这就抹杀了社会经济活动各阶段的原则区别和生产的决定作用。他们标榜数学方法可以严密、准确地表达和解释经济现象，而抛弃对社会关系的性质进行分析，其实就是在主客观上为自由市场条件下的个人主义、利己主义、自由竞争、阶级调和、现存的工资、利润、地租等制度的性质进行自然性与合理性的辩护，并最终为资本主义制度的合理性进行辩护。

第二节　杰文斯的经济思想

一、生平简介

威廉·斯坦利·杰文斯（William Stanley Jevons，1835—1882）既是边际效用价值论的创立者之一，也是数理经济学派的一个代表。杰文斯生于英国利物浦的一个制铁机械师家庭，15岁入伦敦大学学化学和植物学，18岁时曾短期辍学去澳大利亚，在一家造币厂（色德勒造币厂）当化验员。从1858年起，他对经济学、统计学、逻辑学及社会问题发生浓厚兴趣。1859年，他挣够了足以供他继续学习所需的收入后，便回到英国伦敦大学复学。1862年，杰文斯向英国科学协会剑桥大会经济统计组提交了《政治经济学的一般数学理论的注解》一文（1866年发表）。1863年，杰文斯大学毕业。1866年，他出任曼彻斯特大学欧文学院逻辑、道德哲学及政治经济学教授。1870年，弗莱明·杰肯（Fleeming Jenkin，1833—1885）的《供给与需求规律的图示方法》一文促使杰文斯丰富了他1862年那篇论文的研究成果。1871年10月，杰文斯出版了他的代表作《政治经济学理论》。1875年，他转任伦敦大学的政治经济学教授。

杰文斯对指数问题的进展做出了突出的贡献。他曾发明一部逻辑机器，于1870年在皇家学会展出。该机器可以在任何给定的明确条件下，产生一种机械性的结论。

杰文斯也是历史学家。1880年，他被选为伦敦统计学会（皇家统计学会前身）副主席。

1882年，杰文斯在一次游泳中不慎溺水身亡。

杰文斯的主要著作是《政治经济学理论》（1871），奠定了他在思想史上和边际效用学派、数理经济学派中的地位；还有《逻辑要义》（1870）、《科学理论》（1874）等其他著作。杰文斯也写过一些经济论文，如《煤的问题》（1865）、《商业危机和太阳的爆发》

(1878)、《商业循环》(1882)、《国家与劳动的关系》(1882)、《通货与金融的研究》(1884)等。杰文斯在同时代的经济学家中，特别注意统计方法和经济学的关系。他还以太阳黑子的活动来解释经济危机产生的原因和周期性。

二、经济思想

(一)在经济学的对象和方法上向约翰·穆勒提出挑战

杰文斯以政治经济学的改革者身份自居，声称要走一条与劳动价值论不同的路，重建政治经济学。杰文斯的理论核心即边际效用价值论。他说李嘉图“把经济科学的汽车开到了错误的路线上”，因而是“有能力但思想错误的人”。他说约翰·穆勒进一步把这部汽车推向了混乱的境地，所以，他也反对约翰·穆勒的经济学体系，向其提出挑战。他更多欣赏的是西尼尔的经济分析理论。他提出的是以主观主义心理学为出发点、以效用为基础、以数学为分析工具的新理论。他认为，经济学要成为科学，就必须是一种数理科学。在杰文斯看来，在经济学中只有数学才能证明一切。

杰文斯把经济理论区分为一般经济理论和应用经济理论。后者如财政学、商业统计学等，都是以一般经济理论为指导原则的。他的政治经济学理论就是研究一般经济理论的科学。一般经济理论只考察在既定的所有权制度下，经济如何通过消费、交换和生产以取得最大的满足。杰文斯经济理论的结构是：以关于快乐和痛苦的理论为其哲学或伦理学基础，以边际效用理论为起点，以交换及价格理论为中心，以生产及分配理论为归宿。

杰文斯认为，经济学应当研究人在经济活动中的心理，即痛苦和快乐。经济学就是研究如何以最小的代价取得最大的快乐的。他认为：“感情的根本原理就是经济学的基础”，经济学就是快乐与痛苦的微积分学。①他还说：“快乐与痛苦无疑是经济计算的最终的目的，以最小努力满足最大欲望——以最少厌恶的代价获取最大希求的快乐，换言之，最大限度的快乐，就是经济学的课题。”②

杰文斯把边沁的苦乐主义心理学作为经济学的基础，并强调心理分析。他把经济学的研究课题分为三类：①以效用为基础的价值分析；②经济政策；③货币市场和经济危机。

杰文斯认为，经济学的方法是抽象演绎法。首先，应确立若干简单概念，如效用、财富、价值等。其次，要进行推理和论证。最后，应找出普遍规律。

除此之外，他认为，应在心理分析基础上，应用数学方法。他说：“一个人的心是比较苦乐的天平，是对感觉量的最终判断。”③他认为，经济学的一切概念和范畴，都属于苦乐感觉范畴内的数量概念，因此，可用数学方法来表达和计量。

(二)最后效用程度价值论

杰文斯是以“最后效用程度”作为主观价值的衡量标准的。他认为，随着消费物品量的增加，人的感觉从而产品的效用就会递减，这就产生了总效用和效用程度的区别。与奥地利学派将总效用看作边际效用与物品总量的乘积的看法不同，杰文斯认为，总效用是全部现有产品各单位实际效用加起来的总和；效用程度是在产品供给的某一点上所表现的需

---

① JEVONS W S. The theory of political economy [M]. 3rd ed. London: Macmillan, 1888: 37.
② JEVONS W S. The theory of political economy [M]. 3rd ed. London: Macmillan, 1888: 12.
③ JEVONS W S. The theory of political economy [M]. 3rd ed. London: Macmillan, 1888: 12.

求强度和欲望的满足程度。效用程度对人的福利是更为重要的。而各种效用程度中，最后效用程度（最后增加的产品单位所提供的效用）尤其重要，它直接关系到个人的苦乐。杰文斯就把它作为价值的尺度，即个人对产品效用价值的判断标准。他说："所谓价值，即应指一种商品的最后效用程度。它是用该商品一个新增加量所获得的快乐或利益的强度来计量的。"[①]"最后效用程度"，即边际效用，它表示现有商品量中极小的或无限小的最后增量的效用程度。

杰文斯强调指出，最后效用程度不是指一定量商品中最后一个新增加量所提供的效用量，而是这个效用量和商品增量的比例，即最后效用程度是一个以比例数字表示的抽象的量，它不包含任何客观物质的内容。杰文斯认为，最后效用程度这个函数足以在经济学中引起一个转折。这种转折就是从劳动-成本价值论转向边际效用价值论。

杰文斯以自己的方式阐述的"最后效用程度递减规律"和"最后效用程度相等规律"，实际上就是戈森定律的两条内容，但这是他本人提出的，他并不知道有戈森定律。后来，当他得知德国也有人提出该定理时感到非常高兴。

1.最后效用程度递减规律

在这方面，杰文斯的观点和早期的戈森、杜普伊特的看法很相似。他说，效用不能被直接衡量，至少不能以手头的工具加以衡量。这种主观满足的愉快只能通过观察人们的行为和注意人们的偏好加以估计。他也拒绝对不同人之间的愉快和痛苦加以比较。但是，他认为，单独的个人可以对一种商品的连续单位的效用进行比较，也可以比较几种商品的边际效用。对于前者，杰文斯用图形分析来说明他的"一种商品的最后效用程度的变动规律"。这可以用现代的形式表示（如图22-1所示）。

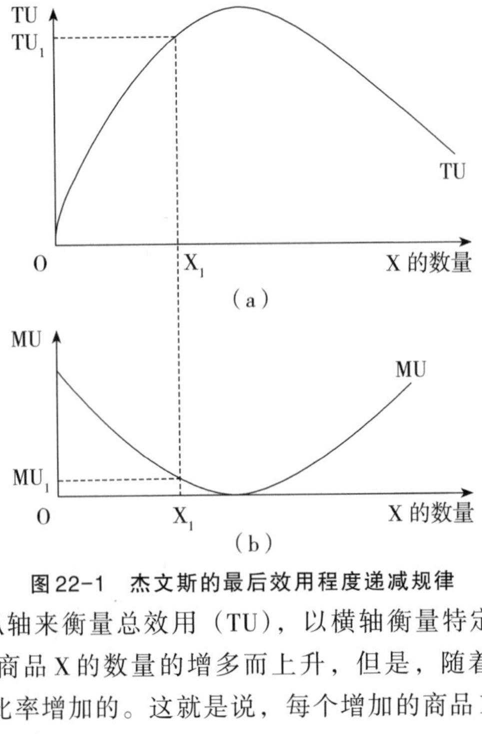

图22-1 杰文斯的最后效用程度递减规律

图22-1（a）中以纵轴来衡量总效用（TU），以横轴衡量特定商品X的数量。总效用随着所消费的横轴上的商品X的数量的增多而上升，但是，随着消费的商品X的数量增多，总效用是以递减的比率增加的。这就是说，每个增加的商品X的连续单位都比先前的

① JEVONS W S. The theory of political economy［M］. 3rd ed. London：Macmillan，1888：80.

单位增加的总效用要少。

在图22-1（b）中，用纵轴来衡量边际效用（MU）。边际效用，或者杰文斯所说的“效用的最后程度……随该商品的数量变化而变化，并最终随该商品的数量的增加而减少。没有什么商品可以说是我们总能不断地对它们具有相同强烈的消费愿望，而不管我们已经使用或者已经拥有多少数量”。杰文斯说，如果人们拥有图22-1中决定该商品X_1的购买量的边际效用曲线，那么，总效用将是TU_1，最后效用程度（边际效用）将是MU_1。图22-1（a）可以通过TU曲线上各点的斜率值得出边际效用。杰文斯说：我们几乎不需要考虑除去最后增加的被消费物品之外的所有物品的效用程度，或者说相同的意思是，只考虑下一个增加的被消费的物品的边际效用。因此，通常我总将使用最后效用程度的说法，作为最后增加的，或下一个可能增加的一个极小或无限小的现有存货数量效用程度的含义。①

杰文斯的边际效用递减规律解决了困扰一些古典经济学家的“水和钻石的难题”。亚当·斯密认为，效用和交换价值的大小没有关系，因为水的用处比钻石大，而钻石比水更有价值。边际效用递减规律表明，水的总效用比钻石的总效用大，而钻石的“最后效用程度”或边际效用比水的边际效用大得多。所以，人们将宁愿要世界上所有的水而不要钻石，也不愿选择相反的情况。但是，在假定有丰富的水量的情况下，人们将会宁愿选择增加一单位钻石，而不是额外增加一单位水。

总的说来，杰文斯认为，人对苦乐的估计受苦乐强度、持续时间、确定性、远近因素的影响，随着持续时间的增加，感觉强度会递减。

杰文斯认为，苦乐感觉的变化有其规律：

（1）随着享乐持续时间延长，享乐量会递减；

（2）现在预期的感情之强度，必定是未来的实际的感情及间隔时间的某种函数，它必随实现时刻的临近而增加；

（3）未来事物具有不确定性，所以对任何未来事物所带来的感情量应当打一定的折扣。

杰文斯说：“商品是能够提供快乐或痛苦的任何一种物品、资产、行为或服务。”②“效用则是快乐的产物，或者说，至少是苦乐平衡的有利的变动”③。效用并不是物的内在属性，而只是表示物与个人福利之间的关系。直接当事人的意志或倾向，是判断一物在当时有用与否的唯一标准。④在这个基础上，他说：“价值完全取决于效用。”⑤“价值一词通常指的就是对于一物的欲望程度或估计。”“效用不与商品成比例：同一物品，其效用随我们所已有的量的多少而变化。”⑥

2.最后效用程度相等规律

杰文斯用其最后效用程度（边际效用）的概念构造了一种理性选择的一般理论。他说：让s代表某种商品的总量，让它有两种不同的用途（“大麦也许可以被用来制造啤酒、烈酒、面包或喂牲畜”）。然后，我们分别以x_1和x_2代表这两种用途的适当数量，条

① JEVONS W S. The theory of political economy［M］. 3rd ed. London：Macmillan，1888：51.
② JEVONS W S. The theory of political economy［M］. 3rd ed. London：Macmillan，1888：37-38.
③ JEVONS W S. The theory of political economy［M］. 3rd ed. London：Macmillan，1888：57.
④ JEVONS W S. The theory of political economy［M］. 3rd ed. London：Macmillan，1888：39.
⑤ JEVONS W S. The theory of political economy［M］. 3rd ed. London：Macmillan，1888：1.
⑥ JEVONS W S. The theory of political economy［M］. 3rd ed. London：Macmillan，1888：80.

件是：$x_1+x_2=s$。人们也许可以设想，连续地支出小量商品到不同的用途上。现在必定有一种人性的倾向使人去选择一种途径，以便能够发现给自己提供最大好处的那种时刻。因此，当人们对他自己选择的支出分配保持满足时……商品使用的增加将产生在各种使用上的效用都相等的结果。换句话说，我们必定在两种用途上具有相同的最后效用程度（边际效用）。[①]

注意，在这个例子中，两种商品的价格都是不考虑商品的使用情况的。因此，杰文斯的例子仅仅是戈森第二定律的一种特例。愿意使效用最大化的消费者将以这样一种方式分配其货币收入，即花费在所有商品上最后一元钱的边际效用是相等的。以符号表示就是：

$$\frac{MU_X}{P_X}=\frac{MU_Y}{P_Y}=\cdots=\frac{MU_N}{P_N}$$

在这里，边际效用递减规律的作用就是重要的。例如，如果X商品的边际效用对其价格的比例比其他商品边际效用对其价格的比例大，那么，理性的消费者将购买更多的X商品，而购买更少的其他商品。随着X商品的增多，其边际效用下降，而随着像Y和Z商品消费单位的减少，其边际效用上升。边际效用对其相应商品的价格之比必定相等，而消费者的总效用也会达到最大。

（三）交换理论

杰文斯还使用其效用最大化原理来解释从交换中得到的利益。杰文斯研究交换价值时说："价值概念仅仅与一物同另一物相交换的事实或情况有关"，"价值不过表示一物以一定比例同另一物交换的比例"。[②]

杰文斯认为，交换时，交换者总是比较两种物品的最后效用程度，来决定他愿意放弃多少自己的商品，换取多少对方的商品。交换者要求交换后达到最大效用，其条件是：这两种商品的增加量的效用——最后效用程度对交换双方来说恰好相等。

杰文斯断言：两种商品的交换比例，是交换后各种商品量的最后效用程度的比率的倒数。[③]他认为这个命题是"全部交换理论与主要经济学问题的拱心石"[④]。

杰文斯认为：交换将进行至双方都获得一切可能的利益，继续交换将带来效用损失时为止。这时，双方都处于满足和均衡之中，各效用程度达到均衡。这个均衡点可由这个标准求出，即商品的无限小量依照相同的比例继续交换，将既不会带来效用的增益，也不会带来效用损失。换句话说，如果商品的增量依照既定的比例相交换，其效用对双方是相等的。[⑤]

杰文斯将其交换理论通过数学方式表述出来。

杰文斯假设X为某人拥有的商品量，U为X数量商品所提供的效用，则：

$U=f(X)$

设ΔX为X的一个增量，ΔU为该增量的效用，则：

总效用$=U+\Delta U$

---

① JEVONS W S. The theory of political economy [M]. 3rd ed. London: Macmillan, 1888: 59-60.
② JEVONS W S. The theory of political economy [M]. 3rd ed. London: Macmillan, 1888: 77.
③ JEVONS W S. The theory of political economy [M]. 3rd ed. London: Macmillan, 1888: 78.
④ JEVONS W S. The theory of political economy [M]. 3rd ed. London: Macmillan, 1888: 95.
⑤ JEVONS W S. The theory of political economy [M]. 3rd ed. London: Macmillan, 1888: 77.

效用程度$=\Delta U/\Delta X$

如dX为该商品中极小的或无限小的最后增量，则limU为该商品的最后效用程度，决定它价值的大小。

具体举例来说，假设A为甲原有的谷物量，B为乙原有的牛肉量。当A以X量谷物与Y量牛肉交换后，甲的谷物量就是（A-X），甲的牛肉量则是Y；乙的牛肉量是（B-Y），乙的谷物量则是X。

现在，令$\varphi_1(A-X)$为谷物对甲的最后效用程度；$\varphi_2 X$为谷物对乙的最后效用程度；又令$\varphi_1 Y$为牛肉对甲的最后效用程度；$\varphi_2(B-Y)$为牛肉对乙的最后效用程度。dX、dY为谷物和牛肉的最后的最小增量。

甲得到满足的条件为手中谷物与牛肉带给他的最后效用程度相等，即

$$\varphi_1(A-X)\cdot dX=\varphi_1 Y\cdot dY \tag{22-1}$$

或 $$\frac{\varphi_1(A-X)}{\varphi_1 Y}=\frac{dY}{dX}$$

由于：$\frac{dY}{dX}=\frac{Y}{X}$

因此：$\frac{\varphi_1(A-X)}{\varphi_1 Y}=\frac{Y}{X}$

同样，乙得到满足的条件是手中谷物与牛肉带给他的最后效用程度相等，即

$$\varphi_2(B-Y)\cdot dY=\varphi_2 X\cdot dX \tag{22-2}$$

或 $$\frac{\varphi_2 X}{\varphi_2(B-Y)}=\frac{Y}{X}$$

由于在同一市场上的同一时间内，同一商品只能有一个价格，所以，最后增量的交换比例与总量交换比例是相同的。而要使甲乙双方同时得到满足的条件是最后效用程度对双方相等的条件，即

$$\frac{\varphi_1(A-X)}{\varphi_1 Y}=\frac{Y}{X}=\frac{\varphi_2 X}{\varphi_2(B-Y)} \tag{22-3}$$

式（22-3）即能够使交换实现的交换方程式。

杰文斯在计算中，本应说明交换比例（市场价格）的决定，但他先把市场价格作为前提和已知数后，才来考察最后效用程度和价格的关系。此外，他的原理需要一系列其他前提条件，如商品和需求的无限可分性、完全的自由竞争及两个人之间比较效用的可能性等，但这些条件都不具备现实性。

杰文斯以交换为理论核心，把一切经济现象和关系都归结为交换，认为最后总能达到均衡，在均衡点上，双方都能得到最大的效用，全社会也会借助交换，通过产品的分配获得最大利益。于是，社会上的一切都和谐了。据此，杰文斯认为“所谓劳动和资本的冲突是一个错觉。真正的冲突存在于生产者和消费者之间”①。

（四）劳动理论

杰文斯在其效用是交换价值的决定因素的思想指导下，在其《政治经济学理论》中以

① HUTCHISON T W. A review of economic doctrines，1870-1929［M］. Oxford：Clarendon Press，1953：47-48.

下列方式构造了其思想："生产成本决定供给。供给决定最后效用程度。最后效用程度决定价值。"①

按照这个逻辑，生产成本和供给就应该成为绝对价值的因素。但为什么杰文斯没有将生产成本作为决定价值的因素呢？因为生产成本中有劳动的因素。杰文斯批评了劳动价值论。他认为，劳动不能调节价值，因为劳动本身不等于价值，它在质量和效率方面是极不相同的。"我把劳动当作基本变量，以至于它的价值必须由生产的价值来决定，而不是由劳动的数量来产生价值。"②

劳动本身就是一种主观的、心理的代价，一种"痛苦的努力"。经济学的问题是"以尽可能少的劳动满足我们的需要"。要做到这一点，工人必须比较工作的痛苦和所得的愉快。

杰文斯以图22-2表明了他提出的关于最适当工作数量的理论。OX轴代表给定小时工资率的情况下，工人能够在一个工作日里得到的潜在产品的数量。高于OX线以上的点代表愉快（效用），低于OX线的点代表痛苦（负效用）。在工作日开始时进行劳动通常会比一天中工人能够适应劳动时进行劳动更令人烦恼。这样，在MDU_w（工作的边际负效用）曲线上的点b和点c既不是愉快也不是痛苦。来自工作的真正愉快（独立的所得）就存在于这两点之间。但是，超过点c，增加工作就会增加痛苦（边际负效用）。

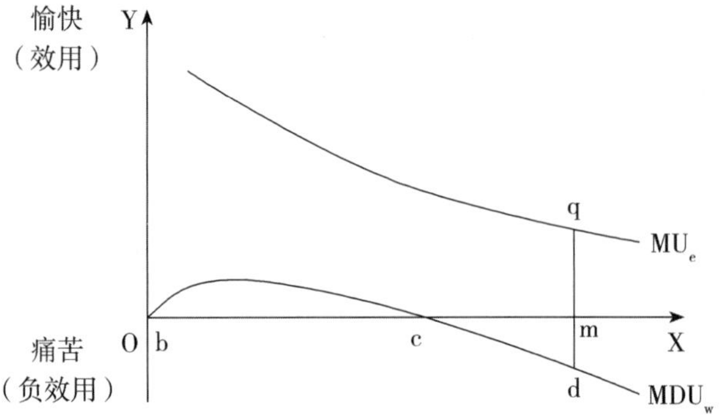

图22-2　杰文斯关于工作的痛苦和所得的愉快之间的平衡

产品的边际效用或者更确切地说是所得的边际效用，由MU_e（所得的边际效用）表示。它向下倾斜反映了边际效用递减规律。在点m处，qm等于dm，从与最后一单位工作相联系的所得中获得的愉快恰好等于所忍受的劳动带来的痛苦（$MU_e=MDU_w$）。工人将选择工作并挣得点m所代表的数量，因为就像从两条曲线上所看到的那样，超过m的工作小时将产生比额外所得带来的效用更大的工作负效用。读者可以判断，m就是这个工人通过沿着X轴仔细审查m之外的点后得到的最满意的工作数量。应当指出，杰文斯通过指出"不可能总是把工人喜欢的（工作日长度）固定在那里"，而给他的讨论加上了现实的色彩。

应当对杰文斯的这一思想进行一个适当的简述。他认为边际效用是交换价值的决定因素。按照交换价值进行的一项交换，也许产生于导致人们对商品相对偏好发生变化的这些因素。当交换价值改变时，生产该商品时所使用的劳动的价值也会改变。劳动价值（工资

① JEVONS W S. The theory of political economy［M］. 3rd ed. London：Macmillan，1888：166.
② JEVONS W S. The theory of political economy［M］. 3rd ed. London：Macmillan，1888：166.

率）的变化又引起了变化的产业中工人认为的最适当的工作量的变化。

（五）其他观点

杰文斯还讨论了另外几个课题，其努力也是值得肯定的。

（1）尽管他没有在边际生产力的基础上充分发展关于分配的一般理论，也没有对边际收益递减规律做出适当的解释，而在此基础上本可以建立上述分配理论，但是，他理解这两种思想的基础。他说，资本投资的连续增加的单位，会产生比先前单位更少的生产力。在一个产业中，给定一定的工人数量，所使用的资本的数量将决定每单位资本的产量。他说，每单位的这个资本的产量将决定对资本所支付的利息。他把资本的功能归结为只与时间因素有关："资本的唯一的最重要的功能是使劳动者能够等候长久工作的结果——使企业从开始到完结可以距离一段时间。"①在他看来，利息是利润的三个组成部分之一，其他两个是监督管理的工资和对风险的保险。

（2）杰文斯对于保险理论和博弈论也做出了贡献。具体而言，他运用货币的边际效用递减规律提出，在公平博弈中的博弈行为是不必支付代价的。一项公平博弈是一种期望获得的价值等于赌注的数量的博弈。一个例子是为10%的机会支付1美元而赢得10美元（1美元-10%×10美元=0）。假如不存在除非获胜才有的赌博的愉快，而且货币也服从边际效用递减规律，那么，一位赌博者的潜在的货币损失就比潜在获得的一个相等的货币量有着较高的每单位效用。另外，购买公平定价的保险也会是这样（就是说，支付1美元买保险对应着概率为10%的损失10美元的风险）。在这种情况下，和没有保险项目时潜在的较大损失的数目相比，为保险费而支付的少量的钱其效用相应要小。

（3）杰文斯对经济周期问题的注意。他在理论上提出，太阳黑子的周期影响了气候，而气候又影响了收成的规模。太阳黑子最少时，收成较好，而这产生的农产品的较低价格刺激了经济。这种结果也许表现出是国际性的。印度的一场大丰收和食物的低价将使工资收入者得到多余的收入，而多余的收入又能用于衣物，因此，这也促进了曼彻斯特的棉纺织厂的繁荣。这种太阳黑子的经济周期理论当然不能经得起后来的经验验证，而常常被引用来作为一个空前绝后的推理错误的很好的例子。

（4）就像早期所提到的那样，杰文斯对指标数据的发展做出了很大的贡献。具体说来，他先驱性地构造了一般物价指数的方法，而这种方法将提供关于两个时期之间的通货膨胀或通货紧缩的范围的信息。随后，他使用了这种方法构造了一般物价指数以及商品个人分级的价格指数。

（5）杰文斯对公共政策也有自己的看法。杰文斯对免费公共博物馆、音乐会、图书馆和免费教育很感兴趣。他认为，儿童的劳动应当受到法律的限制，工厂的健康和安全条件应当得到管理。他赞成工会作为福利和加强友谊的社会团体，因为它们的保险减少了对公共信仰的需求。但是工会应当把工资率留给自然规律去操作。如果这些规律包含了工资的增加，那么，它就是其他工人或者一般民众高价支出的结果。"设想的劳动同资本的冲突是一种欺骗。真正的冲突是生产者和消费者之间的冲突。"工人应当节约，以便使自己的状况得到更大的改善。

杰文斯反对对成年男子的劳动时间进行管制。他主张，有学龄前子女的母亲出于照顾

---

① JEVONS W S. The theory of political economy［M］. 3rd ed. London：Macmillan，1924：223-224.

子女的原因不应该到工厂和车间去劳动。但是，他又对免费医院和对所有孩子的慈善就医表示遗憾。因为，他认为，免费医疗和药品会使最贫困阶级满足于依赖富有阶级为他们提供那些本来应该由他们自己提供的最普通的生活必需品。他反对政府以保护性的手段去抑制煤炭的浪费，因为这种干预手段“破坏了产业自由化的原则，而产业自由化的原则自亚当·斯密的时代以来，就被人们认为是促进我们诸多成功的原则”。

杰文斯支持一项谨慎扩展的立法来改善公共卫生，但是不能决定监狱的债务是否应该被废除。他赞成减轻政府对铁路的管理。在他看来，像火柴税那样的消费税是人们最愿意缴纳的，因为其并不会对产业产生不利的影响。此外，实际上贫民阶层以上的所有人，都应当对国家做出与其收入成比例的贡献。他认为，人们基本上都是享乐主义者，所以，他赞成边沁的最大幸福原则。他说，没有什么法律，没有什么习惯，也没有什么财产权利，是那样的神圣，以至于必须把它们保留下来，除非它们能够被证明是站在最大幸福原则一边的。但是，他问道：我们如何才能证明某些变化将增加幸福的总量呢？没有结论性的证明，现有的社会安排就拥有一个至少有利于它们存在和可以被容忍的合理的假定。

杰文斯一方面以此为资本主义的基本矛盾辩护，另一方面也为经济自由主义辩护（把完全自由的经济作为交换达到均衡的条件），从而反对工会和工人运动。这充分说明其理论的庸俗性、辩护性和反动性。

杰文斯对边际效用学派的发展产生过明显影响的其他观点还有：

（1）把劳动解释为带来痛苦的“反效用”，并以人在劳动中所感受的苦乐感的平衡点来说明最佳工作时间。

（2）把资本的功能归结为只与时间因素有关：“资本的唯一的最重要的功能，是使劳动者能够等候长久工作的结果——使企业的开始至终局，可以距离一段时间。”他还倾向于把资本利息归结为时间本身的产物，并同边际原理相联系。

第三节　瓦尔拉斯的经济思想

瓦尔拉斯是边际效用理论的三位创始人之一、洛桑学派的奠基者。他最主要的理论贡献就是做出了一般均衡分析，提出了边际效用论。他的一般均衡理论和方法是要阐明在完全自由竞争条件下，经济关系达到均衡时的价值（价格）决定。

一、生平简介与时代背景

（一）生平简介

莱昂·瓦尔拉斯（Léon Walras，1834—1910）出生于法国的埃弗鲁。他在年轻时并未获得多大的成功。瓦尔拉斯先是学习数学，后改学矿冶工程。他在学业和职业上历经坎坷。他爱好文学与哲学，24岁时出版过一本小书，没有产生什么影响。后来，他读了古诺的《财富理论的数学原理的研究》，留下了深刻的印象，决定改学经济学。从1858年起，他在父亲指导下自修经济学。他的父亲安东尼·奥古斯特·瓦尔拉斯（Antoine Auguste Walras，1801—1866）曾任法国卡因皇家学院哲学教授，后成为有名的经济学家。他于1831年出版的《财富的本质和价值起源》一书，对瓦尔拉斯影响甚大。1860年，瓦尔拉斯在瑞士洛桑“赋税会议”上宣读的一篇论文获得了二等奖。他曾短期担任经济杂志的编辑。有段时间里，他一直作为铁路低级职员。他对当时法国的合作运动感兴趣，并同莱昂·赛伊于1865年办了一家生产合作银行，但于1868年倒闭。瓦尔拉斯曾经想当记者，未成。他想在法国高等院校里谋求一个讲席，也始终未能成功。1870年，他去瑞士的洛桑大学任法学院新设立的政治经济学讲座教授，开始其学者生涯。在那里，他创建了强调把数学运用于经济学分析的洛桑学派。在他的推动和影响下，洛桑大学成了数理经济学派的中心。瓦尔拉斯于1893年退休，他推荐了意大利的帕累托作为其继承人。

瓦尔拉斯的主要著作有《纯粹政治经济学要义》(1874)、《社会财富的数学理论》(1883)、《社会经济学研究》(1896)、《应用经济学研究》(1898) 等。

(二) 时代背景

瓦尔拉斯经济理论的产生适应了当时的时代要求。瓦尔拉斯写作其代表作的时代，适逢巴黎公社革命的酝酿与发生。在革命形势的威胁下，资产阶级迫切需要一套新的辩护理论来代替早已失去辩解作用的萨伊和巴师夏等人的旧理论。此外，从孔狄亚克到古诺，已提出过效用价值论的思想，而且进行了运用数学研究经济问题的尝试，从萌芽形态上涉及一般均衡概念。这些都为瓦尔拉斯创造新的理论体系提供了理论基础。

二、经济学体系

瓦尔拉斯从社会财富的性质引申出经济学研究的对象和范围。他认为，社会财富是一切有用而又数量有限的东西。社会财富的有限性和稀缺性带来三种后果：一是它可以被占有；二是有交换价值，可以交换；三是可以由工业进行生产。为了避免混乱，必须对这三个方面分别加以研究。

瓦尔拉斯把经济学分为三个部分：(1) 纯粹经济学；(2) 产业与实用经济学；(3) 财产与社会经济学。他认为，这三个部分是研究物品稀缺性引起的三种不同后果：纯粹经济学研究在完全自由竞争机制下的价值、价格和交换；产业与实用经济学研究财富的生产和再生产的方法和条件；财产与社会经济学研究财产的占有和分配。他认为，纯粹经济学是产业与实用经济学和财产与社会经济学的基础，因为纯粹经济学研究的交换是一种普遍、自然的现象，而财富的生产、占有和分配是人类制度的范畴。瓦尔拉斯重点研究纯粹经济学。

瓦尔拉斯认为：“纯粹经济学本质上是在假定的绝对竞争制度下价格规定的理论……它也是社会财富的理论。”[①]在方法论上，他认为，整个纯粹经济学的理论都是数学的。其数学论证过程绝不是一般语言论述所能替代的。他认为，只有数学方程式才能表示交换理论中构成市场均衡的两个条件：(1) 交换双方获取最大限度的效用；(2) 总需求等于总供给。[②]他把纯粹经济学看作“一门如同力学和水力学一样的物理-数学的科学”[③]。因而，他在其代表作中充分使用了代数公式和几何图形来说明其理论。

① WALRAS L. Elements of pure economics [M]. London: Allen & Unwin, 1954: 40.
② WALRAS L. Elements of pure economics [M]. London: Allen & Unwin, 1954: 43.
③ WALRAS L. Elements of pure economics [M]. London: Allen & Unwin, 1954: 71.

瓦尔拉斯体系的三个部分，其实就是以前古典经济学对经济学研究的“三分法”的另一种提法。他把重心放在了研究交换领域方面。

三、瓦尔拉斯的主要理论

瓦尔拉斯的经济理论主要表现为边际效用分析和一般均衡分析。他把最大效用原则作为全部经济行为的准则，其理论结构的程序是：①效用理论；②两种和多种商品价格的形成；③多种生产性劳务价格的形成；④多种资本财货本身价格的形成。他赞成抽象的逻辑分析方法，并主张经济学必须采用数学推理。他比杰文斯更进一步，将已有的数学研究方法扩展为运用联立方程式的方法。

（一）稀缺性价值论

瓦尔拉斯的主要著作虽然比杰文斯和门格尔的著作晚了三年出版，但他的基本概念实质上与另外两人一样，都是从物品效用递减和供给有限的条件出发去论述“价值”。区别只在于瓦尔拉斯没有用“边际效用”或“最后效用程度”来表述概念，而是用了“稀缺性”一词来表述这个概念。

瓦尔拉斯认为，经济科学对价值起源问题提供了三种解答：

第一种是亚当·斯密、李嘉图和麦克库洛赫所做的英国的解答，他们把价值的起源追溯到劳动。这个解答太狭窄了，没有把价值归到实际有价值的东西上。

第二种是孔狄亚克和萨伊所做的法国的解答，他们追溯价值到效用。这个解答太广泛了，将价值归到了实际上没价值的东西上。

第三种是由让-雅克·布拉马基（Jean-Jacques Burlamaqui）和瓦尔拉斯的父亲安东尼·奥古斯特·瓦尔拉斯提出的，追溯价值到稀缺性，这是正确的答案。[①]瓦尔拉斯说：“我把被满足的最后欲望强度叫作稀少性，英国人叫作最后效用程度，德国人称为边际效用。”[②]他认为，商品满足欲望的强度是商品供给量的函数，它随供给商品量的增加而递减，最后一单位商品量满足欲望的强度就是稀缺性。

瓦尔拉斯认为，需求曲线的下降是由效用曲线的特点决定的。随着物品数量减少，欲望满足强度增加，从而使边际效用量增加，需求量随之减少。总效用表示一定商品消费所满足的欲望总额，边际效用则表示被消费的一定量商品所满足的最后欲望强度。

瓦尔拉斯也以价格代表交换价值，并代替价值，以价格论代替和取消了价值论。他也从两种商品的交换开始分析价格的形成。他首先假定存在一个完全自由竞争的市场。该市场中，甲、乙都对对方的商品有需求，而对自己的商品无需求，由此产生了交换。交换的目的是取得最大限度的满足。实现这一目的的条件为：这两种商品的价格必须等于它们的稀缺性的比率，或等于它们满足“最后欲望强度”的比率。这就是说，商品的价格决定了它们的“边际效用”的比率，其公式如下：

$$\varphi_{a,1}(d_a)=p_a\cdot\varphi_{b,1}(q_b-d_a\cdot p_a)$$

这个公式表示拥有商品B的所有者在价格为p_a时，得到最大效用的条件为：等式左边

① WALRAS L. Elements of pure economics [M]. London: Allen & Unwin, 1954: 201.
② WALRAS L. Elements of pure economics [M]. London: Allen & Unwin, 1954: 463.

表示他从购进商品A中得到的稀缺性，右边表示他从剩下的自有商品B中所得到的稀缺性。将上式一般化，得：

$$\varphi_{a,1}(q_{a,1}+x_1)=p_a\varphi_{b,1}(q_{b,1}-x_1p_a)$$

$$\varphi_{b,1}(q_{b,1}+y_1)=p_b\varphi_{a,1}(q_{a,1}-y_1p_b)$$

式中：x_1、y_1表示通过交换而增加到A、B两种商品的原有量（$q_{a,1}$，$q_{b,1}$）上的增量（正或负）。

这样，瓦尔拉斯就认为，物品要有价值，必须既有用，又稀少。他说：如果说稀少性和交换价值是两个共生的和成比例的现象，那么，同样可以肯定地说，稀少性是交换价值的原因……交换价值像重量一样是一种相对的现象，而稀少性像质量一样是一种绝对的现象……稀少性是个人的和主观的，交换价值则是实在的和客观的。[①]

瓦尔拉斯这种论断同杰文斯的交换方程式实质上是完全一样的。

（二）一般均衡理论

这是瓦尔拉斯全部经济理论的中心和对经济学最突出的贡献。该思想的分析思路是在“稀缺性价值论”的分析基础上，由两种商品交换的情况发展到各种商品交换的“一般”（普遍）情况，提出一般交换条件下价格决定的所谓“一般均衡理论”。

一般均衡理论的指导思想是，认为一切商品的价格都是互相联系、互相影响、互相制约的。任何一种商品的供求，不仅是该商品价格的函数，也是所有其他商品的价格的函数，所以，任何商品的价格都必须同时和其他商品的价格联合决定。当一切商品的价格恰好使它们的供给和需求相等时，竞争市场就达到了均衡状态，一般均衡状态也就形成了。这时的价格就是均衡价格，也就是瓦尔拉斯所说的价格。但一般均衡的最终决定原因仍然是“稀缺性”。

瓦尔拉斯的这种一般均衡观点与杰文斯、门格尔以及后来的马歇尔所着重使用的局部均衡的方法是完全不同的。正像一块石子被投到池塘中会引起不断扩大的涟漪一样，经济学中的任何变化都会引起向外辐射并逐渐递减的进一步变化。有时，也正像这些涟漪到达岸边又必然会反弹回来影响最初的冲击点一样，经济中单一市场内发生的最初变化的反馈影响同样不少。这种回荡的过程会通过整个体系继续下去，直到所有的市场同时达到一种均衡状态。

说明这种思想的一个很好的例子是石油价格的上涨。按照局部均衡的方法，如果我们假定，其他所有情况均保持不变，石油数量的减少将引发它价格升高，而这是事情的结果。如果我们用一般均衡的观点对问题稍做一点扩展，就会发现，石油燃料的替代品——煤的需求增长很可能引起市场上煤的均衡数量和均衡价格的变化，最终导致石油及其制成品（汽油）价格的变化。对于休闲的人来说，由于阅读小说的经济成本远低于开车绕城兜风的经济成本，所以，会有人在休闲时以阅读小说来替代开车绕城兜风，对于书籍的需求将会上升。此外，对于像汽车和汽车清洗这样的互补性商品的需求，也许会由于汽油价格的上升而下降。如果对石油和汽油的需求是相对无弹性的，消费者收入中花费在石油产品上的比例相对于花费在其他物品上的比例就会上升。这意味着对于大量与石油和汽油无关的物品的需求，也许会有某种程度的下降。当然，由卡车运送物品的成本将会增加，引起

① WALRAS L. Elements of pure economics［M］. London：Allen & Unwin，1954：145-146.

这些物品的价格上升。消费品市场所有的这些变化，也会引起对生产要素的需求的变化，从而造成资源的重新配置。某些产业（如汽车业）对劳动的需求将减少，其他产业（如房屋的绝缘保温业）对劳动的需求将增加。对应于投资不同产业的不同回报率，资本也将发生变动。例如，生产者将建设更多的石油钻探设备和离岸钻探平台，而较少建立新的汽油加油站。最终，由起初的干扰所引起的经济变化（某种商品的市场价格的变化）将会结束，而这个经济（市场）将会达到一种一般（普遍）的均衡。

瓦尔拉斯的一般均衡分析最重要的贡献是提供了一种分析框架，可以从包含商品和生产要素两方面在内的经济整体上考虑基本的价格和产量的相互作用。其目的是，从数学上表明，在市场良好运转条件下（没有任何障碍的充分自由竞争条件下），市场上所有商品的价格和生产的数量最终都能够调整到相互一致的水平。瓦尔拉斯的分析方法是静态的，因为它假设既定的基本决定因素，像消费者的偏好、生产函数、竞争的形式和要素供给计划，都是不变的。

瓦尔拉斯表明，市场经济中各种商品的所有价格都是相互依赖的，可以用数学方法来决定。这种方法也在一定程度上包含系统论的思想。后来，几个当代最著名的经济学家——约翰·冯·诺依曼（John von Neumann，1903—1957）、阿罗（K. J. Arrow）和杰拉德·德布鲁（Gérard Debreu，1921—2004）在几部著作中，先后运用拓扑学和集合论的数学方法对一个均衡解的存在给出了精确的证明。而一般均衡的分析方法也在现代发展为西方宏观经济学中最流行的动态一般均衡方法（如今进一步发展为动态随机一般均衡方法）。

瓦尔拉斯依据数学上的方程数目等于未知数数目时就可求出未知数数值的原理，论证了市场交换的一般均衡问题是有确定解答的。

瓦尔拉斯的交换一般均衡分析的数学表达是：假定市场有A，B，C，D，…，m种商品，每种商品的价格都以其余所有的商品的价格来表现。

$D_{a,b}$表示在与B商品的交换中对A商品的需求

$D_{b,a}$表示在与A商品的交换中对B商品的需求

$P_{a,b}$表示用B商品代表的A商品的价格

$P_{b,a}$表示用A商品代表的B商品的价格

……

需求是价格的函数：

$D=f(p)$

与A商品交换的B，C，D，…，m商品的有效需求方程有（m-1）个：

$D_{b,a}=F_{b,a}(P_{b,a},P_{c,a},P_{d,a},\cdots)$

$D_{c,a}=F_{c,a}(P_{b,a},P_{c,a},P_{d,a},\cdots)$

$D_{d,a}=F_{d,a}(P_{b,a},P_{c,a},P_{d,a},\cdots)$

……

与B商品交换的A，C，D，…，m商品的有效需求方程有（m-1）个：

$D_{a,b}=F_{a,b}(P_{a,b},P_{c,b},P_{d,b},\cdots)$

$D_{c,b}=F_{c,b}(P_{a,b},P_{c,b},P_{d,b},\cdots)$

$D_{d,b}=F_{d,b}(P_{a,b},P_{c,b},P_{d,b},\cdots)$

这样，共有m(m-1)个有效需求方程式、1/2m(m-1)个市场。

交换方程要求：

每个商品的总需求=该商品的总供给

A商品与B，C，D，…，m商品相交换的方程式有（m-1）个：

$D_{a,b}=D_{b,a}\cdot P_{b,a}$

$D_{a,c}=D_{c,a}\cdot P_{c,a}$

$D_{a,d}=D_{d,a}\cdot P_{d,a}$

B商品与A，C，D，…，m商品相交换的方程式有（m-1）个：

$D_{b,a}=D_{a,b}\cdot P_{a,b}$

$D_{b,c}=D_{c,b}\cdot P_{c,b}$

$D_{b,d}=D_{d,b}\cdot P_{d,b}$

C商品与A，B，D，…，m商品相交换的方程式有（m-1）个：

$D_{c,a}=D_{a,c}\cdot P_{a,c}$

$D_{c,b}=D_{b,c}\cdot P_{b,c}$

$D_{c,d}=D_{d,c}\cdot P_{d,c}$

……

这样，也共有m(m-1)个方程式（交换方程式）。

瓦尔拉斯最终得出一般均衡条件下的价格决定公式：

边际效用之比（稀缺性之比）=价格之比

瓦尔拉斯还用平面图形表明了两三种商品相交换的情况。总之，瓦尔拉斯认为，由于一般均衡条件下m(m-1)个交换方程式，恰好有m(m-1)种价格，所以这些方程式是有解的，价格也是可以算出来的。

于是，达到一般均衡的条件就是：两种商品中任何一种商品的价格（用对方来表示），等于这两种商品用任何第三种商品来表示的价格的比值。①

四、简评瓦尔拉斯一般均衡理论

瓦尔拉斯一般均衡理论的基础同所有的新古典经济学家所依赖的一样，是主观唯心主义的边际效用价值论（稀缺性价值论）和只关注市场表面现象的供求均衡论。这种价值论和分析方法歪曲了价值、价格形式的本质，片面夸大了市场交换表面现象的作用，以对现象的研究代替了对问题本质的研究。

这种理论在客观上是为彻底自由竞争的资本主义经济秩序辩护的，意味着只要市场处在完全自由竞争的状态，就可以达到一般均衡，使社会各阶级、所有的人的普遍利益都得到最好的分配和满足。

瓦尔拉斯的一般均衡理论和奥地利学派的理论一样，在客观上都是与古典经济学的劳动价值论相对立的，也是与马克思的劳动价值论相对立的，并在很大程度上成为为资本主义经济秩序具有合理性与优越性辩护、反对马克思主义经济理论阵线的一翼。

瓦尔拉斯认为，在生产的均衡中，生产要素供求相等，产品供求相等，收入等于成

① WALRAS L. Elements of pure economics［M］. London：Allen & Unwin，1954：157.

本，因而资本家没有利润。这种静态分析显然是错误的，掩盖了资本家获取利润（剩余价值）的实际情况。明眼人都知道，如果得不到利润（剩余价值），资本家是不会投资经营的。

所以，瓦尔拉斯的一般均衡理论完全是一种仅仅基于数学逻辑、抛开很多实际条件的、理想主义的主观抽象，其建立的数学方程所要求的数据是缺乏现实基础的。例如，市场商品种类的数目为N，所需数据至少有：

（1）N种商品中每种商品的每个可能购买者，在该商品每个可能的不同价格下所愿购买的数量。每个愿意购买的一系列商品数量分别相加，最终构成全部商品中每种商品的全部购买者对于该商品在一切可能的不同价格下一系列的总购买量。

（2）N种商品中每种商品的每个可能卖方，在该商品的每个可能的不同价格下，愿意出卖的数量。再加总每人愿卖的一系列数量，构成全部商品中每种商品的全部卖方对该商品在一切可能的不同价格下一系列的总售卖量。

（3）市场上原来每个买方及每个卖方的全部存货量。

瓦尔拉斯的数据实际上不可能调查充分而完备，也无法准确确定价格进行市场竞争的起点，以至于后来的经济学家为解决问题而不得不设定一个市场起价的“喊价人”（拍卖人）。所以，瓦尔拉斯解决一般均衡的联立方程充其量只具有逻辑思想的理论性质，完全不具备实际意义，资本主义的经济越是往后发展，就越是证明了这点。特别是当不同情况的垄断存在时，一般均衡理论和分析方法就完全无法进行符合实际的分析了。

本章思语

1.杰文斯是如何批评约翰·穆勒的经济思想的？
2.杰文斯的“最后效用程度价值论”有何特点？
3.杰文斯是如何说明交换规律的？
4.杰文斯所解释的效用规律是怎样的？
5.瓦尔拉斯的经济学体系是怎样的？
6.瓦尔拉斯对西方经济学的最大贡献是什么？怎样理解？
7.请评价瓦尔拉斯的一般均衡分析方法。

[第二十三章]
边际生产力分配论

边际生产力分配论是边际效用学派发展的一个重要延伸。这方面最突出的代表是美国经济学家克拉克。在克拉克以前和同时，在该领域做出努力的其他经济学家的理论主要有奥地利学派的维塞尔的归算论和庞巴维克的时差时息论、瑞典经济学家维克塞尔的分配论，以及英国经济学家威克斯蒂德的分配论（我们将在本书第二十五章介绍维克塞尔的经济思想）。

第一节　威克斯蒂德的经济思想

一、威克斯蒂德概况

菲利普·亨利·威克斯蒂德（Philip Henry Wicksteed，1844—1927）毕业于英国伦敦大学，1874年起任街道教会牧师，在其后20年中成为此教派的领导人物。他学术爱好广泛，对文学、哲学、社会学均有兴趣。他还是当时极有名的中世纪史学家。对学术的热忱使他在1897年辞去牧师职务，专心从事经济学著述。他的主要著作和代表作是《分配规律的协调》（1894）和《政治经济学常识》（1910）。前者只售出两本，后者受到帕累托和埃奇沃思的高度评价。《政治经济学常识》是将边际理论的技术与哲学的论述进行非数学的极细致的分析。他对杰文斯的理论有所修改和发展。他反对马克思主义的劳动价值论。

威克斯蒂德的观点直到20世纪30年代才引起学术界的注意，这主要是由于他的边际分析以及由此提出的成本曲线和分配规律较为精深。

二、分配规律的协调

威克斯蒂德的《政治经济学常识》比克拉克的《财富的分析》（1889）更早提出了边际生产力分配理论。他认为以往的分配理论互不协调、不周密，他主张“用一种共同的说法来表述各要素的分配规律”。“如果每个要素所提供服务的客观尺度能够在它的边际应用上发现出来，那么看来就有了协调各种主张的可能。”[①]

威克斯蒂德将分配理论同边际效用价值论相联系。他认为：交换价值规律本身就是社会一般资源的分配规律。[②]他认为，社会的总欲望和总满足（S）可看作各种商品或服务

① WICKSTEED P H. An essay on the co-ordination of the laws of distribution［M］. London：Macmillan，1932：8.
② WICKSTEED P H. An essay on the co-ordination of the laws of distribution［M］. London：Macmillan，1932：8.

(A, B, C, D, …) 的函数，即S=F (A, B, C, …)。每个商品或者服务的交换价值……取决于该商品或服务的微小增量的增加或撤销，对该共同体（全社会——引者）总满足的影响（假定其他变量不变）。支配任一商品或服务（k）使人得以对共同体提出要求，这种要求取决于$\frac{ds}{dk}$这个比例（它表示每单位商品或服务的交换价值），这种商品或服务的总量的交换价值就是$\frac{ds}{dk}k$。$\frac{ds}{dk}$实际上就是作为满足的产生者（K）的边际效率或重要性。[①]

三、边际生产力分配规律

威克斯蒂德认为：如把被分配的某种产品（P）看作各种生产要素（A, B, C, …）的函数，那么，每个要素的（边际）重要性就取决于该要素的微小增量对该产品的影响（假定其他变量不变）。这就暗示着，任何要素（K）能够坚持共享（否则就有撤回的危险）该产品的比例将是$\frac{dp}{dk}$（每单位），它的总份额将是$\frac{ds}{dk}k$。[②]

四、威克斯蒂德分配论的特点

威克斯蒂德的分配理论的最大特点是，他认为如能证明按照边际效率决定各要素分配份额，并正好可以把全部产品分光，就最终说明了各要素分配规律的协调一致，也就进一步证明了边际生产力论的正确性。如果产品是各生产要素的函数，即P=F (A, B, C, …)，则各要素增量（增量单位×边际效率）之和，应该等于产品总增量价值，或各要素的价值等于总产品的价值，即

$$\Delta P=\frac{\Delta p}{\Delta A}\Delta A+\frac{\Delta p}{\Delta B}\Delta B+\frac{\Delta p}{\Delta C}\Delta C+\cdots$$

或者：

$$P=\frac{\Delta p}{\Delta A}\Delta A+\frac{\Delta p}{\Delta B}\Delta B+\frac{\Delta p}{\Delta C}\Delta C+\cdots$$

假定生产函数是线性和齐次的，即P=F(A, B, C, …)，ΔP=F(ΔA, ΔB, ΔC, …)，便可从中直接引出该公式成立的结论。后来称此为欧拉定理（Euler's Theorem）。威克斯蒂德虽然也以生产函数具有线性和齐次的性质为假设，但他没有从中直接引出结论。其论证也比较繁复，但结论是一样的。

威克斯蒂德的边际生产力分配理论，用意与美国的克拉克一样，都反对和否认资本主义经济存在剥削的观点，反对马克思主义的劳动价值论。

第二节 克拉克的经济思想

一、生平简介

约翰·贝茨·克拉克（John Bates Clark，1847—1938）生于美国罗得岛州普罗维登斯

① WICKSTEED P H. An essay on the co-ordination of the laws of distribution [M]. London: Macmillan, 1932: 8.
② WICKSTEED P H. An essay on the co-ordination of the laws of distribution [M]. London: Macmillan, 1932: 8-9.

城，就学于布朗大学和阿姆赫斯特学院。1872年，他留学德国、瑞士，曾和庞巴维克一起追随德国历史学派的克尼斯学习经济学，并从事研究工作3年。回国后，他在卡尔顿学院和史密斯学院担任讲师；1892年，任阿姆赫斯特学院教授；1895年起，担任哥伦比亚大学教授近30年，1923年退休。1893—1895年，克拉克任美国经济学会会长。

他的代表作是《财富的分配》（1899），其他著作有《财富的哲学》（1895）、《经济理论纲要》（1907）等。

二、克拉克经济思想的影响

克拉克是19世纪末和20世纪初美国最著名的经济学家、边际主义在美国的主要代表。他所创立的美国理论学派与制度学派一起构成了美国特定时期经济学的两大分支。克拉克采取公开为资本主义辩护的姿态阐述其经济理论。这与美国制度学派的表现有所不同。

19世纪末20世纪初，美国经济迅速发展，在资本主义国家中后来居上，但由此引起的阶级矛盾和阶级斗争也日益尖锐起来。为了反对和消除工人阶级斗争，维护资本主义制度，资产阶级迫切需要新的辩护理论为之服务，以美国制度学派为代表的改良主义思潮和以理论学派为代表的公开辩护理论就适应了当时的这种需要。

克拉克的理论是在美国传统的阶级调和论和边际主义的基础上提出的。他除创造了所谓的“静态经济学和动态经济学”之外，还创造了“边际生产力分配论”。他在《财富的分配》一书的序言中说：本书的目的在于说明社会收入的分配是受着一个自然规律的支配，这个规律如果能顺利地发生作用，那么，每个生产因素创造多少财富就得到多少财富。[①]他还说：许多人指责现在的社会制度，说它“剥削劳动”……如果这种说法被证实，那么每一个正直的人都应当变成社会主义者。[②]

美国以往的经济学家，像富兰克林、汉密尔顿、凯里等人，大多致力于实际问题的研究。克拉克则开辟了一个新时代，建立了一套理论体系来为资本主义辩护。这在美国产生了广泛的影响。他的一些理论和方法现在仍然保留在西方主流经济学中。克拉克之前的“边际效用”分析被运用于价值论范畴，但没有充分具体地说明分配领域。克拉克则把边际分析方法加以发挥，具体运用到分配领域，并由此说明阶级调和论。这些都使他在美国经济理论界占据了一个特殊的重要地位，为美国经济学家、史学家所推崇。

三、静态经济学与动态经济学

克拉克认为，研究分配就等于研究个别的生产，这就是分析创造财富的功能，寻找协同生产财富的三个生产因素对于它们共同生产的产品各自所贡献的份额。每个生产因素在参加生产过程中，都有其独特的贡献，也都有相应的报酬——这就是分配的自然规律。于是，他由此出发批评了传统的经济学四分法，主张通过研究分配去研究生产，并由此提出新的经济学的三分法。在这方面他似乎也受到了孔德和约翰·穆勒的启发。

克拉克把经济学按照一种新的方法分成三类进行研究，并把这种分类法作为其整个分配论的方法论前提。他认为，经济学应分为：

---

① 克拉克．财富的分配［M］．陈福生，陈振骅，译．北京：商务印书馆，1981：序言4.
② 克拉克．财富的分配［M］．陈福生，陈振骅，译．北京：商务印书馆，1981：3.

（一）一般经济学

这是研究“一般的普遍的规律”。克拉克认为一般的普遍规律只涉及人与自然的关系，是没有交换和经济组织时的生产与消费，它在任何情况下都发挥作用，其正确性也无须加以证明。比如，人要生活就要生产财富；要生产就不能缺少土地、资本和劳动这些要素；财富的效用是随着数量而递减的；“最后效用”支配物品的交换，等等。

（二）静态经济学

这是研究静态条件下的经济规律。“静态”是指已有交换和其他经济组织，这些组织的形式和活动方式不变（人口、资本、生产技术和方法、产业组织形式、消费者的欲望及倾向不变的情况）。静态条件下的财富生产和分配的规律就是所谓“静态经济规律”。

克拉克认为，上述静态条件中的五种因素如发生变动，那就是经济的“扰乱因素”了。阻碍自由竞争和资本、劳动力自由转移的因素，则是“摩擦因素”。真正的静态是完全抽象掉“扰乱因素”和“摩擦因素”的。虽然现实中并没有这种静态条件，但分析中必须假定如此。因为只有在假定的理想静态中，才能找到自然的、正常的经济规律，发现价值、工资和利息的基础，才能真正捕捉到决定生产和分配的规律。此外，充分自由竞争下所达到的均衡状态也是很接近静态状况的。

克拉克认为，全部经济学分析和研究的基础和中心就是静态经济学。

（三）动态经济学

动态经济学是研究“动态经济规律”的，就是研究在已有交换和其他经济组织，人口、资本、生产方法、产业组织形式、消费欲望及倾向都发生变化时财富的生产和分配的规律。克拉克认为，动态是静态被扰乱因素和摩擦因素所破坏和干扰的结果。现实社会是变动的，因此，研究动态更符合实际。没有动态中的干扰，就会纯粹是自然规律起作用，因此，应该排除干扰和阻力去研究静态经济。

克拉克认为，一般经济学是静态经济学和动态经济学的前提。而在静态经济学和动态经济学中，静态分析是基础和中心。静态是抽象的，动态是具体的，静态是前提和基础。“静态势力决定标准，动态势力引起变动。”[①]《财富的分配》这本书主要是分析静态。结合分配论来说，静态分析是说明分配论的基础，动态分析是说明分配规律在若干阻力和干扰下的变形。

从研究的比重看，第一部分是全体的原则，第二部分是核心，第三部分是归宿。其分析方法也分为一般分析、静态分析、动态分析。

应该说作为分析方法，提出动态、静态分析是可行的，但克拉克分析的前提和相互关系不对，具体内容不对。静态分析属于抽象分析的一个层次和一个角度，关键是抽象的内容对不对。

克拉克的三部分划分不科学，划分角度也有差异，一般规律只是一些概念范畴的大杂烩，其中谬误之处不少，并没有真正说明人类社会的普遍经济规律。其静态分析，一方面抹杀了资本主义生产关系的特征、矛盾和冲突；另一方面把静态当作资本主义的正常状态和自然状态。此外，他认为，静态是常态，动态是向静态的过渡，静态绝对没有矛盾和冲

① 克拉克．财富的分配［M］．陈福生，陈振骅，译．北京：商务印书馆，1981：24.

突。这些观点都是错误的。其动态分析充其量表现了一些经济因素在数量上和生产技术上的变化，而回避了更深刻的生产关系和生产方式的本质问题。

四、边际生产力分配论

（一）理论内容

分配理论是克拉克研究的中心问题。克拉克把分配作为"社会经济"的范畴，把分配规律作为"社会经济"的规律。他把社会收入分为工资、利息和企业家利润。工资包括工人的报酬、企业家管理和组织生产的报酬；利息则是货币资本家和生产资料占有者的收入；企业家利润是商品售价扣除补偿后的收入，再扣除工资和利息所剩的余额。这实际指企业的超额利润，属于动态经济学的范畴，静态经济学中是没有它的。静态经济学中只有自然工资和自然利息。因此，克拉克的重点是在静态中研究自然工资和自然利息的基础，以便说明它们各自的来源和标准。

至于地租，克拉克则认为这是利息的一种特殊形式，因为他把土地当成了资本的一种特殊形态。

克拉克提出的分配所依据的一般经济规律包括：

（1）个人经济生活是以自然物质为手段，间接为自己服务的过程。这种"手段"即财富。任何经济制度下，人们总是以物质作为媒介来为自己服务的。[①]

（2）边际效用递减规律是生产和消费的普遍规律。

（3）各生产要素的生产力递减规律是普遍的现象和规律。

克拉克分配论的核心是静态的"工资论"和"利息论"。

在静态分配理论方面，克拉克首先分析工资和利息的来源及自然标准。对此，他以"边际生产力论"来加以说明。克拉克的"边际生产力论"其实就是"生产要素论""生产力递减规律""边际效用论"的混合物。这种理论认为：

（1）土地、劳动和资本共同创造了价值和财富，因而各要素都具有生产力，都是价值和财富的源泉，都应该从生产成果中获取相应的份额。

（2）上述三种生产要素的生产力都是随着使用数量的增加而递减的。克拉克将其具体化为静态下的"劳动生产力递减规律"和"资本生产力递减规律"。"劳动生产力递减规律"是说，在资本数量不变的条件下，每单位新增加的工人提供的产品会越来越少，因为每个工人相应的技术装备条件恶化了。"资本生产力递减规律"是说，在工人人数不变的条件下，每单位新增加的资本能提供的产品，将因其使用的工人减少而递减。

（3）克拉克把边际概念运用于分配领域，试图以边际量作为决定标准。他认为，在自由竞争条件下，工资的自然标准由劳动的边际生产力决定，即由边际工人的边际产量决定。这个标准也决定了处于工作时间、劳动强度和劳动熟练程度相同条件下的工人的工资水平。同理，他认为，利息的自然标准由资本的边际生产力决定，即由边际资本的边际产量决定。该标准也决定了同样条件下全部资本的利息。

克拉克认为，劳动工资的市场标准由劳资双方的力量对比决定；资本报酬的市场标准则由产业资本家和借贷资本家的力量对比决定。

---

① 克拉克．财富的分配［M］．陈福生，陈振骅，译．北京：商务印书馆，1981：30.

用图23-1表示工资标准的决定。假设资本额不变，AD表示投入的劳动单位；AB表示第一个劳动单位的产量；A_1B_1表示第二个劳动单位的产量……CD表示最后一个劳动单位的产量，也就是边际劳动生产力。BC曲线表明劳动生产力递减。该图中，CD决定全部劳动工资率的水平。

克拉克还以相同的图形表示利息的决定。他假定劳动量不变，CD表示资本边际生产力，并决定全部资本的利率。

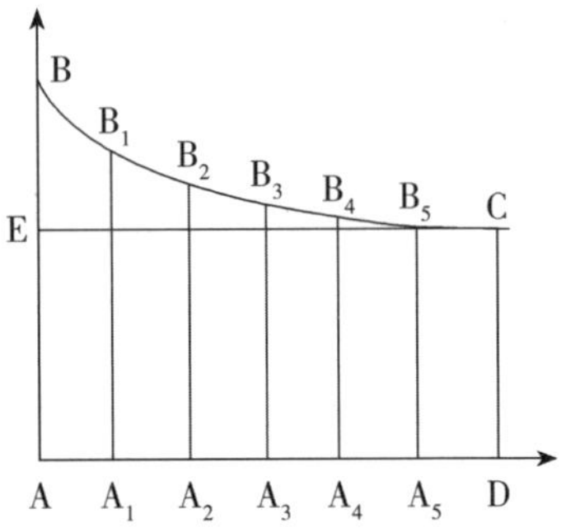

图23-1 工资标准的决定

克拉克边际生产力分配论的结论及目的是证明：

（1）劳动和资本都参与了财富和价值的创造，双方的利益是一致的。这反映在收入的提高都依赖生产力的提高。

（2）工资和利息都受自然规律的支配，都受静态条件下“边际生产力规律”的支配。工资和利息谁也没有互相剥削，它们都按各自的边际生产力取得了本身应得的份额。

这样，资本主义经济制度就是可以为人所接受的。

后来的资产阶级经济学家普遍接受了克拉克的观点，认为工资由劳动者人数和边际劳动生产力决定。工资与劳动人数成反比，与边际劳动生产力成正比。当劳动生产力不变时，要提高工资就得减少工人，要消除失业就得降低工资。克拉克认为在短期内，边际劳动生产力是随工人人数增加而递减的。这就为马尔萨斯人口论留了一个通道。另外，该理论证明增加投资会提高利息和工资，所以应该降低贷款利息，鼓励投资。

（二）边际生产力分配论的缺点

（1）资本生产力递减的观点是萨伊提出的生产三要素论的变种。不过，生产要素并不是价值实体，也不是价值源泉。资本本身可以成为生产力的构成要素，但不能等同于生产力或者说它具有生产力。

（2）在使用价值的生产过程中，随着生产要素在一定条件下的不断增加，相应地可能在产品上会有递减现象，但并不是任何条件下都会如此。即使在可以递减的条件下，克拉克的说法也是不合理和不正常的，因为在任何技术条件下，资本与劳动力之间总是有个合理比例的，不可能是任意的比例，也不可能在达到合理比例后继续不断地增加某种生产要素（如资本）。这种合理的比例就是马克思所说的资本的技术构成和有机构成。

（3）他所列出的图23-1中有两个矛盾：

一是如果生产资料（资本）生产力递减，则劳动生产力不会同时递减，资本将会拿走全部产品；

二是如果劳动生产力递减，则生产资料（资本）生产力不会同时递减，工人将会拿走全部产品。

（4）他从不同于实际情况的静态假设前提中直接得出所谓与实际情况接近的结论。这显然是错误的，缺乏从抽象理论向具体情况的逻辑上升过程，实践也证明了这点。

（5）他的理论中存在资本能独自创造价值的荒谬结论。

所以，克拉克的边际生产力分配论显然存在很多错误。它之所以受到某些人的欢迎，无非是它可以为剥削现象提供“合理的”依据。

五、过渡性利润论

克拉克把利润仅看作技术改进带来的暂时性超额利润，把平均利润看作资本家管理的报酬和工资。他认为，从工资角度看，平均利润那一部分也受支配工人工资的同一规律所支配和决定。这就把企业家从资本家中分离出去了。此外，他认为超额利润属动态范畴，属不稳定的暂时、过渡状态。竞争会使之消失，并分别归于工资和利息之中。由于利润是市场价格与自然价格的差额，与生产无关，所以，它是社会赞成的额外收入。因此，工人没有必要为存在利润而发动革命，只要生产发展了，自己的利益就达到了。克拉克这种观点完全明显地为资本主义的剥削制度辩护。

六、关于团体的收入分配问题

克拉克对于团体的收入分配问题也以边际效用价值论加以说明。他认为，团体收入水平的高低取决于其产品的市场价格（价值），而后者又取决于产品的边际效用。这样，他就完全以边际理论去说明分配问题，从而建立起一整套边际主义分配理论。

边际效用学派发展的最终结果是以同古典经济学派传统相结合而形成的新古典经济学的形式存在和发展。19世纪末，最终完成这一结合的是英国的马歇尔。形成这种结合的共同点是抽象演绎法、自由竞争的主张和反对社会主义的倾向。边际生产力分配论在新古典经济学体系中占有重要的地位。

本章思语

1. 威克斯蒂德的分配理论的含义及特点分别是什么？
2. 克拉克的经济学体系是怎样的？
3. 克拉克分配理论的特点是什么？

[第二十四章]
马歇尔的经济思想

第一节　马歇尔概况

一、生平简介

阿尔弗雷德·马歇尔（Alfred Marshall，1842—1924）是19世纪末20世纪初最著名的资产阶级经济学家、英国剑桥学派的创始人，也是早期新古典经济学派的集大成者。

马歇尔出生于英国伦敦一个中产阶级家庭。其父为英格兰银行的出纳员。马歇尔从小喜好数学。为此，他在1861年放弃了牛津大学奖学金，以修习神学取得教会职务为条件，进入剑桥大学圣约翰学院学数学，成绩出众。1865年，他以优异的成绩毕业留校任研究员，辅导数学，1868年任数学讲师直至1877年。在此期间，他开始深入钻研经济学，1866年任剑桥大学圣约翰学院的道德科学讲师，讲授政治经济学。1877—1882年，马歇尔就任布里斯托大学政治学教授和学院院长。1883年，他开始接替阿诺德·汤因比（Arnold Toynbee，1852—1883）任牛津大学贝利奥尔（Balliol）学院研究员和政治经济学讲师。1885年，马歇尔任剑桥大学政治经济学教授，直至1908年退休。1891—1894年，马歇尔担任皇家劳工委员会委员。

马歇尔的代表作是《经济学原理》（1890）。该书曾被资产阶级经济学界认为是具有划时代意义的著作，成为近现代英、美等西方国家经济学的基础。马歇尔的其他主要著作有《工业与贸易》（1919）、《货币、信用与商业》（1923）。19世纪末20世纪初，马歇尔的经济理论一直在西方经济学界居于支配地位，其《经济学原理》先后共出过8版。即使在20世纪30年代中期以后，凯恩斯主义经济学出现并占据支配地位，马歇尔的经济理论在许多经济学的基本原理方面仍对资产阶级经济学有很大的影响，甚至在当代西方经济学教材（尤其是微观经济学教材）中，仍然保持了马歇尔经济体系的基本框架。

二、时代背景

马歇尔经济理论产生的时代正是19世纪末20世纪初，自由竞争资本主义向垄断资本主义迅速发展。在“边际革命”之后，西方经济理论又有了一定的进展，而马克思主义也得到了广泛传播。在社会政治方面，这个时期世界各国工人运动不断发展，无产阶级政党纷纷成立。面对资本主义发展的新阶段和日益高涨的革命运动，资产阶级政权也越来越受到革命运动的威胁，其迫切需要能够安抚工人运动、平息革命斗争的各种理论。在经济上，资产阶级政权也需要一种能比以往的经济理论更有效、更适用，又能说明资本主义制度优越性的新理论。

英国经济在19世纪中叶已经达到最繁荣的阶段，工业发达，居世界第一位，号称“世界工厂”；海外贸易运输方面号称“海上霸主”；拥有广阔的市场和殖民地，号称“日不落帝国”。它从本国和世界各地攫取了大量的利润。当时，在英国占统治地位的经济理论是基本上沿袭古典经济学传统的约翰·穆勒的经济理论。

但19世纪70年代以后，情况开始发生变化。英国开始经历经济上的萧条，它在国际上的经济地位也发生了变化。后起的美国、德国在经济上迅速追赶上来，到19世纪80年代已成为英国的强有力竞争对手。为了维持其经济强国的地位，英国垄断资本加紧对工人的剥削，从而加剧了工人的贫困化。突出的失业问题也加剧了国内的阶级矛盾，导致英国工人运动的高涨。在这种形势下，原有的约翰·穆勒的经济学体系已经不能很好地适应形势的需要，为现存社会秩序起到辩护作用，再加上欧洲大陆上德国历史学派和奥地利边际学派对它的攻击，其面临着崩溃的险境。马歇尔的经济理论和学说就是在这种形势下应运而生的。马歇尔是首位将“政治经济学”改称为“经济学”，并在实际上从经济学中取消了价值论的经济学家。马歇尔的经济理论是以完全竞争的自由资本主义市场经济为背景的。

三、理论体系的特点

马歇尔经济理论体系的最重要特点是其强大的综合性和观点上对他以前经济学的折中主义态度。这种特点贯穿了其理论体系的始终。

马歇尔在英国传统经济学的基础上，吸收并综合了新旧各派经济理论（包括德国新历史学派、奥地利学派、数理经济学派等），建立起一种包含供给和需求两方面的、以局部均衡分析为主要方法的、综合分析的理论体系。如果说约翰·穆勒的著作是对古典经济学派以来西方经济思想史上各种理论学派的第一次理论大综合，那么，马歇尔的著作就是第二次理论大综合。约翰·穆勒总结了19世纪上半叶以前的各流派观点，马歇尔则进一步综合了英国古典经济学以来的各流派观点，特别是19世纪后半叶（从自由竞争资本主义向垄断资本主义过渡时期）的各流派观点，客观上对资本主义自由竞争时代的经济学做了总结。此后一段时间是凯恩斯主义经济理论体系占据主要地位和支配地位。

马歇尔自己曾在《经济学原理》初版的序言中说：“借助于我们自己时代的新著作，并且关系到我们自己时代的新问题，本书打算对旧的学说加以新的解释。”[①]他自称继承和发展了英国古典经济学的传统，别人也称他为“新古典派”的创始人。其实，马歇尔只是继承和发展了约翰·穆勒的经济学传统，对李嘉图的真正古典经济学的科学遗产却并没有继承。在马歇尔的经济学理论体系中，他融合了德国历史学派、奥地利学派、数理经济学派的方法论和观点，把供求论、生产费用论、资本生产力论和节欲论等旧的不同观点的理论，同边际效用论、进化论、社会达尔文主义等新出现的各种理论结合起来，开创一种新的、更为广泛的综合性经济理论体系。

---

① 马歇尔．经济学原理（上卷）［M］．朱志泰，译．北京：商务印书馆，1964：11.

具体说来，马歇尔的这种理论体系具有如下特点：

（一）以心理分析为基础

马歇尔认为，经济理论应该研究人类行为的心理动机。因为人类的心理动机能够“最有力、最坚决地影响人类行为”[①]，支配经济活动。他把人类的心理动机分为两类：

（1）追求满足的动机。这可以激发参与经济活动的动力。

（2）避免牺牲的动机。这可以成为制约活动的阻力。

这两类心理动机的“均衡”就是绝大多数经济范畴和经济规律的基础。

其实，马歇尔这两类心理动机仍然没有超越边沁的“苦乐主义”心理学范畴。他甚至企图以货币给人们心理动机所带来的结果（“动力”或“阻力”）来间接衡量心理动机，并认为这会使经济学成为精确的科学。但他不能说明，为什么人类的心理动机能够用货币的稀缺性加以衡量。他将经济学从属于心理学，从而回避了资本主义经济范畴的阶级特性和社会实质，来为资本主义辩护。

（二）主张渐进的社会改良主义

马歇尔认为，资本主义私有制是合乎人类本性的、永恒的社会制度，自由竞争是最好的、最有效的经济制度，一切矛盾和冲突在这种制度内最终都能够得到解决，但这种过程是长期的、渐进的过程。在社会达尔文主义观点的深刻影响之下，马歇尔还把社会达尔文主义引入经济学，来说明上述这种观点。他认为，生物的发展是渐进的演化过程，而没有飞跃过程；人类社会也是一样，也不能有飞跃。他认为，就人类的心理来说，也是一种渐进的演化发展过程，绝不是突变和飞跃的变化过程，因此，经济也绝不能飞跃。他认为，渐进是社会发展的正常状态，因而应当成为经济学研究的基础。他还提出经济学应从属于生物学，认为经济学是“广义生物学的一部分”，并把“自然不能飞跃”作为《经济学原理》一书的题词。马歇尔的这种观点实际上成为100多年后才兴起和流行的所谓“演化经济学”基本思想的先导。

（三）强调所谓“连续原理”

马歇尔从古诺在经济学中运用连续函数得到启发。他认为，各种经济现象间没有明显和严格的区分，只有连续的数量关系。这与前面的特点是相联系的。马歇尔没有直接解释什么是“连续原理”，却强调“注重对连续原理的各种运用”。[②]比如，他认为工人与资本家只有追求金钱数量大小的程度差别，而没有质的区别。他们都企图寻找最好的市场或职业，都在参与竞争。价值和市场价格也只是长、短期的区分而已，但时间上的长、短期是连续的。

所以，马歇尔的“连续原理”不过是以经济现象间表面的数量关系和非本质联系，去代替它们内在本质的因果关系和性质区分，从而抹杀经济范畴间的本质联系和区别，为资本主义下各阶级利益的一致性辩护。

（四）运用“边际增量”的分析方法

这是受德国的杜能和数理经济学派在经济学中边际分析的启发而产生的。这也是马歇

① 马歇尔．经济学原理（上卷）[M]．朱志泰，译．北京：商务印书馆，1964：34.

② 马歇尔．经济学原理（上卷）[M]．朱志泰，译．北京：商务印书馆，1964：14-15.

尔对“连续原理”的引申和运用。马歇尔认为：“在精神和物质世界中，我们对自然的观察，与总数量的关系没有与增加量的关系那样大。”①因此，应当注重增量分析。而产品的生产、交换和分配又与产品的“边际增量”之间有一定的连续的函数关系。他举例说，在需求不变时，任何一个生产要素使用量的增加，如超过一定的“边际”，都会使报酬递减。而供求平衡时，边际产量的增加又会被生产费用的相应增加所抵消。马歇尔完全接受了边际学派的边际分析和数理经济学派的边际增量分析方法及概念，并进一步把它运用到资源配置、要素替代、收入分配等各个方面去。这种分析有一定的合理性，但从适用条件来看，其也有局限性。

（五）运用“均衡”分析的方法

马歇尔认为，各种经济指标的数量都是通过各自有关要素的边际增量达到均衡来决定的。确定各指标的量的过程，就是求各有关的边际增量的均衡点的过程。

马歇尔认为，均衡就是两种相反力量之间的均势：一种是动态的、生物学意义上的均势或均衡；另一种是静态的力学意义上的均衡。前者就像人的成长、衰亡，工商业的兴衰，民族的兴衰等。他认为，前者是经济学研究的最终目标，但它不能成为经济分析的起点和基础，因为一方面动态均衡比静态均衡复杂；另一方面，静态均衡恰好是经济生活的正常状态。因此，经济学研究的出发点和基础应是静态均衡。马歇尔把一切经济指标数量的决定都归结为相反力量相互冲击和制约的最终均势。

马歇尔强调的均衡不是一般均衡，而是局部均衡。在这种局部均衡之下，只需以单个生产者或消费者为研究对象，而不需考虑各厂商、消费者之间的相互联系和影响。这种方法就是当代微观分析方法的基础。这种均衡是马歇尔经济学体系的中心概念和范畴。他认为，经济现象的各因素终究会达到均衡，而不会像马克思所说的形成矛盾的对立和破裂，最终“炸坏”包容这矛盾的外壳。

但是，马歇尔也知道局部均衡分析往往会由于经济变量的相互联系和相互作用而产生很多困难。这种分析方法有时很难代表整体的情况，也很难反映问题的真实性。有时，局部均衡分析又会引起人的误解。所以，马歇尔并不完全抛弃一般均衡分析，他只是不再重复瓦尔拉斯所做的一切，而把重点放在局部均衡上面。这样，局部均衡分析就有了它自身存在的意义。马歇尔的局部均衡分析是受一般均衡分析的启示而产生的，又成为对后者的补充。凯恩斯对马歇尔均衡分析的体系给予了很高评价。他说马歇尔发现了“一个完整的哥白尼体系，通过这一体系，经济宇宙的一切因素，由于相互抗衡和相互作用而维持在它们的适当的位置上”②。

（六）运用静态分析的方法

马歇尔进行的静态分析是假定自己所研究的问题处于一个没有变化的环境中。静态分析的特点是，所分析的经济关系在时间上固定不变。因而，在分析价格时，不必区分当前价格与预期价格，因为二者是一致的。商品的供给可以充分依照它而调整。马歇尔认为，在静态下，生产和消费、分配、交换的一般条件都是不变的。他是想以此说明经济的稳定性，而不是停滞。

---

① 马歇尔．经济学原理（上卷）［M］．朱志泰，译．北京：商务印书馆，1964：14-15.
② KEYNES M K. Essays in persuasion［M］. New York：W. W. Norton & Co.，1963.

四、理论贡献

马歇尔及其追随者都认为，他的经济理论是对古典经济学的继承和更新。一方面，他吸收了李嘉图和约翰·穆勒的经济理论；另一方面，他引入了边际效用分析，强调需求的重要性。这样，人们便称其经济理论为“新古典经济学”。

马歇尔的经济理论也大量运用了数学分析。这显然是受他数学爱好的影响。他在最初讲授数学时，就曾经把约翰·穆勒的一些论述变成微分方程。马歇尔在代表作中延续了使用数学方法的习惯。所以，马歇尔因其经济理论研究和表述方式而成为现代西方经济学数学化倾向的重要先导者。

马歇尔的均衡价格论在1867—1870年就已形成，只是出于谨慎，到1890年其才出版《经济学原理》。尽管门格尔、瓦尔拉斯比马歇尔提出边际效用理论和均衡理论早，但马歇尔没有读到他们的著作。至于马歇尔与杰文斯之间在经济学理论方面的区别和表现，凯恩斯是这样描述的：“杰文斯好比小孩子看见水在壶中沸腾的情形，就高兴地叫了起来，而马歇尔看到壶中沸腾的水，就坐下来静静地思考着，并设计出一个引擎。”[①]马歇尔由于创立了一整套分析工具而被称为新古典经济学的奠基人。

马歇尔对现代西方经济学的重要贡献之一是较早提出了不完全竞争问题，并做了初步论述。马歇尔经济理论的前提是完全自由竞争。但当时垄断已经开始出现了，他也认识到“垄断组织之间的冲突和联合，在现代经济学中起着愈来愈重要的作用”[②]。他认为不可能出现绝对的垄断，垄断与竞争会同时存在。他分析了垄断与竞争并存下价格的形成特点，得出结论：垄断者虽然力图获取最大的纯收入，但由于其意识到竞争的存在，在权衡同其他生产者和消费者的利害关系后，其实际上只取得了一种折中的调和利益。据此，美国经济学家熊彼特认为，马歇尔是“不完全竞争理论的创始人”[③]。

马歇尔对市场供求理论，尤其是需求理论的贡献也是明显的。需求规律、需求弹性的论述都是他对后来经济学所做的贡献。马歇尔提出的关于消费者剩余的概念成为其后福利经济学发展的重要渊源。

由于马歇尔经济理论的巨大影响，在他周围聚拢了一批人，像庇古、罗伯逊，还有20世纪30年代之前的凯恩斯，马歇尔形成了在经济思想史上占有重要地位和影响的剑桥学派，成为剑桥学派的创始人。

第二节　均衡价格论

马歇尔的经济理论体系的中心是价格论和分配论，其中，价格论是分配论的基础。在马歇尔的体系中是没有价值论的。他虽然使用“价值”一词，但他所指的是交换，在具体分析时，又把交换价值归结为价格，然后就只分析均衡价格的形式。马歇尔说：一个东西的价值，也就是它的交换价值……就是在那时那地能够得到的并能与第一样东西交换的第二样东西的数量。因此，价值这个名词是相对的，表示在某一地点和时间两样东西之间的

---

① KEYNES M K. Essays in persuasion［M］. New York：W. W. Norton & Co.，1963.
② 马歇尔．经济学原理（下卷）［M］．陈良璧，译．北京：商务印书馆，1965：169.
③ 熊彼特．从马克思到凯恩斯十大经济学家［M］．宁嘉风，译．北京：商务印书馆，1965：108.

关系。[1]他还说：文明国家通常采用黄金或白银作为货币，或是金银并用，我们不能用铝、锡、木材、谷物和其他东西来互相表示价值，而是首先用货币来表示它们的价值，并称这样表示的每样东西的价值为价格。[2]这样，马歇尔就以价格代替了价值，从而回避了价值的本质和起源问题，单纯研究流通领域的数量现象。由此可见，马歇尔的均衡价格论实际上就是没有价值的价格论。

一、均衡价格

马歇尔是以均衡观念来说明价格的。均衡由相反力量的均势构成，具体到价格，就是由商品的供给和需求双方力量相互冲击和制约所决定的，市场供求力量的均衡就形成了均衡价格。均衡就是经济的稳定正常状态，因此，在自由竞争条件下，资本主义经济因素总会自动发生作用，达到稳定状态。这点也正是马歇尔辩护目的之所在。

马歇尔的这种均衡是静态局部均衡。他假定货币购买力不变，把其他商品价格变动的影响也排除了出去，使商品价格的决定只能取决于与它本身直接有关的相反力量的作用。

这里，马歇尔引进了供求的变动来说明价格的不同情况。

他首先区分了长期、短期和特别短期，用以说明决定价格的供求力量之对比。

（1）特别短期是指极短的时间，比如一天。在这么短的时间内，供给完全不能变动。

（2）短期是指技术、机器、设备和企业组织等供给因素来不及调整，只有少量的产品可以增加的时间。

（3）长期是指所有的资源和生产要素都可以发生改变的时间。

对应于不同的时期，马歇尔提出了市场上的三种价格类型：①暂时的市场均衡价格；②短期市场均衡价格；③长期市场均衡价格。他认为，供求在这三种价格决定中各自所起的作用不同：

（1）暂时的市场均衡价格主要取决于需求（因为供给在短暂的时间内一般不会变动）。

（2）在短期市场均衡价格下，供给可在原设备条件下增加，但供求会对等发生作用。

（3）在长期市场均衡价格下，供给起主要作用（因为供给在长期内的变动会比较大）。

但这三种价格都是供求在不同时间、地点的均衡所决定的价格。

其次，马歇尔引进了生产费用论和边际效用论。他认为，边际效用决定需求及其变动，生产费用决定供给及其变动，二者通过供求共同决定价格。马歇尔还以数学公式和图形来加以说明。

二、需求的决定和变动趋势

马歇尔认为，人们需要商品就是为了通过消费获得效用，满足自己的欲望。马歇尔是基数效用论者，认为效用可以具体衡量与加总，总效用等于每个商品的效用之和。用公式表示即为：

$$U = \sum_{i=1}^{n} u_i$$

马歇尔在这里没有考虑商品的替代与互补关系。马歇尔的效用函数公式为：

---

① 马歇尔．经济学原理（上卷）[M]．朱志泰，译．北京：商务印书馆，1964：31.
② 马歇尔．经济学原理（上卷）[M]．朱志泰，译．北京：商务印书馆，1964：31.

$U=f_1(q_a)+f_2(q_b)+f_3(q_c)+\cdots+f_n(q_n)$

考虑了商品间替代和互补关系的公式，则是埃奇沃思和费雪提出的：

$U=f(q_a, q_b, q_c, \cdots, q_n)$

马歇尔认为，需求量的大小取决于边际效用量的大小，“边际效用递减规律”决定着人的需求变动规律。他说：“一个人从一物的所有量有了一定的增加而得到的那部分所增加的利益，每随着他已有的数量的增加而递减……他刚刚被吸引购买的那一部分，可以称为他的边际购买量，因为是否值得花钱购买它，他还处于犹豫不决的边缘。他的边际购买量的效用，可以称为此物对他的边际效用。”①

马歇尔知道边际效用这种购买者主观愿望和估计的表现，是无法直接衡量的，因此，他求助于满足欲望所支付的货币量来间接衡量。但是，这就必须假定货币的边际效用不变，即不考虑货币购买力的变化。于是，他就以需求价格代替了需求，把“边际效用递减规律”变成了“边际需求价格递减规律”。这样，马歇尔就认为需求的一般规律是：“需要的数量随着价格的下跌而增大，并随着价格的上涨而减少。”②

根据这个规律，马歇尔列出了需求表来说明买方在不同价格下所愿意购买的数量；然后，在该表的基础上画出一条需求曲线来，把需求规律图示化。

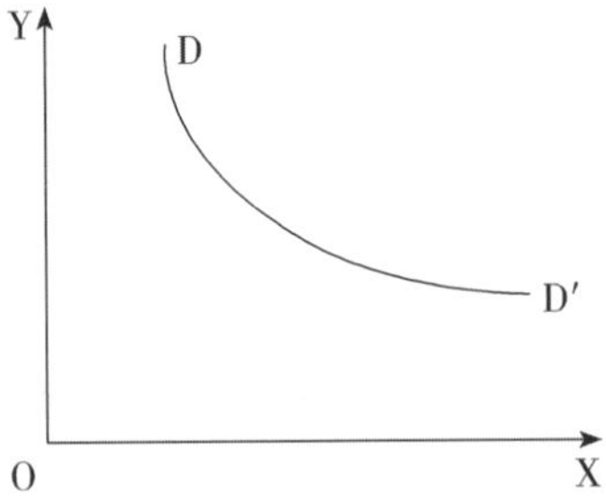

图24-1 需求曲线

图24-1中，OX代表购买量，OY代表价格，DD′代表需求曲线。该图中假定DD′由无数个连续点组成，购买量是价格的反比例函数。这是一个消费者（购买者）对一种商品的需求，所以是个人需求曲线，表示个人需求规律。如在每一个可能的价格下，把所有购买者对某一商品的需求量加总，就可得到市场需求量；将不同价格下的需求量排列成表，即为市场需求表，据之画出曲线，即可得市场需求曲线。所以，市场需求可定义为：在其他条件不变的情况下，在一定时期内，某种商品的各种可能的价格水平下全体购买者所愿意购买的数量。市场需求曲线则定义为：在一定的时间单位内市场中对任一商品的需求曲线，就是对这一商品的需求点的轨迹。需求曲线的一个普遍规律是，它是负斜率的，即对商品的需求随着价格的下降而增加，随着价格的上涨而减少。

在需求问题上，马歇尔还提出了需求弹性和消费者剩余的概念。这是他的重要贡献。所谓需求弹性，就是指需求对价格变动的反应。这种弹性也叫“需求的价格弹性”，它是以消费者购买力为条件的。需求弹性是用来衡量价格变动的一定比率所引起的需求量相应变动的比率的。如价格变动幅度小于需求变动的幅度，就是需求弹性大；反之，就是需求弹性小。

$$需求弹性系数=\frac{需求变动率(百分数)}{价格变动率(百分数)}$$

需求弹性系数的数学公式为：

$$e_d=\frac{dx/x}{-dy/y}=-\frac{dx}{dy}\cdot\frac{y}{x}$$

① 马歇尔．经济学原理（上卷）［M］．朱志泰，译．北京：商务印书馆，1964：112.
② 马歇尔．经济学原理（上卷）［M］．朱志泰，译．北京：商务印书馆，1964：119.

式中：e_d为需求弹性系数；y为价格；dy为价格的变动量；x为需求量；dx为需求的变动量。

由于价格与需求数量的变动方向相反，所以需求弹性的比值为负数。

需求弹性分三种情况：

（1）当商品价格下跌（上涨）1%时，需求量增加（减少）大于1%，叫需求弹性大；

（2）当商品价格下跌（上涨）1%时，需求量增加（减少）小于1%，叫需求弹性小（或需求弹性不足）；

（3）当商品价格下跌（上涨）1%时，需求量增加（减少）1%，叫需求弹性为1（或单位弹性）。

需求弹性也可以运用需求曲线来计算。如图24-2所示，在需求曲线图上画一条直线，与DD′上任一点P相切，在T点与OX相交，在t点与OY相交，在P点的需求弹性就是PT与Pt的比率。如果PT=2Pt，则价格下跌1%，需求量增加2%，需求弹性为2；如果$PT=\frac{1}{3}Pt$，则价格下跌1%，需求量增加1/3，需求弹性为1/3。[①]

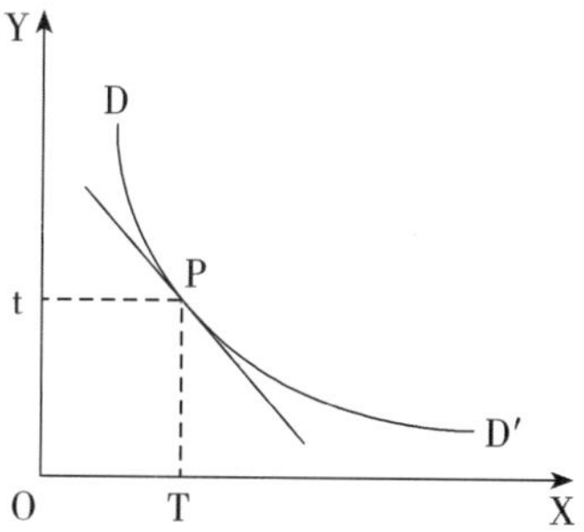

图24-2　需求弹性

所谓消费者剩余，是指消费者对某商品所愿意支付的价格大于实际支付的价格之间的差额。如前者大于后者，即有消费者剩余存在，就能使消费者得到额外的福利或满足。马歇尔认为，只有在自由竞争的市场上才能得到消费者剩余。

消费者剩余的大小也可以用需求曲线度量。如图24-3所示，面积DOCH为消费者愿意付的总价格，OA为商品的价格，OC为实际购买的商品单位数量，面积OCHA为实际总价格。于是，面积DAH代表消费者剩余。

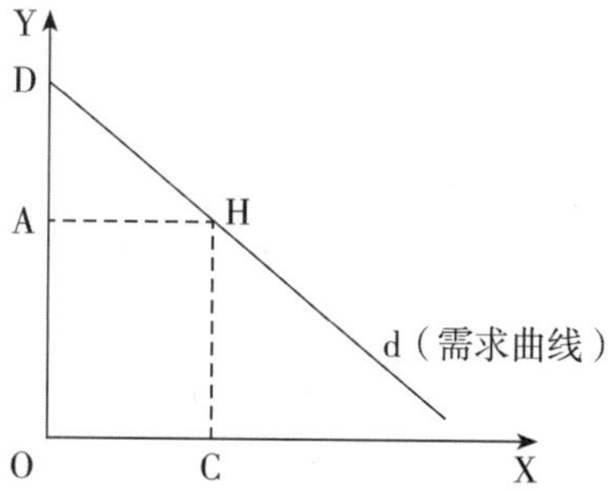

图24-3　消费者剩余

古诺曾经考虑过商品价格的变动对总收益的影响问题，但他没有关于需求价格弹性的完整概念，也没有消费者剩余的概念。杜普伊特在分析公用事业的效用时，认为存在高于使用者所支付费用的效用，他称之为“保留给消费者的效用”，其含义与马歇尔的“消费者剩余”相同。马歇尔的这一概念和思想演变成当代福利经济学的重要内容。所以，西方一些经济学说史的著作家非常强调马歇尔对福利经济学的贡献。

三、供给的决定和变动趋势

马歇尔认为，在分析中，供给同样可以用供给价格代替，而供给价格是由生产成本（费用）决定的。他实际上是接受了在他之前的生产费用论的观点。马歇尔还从主观心理分析的角度论证了供给。

马歇尔认为，生产成本包括各种形式的劳动成本和资本，这两者合起来叫作实际的生产成本。马歇尔说，劳动是劳动者在劳动过程中的心理感受，或者叫作“反效用”（因为

① 严格说来，这种方法是不准确的。因为按照需求弹性的计算公式，这种计算方法丢掉了一项微商值。

劳动会带来痛苦)；资本则是心理范畴的一种“等待”，它意味着延迟享受和资本家为此所做出的牺牲。所谓实际生产成本无非就是劳动的“反效用”与资本的“等待”之和。马歇尔实际上继承了杰文斯和西尼尔的有关观点。

马歇尔同样把货币作为衡量成本的标准工具。他以货币生产成本代替了实际生产成本。货币生产成本即“对这些劳作和牺牲所必须付出的货币额”①。他说该货币额就是商品的生产费用，也就是为生产某种商品所需要的生产费用，或者说为生产某种商品所需要的各种要素的供给价格。于是，马歇尔的供给论就归结为了生产费用论。

最终，马歇尔得出了供给规律：供给价格高则供给多，供给价格低则供给少。对此，他同样列出了供给表，画出了供给曲线。

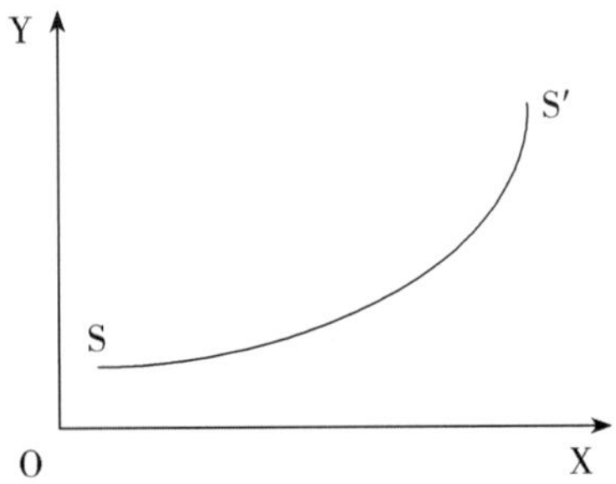

图24-4 供给曲线

在图24-4中，OX代表供给数量，OY代表价格，SS′代表供给曲线。SS′是由无数个连续点组成的，它说明：供给量是供给价格的正比例函数。这里假定劳动生产率不变，生产要素的技术消耗（单位消耗）也不变。

马歇尔在这里只是说明了供给价格和产量增加呈正向或同方向变动的情况。但供给价格如何变动还要看生产的扩张过程是处于报酬递增阶段还是报酬递减阶段。

马歇尔分析生产成本时，把总成本分为主要成本和补充成本。主要成本即现代经济学中的可变成本，它随产量变动而变动。它包括原材料、工资以及机械设备上额外损耗的资本。补充成本即现代经济学中的固定成本，它不随产量的变动而变动。它包括折旧、高级职员的薪水等。马歇尔认为，当增加可变成本要素投入与固定成本要素相结合时，就会引起报酬递减；当产出增长大于投入增长时，就会出现报酬递增。他认为，在不同报酬条件下，平均成本与边际成本的变动趋势也是不同的。

马歇尔在论述企业规模报酬问题时，讨论了内部经济与外部经济问题。企业的内部经济，是指由于单个企业增加了产量或扩大了规模而取得的利益。它源于以下几种情形：

（1）企业规模扩大或产量增加时，其补充成本便分摊到更多的产品上；

（2）规模较大的企业便于从事发明与创新，采用新的技术；

（3）大企业可降低销售费用；

（4）大企业易于取得优惠贷款；

（5）大企业内部分工更精细，可提高劳动生产效率；

（6）大企业可从事多种经营，充分利用副产品。这样，大企业就可降低产品的供给价格，而取得更多的收益。

外部经济则指一个企业由于其他企业的发展而取得的利益。这主要是指地理位置优越、交通运输便利以及经营信息的灵通等。马歇尔对这类条件的改进评价颇高。

在讨论企业的内部经济与外部经济时，马歇尔还提出了“代表性企业”的概念。这是指具有正常经营管理水平，其产量和获利能力在整个部门中处于中等地位和平均水平的企

① 马歇尔. 经济学原理（下卷）[M]. 陈良璧，译. 北京：商务印书馆，1965：31.

业。这有利于考察企业的经济程度。

这里，马歇尔还提出了供给的价格弹性的概念。供给弹性是与需求弹性相对的，是用来衡量商品价格变动引起的供给量相应变动的幅度大小的。这是供给量对价格量相应变动幅度大小的反应与衡量。需求弹性受时间影响较小，供给弹性则受时间影响较大。因为价格上涨会引起供给量增加，供给量的变化又会影响生产规模的变化，因此会涉及时间因素。在短期中，供给弹性取决于储备多少和对下次交易价格水平的估计。长期中情况较复杂：

（1）需要使用大型设备而且原有设备已充分利用的部门，供给弹性小；

（2）需要简单设备的部门，供给弹性大；

（3）受“收益递减规律”支配的部门，供给弹性小；

（4）受“收益不变或递增规律”支配的部门，供给弹性大。

供给弹性的公式可以表示为：

$$E_s=\frac{dQ/Q}{dP/P}=\frac{dQ}{dP}\cdot\frac{P}{Q}$$

式中：E_s为供给弹性（或供给弹性系数）；P为价格；Q为供给量；dP为价格变动量；dQ为供给变动量。

四、均衡价格论

（一）理论内容

马歇尔认为：当供求均衡时，一个单位时间内所生产的商品量可以叫作均衡产量，它的售价可以叫作均衡价格。[①]这就是说，均衡价格就是供给价格（或供给量）同需求价格（或需求量）一致时的价格。这种均衡是由供求双方相互冲击和制约形成的。供求均衡时的产量为均衡产量，其售价为均衡价格。

在图24-5中，OY为价格，OX为商品量，DD′为需求曲线，SS′为供给曲线，AH为均衡价格，OH为均衡产量。如果实际产量为OK，需求价格dK大于供给价格sK，这时增加生产就是有利的，产量OK将向右移动（增大）；反之，如果需求价格d_1K_1小于供给价格s_1K_1，则会缩减生产，产量K_1将向左移动（减少）；只有达到均衡点时，供求才会平衡，实现稳定。

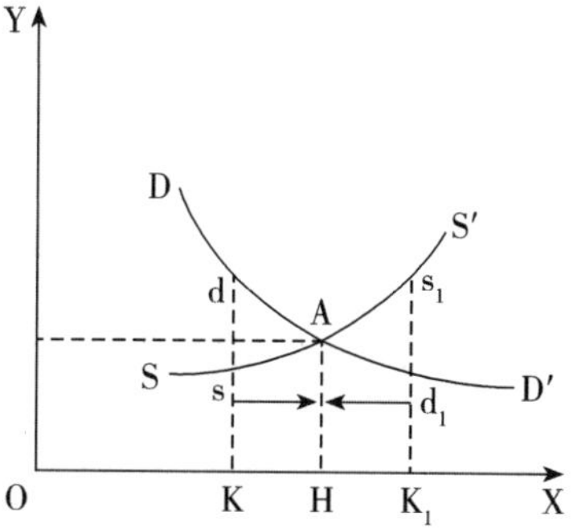

图24-5　均衡价格的决定与稳定

所以，马歇尔的均衡价格是由供给价格与需求价格的均衡决定的。其中，边际效用决定需求价格，生产成本决定供给价格。

马歇尔在说明均衡价格形成的影响因素时引入了时期分析。他认为，时期长短对均衡价格形成过程有不同的影响。一般而言，时期愈短，就愈要注意需求对价格的影响；时期愈长，生产成本对价格的影响就愈重要。因为时期很短，供给就限于存货；时期较长，供给就会受该商品生产成本的影响；如果时期更长，这种成本就会受生产该商品所需的劳动

① 马歇尔．经济学原理（下卷）[M]．陈良璧，译．北京：商务印书馆，1965：37.

和物质资料的生产成本的影响。现实中，这三种情况往往交织在一起。此即暂时的市场均衡价格、短期市场均衡价格和长期市场均衡价格三种价格形成过程的调整。

但是，马歇尔没有具体说明长期和短期的划分。他只说长短期之间没有一条截然的分界线，只有长期市场均衡价格才是“正常的价格”，因为这时的价格又等于其生产成本。一般说，长期是指几年，而“长久性运动中的正常价格”所指的长期，则是跨时代的。他认为，在价格分析中主要的困难在于时间变化的影响。这是需要深入研究的问题。

在均衡价格论的基础上，马歇尔还分析了商品生产在报酬不变、报酬递增和报酬递减的不同条件下，正常需求和正常供给的增减对价格所产生的影响。

（1）正常需求增加，指任何价格下都能买到（商品）的那种需求数量增加。造成正常需求增加的原因有很多。正常需求增加后会产生三种情况：

第一，生产按照报酬不变规律进行。由于这时商品的正常价格完全由其生产费用决定，所以，需求增加只增加产量，不改变价格，单位生产费用是不变的。

第二，生产按照报酬递减的规律进行。因为产量增加，边际生产费用会增高，所以，这时产量增加量没有报酬不变时多。这时，需求增加使商品单位生产费用增加，导致价格上涨。

第三，生产按照报酬递增规律进行。由于报酬递增，产量增加，生产费用反而下降，从而使商品价格降低。这时需求增长将使产量增加。

（2）正常需求减少，则产量也减少。生产受报酬不变规律影响，价格不变；受报酬递减规律影响，价格下跌；受报酬递增规律影响，价格上涨。

（3）正常供给增加时，上述三种情况下，价格变动程度也不同，其原因也是多方面的。马歇尔认为，正常需求不变时，正常供给的增加总会降低正常价格，因为供大于求时，只能减价出售。但在报酬递减规律下，价格下跌很少，因为生产困难；在报酬递增规律下，生产增加较便利，产量会有大的增加，从而使价格下降得多；在报酬不变规律下，价格下跌的程度会在上述二者之间。

（二）理论的缺陷

马歇尔均衡价格论在市场运行的直观层次上同时分析了供给和需求双方变动对价格的影响和作用，并且对不同时期长度对价格的影响，以及商品生产处于报酬递减、递增、不变的情况对价格的影响分别加以论述，确有独到之处。这些价格理论显然超过了约翰·穆勒、杰文斯和奥地利学派，而更接近于资本主义市场的实际情况。正因为如此，他的价格理论以及其中的许多分析都成为当代微观经济理论的主要基础。但他混淆价值与价格是错误的。此外，马歇尔的均衡价格论是边际效用论、供求论、生产费用论、节欲论、等待论等各种庸俗理论的混合。这是其缺陷。

供求论是马歇尔均衡价格论的基础。但供求论恰恰不能说明均衡条件下价值的决定，因而也就不能真正说明价值和价格问题。

马歇尔将边际效用递减规律作为需求规律的基础是有问题的，其运用范围也受到相关条件的很大限制。

马歇尔的生产成本分析完全是主观唯心的，完全抹杀了生产过程中的真正经济关系。

说到底，马歇尔的均衡价格论无非想证明：资本主义自由竞争制度是最好的经济制度，在这里，各阶级、每个人都可获得最大的利益，大家相互之间绝无什么对立的矛盾可言。这就充分揭示了马歇尔均衡价格论的肤浅和辩护性本质。

第三节　分配论

马歇尔在均衡价格论的基础上建立了他的分配论。国民收入分配论是马歇尔整个经济理论体系的中心。

一、马歇尔分配论的实质

马歇尔认为，国民收入在各种生产要素之间进行分割就是分配。国民收入是各生产要素所带来的纯产量（纯收入），也就是从总收入中减去各种费用之后的余额。同时，国民收入也是对各生产要素进行支付的唯一源泉。生产要素分为劳动、土地、资本和企业经营能力；它们相应的收入就是劳动工资、资本利息、土地及生产上具有级差优势的地租或者生产者剩余。他认为，四种要素共同创造了国民收入，所以，分配只是份额大小的问题罢了。

马歇尔认为，确定分配的份额也就是确定要素的价格。由于价值在他那里就是价格，因而分配问题最终就被归结为生产要素的价格确定问题。劳动的价格是工资，土地的价格是地租，资本的价格是利息，企业经营能力的价格是利润，也叫企业经营收入。

这样一来，马歇尔就把分析一般商品均衡价格的方法和原理运用到了生产要素价格的确定上。他认为，各生产要素都有一个正常的价格水平作为实际的工资、利息、地租和利润的基础。这种正常价格决定于生产要素的供给和需求，具体地说，取决于各要素供给价格与需求价格的均衡。

马歇尔还认为，边际生产力是各要素需求价格的统一决定因素。这里的边际生产力指各要素的边际增量所提供的纯产品量。这种观点与克拉克的分配论是完全一致的。不过，马歇尔认为供给价格比较复杂，要进一步具体分析。

二、马歇尔分配论的内容

马歇尔的分配理论就是阐述各生产要素价格的具体决定问题。

（一）工资（劳动要素的价格）的决定

马歇尔认为，工资就是劳动要素的均衡价格。劳动的需求价格是资本家购买劳动时所愿意支付的价格。劳动的供给价格是工人所接受的价格。劳动的需求价格决定于边际工人的纯产品，即资本家在不增加生产资本数量的条件下增加最后一个工人所能够提供的纯产品。对边际工人，资本家处于可以雇用也可以不雇用的情况。劳动的需求价格就取决于边际工人的生产率。马歇尔说："各类劳动者的工资有等于该类边际劳动者的追加劳动所提供的纯产品的趋势。"[①]实际上德国经济学家杜能早已提出这种观点，他还认为资本的边际生产率决定利息。马歇尔不过是把杜能的观点纳入自己的分配体系而已。

关于劳动的供给价格，马歇尔认为，是由劳动的成本所决定的，即由"培养、训练和

① 马歇尔．经济学原理（下卷）[M]．陈良璧，译．北京：商务印书馆，1965：192.

保持有效率的劳动的精力所用的成本”决定。他认为，劳动的供给价格是复杂的，它不仅包括维持生命和保持正常劳动效率的必需品（衣、食、住、教育和娱乐等），还包括一切习惯上的必需品（如烟酒、时髦的衣着等爱好）。另外，劳动技能的供给还需要一些特殊条件。这样一来，就没有一个普遍适用的“一般工资率”，而只有均衡价格水平上的“正常工资率”。

马歇尔的工资论实际上掩盖了工资的实质，企图证明工人已经拿到了自己应得的报酬，而资本家并没有剥削工人。另外，马歇尔把工资与工人的生产率相联系，意味着工人的生产率提高，工资就可以提高。但在资本主义下，生产率的提高，首先是提高了相对剩余价值，而工人并不会直接提高工资。

（二）利息（资本要素的价格）的决定

马歇尔认为，利息是资本要素的均衡价格。资本的需求价格是资本家对其所使用的资本所愿意支付的代价，是由资本的边际生产力决定的，即由边际资本提供的纯产品决定。

资本的供给价格，即决定于资本家的“等待”和“牺牲”，也就是借贷资本家同意贷款的价格。利息就是对这种“等待”和“牺牲”的报酬。

马歇尔认为：长期以来，利率是被供给和需求两方面力量决定的。资本的供给由于对其使用的预见性和人们的目光短浅而受到阻碍，而资本的需求源于其生产性。

马歇尔把利息分为纯利息和毛利息两种。毛利息中既包括纯利息，又包含风险保险费和管理报酬。而作为资本的报酬的利息则是纯利息。

马歇尔的利息论的错误在于，它完全脱离了劳动的因素和作用，似乎在没有其他因素参与的情况下，单单有资本就可以创造出利息（收入）来。另外，马歇尔把利息只是当作对出借资金者损失（心理因素和机会成本）的补偿和报酬，而没有看到利息也是一种生产劳动的产品，与心理因素是没什么关系的。所以，马歇尔的利息理论掩盖了利息的真正起源，将利息表现为与工人劳动毫无关系的东西。

（三）利润（“企业经营能力”的均衡价格）的决定

马歇尔认为，企业家担负组织和领导企业的全部责任，因而是“高度熟练的产业阶级”。他认为，“企业经营”的需求价格是全社会对企业家组织、经营、管理企业必须付出的价格和代价。这种价格取决于“企业经营能力”的边际生产力，即企业家在最合理使用、安排其他各要素的条件下，所能获得的收益（纯收入），也就是：

总收入-工资-利息-地租=正常利润

“运用资本的经营才能”的供给价格取决于三个因素：

（1）资本的供给价格。

（2）经营才能和精力的供给价格。这既取决于维持这些人良好体力和精力的必需品的供给价格，也取决于这些人获取才能的供给价格，即生产成本（接受教育和训练的费用）。这种费用很高，因为企业家必须培养出双重能力：一方面要具备关于物的透彻的知识，能预测生产及消费的广泛变动，能够谨慎判断，大胆冒险，而且熟悉本行业的机械设备；另一方面要具备对“人”的全面知识。他们是天生的领导者，能够知人善用，调动大家的积极性和创造力，获得信任，从而使生产有条不紊地进行。这样，除去昂贵的训练费用外，企业家还要有天赋才能。

（3）把适当的经营才能与必需的资本结合在一起的那种组织（企业等）的供给价格。第一个叫作利息，第二个是纯经营收入，第一和第二个合起来叫作总经营收入，也就是利润。

马歇尔利润论在涉及企业经营管理的细节方面虽然有一定的客观合理性，但其基本错误也是十分明显的：

（1）马歇尔把资本混同于管理人员，从而把管理人员的工资当作利润；

（2）他把利润说成社会的需要，以资本家作为社会利益的代表者，明显表现出其资产阶级的立场；

（3）他把超额利润说成“稀有天才的租金”，这就和他整个供给价格的说法相矛盾；

（4）他的分配理论明显掩盖了利润的剥削本质，与克拉克的分配论具有相同的性质。

（四）地租（使用土地的代价）的决定

马歇尔认为，土地供给是固定不变的，而且没有生产成本，因此，土地没有供给价格。地租只受土地需求的影响。假如生产是无成本的，则图24-6中矩形PEQ*O的面积就是地租。

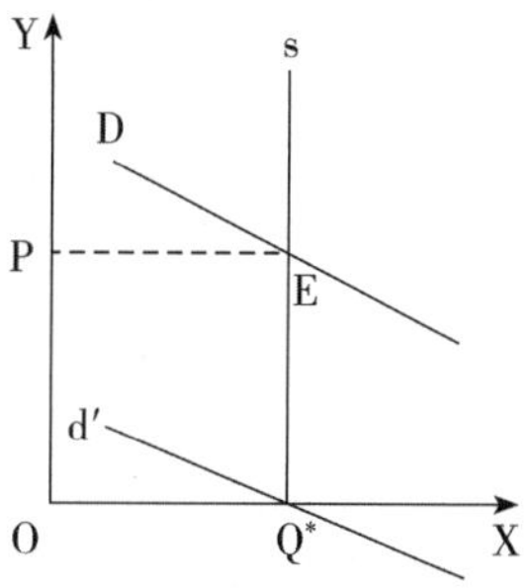

图24-6　地租的形成

土地的需求价格取决于土地的边际生产力，即取决于土地边际耕作（或边际投资）得到的纯产品。马歇尔认为，在“土地报酬递减规律”的作用之下，必定会出现这样一个边际：在该边际上的投资所得到的收入（纯产品），除去补偿生产开支外，只能提供正常利润（资本的利息），此外再没有剩余。这个投资是一系列报酬递减的土地投资中报酬最低的一个。这个“边际投资”就是资本家投资的界限。这个边际上的土地产品决定全部农产品的价格。这个边际投资的纯产品决定了地租量，因为以前各次投资的收入与边际收入间都会产生级差地租。马歇尔称这种差额为“生产者剩余”或“地租”。因此，马歇尔的地租论不过是以“土地生产力论”和“土地报酬递减规律”为基础的级差地租论而已。

生产者剩余可以用图24-7来表示。当市场的均衡价格为OC=HE时，如果企业以该价格出售其产品，则该企业可以获得的生产者剩余为阴影面积OCEF。因为实际上按照该企业的供给曲线，它是可以在每一单位出售的产品上补偿其生产成本或费用的。于是，市场均衡价格超过其生产成本的部分就构成了它的额外收入，即生产者剩余。实际上，马歇尔所说的生产者剩余就是后来经济学家所说的一种“经济租金”。从地租的角度看，它是固定供给的要素的服务价格。要素的服务的固定供给意味着，要素需求的变化或要素价格的变化并不会减少该要素的供给量。这样，租金就可以被看作一种不影响要素供给的收入。有许多要素的收入尽管从整体上看与租金不同，但是其收入的一部分有可能类似于租金。这就是说，如果从该要素的全部收入中减去这一部分，并不会影响这部分的要素供给。经济学家正是把这一部分要素收入叫作“经济租金”。

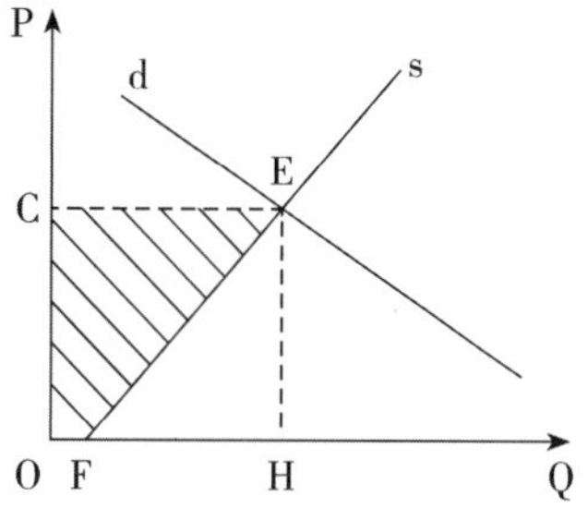

图24-7　生产者剩余

马歇尔还涉及了土地的竞争性使用问题。他认为，从社会角度看，地租是由土地产品价格决定的，地租不是农产品的成本，从而不决定其价格；但从个别生产者来看，地租决定了竞争。他说早开垦土地者，由于地价上涨，会使其地租价值上升，形成土地的供给价格。在此，马歇尔自己也觉察到存在矛盾。

马歇尔的地租论充其量在一定程度上对级差地租做出了一点说明，但对地租性质方面的论述是错误的。

其一，他不仅没有说明资本主义地租的本质根源，而且避开了土地所有权问题，只把地租看作土地生产力的产物。

其二，马歇尔地租理论的条件也是错误的。

其三，马歇尔没有绝对地租的范畴，只有级差地租。事实上，他只说明了级差地租中的一种情况。这表明其地租理论的片面性。

马歇尔唯一的正确感觉是："从厂商或农场主的观点来看，土地只是一种特定形式的资本。"

总而言之，马歇尔的分配论就是各生产要素的均衡价格论。其理论方法与克拉克近似，不同之处仅在于，克拉克用边际生产力说明工资与利息的决定；马歇尔用边际生产力来说明各要素的需求价格。此外，马歇尔比克拉克包含了更多别的因素。

三、准地租

准地租（quasi-rent）是马歇尔提出来的一个独特概念。马歇尔把要素价格超过其均衡水平的部分称为准地租。这是对地租概念的引申。准地租就是把地租之外的分配范畴，从某种条件和某种程度上看作与地租决定原则相一致，即商品的供给不变，价格只受需求影响。例如，工资、利息和利润都可以看作供给条件相对不变或固定条件下的准地租。马歇尔认为，固定资本（机器、厂房、设备）、具有天赋和特殊才能的工人、具有天赋性质的企业经营能力等都会产生相应的准地租。这些准地租与原要素的分配范畴只有量的差别，没有本质的不同。

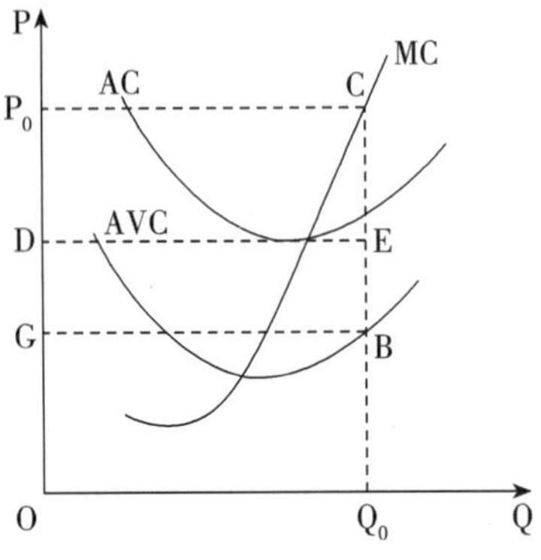

图 24-8 准地租的形成

在图 24-8 中，以 MC、AC、AVC 分别表示厂商的边际成本、平均成本和平均可变成本，P_0为产品的价格，Q_0为产量。这时，可变总成本为矩形 $OGBQ_0$的面积，代表厂商为生产 Q_0所必需的可变生产要素量，固定要素得到的就是剩余的矩形 GP_0CB 的面积，这就是准地租。如果从准地租 GP_0CB 中减去固定总成本 GDEB，就可以得到经济利润 DP_0CE。所以，准地租就是固定总成本与经济利润之和。如果经济利润为零，准地租就等于固定总成本。由此也可以看出，准地租与原要素的收入之间只有量的差别和考察角度的差别，而没有本质的不同。

对此，马歇尔认为，所有地租、准地租都不过是租金之中的不同种类，它们只有量的差别，没有性质的差异。这充分表现了他对"连续原理"的具体运用。

马歇尔的准地租概念也是有错误的：

首先，他只注意到价格量的差距，而忽视了商品质的范畴差别，忽视了不同分配范畴的性质的不同。

其次，他只注重垄断因素或局部条件、暂时相对垄断因素，强调这些因素是自然造成的，从而回避了资本主义分配范畴的社会性质，回避了剥削性。

最后，他把准地租的情况说成是暂时和局部的情况，其实有些准地租恰恰是经常和普遍的情况。

总之，马歇尔的分配论是对他之前各种新旧理论的综合，其核心是均衡价格论，目的是说明资本主义制度是社会发展的必然结果，而资本主义社会经济在本质上不存在根本性的矛盾。

马歇尔把一国的纯产品作为各生产要素分配的基础，一方面承认了社会的剩余产品，另一方面认为剩余产品是由各生产要素共同创造的，相互之间在分配上没有剥削。他还以其分配论去批评马克思的劳动价值论和剩余价值论。马歇尔的分配论的辩护方法和克拉克、瓦尔拉斯等人是完全一致的。

至于马歇尔的“连续原理”，则将数学的抽象思维套用到经济范畴，彻底否认了分配范畴之间的性质差别和阶级性。

第四节　关于垄断的思想

一、马歇尔经济理论的研究对象

马歇尔经济理论的研究对象主要是自由竞争的资本主义经济制度下的经济规律。他把自己的全部抽象理论分析归结为“最大满足”的理论，也就是说，在自由竞争条件下，通过供给和需求的均衡，各个生产要素都能得到最适当的利用，也都能取得各自相应的最大报酬。一句话，马歇尔认为，自由竞争的资本主义制度是最好的经济制度，它可以充分发挥该制度内的自动调节机制，使经济稳定、繁荣地发展。在这种自由竞争制度内，主要是中等的竞争性企业起主导作用。

二、马歇尔关于垄断的思想

从19世纪末到20世纪初，美国、德国等主要资本主义国家的经济迅速发展，很快超过了此前一直处于领先地位的英国。这些情况迫使马歇尔对当时经济生活中迅速发展起来的垄断组织这一主要经济形式加以重视。他看到“垄断组织之间的冲突和联合在现代经济学中起着愈来愈重要的作用”[①]。面对现实，他不得不对其已有理论体系进行某些修改和补充。

在《经济学原理》中，马歇尔专门设立一章论述垄断问题。从《经济学原理》第二版起，马歇尔不断修改有关市场问题的措辞，用词十分谨慎。比如，《经济学原理》英文第一版第40页上说：“我们假定：需求和供给在完全的市场上自由地起作用。”第二版就删去了“在完全的市场上”这几个字。到了第八版则更加严谨，说：“我们假定：需求和供给自由地起作用，买方或卖方都没有密切的合作。”“密切”二字就是新加上去的。在《经

① 马歇尔．经济学原理（下卷）[M]．陈良璧，译．北京：商务印书馆，1965：169.

济学原理》的其他地方，马歇尔说到自由竞争时，也往往会加上“一般地说”的字样。这表明他越来越感到仅仅谈论自由竞争的不完全性是不够的。

1919年，马歇尔出版了《工业与贸易》一书，主要探讨垄断组织和英国的经济地位问题。他认为，垄断是指一种商品只有一个供给者的情况。在垄断条件下，垄断者可以自由调整其供给数量，以取得最大的纯收入。因为这时垄断者可以始终调节供给，使需求在原价格上大于供给，从而导致价格上涨，直至在更高的价格上达到均衡。这时的均衡价格就是垄断价格了。

商品生产费用加垄断收入，就是垄断条件下的供给价格。这时，垄断者的利益已经不是仅仅使其售价可以补偿生产费用，而是把供给调节得与需求的均衡位置能够为垄断者提供最大限度的垄断利润。

马歇尔认为，除了稀有的、优越的、自然条件的垄断之外，现实经济中几乎不存在绝对的、永远的垄断，有的只是相对和暂时的垄断，更多的是垄断与竞争并存的状况。此外，按照他的“连续原理”，垄断与竞争之间并没有明显的界限，二者只是程度和数量的差别而已。他认为“从表面上看来，仿佛垄断产量总是小于竞争产量，它对消费者的价格总是大于竞争价格”，但事实不是这样的，因为各种条件和其他因素会抑制这种倾向。他说，消费者购买垄断企业的产品时，实际上不会比在竞争条件下支付更高的价格。垄断者的平均成本比有的竞争性企业的成本还要低一些，所以，价格也会低一些。有两个原因能够使垄断企业产品的成本降低：第一，垄断企业比小企业有更多的资金用于改进生产方法，增加机械设备，而且垄断企业可以取得任何生产改进所带来的全部利益；第二，垄断企业可以减少广告开支。只要垄断者经营有方，并有无限的资本支配权，其供给价格就会低于一般企业。所以，自由竞争下的均衡产量也会小于需求价格等于垄断供给价格的那种产量。

马歇尔认为，如果垄断者定价太高，就会吸引别的生产者进入其行业，从而使垄断者失去垄断地位和高额垄断收入。他说：虽然垄断和自由竞争在理论上是完全分开的，但是它们实际上以不易觉察的程度相互贯穿、相互渗透着：在几乎一切竞争的企业里，都存在垄断的因素。而一切现代有实际意义的垄断者都是在不稳定的情况下保持它的权力。如果它们忽视了直接和间接的竞争的可能性，它们很快就会失去这个权力。这样，垄断者以略低于给它提供最大纯收入的价格就可以增加销售量，其产品畅销，不久就会补偿它现在的损失。于是，马歇尔认为，垄断未必总是有利于垄断者而不利于消费者和非垄断者。垄断者实际上只能得到一种折中的利益，其利益仍和消费者的利益密切相关，垄断者与消费者之间存在“调和的利益”。为了将来的发展，垄断者可以暂时牺牲一些纯收入。所以，马歇尔认为，垄断并非坏事，“垄断者往往能保持企业的节约”，产品价格不会由于它而提高，产量也不会因它而减少。

马歇尔认为，垄断组织在经济生活中的作用是巨大的，因此，从政策上来说，英国不应该限制它，而应该向美国、德国学习，以保持和恢复英国在国际上强有力的经济地位。

马歇尔对待垄断的态度既反映了他所代表的自由资产阶级的立场，也在某种程度上反映了他的准确判断。他的垄断理论实际上涉及了垄断、垄断竞争和寡头垄断等不完全竞争的多种形式，但他未能对这些加以严格区分。马歇尔对垄断的研究仍属于初步探索，因而其理论的不完整、不精确和矛盾的存在是必然的。

三、小结

马歇尔的垄断观点完全是为维护英国资产阶级在19世纪末20世纪初的既得利益的。在垄断资本主义时代，马歇尔一方面不得不承认垄断的现实；另一方面，他竭力想把垄断通过其“连续原理”纳入其原先为之辩护的自由竞争体系中，保持其体系综合、全面、折中的特点，来为帝国主义时代的经济制度辩解。但历史的发展使马歇尔的经济学体系开始走向瓦解。到20世纪30年代，凯恩斯的“新经济学”的出现明确宣布了马歇尔新古典经济学体系的统治地位的结束。

尽管如此，马歇尔的经济理论在经济学发展历史上的地位仍是十分重要的，它在近代和当代西方经济学中仍然具有巨大的影响。20世纪20年代英国庇古的《福利经济学》、30年代英国琼·罗宾逊的《不完全竞争经济学》（1933）及美国张伯伦（E. H. Chamberlain）的《垄断竞争理论》（1933）都是对马歇尔经济体系在某些方面的发展。即使是凯恩斯经济学，也与马歇尔经济学体系有着密切的联系。

本章思语

1.马歇尔经济体系的特点是什么？
2.马歇尔的均衡价格论的内容如何？
3.马歇尔的分配论实质是什么？
4.马歇尔准地租的概念有何意义？
5.如何理解马歇尔的消费者剩余？
6.如何理解马歇尔的生产者剩余？
7.怎样看待马歇尔的垄断观点？

[第二十五章]
维克塞尔的经济思想

第一节　维克塞尔概况

一、生平简介

约翰·古斯塔夫·克努特·维克塞尔（John Gustav Knut Wicksell，1851—1926）是瑞典学派[①]的奠基人。他出生于瑞典斯德哥尔摩市一个中产阶级家庭。他在乌普萨拉大学学习数学、语言、文学和哲学，获得了数学和物理学的高级学位。他曾被选为大学的学生会主席，在哲学、政治、文学辩论和学生团体活动中非常活跃。作为一名通俗文学作家和小册子作家，维克塞尔探讨了人口问题、生育控制、移民、酗酒及其原因、卖淫、婚姻的未来、普选权以及对直接累进所得税的需求等社会问题。他是一位学者和社会改革者。在他那个时代，这种身份的结合被认为是无法协调的。

维克塞尔早期在政治生涯中遭受挫折，在35岁以后曾两度去英国、法国、德国、奥地利等国游历和留学，并开始接触政治经济学。维克塞尔在社会问题和改革方面的兴趣将他导向了对经济学的研究。1885—1890年，他在英格兰、法国、德国和奥地利进行了广泛的学习和研究。他在经济理论学习方面记忆最深的经验是，在柏林的书店中发现了庞巴维克刚刚出版不久的论述资本的书，这本书对维克塞尔自己的经济思想的形成产生了深远的影响。

1889年，维克塞尔被聘为乌普萨拉大学经济学讲师，并把精力完全转到经济学的学术研究道路上来。1895年，他获经济学博士学位，后又攻读4年法律学，于1900年担任隆德大学副教授，4年后升任教授，到1916年退休。

维克塞尔的代表作有《价值、资本与地租》（1893）、《利息与价格》（1898）、《国民经济学讲义》第一卷（1901）与第二卷（1906）。

二、对经济学的贡献

维克塞尔对经济学做出了几项重大的贡献。例如，维克塞尔是认为代表性企业在扩大生产规模时将先获得报酬递增，再经历报酬不变，最后经历报酬递减这样几个阶段的经济

---

① 瑞典学派的其他成员包括埃里克·罗伯特·林达尔（Erik Robert Lindahl，1891—1960）、缪尔达尔和贝蒂·俄林（Bertil Ohlin，1899—1979）。

学家之一。维克塞尔也预期到后来由张伯伦和琼·罗宾逊在1930年提出的垄断竞争理论，但是他的主要声誉来自他对货币经济学的贡献。这些贡献包括：

（1）对利率在形成均衡价格或者在产生累积性通货膨胀或累积性通货紧缩中作用的分析。

（2）对政府和中央银行在妨碍或推进价格稳定中可能具有的贡献的认识。

（3）对达到宏观经济均衡的储蓄和投资方法的早期论述。最后一项贡献奠定了维克塞尔作为投资和储蓄方面的所谓瑞典学派之父的地位。

此外，维克塞尔的著作在某种程度上还可以被看作凯恩斯经济学的先导。凯恩斯也称赞维克塞尔先于他自己提出了关于克服古典二分法的宏观经济思想体系，认为维克塞尔应该是有关经济思想的一位重要的先驱。维克塞尔的全部理论就是综合了货币理论、经济周期理论、公共财政和价格理论的一个体系。虽然维克塞尔并非在所有的方面都是成功的，但是，他都推进了这些领域中经济思想的发展。

维克塞尔的著作在欧洲大陆早已引起各国学者的注意，但由于英、美两国的经济学界受马歇尔经济体系的支配，直到20世纪30年代经凯恩斯、弗里德里希·奥古斯特·冯·哈耶克（Frederick August von Hayek，1899—1992）、罗宾斯的介绍，才日益受到重视。维克塞尔的经济思想源于德国历史学派之外的各个学派，但受洛桑学派和奥地利学派影响较深。

第二节　边际效用的理论与思想

一、对效用价值论的综合阐述

英国伦敦学派的代表人物罗宾斯认为，维克塞尔对价值理论并未增添什么新的东西，但他以强大的阐述能力将瓦尔拉斯和早期奥地利学者的主要教义相融合，给门格尔及其追随者的哲学的见解和奥妙做了高度精密和优美的数字表达。维克塞尔的主要贡献在于货币与利息理论方面。这是受英国古典学派及19世纪40年代货币争论的启发。维克塞尔晚年曾经深深后悔对德国历史学派的忽视，因而建议经济学家要研究历史和经济生活的发展。

维克塞尔以一般均衡理论为框架将边际主义学说的各部分综合起来，从而显示了各派边际主义学说的共通性。他的综合阐述扩大了边际主义的影响。

维克塞尔首先批评了边际效用价值论之外的对价值源泉的各种解释，包括一般的效用论、相对稀缺性和效用性相结合的供求论、生产成本论、劳动价值论，以及蒲鲁东、巴师夏的观点。然后，他以自己的方式说明了边际效用价值论。他指出：

（1）亚当·斯密以水和钻石为例的“价值悖论”中所说的不会是全世界所有的水和钻石，也不可能是某一特定单位的水和钻石，否则便会得到物品的使用价值和交换价值完全相等的荒谬结论。

（2）解释物品交换必须以使用价值具有可变性为基础，即“同一物品对不同的人具有不同程度的效用。所以相对的使用价值在同一时点对交换双方的这一方或那一方可以分别大于或小于相对的交换双方的这一方或那一方的交换价值”。这里的所谓相对交换价值应理解为交换来的使用价值。

（3）在不同程度的使用价值中，一单位该商品在一定情况下将具有的最小效用程度，就叫作商品的边际效用。

在价格问题上，维克塞尔分别论述了自由竞争和垄断条件下的价格决定原理。

二、边际生产力分配论观点

维克塞尔依据生产三要素论、报酬递减规律以及完全自由竞争和静态分析方法，得出了土地和劳动报酬的边际生产力规律。这没有多少新意，但维克塞尔的特点是对资本利息的解说。他试图把杰文斯的资本概念、庞巴维克的时差利息论和杜能的边际生产力论统一起来，使分配论具有一种统一形式。

维克塞尔认为，资本（实指生产资料）唯一的功能在于使生产从始至终都经历一段时间。因此，“时间”因素是资本概念的核心。他又认为，资本实际上是蓄积的劳动和土地产品，即过去的劳动和土地的产品，只是现在在生产过程中采取了不同于土地和劳动的形式罢了。据此，他合乎逻辑地把资本生产力归结为蓄积劳动和土地的生产力。

维克塞尔认为，“现在劳动和土地某一数量的储存为同类资源同一数量所代替，在许多情况下都有使生产力增加的倾向”。他认为，这再加上自由竞争、报酬递减规律、生产期间和资源的合理安排以及静态分析等条件，“储存的劳动和土地资源的边际生产力要比现在资源的边际生产力大……利息则是储存的劳动和储存的土地的边际生产力与现在的劳动和土地的边际生产力的差额”。

这样，维克塞尔就在庞巴维克的时差利息论的基础上向前迈进了一步。

第三节　利率与物价思想

在1898年维克塞尔的《利息与价格》问世之前，西方经济学理论中占主导地位的新古典经济学体系中，价值理论与货币理论是彼此分离、相互之间没有逻辑顺应关系的两个独立部分，即所谓的“二分法”。在新古典经济学体系中，价值理论是一种相对价格理论，是以边际效用理论为基础的；货币理论是讨论一般物价水平变动的理论，是以货币数量理论为基础的，与相对价格的形成和变化没有任何直接关系。此外，古典和新古典经济学的这些理论都采取静态均衡的分析。

诺贝尔经济学奖获得者、当代瑞典学派的主要代表之一缪尔达尔曾经针对经济学说史上的这种情况指出：“所有关于正统派经济理论有系统的论文，都有一个共同的特点，就是认为货币理论和价格的中心理论之间，没有内部联系和完整的结合。”①后来，凯恩斯也对此提出批评说：“我以为把经济学分为两部分，一部分是价值与分配论，另一部分是货币论，实在是错误的。”②

维克塞尔的分析开始打破这种静态的和“二分法”的模式。维克塞尔是一位较早认识到古典“二分法”缺陷的经济学家。他较早地从货币与实物经济的结合方面进行了探讨，把价格问题和利率问题结合到一起加以考察。在这一点上，维克塞尔与后来的凯恩斯是一致的。

---

① 缪尔达尔．货币均衡论［M］．钟淦恩，译．北京：商务印书馆，1982：15.
② 凯恩斯．就业、利息和货币通论［M］．徐毓枬，译．北京：商务印书馆，1981：249.

对维克塞尔来说，货币理论的一个主要问题在于：为什么价格会在整体上上升或者下降？为了回答这个问题，维克塞尔转向了对利率的分析。在这里，他区分了正常的或者自然的利率和银行利率。

他说，正常利率或者自然利率取决于还没有投资的实际资本的供求。资本流量的供给来自推迟消费其收入和积累起财富的那些人。资本的需求取决于通过使用它而可以实现的利润或者其边际生产力。供求的相互作用决定了自然利率：借贷资本的需求和储蓄的供给完全相等时的利率，就是正常的利率或者说自然利率。它或多或少是相应于新创造资本的预期收益的。它是一个基本的变量。如果使用资本的前景更有保证，则需求将增加，而且（需求的数量）将在开始的时候超过供给（供给的数量）；利率接着将上升，而同时将会随着来自企业的需求合同而刺激储蓄进一步增加，直到在稍高一些的利率上达到新的均衡。而与此同时，均衡必须根据已有的事实判断出来，（更广义地说，如果不会受到其他原因干扰的话）存在于商品市场和服务市场中，使工资和价格保持不变。货币收入的总量通常将超过通常生产的消费品的货币价值，但是，收入的超额量，如生产中每年的储蓄和投资，将不能产生任何对现有商品的需求，而只是产生对未来生产所需要的劳动和土地的需求。[①]

正常利率或自然利率只是被运用到个人的信用方面，而银行是更为复杂的，因为它们与私人不同。银行以自己的基金放款时是较少受约束的，甚至通过它们客户存款的资金放款也不受约束。因为银行创造信用，它们甚至能够以很低的利率扩展放贷。另一方面，它们并不需要放出其客户存款的所有资金。因此，银行利率也许低于或高于正常利率或自然利率。当这两种情况发生时，价格水平必定会发生变动。

1.银行利率低于自然利率的情况

如果银行以实际上低于正常利率或自然利率的水平发放贷款，储蓄就不受鼓励，而对消费品和服务的需求将上升。同时，企业将寻求更多的资本投资，因为借入货币的成本越低，所实现的净利润就越大。随着投资的增加，工人、土地所有者、原材料的所有者以及有关人员的收入都会增加，消费品的价格也会开始上升。但是，假定我们在充分就业的位置上开始，那么，与这种对消费品和投资品的需求增加相并列的是随着储蓄减少而来的不变的甚至是减少的商品供给。对价格增加的预期将引起价格更多地上升，均衡受到了干扰，于是，累积向上的价格运动就开始了。其基本原因是，银行利率或市场利率低于那种在不变价格下能够平衡实际储蓄和实际投资的正常利率或自然利率。只要银行利率低于实际利率，价格的上升就是无限的。

2.银行利率高于自然利率的情况

相反，如果银行利率大于正常利率或者自然利率，则价格将下降。其原因是，储蓄将增加，而投资支出将下降。投资支出的下降将减少国民收入，而国民收入的减少又将引起消费品价格的下降。随着资本品和消费品价格的下降，一般物价水平也将明显下跌，通货紧缩就出现了。由于预期到进一步的价格下跌，消费者将减少他们的当前支出，甚至是未来的支出，而这会加剧通货紧缩。

---

① WICKSELL K. Lectures on political economy（Vol. 2）［M］. London：Routledge & Kegan Paul，1935：193.

第四节 经济周期理论

维克塞尔经济理论的核心内容是所谓的累积过程理论，主要反映在他的《利息与价格》一书中。实际上，累积过程理论包括了维克塞尔的货币利息理论和经济周期理论两方面的内容，反映了他对经济理论最重要的贡献。这些内容为当代瑞典学派奠定了最重要的理论基础。

在《利息与价格》一书中，维克塞尔在下述基本假定、理论前提和理论概念的基础上展开了他对累积过程理论的分析。这些假定是：

（1）他所考察的社会经济处于充分就业的均衡状态，土地、劳动和资本等一切生产资源的数量均为固定的，并且已被全部加以利用，不存在任何闲置的生产资源。这样，维克塞尔就以一个静态均衡经济作为分析的起点。

（2）19世纪中叶后，欧美各主要资本主义国家的银行信用制度已相当发达，银行在社会经济中的作用日益加强，信用规模的变动对交易量和价格水平有着重大的影响。因此，维克塞尔假定他所考察的经济是一个有组织的、纯粹的信用经济，经济中的全部支付都利用划汇和账面转移来进行。

（3）维克塞尔将总供给和总需求都相应地划分为消费品的供求和投资品的供求，从而能够考察货币数量在影响一般物价水平的变化过程中对生产结构、资源配置、收入、支出、储蓄和投资等有何种影响，即把相对价格变动与一般物价水平结合起来加以考察。

（4）在维克塞尔的分析中一个非常重要的概念是自然利率。自然利率是与货币利率相对应的一个概念：如果不使用货币，一切借贷以实物资本形态进行，在这种情况下的供求关系所决定的利率被称为资本的自然利率。①由此可见，自然利率实际上是物质资本的收益率，或相当于庞巴维克所说的迂回生产过程中的物质边际生产力。与此相对应的货币利率是指银行借贷活动中用货币支付的利率，它是由资本市场上借贷双方的供求关系决定的。维克塞尔认为，经济活动与价值水平的波动都与自然利率和货币利率的相互偏离有关。

（5）维克塞尔所考察的是一个抽象掉对外贸易的封闭经济体系，它假定在这一封闭经济体系中，各生产单位完全从银行借入资本从事经营活动，促使企业增加投资、扩大生产的刺激因素是利润；同时，假定各生产单位的生产时期是无差异的。这些假定都是抽象理论分析所必需的，放弃这些假定并不会改变整个分析的主要结论。

按照维克塞尔的假定，分析的起点是一个静态均衡的经济，投资与储蓄相等，经济资源充分，就业、物价水平稳定。这时由于某种原因银行新增了一笔资金，增强了向企业发放新贷款的能力。由于处于静态均衡经济中，自然利率和货币利率是一致的，因而企业没有增加贷款、扩大生产和投资的需要，银行只有采取降低货币利率的方法，才能吸引企业增加贷款，扩大生产和投资。

货币利率一旦由银行降低，立刻就会从两个方面影响到社会总需求：

（1）从企业的角度看，由于现在货币利率低于自然利率，两者的差额就是超额利润。

① 魏克赛尔．利息与价格［M］．蔡受百，程伯撝，译．北京：商务印书馆，1959：83.

这种利润的存在刺激了企业扩大生产和增加投资的愿望。但是，在充分就业条件下，由银行增发给企业的新贷款所引起的对生产要素（各种资源）的需求会超过生产要素的供给数量，生产要素的价格必定趋于上涨。

（2）从消费者的角度看，货币利率的降低使作为利率函数的居民储蓄减少，消费开支增加，但由于消费品市场在充分就业条件下无法扩大，消费品价格也会上涨。

猛一看，银行利率降低—货币数量增加—总需求过度膨胀——般物价上涨，这个以利率变化为起因的经济变动过程似乎会由于一般物价水平的上涨吸收了增发的货币量而走到终点，但其实不然。维克塞尔明确地指出：有些人以为利率的一次单独的但是持久的变动，其影响只能限于眼前的冲击。事实是经仔细考虑后，情况往往会显得完全不同。可以假定，低利率的维持，如其他情况无变化，其影响不但是恒久的，而且是累积的。[①]

银行通过降低货币利率增加的贷款，首先流入企业，企业利用贷款扩大投资，引起生产要素价格上涨。由于不存在闲置资源，生产要素价格的变化必然会造成一部分生产要素从原有生产部门转移到有能力支付高价的生产部门。由于货币利率下降，资本的预期收益按市场利率计算的折现值提高了，资本品生产部门对生产要素的需求更为强烈。如果这时生产要素是从消费品生产部门转移到资本品生产部门，就会导致消费品生产部门的萎缩。但是，同时由于生产要素价格上涨，居民收入增加了（如工资、地租等），在货币利率保持低水平时，消费开支会进一步增加。由于消费品产量非但没有增加反而减少了，消费品价格将进一步上涨。消费品价格上涨后，企业为增产又会增加对资本品的需求，这又促使资本价格更进一步上涨……因此，降低货币利率，造成信用膨胀，推动投资增加，引起生产要素价格上涨，造成货币收入增加，推动消费品价格上涨，再推动投资进一步增加，引起资本品价格上涨……这种循环会形成一个经济扩张的累积过程。在这个累积过程的发展中，社会生产并不会实际扩大，但是，原有的社会生产结构（资本品与消费品的生产比例）不断遭受破坏，相对价格体系不断变化，一般物价水平持续高涨。一切处于不稳定状态中的因素都在相互影响，加剧了整个累积过程的发展，使社会经济处于严重的失衡状态。这时，只有银行采取提高货币利率使之与自然利率相等的方法，才能制止这一累积过程的发展。同样，由于技术进步等原因引起自然利率高于货币利率，也可能发生这种累积过程。

与向上扩张的累积过程相反，假定货币利率高于自然利率，则会发生向下萎缩的累积过程，引起经济危机和萧条。

总之，根据维克塞尔的看法，任何货币利率与自然利率的偏离都会造成累积形式的经济失衡。这时，货币数量不仅影响一般物价水平，还会影响收入、储蓄、投资、消费、各种商品的相对价格及社会生产结构。当货币利率等于自然利率时，投资等于储蓄，物价水平稳定不变，经济体系处于均衡状态。这时，各种商品的价格和产量都是由实际生产领域决定的，货币只作为流通手段和计价单位，而不影响除一般物价水平外的其他经济变量，即货币是“中性的”。

因此，根据维克塞尔的看法，经济达到均衡状态必须具备以下三个条件：

（1）货币利率等于自然利率；

---

① 魏克赛尔．利息与价格［M］．蔡受百，程伯撝，译．北京：商务印书馆，1959：76-77.

（2）储蓄等于投资；

（3）物价水平稳定不变。

如果经济达不到这些条件，就很难说是均衡的，其变化过程也就变成了动态的。维克塞尔关于“累积过程”的分析在本质上是一种动态分析，而且是把货币和实际经济结合在一起的分析（摒弃了“二分法”的分析）。

维克塞尔的累积过程理论纠正了19世纪以来资产阶级经济学中的“二分法”，第一次把价值理论、货币理论以及实际经济问题结合在一起。哈耶克曾经对此说道：由于这个伟大的瑞典经济学家，才使得直到19世纪末仍然隔离的两股思潮，终于确定地融而为一。[①] 维克塞尔也第一次以传统的静态均衡分析的方法进行了建立现代宏观均衡体系的尝试。他的累积过程理论实际上已经公开地对萨伊定律及资本主义社会的市场机制能自动调节经济达到均衡的观点质疑。这对瑞典学派的形成、现代西方经济学的货币理论和经济周期理论以及凯恩斯的经济理论都产生了重要的影响。

第五节　其他观点

一、关于公共政策的观点

维克塞尔对利率的分析和对改革的偏好，导致他强调对政府和中央银行在促进经济稳定中的作用。他成了呼吁通过控制贴现率和利率来稳定批发价格的首位经济学家。

维克塞尔说，经济周期变动的基本原因是，当需求增加特别是人口扩张时，技术和商业进步不能维持相同的发展比率。随着需求的上升，人们通过投资来开发环境。但是，通过新发现、新发明和其他改进措施来增加产出是需要时间的。推动大量流动资本转变为固定资本的活动造成了经济繁荣。如果技术改进已经在进行，而且又无法保证存在利润超过风险边际的新的技术进步，衰退就会发生。

维克塞尔并没有在更广泛的范围内追踪这些经济波动的实际原因。他把自己的注意力集中在了货币原因上。为了排除这个货币原因，他主张银行建立一种既不会提高也不会降低商品价格的利率，即使银行利率恰好等于正常利率或自然利率的那种利率。如果不存在货币而且所有的贷款都以资本品的形式出现，这后一种利率就是由供求决定的利率。不过自然利率本身并不是固定的，它会随着经济波动的所有实际原因（如生产率、固定资本和流动资本的供给、劳动和土地的供给等）而波动。除非银行做调整，否则，市场利率和实际利率恰好一致就不太可能出现。

维克塞尔写道：

这并不意味着银行实际上应当在固定它们自己的利息率之前首先确定自然利息率。当然，这是不实际的，也是完全不必要的。因为当前的商品物价水平提供了一种对于两种利率安排或转换的可靠检验。这种程序应当简化如下：只要价格保持不变，银行的利率就将保持不变。如果价格上升了，利息率也将上升；如果价格下降了，利息率也将降低；此后，利息率就将保持在其新水平上，直至价格进一步变动要求它在一个方向上或者在另一

① 哈耶克．物价与生产［M］．滕维藻，等译．上海：上海人民出版社，1958：26.

个方向上进一步变动。

这些变化发生得越迅速，一般物价水平发生较大变动的可能性就越小；利息率变动的频率也越小或者不变。如果价格相当稳定，在不可避免的情况下，利息率也将只是与自然利率的涨落相一致。

在我看来，价格不能保持稳定的主要原因就在于银行不能或者无法遵循下面的规则……

不能利用银行来进一步降低利率的反对意见也可能是完全正确的。利息率下降所可能减少的银行边际利润，会大于它可能增加的业务范围。但我要人们注意这样一个事实：银行的职责并不是挣大量的钱，而是给公众提供交换的媒介，而且，以适当的标准提供这种媒介的目的在于稳定物价。在任何情况下，它们对社会的责任都比它们对私人的责任重要得多得多；如果它们站在私人企业的立场上，最终不能履行其对社会的责任，那么，我很是怀疑它们将会对国家做出有利的举动。①

维克塞尔担心增加生产和黄金存量将会引起通货膨胀，并进而引起利率下跌和物价上涨。因此，金铸币的自由化应当受到怀疑，但是世界也不应当过于看重国际上的纸币本位。这种纸币本位通常被认为是克服黄金稀缺性增大问题的一种手段，但是它被运用于矫正货币数量过多倒是不太要紧。维克塞尔认为：

无论怎样，在进一步的考察中，这种观点都会令人吃惊。相反，它一旦成为现实，也许就成为当前的体系。这听起来就像是一个美妙的故事：毫无知觉也毫无目的地向各处派送着黄金背篓，挖出宝藏再把它们埋回地下的坑里。在任何理论的利率上，这种方案的介绍都毫无困难。中央当局和国际钞票机构都是不必要的。每个国家都有自己的钞票（和零钱）系统。这些都必须在各中央银行以票面值赎回，但是允许只在一国内流通。每个信用机构的简单职责就是管理其利率，相对而言，这要和其他国家相一致，以便维持能使国际收支平衡和能稳定世界物价总水平的经济均衡。简而言之，价格管理将在制度上规定银行利率的基本目的，它将不再受制于金本位下生产和消费的变幻不定或者铸币流通下需求的不确定性。由于仅仅依据银行深思熟虑的目的来管理，这对于变化的情况将是非常灵活自由的。②

二、关于强制储蓄的观点

在讨论总储蓄和总投资时，维克塞尔分析了强制储蓄的理论。这并不是一种新思想。边沁曾经提出过这一观点。边沁在他写于1804年但出版于1843年的《政治经济学手稿》中把它叫作“强制节俭”。分析政府在增加资本中的作用时，边沁说到了作为强制节俭手段的税收和纸币。他说，创造纸币就是一种直接的税收，因为它是作为一种收入税加在了具有固定收入的那些人身上。约翰·穆勒也曾经在其《关于政治经济学中一些没有解决的问题论文集》中一篇题为《论利润和利息》的论文里写道，如果银行家使通货贬值，就会在一定范围内造成一种强制的积累。产品的价格越高，对消费者的某些实际收入征税也就越多。瓦尔拉斯在1879年也论述了强制储蓄理论。这也许鼓舞了维克塞尔，并通过他使所有后来的德国经济学家都涉及这一问题。

---

① WICKSELL K. Interest and prices［M］. London：Macmillan，1936：189-190.
② WICKSELL K. Interest and prices［M］. London：Macmillan，1936：193-194.

维克塞尔假设了一种情况，在那种情况下，一家新企业通过设有一笔相当于实际资本积累的银行贷款（纯粹信用创造）来融资。假定开始时是充分就业，和一家新企业得不到银行贷款相比，在有银行提供贷款时，会将贷款更多地使用到生产资本品过程中的土地和劳动方面，而只留下较少的贷款给消费品生产。同时，对消费品的需求将增加而不是减少，因为企业扩张其投资时将对土地和劳动给出高价。由于产生了价格上涨，企业将需要比它们当初建立在谈判签订的贷款规模基础上所考虑的数量要少的资本品。同时，消费也将受到价格上涨的约束。这种强制约束实际上构成了资本的实际积累，而那本来是当资本投资增加时应当得到的。“投资增长时期所必需的真实储蓄实际上（恰恰就在这时）是强加给全体消费者的。”

三、论不完全竞争的观点

维克塞尔认为，完全竞争模型在零售业市场中并不充分，因而，他在张伯伦和琼·罗宾逊之前几十年就预期到了由张伯伦和琼·罗宾逊提出的垄断理论或不完全竞争理论。维克塞尔对这个问题的论述和对它进一步系统发展之间所经历的32年是异乎寻常的，但是，完全竞争的思想是众多边际思想的中心，对它的修改需要经济中垄断倾向的大量证据。

1901年，维克塞尔谈道，零售商通常有着固定的顾客群体，而这会使它们具有固定的价格，而不是变动的价格。当实际价格适应批发价格变动时，它们变动价格的行动有一个滞后期，而且是在修改了的形式上进行的：

> 每个零售商在其直接顾客群体内实际上拥有我们所说的实际销售垄断，即使在我们即将很快看到的地方，这也是建立在忽略买方的组织或买方缺乏组织的基础上的。当然，它不能像一个真正的垄断者那样，任意提高价格（它只是在远离商业中心的地方可以考虑提高当地的价格）。但是，如果它保持与其竞争者相同的价格和销售量，那它就几乎只能经常依靠其近邻来做顾客了。这个结果并不是由于偶然出现零售商过多造成的。这实际上会损害消费者。例如，假定两家同类商店位于同一街道的不同两端。它们各自的市场将在该街道的中间相接就是自然而然的事。现在假如有一家新的同类商店在该街道的中间开张，其他两家商店中的每一家都将或迟或早丢掉一些顾客给新商店。因为住在街道中间附近的人们认为，他们如果以同样的价格得到同样的商品，到最近的商店去购买商品就会节省时间和减少麻烦。不过，在这一点上，他们是错误的，因为原来的商店现在在没能减少其相应程度支出负担的情况下失去了一些顾客，它们将被迫逐渐提高价格（因为它们将不再在其平均成本曲线的最低点上运行）。同样的方法也可以运用到那些从一开始就有本应对自己的较少销售量感到满意的新的竞争者身上……除非竞争者之中的一个（比如一家大商店），其管理水平远远超过其余所有的店。正确的矫正方法显然就是某些在买方之间进行组织的方法。但是，只要这种联合不存在（在生活在不同位置上的个人之间不存在，也没有那种特别难以建立的更密切的联系），异常的情况就像人们预计的那样，有时竞争会提高价格，而并不总是降低价格。①

在完全竞争方面，维克塞尔成为继古诺和其他一些人之外的领导者。他指出，销售量被人为地限制在产生最大化利润的点上。价格的每次提高都减少了商品的需求量。但

① WICKSELL K. Lectures on political economy（Vol: 2）[M]. London: Routledge & Kegan Paul, 1935: 87-88.

是，只要需求（需求量）下降小于较高价格引起的每单位商品的利润增加的比例，总的净利润……就将增加。相反，当销售量的减少大于每单位商品的利润增加的比例时，价格的进一步增加就是不利的。维克塞尔说，重要的是要记住，不变的或者过高的成本不会在决定最有利可图的垄断价格上发生任何影响，只有变动的成本（边际成本）才是应当考虑的。

总之，维克塞尔的经济思想在时间上比后来的凯恩斯经济理论要早很多，而且并不是像凯恩斯那样在经济大萧条的环境下产生的。维克塞尔关于货币、利息、物价、储蓄、经济周期、公共政策以及不完全竞争等多方面问题的看法极有价值，对20世纪的经济学无疑产生了重要的影响，特别是对于瑞典学派的形成具有开创性和奠基性的贡献。

本章思语

1. 阐释维克塞尔的利率理论。
2. 维克塞尔的价格理论是怎样的？
3. 说明维克塞尔的经济波动理论。
4. 维克塞尔的不完全竞争观点是怎样的？
5. 维克塞尔的公共财政理论内容是什么？
6. 维克塞尔的“货币中性”的含义是什么？
7. 维克塞尔是怎样论述“强制储蓄”的？
8. 维克塞尔的财政观点对后来的有关理论有何影响？

第六篇

西方近代经济思想的补充与发展

[第二十六章]
新古典的竞争与垄断思想

如果说马歇尔的理论体系是对边际革命以后的经济理论进行了最为全面的总结和综合，那么，作为经济学说史上具有里程碑意义的他的理论体系，也开创了当代西方新古典经济学理论体系的先河。此后，西方新古典经济学就沿着马歇尔所指出的方向不断发展。

马歇尔在他的理论中最全面地综合阐述了完全竞争条件下的价格决定、要素分配和市场中的经济行为。尽管他也注意到了19世纪末20世纪初经济生活中所出现的垄断现象，但是他对垄断所持的基本上是一种继续观察的态度。他觉得应该对经济生活中的这种新情况加以关注和研究，并且在他的著作中有了一定程度的体现。但是，马歇尔的研究中心仍然是完全竞争，他并没有完全展开，或者说他并没有把不完全竞争作为他理论体系的十分重要的组成部分加以深入的研究。在他看来，完全竞争、不完全竞争和垄断之间并没有明显和严格的界限，他的“连续性原理”依然有效。此外，在马歇尔之前，法国经济学家古诺曾经专门提出过垄断的分析模型，但是他也没有把垄断和竞争结合起来作为一种普遍的问题加以研究。

只有琼·罗宾逊、张伯伦、斯拉法等人才真正对不完全竞争问题进行了深入的研究。斯拉法从完全竞争下不可能产生企业的单位成本下降这一情况提出，完全竞争和自然垄断都是极端情况，不完全竞争可能是正常情况。张伯伦在其《垄断竞争理论》中进一步把垄断和竞争的情况联系起来，提出并分析了他所说的垄断竞争情况。琼·罗宾逊也在其《不完全竞争经济学》中论述了相同的问题，而且加上了对买方垄断问题的分析。

本章所介绍的就是马歇尔及其之后新古典经济学体系在竞争与垄断问题上的一次重大发展。这次发展主要是在马歇尔相关理论的基础上，由琼·罗宾逊、张伯伦、斯拉法等人进行的。当然，在另一方面，约翰·希克斯（John R. Hicks，1904—1989）也从具体分析方法上对新古典经济学给予了推进。

第一节　深入研究竞争与垄断问题的原因

实际上，在边际主义者和新古典学派的范围内，也存在对不完全竞争的理论关注。尽管这些理论直到19世纪30年代初期以后才得到充分的发展，但是它们早就存在深远的根源。比如，回想一下古诺在1838年年初提出的完全垄断模型和双头垄断模型，以及埃奇沃思和维克塞尔对竞争者面临的小于充分弹性的需求曲线情况的分析。对不完全竞争兴趣的上升，是因为完全竞争模型和垄断模型之间存在经济理论缺口，也因为完全竞争理论越来越站不住脚。完全竞争被最充分地运用到农业，但是即便在那里，和较早的时代相比，这一理论也越来越不适合现代条件。在地方市场上只有少数买方提出购买像烟草、肉类、谷物和牛奶这种农产品，完全竞争不再占据统治地位了。另外，虽然对价格形成进行的有说服力的分析有助于认可在农业中越来越多的政府干预的第二位经济影响，但是这种干预减少了完全竞争模型的普遍有用性。

在现代经济学家看来，新古典的完全竞争理论甚至在以前工业生产和贸易中的直接应用也比在农业中要少。这种理论事先假定了许多对完全相同产品进行买卖的买方和卖方，以便没有一个人能够对市场产生明显的影响，因此，对卖方来说，买方是完全没有差别的。在这种市场上，每个卖者都能在市场价格上卖掉各种数量的商品，而不需要任何广告、品牌，也不需要推销。批评者说，很明显这是一种相当抽象和简化的理想情况。今天，大多数经济学家都同意：完全竞争模型提供了了解竞争性质和结果的重要观点，但它并不是对大多数国内和国际市场的准确说明。

本章所讨论的不完全竞争理论的方法，表明了新古典学派的全部特征。这种方法就是抽象、演绎和主观方式的边际主义和微观经济学的方法，其经济学假定了理性、静态和暂时不变的趋向均衡的世界，在这种理论中很少解释经济的波动、增长以及动态过程的变化。

由于明白了垄断的作用（能够在长期中通过把价格提高到竞争达到的均衡水平以上来获取经济利润），可使经济学家更加关注与完全竞争不一样的垄断理论，从而更愿意接受更加强有力的政府反垄断政策，并在政府管制公用事业获取垄断利润方面施加限制性影响。因此，这些理论（不完全竞争和反垄断的有关理论）为20世纪前半段时间内政府制定经济目标提供了理论基础。人们希望鼓励竞争的、有力的政府行为能扭转19世纪70年代以来的美国甚至更早的英国的大企业倾向。一些经济学家仍然希望以完全竞争来反对垄断，但这只不过是一种假设的良好愿望和无用的努力。经济不会重新回到以前似乎接近完全竞争的时代。即使能够回到那个时代，它也不会是一种非常稳定的、不断增长的和有效率的经济时代。实际上，作为追求某种目标的完全竞争在很大程度上是由“可以改变的竞争”来代表的。它只是代表了完全竞争和寡头垄断之间的一种折中。

从这些添加到新古典理论上的东西，我们可以了解到，在垄断竞争下，甚至在缺乏实现完全垄断利润的力量时，和完全竞争相比，价格也很可能较高，产量却很低。可见，在垄断竞争和卖方垄断的条件下，生产要素不能得到和它们创造的边际价值相等的报酬。不过，这些较新颖的理论传播了完全竞争信奉者一种美好的愿望和广泛存在的思想，即私人企业制度必定能够实现生产资源的最好分配，也必定给予所有的生产要素以最适当的报酬。

显然，事实上关于不完全竞争的新思想是完全独立发展的，并几乎同时由美国的张伯伦、英国的琼·罗宾逊和德国的海因里希·冯·斯塔克尔伯格（Heinrich von Stackelberg，1905—1946）提出来。斯塔克尔伯格的分析使他对本国之外完全竞争的经济秩序彻底放弃了希望。他认为，如果让经济世界消除垄断集团之间整日都在进行的浪费精力的斗争，那么，就必须呼唤国家的力量出来进行干预。但斯塔克尔伯格并不是自由竞争的追求者，而是全心全意信奉法西斯主义的。相形之下，张伯伦和琼·罗宾逊得出了远不是那么激进的结论。

在本章其余部分中，我们的主要注意力将放在张伯伦和琼·罗宾逊身上，他们共同的贡献是探讨了完全竞争和完全垄断之间的几种情况。但是，在叙述他们的理论之前，简要讨论一下斯拉法的早期思想也是有益的。

第二节　斯拉法关于垄断与竞争的思想

一、生平简介

皮罗·斯拉法（Piero Sraffa，1898—1983）是移居到英国的意大利人，先在马歇尔门下学习，后来在剑桥大学教书，并担任李嘉图著作文集的权威性版本和有关著作的编辑。1940年，法国本土沦陷于纳粹德国之手，他被英国作为盟国的敌人囚禁起来。凯恩斯曾经谴责了那些错误对待著名难民学者的“笨蛋”们。凯恩斯认为，如果说英国在很大程度上仍然有纳粹的同情者存在的话，应该是在作战室和秘密部门中，而不是在拘留营内。

斯拉法的《用商品生产商品》（1960）使他成了后凯恩斯学派经济学的领导者之一。也正是因为这本书，他成了新古典主义的批评者。不过，他的早期著作并未超出新古典主义的方法论传统，而只是具有一些引发批评完全竞争理论的创意。

在1926年12月的《经济学杂志》上，斯拉法发表了一篇重要的论文。他指出，当企业扩大其生产规模时，产品的单位成本也许会大大下降。单位成本也许由于企业扩大产量时的内部经济而下降，或者由于经常费用被分摊到所生产出的更大量产品上去而下降。单位成本的下降是不能在完全竞争下出现的（在极端形势下，这可能引起自然垄断）。如果企业规模扩张，其增长更为有效，则企业的数量和竞争都会减少。于是，经济必然会抛弃自由竞争的道路而转向垄断。

二、基本理论

斯拉法给我们提供了一个精致的理论，但是，重要的是应该记住完全竞争和自然垄断都是极端情况。即使在只有少数企业的行业中，竞争条件也依然是占据支配地位的。但是，有两种力量经常破坏市场的纯粹性：

第一，通过改变提供到市场上的产品数量，单个生产者可以影响市场价格；

第二，每个生产者也许都在个别成本递减的条件下从事正常的生产。

这两种情况下所具有的垄断特征比完全竞争的特征要更多些，而且两种情况下生产者都面对着向右下方倾斜的需求曲线，而不是水平的需求曲线。在完全竞争下，如果一个企业能够在现有市场价格下卖出它生产的全部产品，只要其产品的单位成本低于它的售价，企业就会继续扩大生产。但是，如果企业必须降价以便销售更多的数量，即使低于平均成本的产品是大量的，它可能也会削减产量。换言之，以前的理论预言成本随着市场的增加而增加。斯拉法则认为，如果你要销售更多，价格就必须下降：

> 日常经验表明，很大数量的生产（大多数制造消费品的生产）都是在产业成本递减的条件下进行的。如果从事这些生产的任何一位生产者，都能够依靠市场现有价格来销售它们准备销售的任何数量的产品，而且没有任何生产上的麻烦，那么它们几乎都将大大地扩

展其业务。在正常活动期间，要找出一种实际上会使其生产的数量比它能够以现有价格销售的数量更低的规律性限制并不容易，而且这种限制会受到过度价格竞争的阻止。认为自己服从于竞争条件的厂商们，会把那种能够在其企业内部生产条件中发现对其产量的限制的论断，即在成本没有增加的情况下不允许大量生产的论断，看作荒谬的。这种主张的主要问题在于，它们想不考虑成本而逐渐增加其生产（通常，这是直接有利于它们的），而不是在不降低价格或者不增加营销支出时，销售大量商品。这种以降价来销售大量自己产品的必要性只是通常下降的需求曲线的一个性质，这不同于与此无关的整体商品。不论扩展这一市场所必要的任何营销支出，都只是以更高的代价（以广告、商业旅游为顾客提供便利等）去努力增加市场购买的愿望，即人为地抬高需求曲线。①

一般说来，每个企业都会在整个市场中它自己加以保护的部分享有其特定的优势。如果提高价格，它将不会失去其全部业务市场；如果降低价格，它也不会夺走其竞争对手的全部业务市场。因此，即便是在一个竞争的市场上，而且面对向右下方倾斜的需求曲线，这样的企业也会享有特定的垄断优势：

我们被引导到一个方向，即把对重要性的正确衡量归因于隐藏在自由竞争活动背后的主要障碍，甚至在那些占据支配地位的地方，即当每个个别厂商的产品供给曲线下降时——就是说，不同的生产者之间的产品的买方存在差异时，存在一种使稳定均衡存在的可能性。由一个特定厂商的任何买方群体所表明的对这种商品产生偏好的原因，具有完全不同的性质，这种性质可能来自长期的习惯。个人的经验知识和对产品质量的信任，在很大程度上是来自对该商品所特殊要求的知识和对该商品获得信任的可能性，而这又是为了区别于其他厂商产品的目的而产生的商标、标识，或者具有高度传统的名称，或者这种产品的设计或样式的特性（因为就特定需求的满足而言，一种商品与其他商品之间不存在永久的差别）。形成偏好的上述那些原因和其他原因，通常是由一些人的意愿表现出来的（这种意愿的提出往往是不可避免的）。这些人是厂商的经常性顾客，他们愿意支付（即便是必需的）额外的费用，以便获得一家特定厂商的商品，而不是其他随便什么厂商的商品。

当生产一种商品的每个厂商都处于这种情况时，这种商品的整个市场就进一步划分为一个有差别的市场系列。任何厂商都会通过侵入竞争对手的市场份额来努力扩大自己的市场，但它侵入的是其竞争对手必须花费很大营销费用才能克服其周围障碍的那部分市场。不过，在另一方面，在它自己的市场内，在它自己的壁垒保护之下，这些厂商都占有领先的优势，并借以获得利益和好处（这仿佛是没有界限的，至少从其性质上来说是这样）。而这些利益又是按照垄断地位的排序获得的。②

斯拉法说，在同一个行业中，一个厂商降低其价格并因此而增加其销售和利润，可能会损害与之竞争的厂商的利益。但是，如果一个厂商提高其价格，则其利润的增加并不会损害其竞争者的利益。实际上，竞争对手厂商会由于这种价格的提高而获益，因为它们没有提高自己产品的价格。所以，提高利润的第二种方法比第一种方法更容易为厂商所接受，因为如果它们没有引起竞争者的报复，利润就是稳定的。

---

① SRAFFA P. The laws of returns under competitive conditions [J]. The Economic Jounnal, 1926, 36 (144): 535-550.

② SRAFFA P. The laws of returns under competitive conditions [J]. The Economic Jounnal, 1926, 36 (144): 535-550.

斯拉法的讨论性文章引发了对当时流行的经济理论的缺点所进行的思想大讨论和写作大论战。

第三节 张伯伦的垄断竞争思想

一、生平简介

爱德华·哈斯丁·张伯伦（Edward Hastings Chamberlin，1899—1967）生于美国华盛顿州的拉康纳。他在爱荷华大学获得学位后，又在哈佛大学获得博士学位，后来任哈佛大学教授。1933年，他出版了在其1927年所写的博士论文基础上修改而成的理论著作《垄断竞争理论》一书。该书在经济学界引起了很大的反响。该书把先前分散的关于垄断和竞争的理论结合到一起，试图对既不是完全竞争又不是完全垄断的市场状态加以解释和说明。张伯伦认为，大多数市场价格实际上是由垄断和竞争因素共同决定的。

二、垄断竞争理论

垄断竞争理论的关键性概念是商品差别（现在在有些教材中也被称作差别商品）。在一般性的商品分类中，如果一位卖者的商品（或服务）存在不同于其他人的商品（或服务）的重要的基本方面，这些具体的商品（或服务）就是有差别的。这意味着既然每个厂商的需求曲线都是向下倾斜的，那么其边际收益曲线必定位于需求曲线或者平均收益曲线的下方。在西方经济学界，尽管是琼·罗宾逊，而不是张伯伦，被认为强调了厂商理论中边际收益的重要性，但是，张伯伦仍然处于20世纪20年代末和30年代初许多运用古诺垄断模型中暗含的边际收益思想的第一流理论家之列。从前面的讨论中我们已经知道，边际收益被定义为：从销售所增加的一个单位产出中所获得的全部总收益的增加量。在完全竞争条件下，由于每个厂商都能在给定的市场价格下销售其全部产品，所以边际收益等于价格，而且边际收益曲线和需求曲线是同一条水平线。于是，一个农民如果能够以每蒲式耳5美元的价格销售其所有的小麦，那么每增加1蒲式耳的销售量就会增加5美元的总收益。

不过，完全竞争市场上的这种完全不同的情形不再盛行了。由于需求曲线是向下倾斜的，边际需求曲线将向下倾斜得更陡。例如，如果一个企业能够每天在20美元的价格上销售1双鞋，在18美元的价格上销售2双鞋，在16美元的价格上销售3双鞋，那么在除去第一种情况之外的每一种情况下，边际收益都小于价格。第一双鞋的边际收益是20美元，第二双鞋的边际收益只有16美元。这可以用两种方法计算得出：（1）总收益从20美元（20×1）到36美元（18×2），增加了16美元；（2）增加的那双鞋卖了18美元，但是第一双鞋的价格必须减少2美元，以便能够卖出第二双鞋（16=18−2）。与此相似，销售第三双鞋得到的边际收益是12美元。

边际成本被定义为生产更多一单位产品所造成的总成本的增加量。代表性厂商的短期边际成本曲线的形状是U形的。这种一般性的形状是可变成本部分的变动规律或者报酬递增和递减规律的缘故，即由短期生产函数而来的较为熟悉的U形成本曲线。实际上，假定劳动是唯一的可变投入，而工资率是不变的，代表性厂商的边际成本曲线就是其边际产出曲线的影像和化身。当边际产量作为边际收益递增的结果而上升时，边际成本就是递减的，每一个新增产出单位所需要的劳动量就越来越少；当边际产量由于边际收益递减而开始下降时，边际成本上升，生产每一个后来单位的产品所需要的劳动量就会越来越大。

当边际成本低于平均成本时，平均成本必定是下降的；当边际成本大于平均成本时，平均成本必定是上升的。所以，边际成本曲线穿过平均成本曲线的最低点。

每个厂商的利润最大化产量是由边际成本和边际收益的交点决定的。只要生产更多一件产品所增加的总收益超过总成本的增加量，增加生产就会增加利润。如果边际成本是上升的，而且它超过了边际收益，就会导致减少产量。这正像古诺所指出的那样，只是在边际成本和边际收益相等的产量上才会产生最大化的利润。这个简单的规则适用于完全竞争和垄断两种情况，以及处于两者之间的情况。

根据张伯伦的看法，只有在厂商享有重要的垄断地位的地方，其产品价格才能在短期和长期都超过平均成本。在许多厂商的运行都存在垄断竞争的地方，自由进入行业将会导致垄断利润在长期中消失。当更多的企业都可以提供并销售相近的产品时，尽管是不完全竞争，但是产品之间也可以相互替代，每个生产者几乎不能在高于正常价格的价格上销售商品。当每个销售者的总收益恰好等于总成本（或者平均收益等于平均成本）时，就会产生长期均衡。因为正常利润被当作成本了，厂商将只能得到正常利润。这种利润将不会进一步吸引别的厂商进入该行业，也不会引起现有厂商的退出。图26-1解释了上述观点。

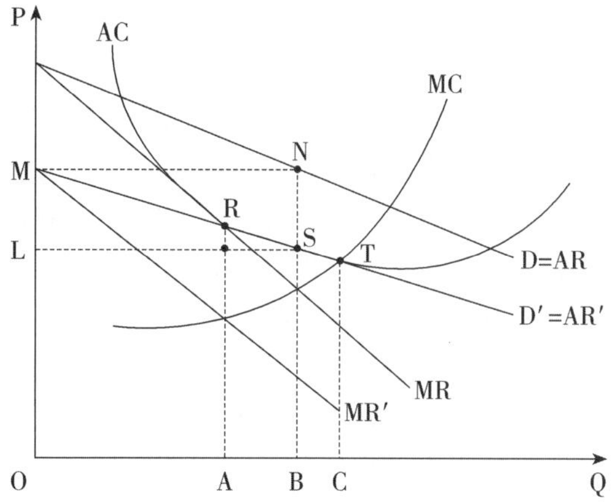

图26-1　张伯伦的垄断竞争理论

给定需求曲线D和边际收益曲线MR，垄断竞争企业将选择产量OB，在该产量上，企业将得到经济利润LMNS。该经济利润将会吸引新的企业进入“生产群”，引起该企业的需求曲线和边际收益曲线分别向下移动到D′和MR′。在新的利润最大化产量OA上，该企业将：

（1）仅仅得到正常利润；

（2）产量少于竞争产量；

（3）要求消费者支付比竞争情况下更高的价格；

（4）成本高于最低的平均成本（AC）。

企业平均成本包含了保证经济长期运行所要求的平均利润率（或者正常利润）。因此，商品可以以长期成本为销售价格，同时可获得一个可接受的利润。边际成本（MC）可由总成本或者平均成本导出。

为了说明张伯伦的思想，我们首先考察一下需求曲线D和相应的边际收益曲线MR。需求曲线向下倾斜是因为厂商可以按照逐步下降的价格增加其销售。如果它提高价格，销售将会下降。即便那些愿意选择特定销售者或厂商的品牌名称的顾客，也将在价格很高的情况下接受稍有不同的产品。边际收益曲线和边际成本曲线相交于OB的产出水平。正像我们在需求曲线上所看到的，在这个利润最大化的产量水平上，厂商可以要求BN的价格。这个价格也是OB单位产量的平均收益（AR），我们可以看到，它超过平均成本的量是NS。由于这是每单位的利润，总利润就是LMNS（NS×LS）的面积。

如果企业享有长期的垄断力量（如进入该行业受阻），则代表了图26-1所表示的成本和需求之间的长期均衡。这种超额利润就是早期经济学家所认为的典型的垄断利润。但是，如果其他厂商可以自由进入该行业，它们也将分享超过平均水平之上的利润。由于厂商的进入，厂商所面临的需求曲线将下降，最终下降到D′。看一下新的边际收益曲线MR′，它表明厂商现在将生产OA的产出量并要求AR的价格。在这个价格和产量上，平均收益等于平均成本，因此，经济利润消失了。

对一个在完全竞争市场上从事生产的厂商来说，需求曲线和边际收益曲线都是水平的，并且是同一条线；在长期内，将生产OC单位产量，每单位价格将是CT。对此，张伯伦得出了重要的结论：垄断竞争与纯粹竞争相比，其价格必然更高，其生产规模必然更小……[①]

生产要素组合配置的通常结果是产生多余的生产能力（如图26-1中的水平距离AC），而这种情况不能得到自动矫正。当然，在纯粹竞争条件下，由于部分生产者的计算失误，或者需求条件或供给条件的突然波动，所以这种多余生产能力也可能扩大。但是，垄断竞争的这种特点在长期里得到了发展，因为它没有受到惩罚，价格总是包含成本的情况，也许实际上会通过价格机制作用的失效而成为长久的和正常的。剩余的生产能力绝不可能被抛开，于是造成了高价格和浪费。垄断竞争理论为经济系统中的这类浪费提供了一种解释，即浪费通常被看作“竞争的浪费”。事实上，在纯粹竞争条件下，它们绝不可能产生。正是由于这个原因，所以纯粹竞争条件下是谈不上和必定谈不上这些问题的，哪怕是作为“条件”引入也是一样，就更不用说作为其理论的组成部分了。它们是垄断的浪费，即垄断竞争中垄断因素引起的浪费。[②]

总之，张伯伦的模型表明：垄断竞争厂商将提供有差别的产品，要求超过其边际成本的价格，并在平均成本高于其最低水平的产出量上进行生产。所以，社会的稀缺资源不能被配置到最有价值的用途上。在不同的情况下，这些厂商所生产的产品增量的社会价值要比生产别的产品的社会价值的增量多。此外，如果这些另外单位的产品被生产出来，产品的平均成本将会降低。

三、应该注意的一些条件

在张伯伦的引导之下，许多经济学家都反复说明了，和垄断竞争情况相比，完全竞争将导致较大的产量、更有效的生产以及较低的销售价格。但是，这种结论至少需要两个

① CHAMBERLAIN E H. The theory of monopolistic cornpetition［M］. 5th ed. Cambridge，MA：Harvard University Press，1946：88.

② CHAMBERLAIN E H. The theory of monopolistic cornpetition［M］. 5th ed. Cambridge，MA：Harvard University Press，1946：109.

条件：

第一，不现实的假定：成本曲线在任何情况下都是相同的。要在钢铁业产生完全竞争的情况，可能要有数千家小企业来生产钢铁。每个“钢铁作坊”也许只比一家铁匠铺大一点点，而钢铁的价格将比现在高很多，甚至在有很少的厂商享受垄断竞争力量的情况下，也会是这样。所以，在完全竞争条件下，在长期中，每个生产者将趋向于在自己的平均成本曲线的最低点上进行生产。这里假定，所有的厂商都达到了规模经济的情况。

如果离开完全竞争，由于需求曲线是向下倾斜的，所以，总产量将趋于减少，而价格将趋于上升。不过，毫无疑问，一个现代的钢铁厂总会比一个铁匠铺更有生产效率。每个厂商都达到规模经济在这种情况下也是不现实的。完全竞争的钢铁业中的小厂商的成本曲线远在这些巨型钢铁企业的成本曲线的上方。所以，完全竞争不一定提供最大的产量和最低的价格。

第二，当代经济学家注意到，所有商品都处于标准化的完全竞争世界的确是不现实的。垄断竞争造成了每种普通商品的大量变化，能够更好地满足消费者各不相同的偏好。例如，消费者会在相同食品的大量不同的式样中进行选择，而不会只买标准化的食品。正如购买方式所表明的，不同的人喜爱某一种样式的商品很可能会胜过喜爱另一种样式的商品。

第四节　琼·罗宾逊的不完全竞争思想

一、生平简介

琼·罗宾逊（Joan Robinson，1903—1983，在经济学界常被称为罗宾逊夫人）长期担任英国剑桥大学的经济学教授，曾是马歇尔的学生。她的《不完全竞争经济学》（1933）一书在张伯伦的著作之后几个月出版，而两本书实际上涵盖了相同的领域。在这本书出版之后的几十年中，琼·罗宾逊扩展了她的活动，并在凯恩斯经济学、后凯恩斯经济学、经济发展理论和国际贸易理论方面做出了重要的贡献。在其他贡献方面，琼·罗宾逊还对马克思的经济学提出了重要的批评，不过这是一种善意的贬抑。她在晚年是以一名传统经济学的批评者而著称的。

经济学界有一种说法，认为琼·罗宾逊的成就足以获得诺贝尔经济学奖，但她最终未能获得该奖的原因是她的政治倾向太激进了。（她在批判马克思经济理论的同时，也肯定了马克思的一些观点，而且在冷战背景下多次访问了中国，对中国的社会主义抱有一定的好感。）总之，琼·罗宾逊的全部著作都很难与西方世界任何具体的经济思想流派相适合。我们讨论她在经济学方面的贡献时应该清楚这一点。

二、买方垄断

琼·罗宾逊给垄断竞争的概念加进了买方垄断的思想。买方垄断是指市场上存在一个单一买者或者作为单一买者的购买者团体的情况。她分析了产品市场和资源市场上买方垄断造成的结果。

（一）产品市场上的买方垄断

当一种商品的买者很多时，这些买者的总需求曲线向右下方倾斜，因为这是建立在边际效用的基础上。一个人需要的一种商品的数量越多，这种商品的边际效用就越低，他从每一个额外单位商品得到的效用也就越少。

如果只有唯一的买者或者所有的买者达成一项协议共同采取行动，我们就可以假定市场的需求曲线保持不变。我们也可以假定供给曲线保持不变，因为它表示所有的卖者将一起在每一种价格水平上提供多少商品。供给曲线是建立在生产每种数量商品的成本的基础上，而在买方垄断的情形下这种成本不会改变。

琼·罗宾逊论述了两种普遍的情况：

（1）在完全竞争情况下，买者将在任意一个时点上不断地购买商品，直到价格等于边际效用。

（2）在买方垄断情况下，买者将把他的购买限定在这样一种方式上，即让他的边际成本等于边际效用。

这种重要的见解可以通过表26-1反映出来。

表26-1 商品市场上的买方垄断（数据是假定的） 金额单位：美元

（1）	（2）	（3）	（4）	（5）
单位	价格	收益	边际成本	边际效用
1	1	1	1	7
2	2	4	3	6
3	3	9	5	5
4	4	16	7	4
5	5	25	9	3
6	6	36	11	2

首先考虑买者之间完全竞争的情况。假定某种假设的商品X的市场价格是4美元，那么，在不考虑购买数量的情况下，将没有一个买者能够影响这个价格。我们假定，第5栏中的边际效用数据是对一个只购买该种商品的特定消费者而言的。在任何一个时点，拥有第1个单位商品就可以提供给该消费者7美元的边际效用，第2个单位商品提供6美元的边际效用……第4个单位商品提供4美元的边际效用，等等。在市场价格为4美元时，消费者将购买4单位该商品。这时，他购买的商品数量达到了这样一点，在这点上，价格（第2栏中的4美元）等于边际效用（第5栏中的4美元）。①

现在，假定该消费者是这个市场上商品X的唯一购买者。他从第1到第4个单位商品中获得的边际效用分别是7美元、6美元、5美元和4美元（见表26-1第5栏）。假定在成本递增（市场供给曲线向上倾斜）的条件下，厂商仅仅在这种商品上可以增加生产，则消费者愿意购买的数量越多，价格就越高。因为这个买方垄断者是唯一的买者，如果他要买

① 注意：这里消费者得到了6美元的马歇尔所说的消费者剩余。

很多单位的商品，就必须为每单位商品支付更高的价格。产量越大，每单位商品的成本也越高。第4栏表明，第2个单位商品的边际成本是3美元，而不是简单地按照单价为2美元的这2个单位商品的实际价格计算。但是，这个3美元的边际成本比2个单位商品的边际效用（6美元）少，因此，这个人将选择购买它。从表26-1中观察到，这个消费者将决定购买3个单位这种商品，因为在这个数量上他的边际成本（5美元）恰好等于他的边际效用（5美元）。

结论：在产品供给曲线向上倾斜的正常情况下，买方垄断者将购买3个单位的产品，这将比竞争的买者购买的4个单位要少，而且将支付比竞争价格低的价格（3美元，而不是4美元）。买方垄断者可以通过调整购买数量来控制商品的价格，就像垄断的卖者可以通过调整产量水平来控制价格一样。

琼·罗宾逊指出，在完全弹性的供给曲线出现的情况下，产品的边际成本和平均成本是相等的，供给价格是不变的，而在买方垄断条件下的购买数量将和完全竞争条件下一样。如果一个产业是在供给价格递减的情况下运行，那么买方垄断者的边际成本将小于商品的价格，他将购买比完全竞争情况下更多的商品。

（二）资源（要素）市场的买方垄断

琼·罗宾逊还以劳动市场为例分析了资源市场的买方垄断。可以根据琼·罗宾逊自己的叙述导出表示劳动市场买方垄断的图形（如图26-2所示），运用现代的图形表示方法绘制。为了方便解释，我们在一开始不考虑图26-2中的VMP曲线。根据马歇尔的方法，琼·罗宾逊宣称，雇主的短期劳动需求曲线就是其边际收益产品曲线MRP。这在买方垄断的劳动市场和竞争的劳动市场上都是对的。边际收益就是当厂商雇用一个额外的工人时其累计的总收益的变动量。它是厂商在销售增加的工人所生产的更多的产品时所得到的额外收益。每个工人所增加的贡献和先前所增加的工人做出的贡献相比，都小于额外的产量，因而也小于边际收益。

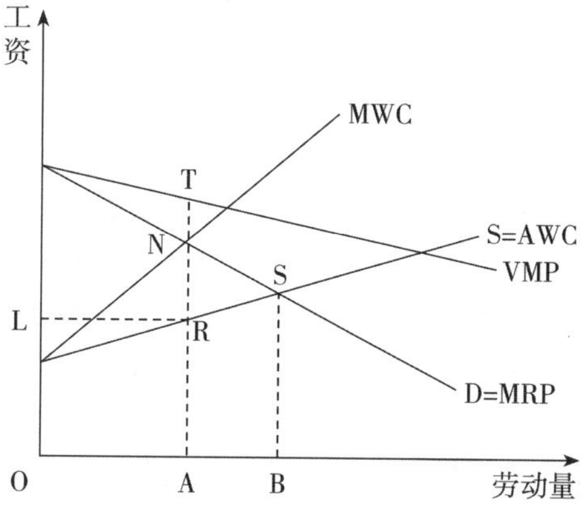

图26-2　要素（劳动）市场上的买方垄断

买方垄断者的劳动供给曲线是向右下方倾斜的。买方垄断者是一种具体类型的劳动的唯一雇主，只有它面对着市场的劳动供给曲线。这条曲线也表明了平均工资成本（AWC），因为它表明了必须付给每个工人以便吸引一个特定数量的工人的工资率。在买方垄断条件下，边际工资成本（与雇用再多一名工人相联系的额外成本）超过了平均工资成本或工资率。买方垄断者必须增加工资率，以吸引更多的工人放弃别的就业选择、家务活动或者闲暇来工作。它必须付给所有这些工人更高的工资。因此，雇用额外的工人的额外成本就高于付给这些工人的工资率。这也包括付给那些在较低工资率上被吸引来的工人的额外工资。

图26-2中的买方垄断者需要雇多少工人呢？琼·罗宾逊说，答案是OA，因为这是被雇用的最后一名工人的边际收益恰好等于边际工资成本（点N）时的工人数量。如果MRP大于MWC，厂商雇用更多的工人将是有利可图的；如果MRP小于MWC，雇主将通过减少雇用量来增加其利润。

图26-2中的买方垄断者将支付工资OL。在供给曲线上可以看到，它能够在这个工资上吸引能使它得到最大化利润的雇员数量OA。

这一模型使得琼·罗宾逊能够得出几个有趣的结论：

第一，和那些在雇用工人方面相互竞争的雇主所雇用的工人数量相比，一个劳动市场的买方垄断者将雇用更少的工人（OA，而不是OB）。买方垄断者减少雇用量是避免将它必须支付给所有工人的工资拉高。

第二，在买方垄断条件下，工人是受剥削的。琼·罗宾逊引用了一个对劳动剥削的定义：在某一个工资水平上被雇用就意味着这个工资水平低于劳动者的边际收益生产率（工资是AR，而不是AN）。如果劳动市场是完全竞争的，每个雇主就能够在市场工资水平上雇用它所需要的全部劳动力，个别雇主的边际工资成本就等于这个工资率。雇主将被其自身利益所驱使去雇用工人直至达到某一点，使得边际收益产品等于劳动工资率。在这种定义下的剥削通常并不会出现在竞争的劳动市场上。

三、买方垄断竞争条件下的剥削

琼·罗宾逊还引用了另一个由她的剑桥大学同事庇古提出的关于剥削的定义。当劳动工资低于劳动的边际产品价值（VMP）时，剥削就产生了。她说，如果接受了这个定义，剥削量也许就会超过图26-2中的NR。如果在销售由劳动转化的产品时存在垄断或者不完全竞争，那么厂商的边际收益曲线将如图26-2所示，位于VMP曲线的下方。当这些产品的销售处于完全竞争条件下时，厂商将能够在市场价格上销售其全部产品。因此，边际收益等于边际产品价值，而后者是以边际产品乘以产品的价格得到的。不过，当厂商具有垄断力量并且因此面对着一条向下倾斜的产品需求曲线时，如果他想增加销售量，就必须降低其商品的价格（回想一下垄断模型）。因为较低的价格将运用到该厂商的所有产量上，其边际收益将低于价格。与此不同的是，产品增量的垄断销售并不会把全部价格量加到垄断者的边际收益上去。结果，当厂商雇用增量工人并销售由此而引起的较大产量的产品时，其边际收益将低于额外的产量（边际产品）与这些单位产品的价格的乘积。该厂商将不得不在较低的价格上销售其全部产品，即便那些可以在较高价格上销售的产品也会使它不再雇用额外的工人。边际收益产品将是边际产品乘以边际收益，而不是乘以价格得到的。在这一定义下，对劳动的总剥削量是由图26-2中的TR加以衡量的：NR表示买方垄断造成的剥削；TN表明来自产品销售方面的垄断或者垄断竞争。

四、剥削问题的解决

琼·罗宾逊说，要救治买方垄断条件下对劳动的剥削问题，工会或者贸易委员会应当强行要求一个行业的最低工资。这样，对行业的劳动供给就在强制工资率上形成完全的弹性，而劳动的边际工资成本与平均的工资成本是一样的。参考一下图26-2，如果BS是强制工资率，买方垄断者将不再被要求随着其增加雇用量而抬高劳动价格。新的供给曲线将是一条从纵轴出发并通过点S的水平线，而就业量将从OA增加到OB。工资将等于边际收益，由买方垄断造成的剥削将消失。

要消除垄断下的剥削，销售价格就必须以这样的一种方式得到控制，即让价格等于边际生产成本和平均生产成本。要消除琼·罗宾逊所认为的最常见的市场问题，即垄断竞争条件下的剥削，市场就必须成为完全竞争的市场。琼·罗宾逊认为：

当市场成为完全的时候，厂商将扩张，在新的均衡条件下，当利润一旦变得更为正常时，厂商将达到最优规模，成本将最低，而商品的价格将下降。

因此，挪开市场不完全的情况，必将降低商品的价格。这也很像是改变了行业中先前雇用的一定数量工人的边际物质生产率，因为工人现在被组织在最优化的企业中，而不是在次优的企业中。在过去的情况下，他们得到的边际物质产品的价值要比后来得到的少，而在新的情况下，他们将得到他们的边际物质产品的价值。但是，在新情况下他们并不会比过去的情况下过得更好，因为边际物质产品的价值可能减少了。边际物质产品可能减少，而商品的价格必定下降。①

经济学家承认在几种实际的劳动市场中存在买方垄断力量。例如，一些研究似乎表明垄断力量的结果存在于像一些公立学校的教师、专业运动员（自由代理机构出现之前）、护士、报社的雇员等一类孤立的劳动市场上。但是在大多数劳动市场上，工人对于他们能够从事的工作而言，可以选择雇主，特别是当工人具有职业上的和地理上的灵活性时，更是如此。此外，由于在琼·罗宾逊的时代，在几种劳动市场上都存在反对潜在的买方垄断力量的情况，强大的工会也出现了。

五、张伯伦的批评意见

张伯伦对琼·罗宾逊的剥削分析提出了批评意见。不过，他并没有在自己第一版著作的有关理论中涉及这种批评意见，而是在后来的版本中包含了这种批评意见。他对于琼·罗伯逊剥削理论的反驳是，所有要素而不仅仅是劳动要素，在垄断竞争条件下得到的价值要少于其边际产品的价值。庇古和琼·罗宾逊对剥削的定义只是在产品销售的完全竞争方面的运用，因为在其他市场条件下所有的要素不可能得到其边际产品价值。按照庇古和琼·罗宾逊的观点，所有的要素都被剥削了，而且对于雇主来说，只要不破产，就不可能避免对“剥削”的要求。

琼·罗宾逊的《不完全竞争经济学》出版20多年后，她本人却批评了自己的理论。她说：

《不完全竞争经济学》是一部学究式的著作。我直接分析了20多年前的教科书上的口

① ROBINSON J. The economics of imperfect competition［M］. 2nd ed. London：Macmillan，1933：284-285.

号："价格趋向于等于边际成本"和"工资等于劳动的边际产品"，而且分析了教科书上的问题，就像给定需求和成本，在垄断和竞争条件下商品的产量和价格的比较问题。在处理这些问题时，这些假定是适当的（我希望它是适当的），对于分析现实中的价格、生产和分配问题，绝不是一个适当的基础……

在原则上，有可能设置一套同时发生的方程组体系来表明，在特定市场上对于一种特定的商品而言，如果同一个厂商生产的其他产品的成本和销售能够对该特定商品做出反应，那么，这种特定商品的价格、生产成本的支出和销售成本的支出结合起来就可以产生最好的利润。即使他拥有资料数据，其业务的实现也需要一台电脑，而不是人脑，来运算由即时的企业对策所产生的方程式，从而产生实际效果。而这些资料数据必定是极端笼统的，因为给定企业政策的结果在永远变动的生产上不是孤立的。广告业的最新发展就遇到了制造商已经了解了广告后果的困难，因为如果它们知道了广告的后果，说服它们的余地就没有所想象的那么大。实际上，个别厂商生产的特定产品的个别需求曲线显然是极其模糊的，无法构造优美的几何建筑……

在我看来，《不完全竞争经济学》的较大弱点是，它同样具有古典经济理论不能处理时间问题的缺陷。它仅仅是价格、产出率、工资率或者在价格数量图中描述平面上那些不能变动的东西的含蓄表达而已。任何变化都必须在时间中发生，而任何时间变动中的位置都依存于它在过去的位置。问题并不仅仅在于任何调整都花费了一定的时间来完成，而且（我们所承认的那些事件）可能发生了位置的改变，因而均衡只是朝着某种系统移动，这种系统被说成是其未达到均衡之前的自身的运动趋势。问题在于，这种运动的过程对于运动的目的具有影响，因而没有一个独立存在的、经济在一个特定的时期所遵循的长期均衡状态。①

尽管马歇尔认为，这种倾向只是伴随着向单一商品市场上的均衡价格靠拢而出现的一种很小干扰，但是他仍然预先估计到了他的这位著名弟子的最终表示的这种关于均衡稳定性的异议。

不过，在以后的年代里，琼·罗宾逊并没有在马歇尔和她自己曾经认真研究的竞争理论方面继续研究，而是去探索其他领域的问题，特别是凯恩斯主义经济理论和思想，并且努力去分析经济世界中更具有动态性和更现实的问题。

本章思语

1.垄断竞争理论产生的背景和原因是什么？

2.斯拉法是怎样提出垄断竞争理论的？

3.张伯伦对垄断竞争问题的分析有什么特点？

4.琼·罗宾逊的不完全竞争理论的特点是什么？

5.为什么琼·罗宾逊在20多年后否认了她自己提出的不完全竞争理论的重要意义，而且从那以后她不再沿着那个方向继续发展了？

① ROBINSON J. Imperfect competition revisited [J]. The Economic Journal, 1953, 63 (251): 579-593.

[第二十七章]
新古典的货币理论与经济周期理论

在古典经济学以后的长时期里，货币数量论在西方经济学的货币理论方面占据着统治地位。到19世纪末20世纪初，在不断出现经济周期的新形势下，一方面，这种理论被进一步精确化了；另一方面，将传统的实际经济活动与货币问题截然分开的新古典“两分法”开始受到怀疑，一些经济学家开始尝试运用货币与实际经济相结合的分析方法对当时的经济周期问题加以解释，提出了一些颇有启发性的理论见解。

尽管新古典经济学时代的某些经济学家被叫作“货币主义者”，一些经济学流派也强调货币现象，但是，在我们所考察的范围内还没有独立的货币经济学流派出现。这时一些谈论货币问题的经济学家基本上都可以被归入新古典经济学派。这些人中的重要代表是维克塞尔、费雪和霍特里（R. G. Hawtrey)。

古典经济学家和早期边际主义者一般把货币看作笼罩于实物经济之上的一层面纱，因此，他们主要是把货币问题搁置一旁来专门研究实体经济。他们认为货币和价格是游离于更为基本的经济要素之上的。但是，另外一些经济学家，如维克塞尔和凯恩斯，是把货币分析结合到对基本经济过程的分析中的。随着银行增加、信用增加、经济波动以及中央银行和政府越来越多的重要货币政策的出现，经济理论中的货币问题越来越重要。

马歇尔曾经对货币分析给予了一定的注意。依据他的观点，由庇古提出的货币需求方程式后来被叫作剑桥方程式。这个方程式就是：

$$M=kPT$$

式中：M是货币存量；k是人们愿意以现金余额形式持有的收入或财富中的一部分在全部收入或财富中所占的比例；P是一般物价水平；T是交易或者实际收入（或财富）的数量。我们可以发现，马歇尔的k就是我们更熟悉的交易方程式MV=PT中货币流通速度V的倒数。这后一种方程的形式由美国经济学家凯默尔首创，由费雪发展起来。所以，即便由维克塞尔、费雪、霍特里等人所代表的某些特定的理论与宏观经济学的联系比与微观经济学的联系更为紧密，但是，这些经济学家的观点仍然处于马歇尔的整个新古典经济学的范围内。

从整体上看，维克塞尔、费雪和霍特里等人对经济学做出了两方面的贡献：

第一，他们开拓了一个过去一直被经济学家所忽视但是其重要性不断增长，因而需要被强调的领域。

第二，他们推动了整体的货币分析进入一般经济理论。但是，需要注意的是，他们也许夸大了货币的作用。由于人们往往会在相反的方向上走得太远，所以对过去缺点的弥补往往会过头。

我们认为，新古典学派的货币经济学家明显不同于同一学派内的非货币经济学家，因为货币经济学家必须对像总货币需求、总货币供给、总储蓄和总投资这样的总量进行分析。新古典学派内的这种分野必定会发生。非货币经济学家看到的是个别人或厂商的实际亏损、收入、消费、储蓄和投资；货币经济学家则为整体经济而加总分类指标，强调货币因素是伴随着实际因素的。虽然主张信用货币理论的维克塞尔是后来那些经济学家的重要先驱，留给后来经济学家的却是把货币经济学和非货币经济学综合在一起的新古典经济学。

由于第二十五章集中介绍的维克塞尔的经济思想中已经包含了对货币和经济周期（波动）问题的看法，这里不再重复。

第一节　费雪的经济思想

一、生平简介

欧文·费雪（Irving Fisher，1867—1947）是美国20世纪初期最有影响力的新古典经济学家。他也是继克拉克之后获得世界声誉的美国经济学家。他的效用价值、利息与货币理论在经济学界都有着重要的影响。

费雪毕业于美国耶鲁大学，毕业后终身在耶鲁大学教学。他最早学习数学，中途改学经济学。其博士论文的题目是《价值与价格理论的数理考察》。毕业后，费雪先是担任数学教师，数年后逐渐转向经济学研究。1931年，他曾支持挪威青年经济学家弗瑞希在美国创立计量经济学会，并当选为第一任会长。

费雪的主要经济学著作有《价值与价格理论的数理考察》（1892）、《货币的购买力》（1911）、《利息理论》（1930）、《指数的编制》（1922）等。

二、效用价值论

费雪在《价值与价格理论的数理考察》中对效用的衡量问题做出了比杰文斯和埃奇沃思更好的分析。这一分析甚至比在他之后的帕累托的分析更为精辟。在这方面，费雪主要受到了杰文斯的影响，并受到奥地利的两位非职业经济学家奥斯匹兹和里本合著的《价格理论的研究》一书的启发。

费雪认为，“效用”一词中应该去掉功利主义和享乐主义的成分。效用的定义必须使它能与实证的或客观的商品相联结。他反对在经济学中插入心理学的东西。应该说，在这一点上，费雪是与其他边际效用价值论者有较大区别的。

费雪发展了杰文斯、门格尔、瓦尔拉斯和马歇尔等人把商品效用仅仅依存于特定商品本身的数量的假定。他说，一种商品的效用是一切商品的数量的函数。[①]费雪还强调效用标准的客观性，认为只有利用客观的标准才能进行衡量和计算。费雪比较强调序数效用分析。他对埃奇沃思的无差异曲线分析方法的改进比帕累托的改造更为精密和高明。这为现

① FISHER I. Mathematical investigations in the theory of value and prices [M]. New Haven: Yale Uniuersity Press, 1926: 64.

代无差异曲线的运用提供了很大的帮助。遗憾的是，他的贡献很晚才被人们所了解。

费雪还进行了一种商品的数量可以影响其他商品的效用的两种方式的分析。[①]这实际上就是现代消费者选择理论中的关于互补品和替代品的分析。

总的说来，费雪的《价值与价格理论的数理考察》的第二部分已经包含了现代消费者理论的一些主要概念和技术。

三、利息理论

费雪在这方面的最早作品《增值与利息》(1896) 比维克塞尔的《利息与价格》(1898) 还早两年。他对于货币本位与利率间关系的看法与维克塞尔非常相近，只是其论述范围比维克塞尔小些，仅限于债权和债务关系。

费雪对利率水平与物价水平间的关系进行了探讨，力图解答所谓的“李嘉图-图克之谜”(Ricardo-Tooke Conundrum)，即利率为何在物价下跌时总是低，而在物价上涨时总是高。费雪指出，人们之所以受迷惑，是因为他们把名义利率的高低误以为是真实利率的高低。[②]费雪所说的“名义利率”是指市场利率，而“真实利率”是校正过货币价值变动后的名义利率。他认为，当物价开始上涨时，工商业利润也将上升。这时，借款人能支付较高的货币利息。但是，如果只有少数人觉察到这一点，则利息还不会充分调整，而借款人将在去掉应支付的利息后实现一种超额的利润。这就产生一种将来仍有同样利润的期望，这种期望反映在贷款需求上会使利率增高。如果这种增高仍然不够充分，这一过程就将继续重复…… 当价格开始下降时，就出现相反的作用……既然在物价上涨动向开始时利率总是偏低，在下降动向开始时总是偏高，我们不仅能理解整个时期的平均数还来不及完全调整，还能理解这种调整的时滞将使价格上涨开始时出现相对低的利率，而在下降开始时出现相对高的利率。这些至少可以部分解释价格之高低与利率之高低的联系。[③]除此之外，费雪还注意到人们的不完全预期对利率的影响，并对其进行了充分的阐述。

在《利息理论》中，费雪把他的利息理论建立在当前资本的价值与预期收入的价值的关系上。他说：果园的价值依存于其收获的价值，并且在此依存关系上暗含着利率本身。所谓“资本产生收入，只有在实物意义上才是正确的；在价值意义上就不是正确的……相反，倒是收入价值产生资本价值”[④]。由此出发，费雪把他的利息理论建立在三个假定基础上：

其一，在消费贷款时，“每个人一开始就被给定一个确定的收入量，通过借入与贷出能够自由地买进或卖出，从而使收入可以立即再分配”。该假定实际上是承认时间偏好变化是无障碍的。

其二，假定收入流量不固定，但一切可能的变化都能事先确切知道。任何资本财产所有人愿意从事的资本投放，也不被限定在单一的用途上，并容许他选择几种不同的用途，而每个用途可获得不同的收入流量。费雪在此提出了一个“牺牲的边际报酬率”概念。其

① FISHER I. Mathematical investigations in the theory of value and prices [M]. New Haven: Yale Uniuersity Press, 1926: 64.

② FISHER I. The appreciation and interest [M]. New York: Publications of the American Economic Association, 1896: 67.

③ FISHER I. The appreciation and interest [M]. New York: Publications of the American Economic Association, 1896: 75-76.

④ FISHER I. The rate of interest [M]. New York: Macmillan, 1907: 13.

接近于所谓的“自然利率”，通过它我们就可能将生产力理论、成本理论和庞巴维克的生产技术等所包含的精确成分均纳入我们的理论中来。[①]这里所说的“牺牲”意味着一个人原先的收入流量由于资本从一种用途转到另一种用途发生的相对损失。“报酬”意味着由于资本用途转换所增加的相对收入。

其三，假定存在风险和不确定性等因素。这时，个人必须在几种不确定的收入流量中选择一种，从而现在所必须面临的已不再是仅代表本年和次年间交换比例的单一利率，而是因所包含的风险而出现的大量多样性利率。

费雪的利息观点引起了他与克拉克的“生产力利息论”和庞巴维克的利息论支持者之间的长期论战。

四、货币理论

这是费雪最为著名的理论，以他1911年出版的《货币的购买力》中的交易方程式为代表。他的货币数量论基本上属于古典经济学，重点是说明货币数量的增加将使一般物价水平按等比例提高。费雪的货币数量论是在其老师凯默尔的相关思想启发之下明确提出的。费雪的交易方程式是把西蒙·纽卡姆（Simon Newcomb，1835—1909）的公式运用到货币理论的结果。[②]

费雪采用的交换方程式为：

$$MV=PT$$

式中：M为货币存量；V为货币流通速度；P为物价水平；T为交易数量。

这里的M包含硬币、银币、钞票、支票，以及流通中暂时储存的现金；T包含实物交易数量和中间交易数量；V被假定不变。这样，在交易量一定时，物价水平就和货币数量成正比。这一交换方程式是重商主义以来长期流行的货币数量论的一种明确而简洁的代数表达方式，使人一目了然。

第二节　霍特里的经济思想

拉尔夫·乔治·霍特里（Ralph George Hawtrey，1879—1975）是英国财政部的官员，写有许多货币经济学方面的著作。他主要关心经济波动问题，花了很大精力研究信用的不稳定问题。他认为，引起经济波动的其他原因是次要的，是可以通过货币的途径加以控制的。因此，他主要研究货币和信用问题。

一、货币的经济周期理论

在霍特里看来，经济波动中的关键性角色是批发商或商人，而不是生产者，关键性的因素是利率。如果银行实行信贷收缩，对农业、采矿业、制造业生产将不会直接产生很大影响，因为生产者的利润取决于产出，它们不能把营运资本降低到减少生产的既定水平之下。虽然生产者暂时依靠借贷，而且利率是在很高的水平上变动，但是利息毕竟只占生产

① FISHER I. The rate of interest［M］. New York：Macmillan，1907：159.

② 西蒙·纽卡姆是在加拿大出生的美国著名天文学家，也讲授经济学，出版过《政治经济学》(1885)。他是克拉克、费雪之前的美国古典经济学的代表人物。在费雪采用其交换方程式后，纽卡姆才引起了人们的注意。

者成本很小的一部分。

批发商则不同，它们对利率非常敏感。它们借钱是为了保持存货，由于存货的价格上涨幅度很小，利率变动就成了批发商成本中的重要因素。较高的利率将增加批发商的进货成本，它们将不得不减少存货。低利率将使批发商保持大量存货比较容易。这样，批发商就会在利率变动时主动地增加或减少向生产者的订货。批发商的贷款行为不仅受到银行愿意向它们贷款的条件的影响，而且受到市场上需求水平和价格变动前景的影响。如果批发商预期价格上涨，就愿意增加存货以获取额外的利润。不过，在这样做的时候，批发商必须考虑对应于它们必须借入的、新增加的款项所要承担的利息。因为额外的利息是确定的，而价格的上涨是预期的。

为什么会发生商业波动呢？因为信用内在的不稳定性会通过商人扰动经济中其他部分使之累积性地脱离不稳定的均衡状态。霍特里说：

如果银行增加其资金贷放，随后就会出现放松银根和消费者收入与（在消费品和投资品上）开支增加。消费者开支的增加意味着对商品一般需求的增加，而商人发现他们的存货减少了。于是，这引起了向生产者的进一步订货。继而，生产能力也进一步增加，消费者收入和支出进一步增加，需求也进一步增加，存货也进一步消耗。活动的增加意味着需求的增加，而需求的增加又意味着活动的增加。恶性循环就建立起来了，生产活动就发生了累积性的扩张。

但是，生产活动不能无限扩张。当累积过程使一个又一个的企业达到生产能力的极限时，生产者就开始开出越来越高的价格。这时，恶性循环还没有破裂，但是，累积的生产能力的增长为累积的价格上涨铺平了道路。通货膨胀的恶性循环就开始建立起来了。

需求的扩张一旦确切地开始，就会通过其自我运动进行下去，就不再需要银行对借贷者进一步鼓励了。

相似的原理也适用于需求的反向变动。假如银行采取行动减少它们的贷款。随之，将发生现金被吸纳和消费者的收入与（在消费品和投资品上）支出的压缩。需求下降，商人的存货增加，向生产者的订货削减。活动的减少意味着需求的减少，而需求的减少又意味着活动的减少。萧条的恶性循环与扩张的恶性循环是相对立的，除非在活动增长的道路上没有遇到任何生产能力的明确限制。但是，活动的下降肯定伴随着批发价格的下降，因为生产者将做出让步，它们中的每一个都竭力要在有限的需求量中占有一个尽可能大的份额，以便维持其工厂的运转。这里，我们看到了通货紧缩的恶性循环。①

二、斟酌使用的货币政策

霍特里认为，中央银行可以管理信用，也可以促进经济稳定。有时候，中央银行只需要改变一下扩张或者收缩的倾向；在另一些时候，它则需要反其道而行之。因为现有的倾向具有一定的力量，所以要求以更大的力量去扭转它。最大的危险是行动太慢和对成功的疑虑。比如，经济正处于通货膨胀的恶性循环之中，也许贷款人所受到的断然拒绝贷款的这种压力可以被抵消。中央银行因此将会失去它作为最后放款人的功能。与此相似，萧条也许会在不能被批准贷款的商人中间引起悲观情绪。

① HAWTREY R G. The art of central banking［M］. London：Longmans，Green，1932：167-168.

为了抑制信用的不稳定性以及因之而产生的经济活动的不稳定性，霍特里提出了几种补救方案：中央银行的公开市场业务、变动再贴现率、变动对商业银行的准备金要求。如果国民收入保持稳定，就必须允许信用和通货发生变动。提高利率和限制银行的准备金都可以抑制通货膨胀，这些政策总是可以被推进到有效力的程度。不过，相反的情况并不一定是真实的，使货币贬值和增加银行储备也许不能刺激经济的复苏。当对商品的需求很低时，批发商通过将其采购削减到其销售的水平之下来寻求它们存货的降低。但是，如果销售比它们预期下降得更快，作为存货的商品也许实际上会增加。在这种情况下，即使在非常低的利率上也不能诱导批发商去贷款，造成手头的存货多余。结果是霍特里所说的像20世纪30年代那样出现了伴随着经济停滞和深度衰退的完全的信用僵局。僵局是很少发生的，但是不幸的是，在20世纪30年代发生了全球性大灾难，产生了对于文明结构毁灭性的威胁。①

霍特里坚信，避免僵局的途径是在先前的繁荣时期采取适当的行动，及早采取行动来制止过度的货币扩张。当银行的利率充分上升时，繁荣就逆转了。逆转发生后，银行的利率必须迅速下降，以避免累积的恶性通货紧缩。他说：

当我们假定较高的银行利率发挥作用时，意味着它成功地克服了扩张的恶性循环，而开始了通货紧缩的恶性循环。为了打破通货紧缩的恶性循环，重要的是使商人产生一种增加其购买的充分集中的倾向。当他们的购买仍然适用于较高银行利率的抑制倾向时，一个向降低银行利率的突然转变就会产生作用。如果这种转变被拖延和处于较长时期内，它在任何时候的力量都可能是不充分的。而通货紧缩的恶性循环将继续冲击经济，直到其不存在。

通过立即采取措施及时放松信用也许可以制止这种恶性循环，而在所有的时间里在使两种恶性循环得不到支持的方式上管理信用将更会好得多。在静止条件下，信用对于银行利率的温和上升和下降变动很容易做出反应。如果这些变动总是有节奏地发生的，就不再需要静态货币条件之外的条件了。②

霍特里的作为经济生活中重要角色的商人的概念，对于英国也许比其他地方更合适，因为英国当时是世界贸易的领导者。不过，英国在世界贸易中地位的下降使得这种观点在今天看来并非无懈可击。霍特里对于斟酌使用的货币政策在开放市场运行条件下不加鉴别地信奉，使得他的观点在20世纪20年代的美国非常流行，因为当时人们认为联邦储备体系可以用这种方法来稳定经济。他对货币政策工具的明确论证的确是一项对于经济学的持久性贡献。霍特里对于存货重要性的早期强调在近几十年中为经济学家所日益认识。卖不出去的存货的波动已经被一些经济学家证明是理解第二次世界大战后经济扩张和衰退的关键因素之一。

霍特里关于在宏观上通过货币政策的运用来调节和抑制经济周期的观点具有一定的意义。这种政策对于现代各国对宏观经济的调控都有实际作用，特别是凯恩斯主义经济学占据主导地位时，以斟酌使用的货币政策来调节宏观经济被经常使用。当然，霍特里并没有指出具体运用货币政策作为宏观调控工具的条件和局限性，也没有看到它与财政政策的协调作用。所以，尽管霍特里的观点与凯恩斯的某些观点相一致，却没有凯恩斯理论的深刻

① HAWTREY R G. Capital and employment［M］. 2nd ed. London：Longmans，Green，1952：79.
② HAWTREY R G. Capital and employment［M］. 2nd ed. London：Longmans，Green，1952：113.

性和广泛性，因而，也没有凯恩斯理论所具有的那种深远影响。

本章思语

1. 费雪是怎样论述利息的决定的？
2. 费雪的“交易方程式”有何积极意义？
3. 霍特里关于经济周期的理论是怎样的？
4. 霍特里关于斟酌使用的货币政策的主要内容是什么？

[第二十八章]
福利经济学思想

福利经济学的观点可以追溯到亚当·斯密和边沁的古典经济思想。后来有几位经济学家继续研究了福利思想，其中包括马歇尔。马歇尔检验了成本递增和成本递减行业中的税收和补贴的福利效应。庇古首先正式提出研究福利问题，并出版了《福利经济学》一书。庇古被经济学界认为是以马歇尔的局部均衡分析方法为主要分析工具的“旧”福利经济学的首倡者，而把帕累托看作“新”福利经济学的创始者。新福利经济学植根于瓦尔拉斯的一般均衡原理和分析工具。此外，米塞斯（Mises）和兰格（O. Lange）在关于社会主义和资本主义的经济制度论战中也涉及社会资源配置的最优化和社会福利最大化问题。阿罗则从社会公共选择的问题入手，说明民主社会在表达和代表公众的利益方面存在的问题，从而涉及社会资源最优配置和福利最大化的实现问题。

第一节　庇古的福利经济学理论

作为新福利经济学奠基者的帕累托，庇古根据一般均衡方法重新塑造了福利理论；但庇古和帕累托不同，他主要依靠局部均衡的分析方法，继续发展了亚当·斯密、边沁和马歇尔的旧福利经济学。庇古对福利经济学的贡献包括他对收入再分配和私人成本与社会成本相分离现象的观察。此外，庇古对价格歧视和今天所说的“庇古效应”问题的讨论，在现代经济学中也占有重要的地位。

一、生平简介

阿瑟·塞西尔·庇古（Arthur Cecil Pigou，1877—1959）于1908年在剑桥大学继马歇尔之后任政治经济学讲座教授，并保持这一职位直到他1943年退休。在马歇尔去世后，庇古成为新古典经济学的领头人。庇古曾经表达出想对穷人进行人道主义救助，希望经济学能够促进社会的进步。不过，庇古在政治上保持着一种谨慎的方式，他只是期望资产阶级政府在改善一些社会普遍不愿具有的特征方面发挥些作用。也仅仅在这方面，庇古愿意比马歇尔走得更远一些。

庇古希望其1920年写的《福利经济学》能为政府采用法令手段促进福利的提高提供理论基础。作为一名经济学家，他关心被定义为“可以被直接或间接以货币尺度来衡量的”经济的福利。

二、庇古关于收入再分配问题的看法

庇古论证了杰文斯和马歇尔关于货币的边际效用会随着其数量的增加而递减的原理。在此基础上，他有力地表明，在既定条件下，越是平等的收入就越可能增加经济福利。庇古认为，如果我们注意到同样条件下同样背景的人们福利的提高，就可以适当地把个人之间的满足感进行比较。在这种情况下，和那些苛刻地放弃价值判断并宣称不可能对不同人们之间的满意程度进行比较的“纯粹科学的”经济学家相比，庇古更是一位改革者。他说：收入从相对富有的人那里向习性相似的、相对贫穷的人那里的任何转移都必定会增加满足的总量，因为在不太强烈需要的同样支出水平上，这会使更强烈的需要得到满足。因而，老的“效用递减规律”将必定导致这样的主张：增加穷人手中实际收入绝对份额的任何原因，都不能导致从任何观点来看的国民收入分配规模的缩小将普遍地增加经济福利。[①]

三、关于私人成本和收益与社会成本和收益的分离

庇古的主张和传统经济理论最重要的不同，就在于他更强调私人成本和收益与社会成本和收益的分离。关于这种分离的思想并非庇古原先就有的。亨利·西奇威克（Henry Sidgwick，1838—1900）曾经在1883年所写的文章中讨论了同样普遍的问题。但是，西奇威克是以一种不够简明的方式写的。[②]商品或服务的私人边际成本是生产者再多生产一个单位该商品或服务时的花费。社会的边际成本是生产出那个单位商品所造成的社会支出或者对社会造成的损害。同样，一件商品的私人收益以其售价衡量，社会收益则是社会从所增加的这单位商品中得到的总收益。

这些区别很重要，因为生产和消费的行为可能会把成本或收益强加于一部分人，而不是生产者和消费者。这些额外的成本和收益或者外部性溢出到了其他人身上，因此，有时候这被叫作“溢出效应”。如庇古所说的，铁路上机车喷出的火星也许会危害周围的森林或庄稼，这些森林或庄稼的所有者却不会因其损失而得到赔偿。因此，对于铁路来说，社会成本（内部成本加外部成本）就大于私人成本（内部成本）；私人边际产品超过了社会净产品。与此相似，一位企业家在居民区建一座工厂，也许会给其他人造成很大的损失。庇古还说，酒精饮料销售的增加对威士忌酒和啤酒生产商来说是有利可图的，但是，当更多的警察和监狱成为必需时，就产生了外部成本。

庇古说，也有一些相反的例子，某些私人活动的收益将溢出到社会收益中。但是在这种例子中，付出好处的个人没有得到补偿，因而社会的边际净产品超过了私人边际净产品。例如，一个行业中某一企业的扩张也许会产生该行业整体的外部经济，从而减少其他企业的生产成本。植树造林方面的私人投资将有益于周围的产权所有者。防止工厂的烟囱喷放浓烟对于社区的好处远大于对于工厂主的好处。科学研究对于社会通常比对于研究者和发明者具有更大的价值，虽然专利法的目的在于使私人边际净产品和社会边际净产品更为相称。

---

① PIGOU A C. The economics of welfare [M]. 4th ed. London：Macmillan，1932：89.

② 玛格丽特·奥唐奈（Margaret G. O'Donnell）在以下文章中叙述了庇古和西奇威克的思想之间的关系：O'DONNELL M G. Pigou：An extension of Sidgwickian thought [J]. History of Political Economy，1979，11（4）：588-605.

庇古从他的分析中引出了一个重要的福利含义：并非所有的竞争市场都能产生使社会总福利最大化的产出。图 28-1 表明了这一事实。当然，这是庇古这一思想的现代表达。

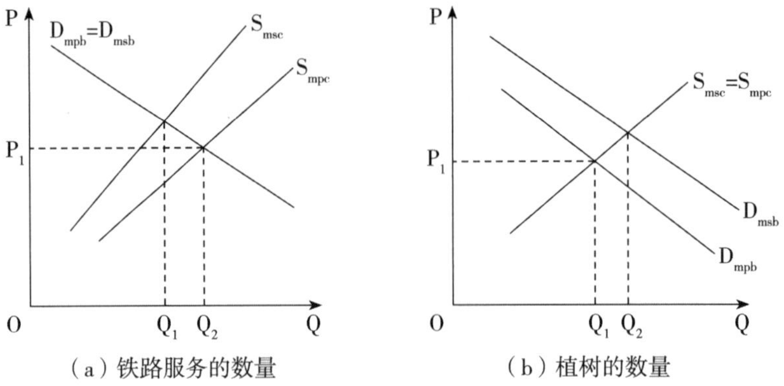

图 28-1　庇古的外部性概念

图 28-1 表明了存在社会成本或者负外部性的情况。需求曲线 $D_{mpb}=D_{msb}$ 反映了铁路为之服务的顾客的边际私人收益（内部收益）以及社会的边际社会收益（外部收益）。供给曲线 S_{mpc} 表明了提供这种服务的私人边际成本或者内部边际成本。在图 28-1（a）中，（由铁路上机车的火星引起的）外部成本意味着边际社会成本大于边际私人成本，市场决定的产出量 Q_1 太多，以至于不能使社会的福利最大化。对大于 Q_2 的产出量而言，边际社会成本超过了边际社会收益。在图 28-1（b）中，（森林周围地带自然产生的）外部收益造成了大于边际私人收益的边际社会收益。因而，均衡产量 Q_1 就小于使社会福利最大化所要求的产量；对那些小于 Q_2 的所有产出而言，其边际社会收益就大于边际社会成本。

如果这一市场上没有负外部性，即如果铁路及其使用者所有的成本都是内部的，铁路服务的均衡价格将是 P_1，均衡数量将是 Q_1。这一服务水平将使铁路及其使用者的联合福利最大化；同时，由于没有人受影响，所以社会福利也是最大化的。

但是，按照庇古的例子，让我们假定，铁路把外部成本转移到第三者那部分人身上。这样，我们就在图 28-1（a）中看到标着 S_{msc} 的供给曲线位于反映边际私人成本的曲线 S_{mpc} 的上方。在每个服务水平上，铁路都不仅产生劳动和燃料那样的私人成本，而且把外部成本转移到林地和农田的所有者身上。任何水平服务或产量上的边际社会成本都在 S_{msc} 上，它由边际内部成本加上边际外部成本所组成。竞争市场将产生价格 P_1，在该价格水平上供给和需求的服务数量将是 Q_1。这并不是从一种福利前景出发来看的最佳产量。最佳产量其实是 Q_2，其边际社会成本等于边际社会收益。由 S_{msc} 所表明的 Q_1 的边际社会成本超过了由 D_{msb} 所表明的边际社会收益。大于 Q_2 的所有铁路服务量都是这种情况。社会为生产这些产量中的每一单位所花费的成本都大于这些服务给社会增加的收益。结论是：负外部性引起产生这些负外部性的市场上资源的过度分配（太多的产出）。

在其他市场上，边际社会收益超过了边际私人收益。图 28-1（b）表明了这种福利结果。我们再次利用庇古的例子给出的方法，假定 D_{mpb} 代表植树造林的土地所有者的边际私人收益，而 D_{msb} 表示边际社会收益。假定林地周围产权所有者通过这些地带进行自然播种，从而产生造林收益。私人植树的实际数量将是 Q_1，在这个产量上，我们从 D_{mpb} 和 S_{mpc} 可以看出边际私人收益等于边际私人成本。但是，竞争市场又不能一次产生最大化的福利。如果考虑外部收益，最佳的植树水平应该是Q_2，在该水平上，边际社会收益等于边际社会成本。市场决定的产量水平Q_1太小了，因而配置到这种用途上的资源太少了。

根据庇古的意见，政府在福利方面的任务就是使私人的边际成本和社会的边际成本，以及私人的边际收益和社会的边际收益相等，通过使用税收、补贴或者立法管制来做到这点。例如，政府在铁路的例子中的选择可以有：立法禁止机车喷放火星，通过法律使铁路对其造成的损害负有责任，对提高其服务价格或者减少其服务价格的铁路或者它们的使用者征税，或者使那些同意不在非常靠近铁路的地方植树种草的林地和牧场的所有者付费。此外，政府可以向那些植树的人支付补贴，以便减少他们的植树开支，由此增加真实的植树数量。西奇威克和庇古关于社会成本和社会收益的分析，向我们普遍认为的、在任何地方总能依靠竞争的市场使社会经济福利最大化（产生帕累托最优状态）的观点提出了挑战。和那些实行完全自由放任政策的结果相比，庇古说，政府在经济中起的作用更大。①

四、庇古的其他贡献

除去上述方面之外，庇古还在理论上做出了一些其他贡献。

他对于经济学中自愿储蓄的增加（这在凯恩斯时代以前是很时髦的）的强调，在20世纪80年代被许多经济学家和政府政策的制定者所赞同。庇古认为，人们宁愿选择现在的满足而不愿选择将来同样重要的满足，是因为人们的预见力是有限的，因此会轻视将来的愉悦。这种偏见是对于影响深远的经济不和谐的贡献，因为人们是在不够理性的偏好基础上，在现在、不远的将来以及遥远的未来之间分配其资源的。于是，向着遥远的未来所作的努力是由那些直接向着不远的将来所做的努力去实现的，而为了满足当前的消费，遥远的未来和不远的将来的消费被依次放弃了。新资本的创造被抑制了，人们被鼓励使用现有的资本去取得较小的当前优势，而牺牲较大的将来优势。由于将来的满足被低估，自然资源就被更快地和浪费性地消耗了。

庇古得出结论，由于政府干预加强了人们把更多的资源用于当前而把更少的资源用于将来的倾向，经济福利会越来越少。因此，如果我们希望最大化经济福利，就应当避免对任何储蓄征税，包括财产税、遗产税和累进所得税。较重的消费税是一种选择，因为其鼓励储蓄，但是这种税收具有不成比例地损害低收入者利益的缺陷。

庇古增加国民储蓄、促进经济增长的愿望取决于他关于经济总是趋向于使人们充分就业的正统思想。在这方面，他产生了一种观点，即伴随着经济向下转变而出现的一般物价水平的下降，将增加人们资产的实际价值。因而，人们将决定减少储蓄而增加消费，这又会增加经济中的需求，并推动经济回过来转向使人们充分就业。经济学家把这种观点结合到几种当代的经济模型中去。例如，宏观经济学教材的作者们普遍地使用了这种庇古效应或者实际平衡效应去解释总需求曲线向右下方倾斜（物价水平-实际产出模型）的原因。

庇古还有一个著名的贡献是关于价格歧视的讨论。正是庇古将价格歧视分成了三类：第一级、第二级和第三级。

---

① 并非所有的经济学家都赞同存在需要政府干预的外部性。实际上，有一些人通过政府认同和强加的产权的失败所引出的外部性问题来驳斥庇古的观点。经典性文章是弗兰克·奈特（Frank Knight）的“对于社会成本的解释中的谬误”。

当垄断者对每个消费者的索价恰好是他为购买商品而愿意支付的价格时，第一级价格歧视就产生了。因此，垄断者拿走了全部的消费者剩余作为其收益。

第二级价格歧视是第一级价格歧视的粗糙形式。卖方对于第一批商品中的每一单位索要一个价格，然后对于随后一批商品中的每个单位索要较低的价格。在1970—1980年美国的定价改革中，电力事业率先普遍使用了这种数量折扣。

第三级价格歧视包括把消费者分为不同的等级，并在每组的需求弹性基础上索要不同的价格。例子之一是商业的报纸和杂志向学生和教授们索要比普通公众低一些的价格。

庇古关于价格歧视的分析大大扩展了由古诺和其他人提出的垄断定价理论。

第二节　帕累托的福利经济学思想

在经济理论上，帕累托继承了洛桑学派的一般均衡理论，其他观点则多有不一致之处。他非常反对瓦尔拉斯关于土地国有化的主张和货币改革主张；但帕累托为瓦尔拉斯体系培养了一大批信徒。

帕累托在思想上独具一格，但其政治观点中成分复杂，极端自由放任主义者、社会主义者以及天主教徒都可从其著作中找到对自己有利的章节。帕累托临终前不久，墨索里尼政权还任命他为参议员，但他绝不是法西斯主义者。

一、生平简介

维尔弗雷多·帕累托（Vilfredo F. D. Pareto，1848—1923）生于巴黎，是一位意大利逃亡贵族的儿子。其家庭返回意大利后，他在土伦大学攻读工程学和数学，毕业后在佛罗伦萨担任铁路工程师及经理多年。由于打算投身经济自由主义政治运动，他在1876—1892年发表了许多经济论文。由于他扎实的数学和工程学的理论基础，再加上丰富的工业管理和政治活动的实践经验，他的经济论文获得了不错的声誉。后来，帕累托在经济学家和政治家马费奥·潘塔莱奥尼（Maffeo Pantaleoni，1857—1924）的影响下从事纯经济理论的研究，受到瓦尔拉斯的赏识，于1893年继瓦尔拉斯之后任洛桑大学经济学教授。经济学界将瓦尔拉斯和帕累托两个人并称为洛桑学派的代表。1906年，帕累托因健康关系辞去教授职务，隐居于日内瓦湖畔的一个小乡村，但仍积极写作学术著作。帕累托晚年的贡献偏重社会学方面。其主要经济学著作有《经济学讲义》（1896—1897）、《政治经济学讲义》（1906）。

二、帕累托的经济学贡献

帕累托主要在生产理论和福利经济学方面提出了很多见解，有的见解后来被以他的名字命名为定理。这在经济学家中是罕见的。《政治经济学讲义》（1906）基本是帕累托的前期思想，以追随和继承瓦尔拉斯、埃奇沃思的体系和思想为主。《政治经济学教程》（1909）是帕累托的成熟作品。

（一）对边际效用价值论的发展

帕累托对边际效用价值论的发展做出的贡献主要反映在以下几个方面：

一是对基数效用论表示怀疑，提出了序数效用论，并以无差异曲线作为分析工具。这就比原来的基数效用论有所发展。

二是发展了瓦尔拉斯的一般均衡概念，提出了“最适度”原理，为新福利经济学提供了新的理论支点。

帕累托认为，主观效用是无法用数量测定的。他说：我曾为快乐与痛苦必须加以测定而烦恼，因为实际上没有人能够测定快乐。谁能说这个快乐是另一个的两倍？我们一直把享乐、使用价值、经济效用和满足欲望的能力当作一种数量进行衡量，但是没有对此做出证明。即使证明了这一点，又如何测定这个数量呢？

帕累托主张以“满足欲望的能力”（ophelimity）代替“经济效用”，以“基本满足欲望的能力”（elemental ophelimity）代替“边际效用”，以无差异曲线方法和序数来比较“满足欲望的能力”。他认为，这符合经济事实，因为人们对不同物品组合的效用是可以有大小、先后、轻重的比较结果的。

他认为，人们可以把物品进行不同的组合来取得相同的效用，这样就可得到许多无限扩大的等效用序列，也叫作无差异序列。而这又可以用无差异曲线（指数函数曲线）来表示，以指数表示人们对物品不同组合的偏好程度。

帕累托重新定义了埃奇沃思关于无差异曲线的思想。埃奇沃思假定效用是可以衡量的，并由此导出了他的无差异曲线。帕累托想通过建立表明不同满足水平的无差异图，来避免个人效用的衡量和比较这个令人头疼的问题。提出无差异曲线和对最适度条件的注意的帕累托是现代无差异曲线的先驱。其实，帕累托是把埃奇沃思于1881年提出的方法倒过来使用，即用无差异曲线的位置去比较消费者的偏好程度。

（二）帕累托对瓦尔拉斯一般均衡理论的发展

这主要表现在帕累托对一般均衡的分析更简化，也更一般化了。他认为经济生活的规律归根到底取决于人的“需求”和满足“需求”所遇到的“障碍”之间的均衡，而这贯穿于经济生活的各领域。所以，瓦尔拉斯的一般均衡论（自由竞争下价格的相互制约和联系）不过是“需求”和“障碍”这个更一般的经济均衡的一种特例。

他所说的“障碍”比以往的所谓资源的稀缺更加广泛。他认为，生产和交换无非物品的转换（物理的、时间的、空间的转换），而转换过程中无不存在“障碍”。此外，妨碍人们自由选择交换方式的任何东西也是障碍。他认为，需求是人的经济行为的动力，障碍则表现为阻力。均衡就是需求和障碍相互对抗的结果。这是一种静态的均衡。他分别依此考察了生产均衡和交换均衡。

帕累托的基本观点是：价格决定于供求均衡；供给决定于生产成本；需求决定于效用（边际效用）；在完全竞争条件下，价格决定于边际效用和边际成本的均衡点。帕累托的这种观点为后来马歇尔的均衡价格论提供了先导。

三、帕累托的福利经济学思想

（一）帕累托最适度

现代的新福利经济学是沿着帕累托的社会福利理论体系发展起来的。而帕累托关于福利经济学的最基本的观点，即“帕累托最适度原理”，就是他在论述一般经济均衡时对集体的满足达到最大化时提出的。这是20世纪30年代兴起的新福利经济学的基础和出发点。

帕累托说：一个集体的各成员，处于以下条件便可享受最大限度的欲望满足：不可能发现任何一种稍微离开这一状态就使他们所享受的满足增减的方式。这就是说，任何偏离这一状态的微小变动，必然造成一些人乐意接受而另一些人难以接受的后果，即一些人享受的满足增加，另一些人的却减少了。此即对帕累托最适度原理的基本概括。他说：我们把最大效用状态定义为：做出任何微小的变动不可能使一切人的效用，除那些效用仍然不变者外，全都增加或全部减少的状态。

帕累托的理论贡献之所以备受重视，以至于成为新福利经济学的基础和出发点，原因至少有三点：

首先，它采用了比基数效用论更合用的序数效用论；

其次，最适度条件被归结为生产和交换的均衡，而不必关心分配关系；

最后，它倡导在私有制下可以通过改良主义措施向“最适度”迈进，似乎只要存在完全竞争，就可达到“均衡”和最适度。

帕累托所说的最适度也就是经济学家所说的福利最大化的条件。在帕累托之后，其他经济学家对完全竞争的产品市场和资源市场也进行了更为认真的数学证明，同样得出了帕累托最适度。

帕累托说，在没有任何变动能使一些人情况变好而同时不会使任何人的变坏时，就实现了福利最大化。这意味着，在可以增加一些人的福利而不会损害另一些人的福利这样一种方式上，社会无法重新配置资源或是重新进行商品和服务的分配。所以，帕累托最适度意味着：

（1）商品在消费者之间的最适度分配；

（2）资源最适度的技术配置；

（3）最适度的产出数量。

我们可以通过假定存在两个消费者（詹姆斯和格林）、两种产品（汉堡和土豆）和两种资源（劳动和资本）的简单经济，来表明这些条件。

（二）产品的最适度分配

产品的最适度分配就是，当詹姆斯和格林每人都有同样的两种商品时，其边际替代率所产生的能使消费者福利最大化的那种分配。用符号表达就是：

$MRS_{HP}J=MRS_{HP}G$

这里的符号分别代表詹姆斯（J）和格林（G）的汉堡（H）对土豆（P）的特定的边际替代率。它等于相应无差异曲线上特定点的斜率的绝对值。假定詹姆斯和格林的这两种商品的边际替代率不一样，或者具体地说，詹姆斯的边际替代率是5，而格林的边际替代率是2。这意味着，詹姆斯为了多得到1单位汉堡愿意放弃5单位土豆（或者以1/5单位汉堡的代价来换取1单位土豆），而格林只愿意以2单位土豆的代价来换取1单位汉堡（或者以1/2单位汉堡的代价来换取1单位土豆）。因此，在边际上，詹姆斯对汉堡的评价相对高于格林对汉堡的评价，而詹姆斯对土豆的评价相对低于格林对土豆的评价。于是，帕累托改进的基础就建立起来了。詹姆斯可以用一些土豆来同格林进行贸易（因为格林对土豆的评价相对高一些）而换回詹姆斯自己评价相对高的汉堡。由于交换使得两个交换者都改善了福利，而没有使两人的情况变坏，所以两人经济中的总福利提高了。

随着詹姆斯得到了更多的汉堡和格林得到了更多的土豆，詹姆斯的边际替代率将下降，而格林的边际替代率将上升。当两个人的边际替代率相等时，交换停止。这时，已经不存在进一步交换的可能了，因为任何一笔交换都不能够至少使一个交换者的福利改善而同时不会使其他人的福利变坏。所以，将这种情况一般化后，可以得出结论：帕累托的产品在消费者中的最适度分配产生于消费者边际替代率相等的时候。[①]

（三）资源的最适度技术配置

在上述两种商品、两种资源的例子中，当汉堡和土豆生产中劳动（L）和资本（K）之间的边际技术替代率相等时，就达到了资源在生产性使用上的最适度配置。劳动对资本的边际技术替代率就是在产出水平不变的条件下，1单位劳动可以替代的资本的最大数量。[②]帕累托最适度的第二个条件可以用符号表示如下：

$$MRTS_{LK}H=MRTS_{LK}P$$

等式的左右两边分别代表汉堡和土豆生产中劳动对资本的边际技术替代率。

如果两种要素的使用之间的边际技术替代率不同，帕累托改进就是可能的。比如，假定生产汉堡的边际技术替代率是2，而生产土豆的边际技术替代率是3，这就意味着我们在维持既定的汉堡生产时，1单位劳动只能替代2单位资本，而在保持土豆产量不变的情况下，我们就需要3单位资本才能替代1单位劳动。于是，在边际上，资本在生产汉堡时比生产土豆时更有效率；或者从相反的观点看，劳动在生产土豆的边际上比生产汉堡的边际上有更大的生产力。通过使用更多的资本到生产汉堡中去，就可以解脱一些劳动去生产土豆，这样，我们从相同水平投入品的使用中就得到了更高水平的总产品。资源增加造成的产量增加所带来的好处将超过其变动所造成的损失。因为一些人的福利变好时并没有使一个人的福利变差，这就是帕累托改进。

在这同一点上，要素投入的重新安排将会停止，因为每种用途的收益递减将会引起增加资源时的边际产量下降，而减少资源时边际产量将会上升。一旦生产两种商品的边际技术替代率相等，资源不再进一步进行重新配置，将无法在不损害一些人福利的情况下有利于另一些人。

（四）最适度产量

如果生产和分配满足帕累托最适度的条件，当汉堡对土豆的边际替代率等于土豆对汉堡的边际转换率（marginal rate of transformation，MRT）时，就会达到产量的最优水平。在边际转换率上，把生产土豆转换成生产汉堡具有技术上的可行性，用符号表示就是：

$$MRS_{HP}=MRT_{HP}$$

比如说，假定边际替代率和边际转换率分别是4和3。这意味着，在这个比率上，两个消费者为得到1单位汉堡而愿意放弃的土豆数量（放弃4得到1），超过了在这个比率上为得到1单位额外的汉堡而必须放弃的土豆数量（放弃3得到1）。结果，每个消费者的福利将由于增加汉堡的产量和减少土豆的产量而提高。在这个边际上，消费者的所得将超过

---

①　帕累托以埃奇沃思盒状图表明了这一点。对此有兴趣的读者可以参考微观经济学教材。

②　上过微观经济学课程的学生可以回想一下，边际技术替代率就是两种资源的边际产出率，它是等产量曲线上给定点上的斜率的绝对值。

社会的机会成本。只是在一种产品对另一种产品的边际替代率等于边际转换率的时候，才不再有增加一个人或者更多个人的福利而同时不会减少其他人福利的进一步机会。

当然，在这种简单经济中表明的帕累托最适度的条件是有限的。在现实中，帕累托最适度实现的条件应该是存在于有着大量消费者、商品和资源的现实经济中的那些条件。

四、对帕累托福利经济学思想的评价

帕累托的福利经济学理论是对经济学的重要贡献。这大大地帮助了经济学家更好地理解经济效率的条件和福利意义。不过，一种改变能够使一些人情况变好而又不会使另外哪怕是一个人的情形变坏这个处于核心地位的帕累托最适度标准，并不总是十分适合对公共政策的评价。

对帕累托最适度标准的批评中，有四种意见是特别贴切的：

第一，认为帕累托最适度标准不能解决分配的公平性问题或者社会收入的公平分配问题；相反，它只是建立了任何现有分配的效率条件。

第二，认为与此联系紧密的是，许多增加国民产出和总福利的公共政策，其副产品重新分配了收入。例如，尽管一项自由贸易政策在正常情况下会增加一国的总产出和福利，但是，它也可能损害了某些特定的个人的利益，由于进口而使这些人失去了工作。对帕累托最适度标准的准确解释妨碍了这种政策的制定。与此相似，在大多数情况下，技术工人的移民增加了目的国的总产出。但是，劳动供给的增加也许会减少劳动市场上国内工人所得到的工资。那么，还应该允许移民吗？因为在这两个例子中，社会上存在净所得，在理论上，受益者可以充分补偿受损者，因此，社会会转变到符合帕累托最适度标准的稳定状态。但是，如果这种补偿支付实际上不能进行，政府还应该为这种自由贸易和公开移民的政策立法吗？①

第三，认为它是建立在静态的效率观点基础上的。对帕累托最适度的短期偏离也可能会在长期或动态上增加效率。例如，一些当代经济学家认为，由于注意静态效率，一些反托拉斯法的出现也许会妨碍私人活动，就像对新技术的合资开发会增加国家的长期产量增长和福利一样。

第四，认为帕累托最适度标准有目的地排除的道德判断，常常是政策设计中合法的和支配性的因素。一些私人交易，如卖淫、贩卖儿童、买卖毒品，也许达到了帕累托最适度，但与社会道德观念相冲突。这样的价值观念往往“栖身”于公共政策争论中的经济效率考虑之中。

帕累托最适度有时也被称作“帕累托最优状态”或“帕累托最优标准”。由于现实中很难达到帕累托最优状态，后来的福利经济学家认为，最多只能实现“次优”状态甚至“第三优”状态。“次优”状态的概念是理查德·李普西（Richard G. Lipsey）和凯尔文·兰卡斯特（Kelvin J. Lancaster）在1956年提出的。他们认为，如果一般均衡体系中存在某些情况，使得帕累托最优状态的某个条件遭到破坏，那么即使其他所有的帕累托最优状态的条件都得到满足，结果也未必令人满意。也就是说，假设帕累托最优状态所要求的一系列条件中有某个（或某些）条件没有得到满足，而其他所有条件都得到满足，这时经济能

---

① 为了评价一项有目的的政策变动是不是一种改进，后来的福利经济学家拓展了竞争性标准。这方面的3篇经典性论文是尼古拉斯·卡尔多（Nicholas Kaldor，1908—1986）的《经济学中的福利命题和个人之间的效用比较》、蒂博尔·西托夫斯基（Tibor Scitovsky，1910—2002）的《关于经济学中福利命题的一个说明》、阿布拉姆·伯格森（Abram Bergson，1914—2003）的《福利经济学某些方面的一项重新设计》。

够达到的最佳状态就是帕累托次优状态。不过，帕累托次优状态实际上也很难达到。华裔经济学家黄有光在1983年进一步提出了在一定条件下可以实际达到的比帕累托次优状态还缺少约束条件的所谓帕累托“第三优”状态。

由于向更有效率的市场状态靠拢毕竟是值得追求的事，一些经济学家在帕累托最优状态基础上，提出了“帕累托改进”和相应的补偿概念。“帕累托改进”的含义是，社会从次优（或第三优）状态的位置向更接近最优状态的位置的变动，在不损害任何人状况的情况下，使一部分人的状况变好。相应的补偿概念则是指，社会变动带来的总体福利的增加足以补偿所有福利损失而有余。卡尔多从经济社会总体的角度提出补偿问题，希克斯从具体人群的角度提出补偿问题，但他们对福利经济学的改进仍然无法真正解决问题。

第三节　米塞斯的社会福利思想

在关于帕累托的经济福利和广泛意义上的经济福利是否能够在社会主义体系下达到最大化的长期争论中，产生了好几种福利经济学的思想。在这场争论中，一个重要的早期人物是米塞斯。

一、生平简介

路德维希·冯·米塞斯（Ludwig von Mises，1881—1973）是奥地利学派的一位重要成员。他在维也纳大学与熊彼特都师从维塞尔和庞巴维克学习经济学，并获得博士学位。他于1912年出版的《货币和信用理论》使他成为该大学不拿薪水的“编外教授”。1940年，米塞斯移居美国，并最终成为纽约大学的客座教授。他情感冲动的处世风格使他不喜欢那些仅有科学方法训练而没有思想的经济学家。1969年，他的同事称他为美国经济学会的“杰出的研究员”。

二、米塞斯对社会主义条件下的经济核算问题的看法

米塞斯于1920年发表的文章《社会主义共同体中的经济核算》触发了对社会主义条件下的福利问题的争论。他后来在《社会主义》（1922）和《人类行为：一种关于经济学的讨论》（1949）中扩展了他反对社会主义、赞成自由放任的主张。米塞斯主张，在资本主义条件下引导资源达到其最大价值地使用的同样类型的经济核算，必定会为社会主义条件下愿意使消费者福利最大化的计划人员所使用。但没有资源的私人所有权、自由市场和企业，这种核算就不可能被运用。米塞斯指出，和某些社会主义者的愿望相反，只要商品为私人所有，消费品的市场和价格在社会主义条件下就是不可避免的。其相对价格在市场经济体系中反映相对稀缺性和生产价值的资本品，也会产生问题。资本的价格适应着消费者爱好、新技术、企业预期和类似的情况，而且在迅速变动。但是，在社会主义条件下，所有的资本都为国家所有，没有这种价格、价值存在。因此，计划经济体系中的人员不能准确地估算资本的相对稀缺性和生产价值。“不存在自由市场的地方，也不存在价格机制；没有价格机制，就没有经济核算。”①

---

① MISES. Economic calculation in the socialist commonwealth［M］//Hayek. Collective economic planning. London：Routledge & Kegan Paul，1935：111.

米塞斯说，变动是经济体系必须要面对的核心现实："在现实世界中，并不存在那种在永久性的选择下超过人能力极限的经济活动的稳定状态。"所以，经济核算问题是一个经济的动态问题，而不是经济的静态问题。除了成本最小化问题和决定商品的适当分配问题之外，经济效率还包括"分解、扩展、转换和限制现有的经济体系，以及建立新的经济体系"。①

经济不断地产生新的信息，虽然这种信息是不完全的并不断变化的。因而，按照米塞斯的观点，企业是取得动态经济福利的核心方面。企业家试图对将来做出预期，并认为在较大利润的形成中可获取好处。而他们过去的成功也使得他们能在将来的预期活动中调动更多的资源。市场倾向于把商业行为交给那些能够成功地满足消费者最迫切需求的人来完成。这些企业家的活动创造了多数现有静态核算（如使成本最小化）借以构造的价格。

利润和亏损具有两个在社会主义条件下不能被复制的重要的职能：

第一，它们选择能够最好地满足人们的需要；

第二，它们为企业家提供了刺激，以避免粗心、鲁莽和盲目乐观做出的决策。

企业家之间的竞争保证了由其活动所产生的好处能够广泛地为消费者、工人和其他拥有生产要素的人们所分享。

米塞斯说，社会主义不能复制资本分配的功能和动态系统中资源有效流动所要求的企业家。对那些主张通过建立社会主义的广泛计划，采取同样的行动以获取竞争市场体系下的结果的人，米塞斯回答说：

> 这里和全部相关的提议所包含的主要谬误是，他们以智力水平不超过低级测验的低级职员的眼光看待经济问题。他们认为，工业生产和资本在不同部门的分配结构以及生产的总体结构都是一样的，而没有考虑改变这种结构，以便把它调整得适应条件的变化的必要性……资本主义制度并不是一种管理制度。它是一种企业制度……以前还没有人认为社会主义共同体能够邀请资本主义的支持者和投机家在社会主义下继续他们的投机活动，并将其利润投入公共的钱箱……人们不能进行投机活动和投资活动。投机家和投资者展示其财富、其运气，这一事实使他们更对消费者负责。②

第四节　兰格的社会福利思想

一、生平简介

就社会主义争论的第二个主要人物是奥斯卡·兰格（Oscar Lange，1904—1965）。兰格也是福利经济学发展过程中的一个重要人物。他出生于波兰，在克拉科夫大学学习，1931—1935年任该校讲师。他曾获得洛克菲勒奖学金并访问了几所美国大学，在1936年成为密歇根大学的一名讲师。1943年，他又得到了芝加哥大学的教授职位。1945年，兰格回到波兰，并立即被任命为波兰驻联合国代表。他在这一职务上工作了4年。1955—1965年，他担任华沙大学的教授。

① 对米塞斯这种观点的解释和讨论可以参见：MURRELL P. Did the theory of market socialism answer the challenge of Ludwig von Mises? A reinterpretation of the socialist controversy［J］. History of Political Economy，1983，15（1）：92-105.

② MISES. Human action：A treatise on economics［M］. 3rd ed. Chicago：Henry Regnery，1966：707-709.

二、兰格的社会主义经济理论

在1937年发表的一篇题为《论社会主义的经济理论》的文章中，兰格前瞻性地建立了他关于市场社会主义的经济模型。他认为，如果按照一套固定的规则进行管理，这种形式的社会主义就将具有经济效率，并且能使社会福利最大化。市场社会主义的特征是：

（1）人们具有对消费品的私人所有权，并可以在可得到的商品中自由选择进行消费；

（2）可以自由选择职业；

（3）生产资料归国家所有。

存在商品、服务和劳动的市场以及市场价格，但是不存在资本市场和中间产品（如必须放到一起才能制造最终产品的产品部件）市场。不过，兰格认为，资本品和中间产品的价格可以采取一种市场价格之外的形式。这可以是一种影子价格或者两种商品之间交换条件的指数。中央计划委员会可以通过一种反复试验的过程来建立资本品的影子价格，借助对这些影子价格的调整来消除经济中的短缺和剩余。中央计划委员会向所有的工人支付其市场工资，并加上由全部资本品和自然资源的总产出决定的社会分配的份额。通过这种对社会分配份额的控制，中央计划委员会就可以减少作为资本主义经济特征的那种巨大的收入分配差距。

中央计划委员会命令国有企业的管理者们根据所有的价格不变以及以下两个规则进行管理：

一是在计划中把各种资源结合起来，以便在任何给定的产出水平上使平均生产成本达到最小。经理们通过保证资源之间的边际技术替代率相等来实现上述规则。

二是“借助于上面所说的必须固定产量以便使边际成本等于产品价格的办法来决定产量规模……（这个规则）要发挥作用，比如说它要决定行业的产量，就要在企业自由进出行业的情况下才行”[①]。

兰格说，只要按照不变的价格，即按照独立决定的价格来核算，那么坚持这些规则将意味着，由均衡立场看来未能正确设定的价格将会造成商品的短缺或者过剩。对此，计划者可以通过不断地试验来调整这些价格，使之达到均衡的水平。兰格说，这种反复试验的价格产生过程和资本主义条件下均衡价格产生的机制在很多方面是相同的，但是在社会主义条件下会做得更好，因为中央计划者们比个别的资本家拥有更大范围的关于短缺和过剩的信息。[②]

三、兰格对反对社会主义理论的反击

几十年来，经济思想史中的传统观点认为，兰格“曾经给予了反对社会主义的批评以致命的打击”[③]。这种解释恰好符合兰格建立的那种由帕累托所设想的静态经济效率，而它在理论上是可能存在于社会主义条件之下的。但是，现在看来，它似乎过早地宣告了它在关于社会主义的争论中的胜利。由诺贝尔经济学奖获得者哈耶克和当代“新奥地利学

---

① LANGER O. On the economic theory of socialism［M］//LIPPINCOTT，B. On the economic theory of socialism. New York：McGraw-Hill，1964：76-77.

② 对于社会主义经济理论做出重要贡献的其他关键人物是恩瑞克·巴罗恩（Enrico Barone，1859—1924）、弗雷德·曼维尔·泰勒（Fred Manville Taylor，1855—1932）、H. D. 狄更生（H. D. Dickenson）、阿巴·勒纳（Abba P. Lerner，1903—1982）和莫里斯·多布（Maurice H. Dobb，1900—1976）。

③ NEWMAN P C. The development of economic thought［M］. Englewood Cliffs，NJ：Prentice-Hall，1952：181.

派”所领导的反击，在一定学术范围内已经赢得了越来越多的赞同。他们的观点得到了中央计划的社会主义国家和信息经济学的发展中经验证据的支持。这些反驳的论点有两种常见的类型：

第一，在大范围经济中通过计划实现经济效率在理论上也许是可能的，不过，在实践中它完全是另一回事。兰格所提倡的各种各样的中央经济计划（有的计划委员会成为求解瓦尔拉斯方程过程中的拍卖人）要求有大量的信息。而实际情况正如萨缪尔森和威廉·诺德豪斯（William D. Nordhaus）所指出的："我们一点儿也没有求解（这种）大型一般均衡问题所需要的资料。"①

第二，兰格的方法没有考虑到需要对经济活动当事人给予充分的刺激，以便能够有效地配置资源，并尽可能地增加产量。这种由奥地利学派经济学家所设想的动态效率，要求企业能够不断地和迅速地发现信息并利用之。在竞争的经济中，利润动机为企业家（他们也许是单独的个人或者企业内由个人组成的团体）提供了这种刺激。这些批评者说，在社会主义经济中缺乏这种刺激，而且人们不能在社会主义条件下将其合并为公司。②

第五节　阿罗的公共选择思想

经济思想史给我们展现了一些明显不同的思想家。我们看到，一些人是道德思想家，而另一些人是政治活动家和社会活动家，还有一些人是已有理论的发展者和重新定义者。但是，在经济学理论和社会哲学之间的交叉领域活动的仍属少数人，其中的一位就是阿罗。

肯尼斯·约瑟夫·阿罗（Kenneth Joseph Arrow，1921—2017）在纽约城市学院完成了他的本科学业，在哥伦比亚大学研究生毕业。获得学位后，他接受了一份斯坦福大学的工作，在那里，他转到了具有世界声誉的经济学系。

阿罗不仅展现了他罕见的符号逻辑、数学和统计学方面的天赋，而且展现出他对自己的天赋能够得以运用的新领域的洞察力。他的博士论文《社会选择与个人价值》成了福利经济学的经典，他评价了各种不同的社会福利标准，且提出了与先前许多思想不一致的观点。

在斯坦福大学工作期间，阿罗继续对他的福利经济学的信条进行了研究。他在大量论文中提出了如下这些问题：

（1）我们怎样才能知道一项政策选择的最终结果是不是使社会变得更好？

（2）带有个人偏好的社区成员进行集体选择的逻辑是什么？

（3）最好的民主是否有可能实现？

（4）如果不存在一种方法来维持最好的民主，那么必须做出什么样的调整？

（5）是否存在一些规则能够决定怎样构造一种适当的收入分配？

阿罗最主要的贡献是“阿罗不可能定理”（投票悖论）。该定理是要查明个人偏好和通过投票进行的社会选择之间的关系。如果要准确地反映个别投票人的偏好，社会选择就必

① SAMUELSON P，NORDHAUS W. Economics［M］. 12th ed. New York：McGraw-Hill，1985：685.

② 在关于社会主义计算问题的争论方面，较近时期的讨论可以参见：LAVOIE. Rivalry and central planning：The socialist calculation debate reconsidered［M］. Cambridge，Eng.：Cambridge University Press，1985.

须满足4个最低条件：

第一，社会选择必须是可以转移和过渡的，即这些选择必须是一致的，以至于如果对A的偏好大于对B的偏好，对B的偏好又大于对C的偏好，那么，对C的偏好就不能大于对A的偏好；

第二，社区的团体决策必须不受社区内部或者社区外部任何人的支配；

第三，社会选择一定不能变成与个人选择相反的方向（再说一下，社会做出的选择绝不能因为某些人更喜欢其他选择而被轻易拒绝）；

第四，社会偏好在两种不同的选择者之间做出，必须只取决于这两种不同的选择者的偏好，而不能取决于他们的其他选择观点。

随后，阿罗详细考察了大多数投票选择方案，试图了解民主决策的制定是否可以在不违反上述这些条件中的任何一条时，从所有可以得到的各种方案中做出选择。在仔细调查之后，他得出了一个令人吃惊的结论：多数表决机制并不能同时尊重投票人的个人偏好，保证最大的福利，也不能依赖投票问题的次序。

例如，阿罗说，假定有一个由3个投票人（1、2和3）组成的社区，该社区有3种供选择的政策：①裁军；②进行冷战；③进行激战。根据福利经济学理论，该社区将按照其偏好安排3种选择方案的次序，如果可能的话，选择表格中赞成人数最多的方案。这意味着投票人将表明他们对A的偏好大于对B的偏好等。集体的偏好尺度也许可以通过运用多数原则来建立，即我们将对A和B进行投票，并对胜者与C进行投票。

表28-1列出了A、B、C 3种政策和3个投票人1、2、3的个人偏好。该表表明，投票人1更偏好政策A而不是B，更偏好政策B而不是C（这也意味着，他更偏好政策A而不是C）。投票人2首先选择的是政策B，第二选择的是C，第三选择才是A。这意味着他宁愿选择政策B而不是C，宁愿选择政策C而不是A（也就是对政策B的偏好大于对A的偏好）。投票人3则在与政策A相比较时，更偏好于选择C；在与政策B相比较时，宁愿选择A；在与政策C相比较时，更偏好选择B。

表28-1　**阿罗不可能定理**

政　策	投票人1	投票人2	投票人3
A	第一选择	第三选择	第二选择
B	第二选择	第一选择	第三选择
C	第三选择	第二选择	第一选择

我们接着来考察一下通过多数投票原则所决定的几种假说竞争的结果。让我们进行3种这样的投票：①A对B；②B对C；③A对C。在A和B之间的竞争中，A将获胜，因为投票人1和投票人3都会选择A，而不是B；投票将以2∶1有利于A。在表28-2中，我们表明了这一结果。如果对B和C的搭配进行投票，B将获胜，因为B将会被投票人1和投票人2所选择。于是，我们可以知道，该社区的大多数人在A和B之间会选择A，在B和C之间会选择B。这样，我们就可以推论：在A和C之间一定会选择A。不过，我们的这个推论就一定正确吗？为了进行第二次检验，我们在A和C之间进行投票。这样，我们就会惊奇地发现，多数投票人会选择C而不是A！我们违背了一致性或者过渡性。这个必要条

件要求：A优于B，B优于C，C优于A。按照阿罗的观点，依照投票人理性选择的次序进行选择的话，上述多数投票的方案就是失败的。

表28-2 **投票结果**

政策选择	获胜者
A VS B	A
B VS C	B
A VS C	C

阿罗的分析表明，我们需要一种不容易犯错误的决策制定程序。民主选择不可能做到这一点，我们必须建立第二种或者第三种较好的机制。在经济活动中如果有大量的公共选择者，想要取得经济福利就不是一件容易的事。阿罗的主要贡献就是对作为经济和政治制度得以建立的基础的假设提出了挑战。18世纪以来，哲学家和政治理论家一直在为如何完善人类制度而不懈努力。阿罗则是他们的后继者。①

第六节 霍布森的理论

霍布森是那些少有的运用经济理论作为其建议基础的社会改革家之一。他拒绝了古典的和新古典的关于完全竞争就是充满利益的、和谐的典型市场状态，以及自由放任就是最好的政策的观点。在这些思想所及之处，他进行了一种分析，从而导致了能够在很大程度上通过政府干预来改革的计划。这种广泛的解释也许被认为是福利经济学的。

一、生平简介

约翰·阿特金森·霍布森（John Atkinson Hobson，1858—1940）出身于中产阶级家庭，在牛津大学学习古希腊和古罗马语言文学。毕业后，他在伦敦大学的本专业教书，并举办了英国文学课外讲座。但是，他的兴趣很快就转移到了经济学的课题上，并且通过同商人与登山家阿尔伯特·马默里（Albert F. Mummery，1868—1895）的合作发展了异端的思想。由于这种思想后来被认为激进，霍布森无法继续开展他在伦敦大学的课外讲座。他虽然被排除于学术生活之外，仍然非常活跃，不仅出版了53本书，而且是一名记者和受欢迎的演讲者。他最主要的课题之一是关于政治、经济和道德间的相互依存问题。他写的一篇关于帝国主义的文章使曼彻斯特《卫报》的编辑把他送到南非去开展研究。那最终使他写了3本书，其中最著名的就是《帝国主义》。在第一次世界大战期间，他是一位和平主义者。霍布森是凡勃伦的《商业企业论》的仰慕者，他在1936年写了一本关于凡勃伦的书。

二、消费不足的理论

19世纪80年代，霍布森提出了一种消费不足和储蓄过度会导致投资过度的思想。这

① 对这方面研究做出重要贡献的另一位经济学家是詹姆斯·布坎南。他曾因为在公共选择方面的先驱性工作而获得了1986年的诺贝尔经济学奖。布坎南的思想在J. R. 沙克尔顿（J. R. Shackleton）和G. 罗克斯利（G. Locksley）主编的《当代十二位经济学家》第3章中有所概括。

种观念后来为他赢得了凯恩斯的称赞。霍布森表明，我们社会的核心问题是循环发生失业、资本和土地的不能使用问题。早在1889年年初，他和马默里就对传统的认为一个国家越节俭财富就会变得越多的古典学说表示反对。与古典学说相反，他们说，资本的增加要求对由资本所生产出来的商品的消费也不断增加。如果人们愿意现在更多地储蓄，他们就必须愿意在不远的将来更多地消费。如果他们坚持现在储蓄，并打算在不远的将来把他们的储蓄用于投资而不是适当地增加消费，那么，实际形成的新资本将受到限制：

我们的目的是要表明……有可能养成一种不适当的储蓄习惯，而这会使公众日益贫困，使劳动者失去工作，降低工资，并通过有名的商业衰退那种商业界的情况来扩散沮丧和衰弱，总之，对钱的过分喜爱正是一切经济罪恶的根源……

因此，我们得出的主要结论：从亚当·斯密以来所树立的所有经济教义的基础，即每年生产的数量由可得到的自然力、资本和劳动的总量所决定，是错误的，恰恰相反，生产的数量绝不会超过这些总量的限制，也许实际上所生产的数量远低于这些过度储蓄和随之施加于生产上的过度供给的积累所能达到的最大量。比如在现代产业共同体的正常情况下，消费限制着不能产生消费的生产……

我们得出的主要结论是，个人的过度储蓄使社区日益贫困，同时降低了租金、利润，或者利息和工资。我们否认通常所接受的个人储蓄必定会寻找到它自己优势的教条也适用于社区，而且工资可以在既定的利润支出上单独上升，或者利润在既定的工资支出上单独上升，或者在既定的租金支出上工资和利润同时上升。[①]

为什么会有这么多储蓄而没有足够的消费呢？为了回答这个问题，霍布森提出了一种完全不同于其当代人的适当收入分配的理论。劳动者所得到的那部分收入是为了维持生存或者糊口的，它使工人们能够更新他们的日常的体力，并抚养家庭及补充劳动力的供给。经济增长时，工资会增加，因为对他们的支付超过了仅仅维持生存的水平，使得更多的儿童能够在出生后生存下来。而人们能够做更多的工作是因为他们健康、受到了更好的教育和更加精力充沛。如果工资数量高于维持生活的水平（生存的费用）和生产性剩余（增长的费用），其多余部分将是一种非生产性剩余，或者是不应得到的那种不能增加实际产出的工资增长。这样过高的工资就是非生产性的，因为它们不能带来更多的劳动供给。

资本同样有两种相应的成本。维持成本用于被消耗的资本的更新。为了刺激经济增长，要求利润和利息能够造成储蓄的增加，以便进行投资。如果利息和利润高于维持成本和资本正常增长的水平，则多余的部分也是非生产性的，它们也是不应得到的增长部分。

按照霍布森的观点，劳动者一般会得到生存费用，而不是充分的增长费用。换言之，较高的工资通常将提高劳动的效率和生产力。因为商人间的竞争不能有效地提高工资和降低产权收入，所以社会上存在太多的储蓄和不足的消费。由于资本家的收入太高，所以他们的储蓄就太多。他们的动机不是愿意现在或者将来消费，而且渴望储蓄和投资（积累财富）。但这种财富的积累只有在对消费品的需求增加时才有可能。在一定范围内，这种情况将会发生，随后储蓄就会对社会有用。总有一些适当的储蓄比率会按照市场上有效的消费需求增加的比率来增加社会的生产力，结果是伴随社会充分就业而来的经济增长。但是，如果储蓄率太高，就会引起失业的增加；如果储蓄率太低，生产力就会被浪费，将来

① MUMMERY A F, HOBSON J A. The physiology of industry [M]. New York: Kelly & Millman, 1956: Ⅳ, Ⅵ, Ⅷ.

就会被现在牺牲掉。

储蓄过度和消费不足就造成了商业循环（经济周期）。在繁荣期间，物价很高，资本投资也很高，银行信贷的扩张也很方便，生产力扩张比消费更为迅速。衰退到来的第一个迹象是价格的下跌，其结果是利润空间减少了。当证券价格一起收缩时，贷款的归还和账单的支付也变得不够确定了。悲观情绪蔓延，银行限制信贷，破产增加，金融机构倒闭。当存款人和投资者抽出其资金时，怀疑就变成了恐慌。霍布森对把金融崩溃归因于个人心理突然失常的观点表示怀疑。崩溃是以工业中产生的失衡为基础的。而什么能扭转这种向下的趋势呢？随着个人收入的下降而来的个人储蓄的下降最终会导致消费抽象化间的新的平衡：

整个金融系统是建立在实际产业基础上的：它反映预期，并经常夸大产业的力量和倾向。因此，消费不能和生产力的增长保持同步，以至于为其提供充分的和相等的就业……通过精巧的金融机制的运行情况，必定会追溯到伴随着失业的衰退。

为什么（衰退）不再继续和恶化呢？因为从支出和储蓄之间的比例恶化的一开始，一种再调整过程就逐渐发生作用了。对商品需求和新生产能力产生的直接收缩，生产比率的减少开始减少所有的收入，包括那些储蓄者的收入……当生产和收入的收缩到达足够程度时，不仅实际储蓄量减少了，而且储蓄对支出的比例也被从过高或者过低的比例减少到从前的正常的水平。①

三、帝国主义理论

霍布森的经济理论集中谈到了资本主义市场经济中设计社会福利的消费行为和过度储蓄问题，并由此引出了他的“帝国主义理论”。他的这一观点受到了列宁的赞扬。列宁说虽然霍布森是一位资产阶级社会改革家和和平主义者，但他给出了一种出色的和易于理解的关于帝国主义的描述。

大量不能在国内被卖掉的商品可以转移到殖民地。同样，由于没有足够的消费而在国内不能投资的多余储蓄，也可以投资到殖民地去。工业和金融大亨追随其政府通过大量的公共开支去获取殖民地，从而在殖民地进一步增加其工业利润和金融利润。但是，如果收入能够适当地分配，国内市场也能够无限扩张的话，就没有必要开发殖民地：

生产方法的每项改进、所有权和控制权的每一次集中似乎都会加重这一倾向。当一个又一个国家进入了机器经济并采用了先进的工业方法时，其工业家、商人和金融家就更难有利可图地配置他们的经济资源，因而，他们越来越多地运用其政府通过吞并和保护来保证他们对于一些遥远的不发达国家去具体地加以利用……

正是这种经济方面的条件形成了帝国主义的重要根源。如果这个国家的众多的消费者提高他们的消费标准，以赶上生产力的每次上升，可能就没有多余的商品或资本吵闹着去运用帝国主义来开辟市场了……

关于帝国主义必定是不断发展的工业的必要宣泄口这一假定推论的错误，现在已经非常明显了。并不是工业的发展需要开辟新市场和新投资区域，而是消费力的不恰当分配阻止了商品和资本在国内的被吸收。②

① HOBSON J A. The industrial system [M]. 2nd ed. New York: Scriber's, 1910: 301-303.
② HOBSON J A. Imperialism [M]. 3rd ed. London: Allen & Unwin, 1938: 80-81, 85-86.

在其自传《一个经济异教徒的自白》(1938)中,霍布森承认,在关于帝国主义的经济基础的著作中,他为历史的经济决定论提供了一个过于简单的例证。他说,他还没有来得及得出关于经济学、政治学和伦理学间相互作用的适当看法。

四、收入再分配

什么是解决储蓄过度、消费不足、衰退和帝国主义的办法呢?这要求更为公平的收入再分配来减少储蓄与消费支出的比例。由于储蓄的比例通常是比照收入的规模的,越富有的人储蓄对于其收入的比例就越大,而越贫穷的人储蓄对于其收入的比例就越小。收入再分配会通过过分限制储蓄和投资的数量而制约工业发展吗?完全不是这样。收入再调整所导致的需求增长将刺激工业,促进充分就业和更稳定的就业,增加对商品的需求。结果,尽管储蓄相对于收入而言比较少,但它的绝对量将和以前一样多。

收入再分配的一个办法是通过工会采取行动来提高工资、养老金和其他福利,以便帮助工资收入者提高生活标准。但是,霍布森说,劳工运动从历史上看一直是难以解决的,而且对再分配收入来说也是不可靠的,尤其是当熟练工人和有工会组织的工人得到较多利益时,不熟练工人得到的最少。更有效的方法是依靠国家来得到更为公平的收入和进行使社会更加有利的财富分配。这种公共干预采取三种形式:

(1)政府管理工业。其包括用所有法律的力量来控制私人产业,由此把剩余的收入转入工资或其他支出以改善工人的条件,如颁布最低工资法、工人补助法,限制劳动时间,改善公共卫生等。

(2)政府经营工业。在垄断发展的地方,或者为了公众的方便,政府经营工业也是适当的。这些行业可能包括运输业、通信业、矿业、银行业、保险业,以及电力、煤气及水业。因为这些行业普遍存在大量的剩余利润,它们的社会化使这些可得到的利润归于社会。这种类型的社会主义仍然给私人企业的经济留有广阔的余地,以使个人仍有许多机会来为社会服务。

(3)通过征税来为公共消费增加收入。最多的因而也是最令人厌恶的收入来自竞争让位于垄断时所产生的土地的经济租金、过多的利息和利润。这种税收将会从根本上打击衰退和帝国主义,因为它会治疗储蓄过度的病症。国家得到的钱应当用于提供健康和教育这种必要的社会服务。

霍布森以一种对正统经济学理论家进行批评的方式阐述了他的福利经济学体系。这些正统经济学理论家往往以货币来衡量成本和效用的价值。而霍布森以人的努力和满足来估价工业。人的福利标准应当替代财富的货币标准。他说,我们应当提出两个与我们生产的商品有关的问题来关注人们对工业的解释和估价:什么是生产中“人的净成本”?什么是消费中“人的净效用”?社会应当按照个人承受这些成本的能力来分配生产成本,并按照他们能从中得到效用的能力在他们之中分配所生产的商品。由此,人们的成本将会最小化,而效用将会最大化。

霍布森的非正统思想受到了英国经济学界的蔑视。1913年,凯恩斯在他的一部评论著作中写道:“人们以一种复杂的感情看待一本由霍布森先生所写的新书,希望有一种来自独立的与个人立场的刺激性思想和对于正统思想的某种富有成果的批评,但不期望更具诡辩性的、容易误解的和悖理的思想。”20世纪30年代,凯恩斯改变了他最初对霍布森的看法。1932年，他与这位74岁的改革者和解了，统一了他们的看法。在《就业、利息和货币通论》（1936）中，凯恩斯很尊重地写到了霍布森的“批评和直觉”。

霍布森在经济思想史中的地位是应该肯定的。作为一位福利经济学的先驱，他活着看到了他关于衰退的原因和医治的某些思想体现在了凯恩斯的体系中。不过，凯恩斯是以较为成熟的方式提出这些思想的。

第二十八章思政窗

本章思语

1. 帕累托对福利经济学的主要贡献是什么？
2. 庇古对福利经济学的贡献主要表现在哪些方面？
3. 霍布森消费理论的主要观点是什么？
4. 兰格的理论对福利经济学的哪些方面具有影响？
5. 米塞斯是从什么角度来反对兰格的理论的？
6. 阿罗的社会选择理论对福利经济学的意义是什么？

↘主要参考文献

［1］CHAMBERLIN E H. The theory of monopolistic competition ［M］. Cambridge, MA: Harvard University Press, 1962.

［2］OSER J, BRUE S L. The evolution of economic thought ［M］. 4th ed. New York: Harcourt Brace Jovanovich, 1988.

［3］STANLEY C E. A history of economic thought: From Aristotle to Arrow ［M］. Oxford: Basil Blackwell, 1989.

［4］MAIR D, MILLER A G. A modern guide to economic thought: An introduction to comparative schools of thought in economics ［M］. Aldershot: Edward Elgar, 1991.

［5］SCEPANTI E, ZAMAGNI S. A outline of the history of economic thought ［M］. Oxford: Clarendon Press, 1993.

［6］LANDRETH H, COLANDER D C. History of economic thought ［M］. 3rd ed. Boston: Houghton Mifflin Company, 1994.

［7］BLAUG M. Economic theory in retrospect ［M］. 5th ed. Cambridge, Eng.: Cambridge University Press, 1997.

［8］EKELUND R B, HEBERT R F. A history of economic theory and method ［M］. 4th ed. New York: McGraw-Hill, 1997.

［9］张伯伦．垄断竞争理论［M］．郭家麟，译．北京：生活·读书·新知三联书店，1958.

［10］魏克赛尔．利息与价格［M］．蔡受百，程伯撝，译．北京：商务印书馆，1959.

［11］门格尔．国民经济学原理［M］．刘絜敖，译．上海：上海人民出版社，1959.

［12］李斯特．政治经济学的国民体系［M］．陈万煦，译．北京：商务印书馆，1961.

［13］罗宾逊．不完全竞争经济学［M］．陈良璧，译．北京：商务印书馆，1961.

［14］马尔萨斯．人口原理［M］．子箕，南宇，惟贤，译．北京：商务印书馆，1961.

［15］李嘉图．政治经济学及赋税原理［M］//斯法拉．李嘉图著作和通信集（第1卷）．郭大力，王亚南，译．北京：商务印书馆，1962.

［16］马尔萨斯．政治经济学原理［M］．厦门大学经济系翻译组，译．北京：商务印书馆，1962.

［17］米契尔．商业循环问题及其调整［M］．陈福生，陈振骅，译．北京：商务印书馆，1962.

［18］马歇尔．经济学原理（上卷）［M］．朱志泰，译．北京：商务印书馆，1964.

［19］马歇尔．经济学原理（下卷）［M］．陈良璧，译．北京：商务印书馆，1965.

［20］斯密．国民财富的性质和原因的研究（上卷）［M］．郭大力，王亚南，译．北京：商务印书馆，1972.

［21］斯密．国民财富的性质和原因的研究（下卷）［M］．郭大力，王亚南，译．北京：商务印书馆，1972.

［22］诺思．贸易论［M］．桑伍，译．北京：商务印书馆，1976.

［23］季陶达．资产阶级庸俗政治经济学选辑［M］．北京：商务印书馆，1978.

［24］布阿吉尔贝尔．谷物论、论财富、货币和赋税的性质［M］．伍纯武，译．北京：商务印书馆，1979.

［25］鲁友章，李宗正．经济思想史［M］．北京：人民出版社，1979.

［26］孟．英国得自对外贸易的财富［M］．袁南宇，译．北京：商务印书馆，1981.

［27］克拉克．财富的分配［M］．陈福生，陈振骅，译．北京：商务印书馆，1981.

［28］康芒斯．制度经济学［M］．于树生，译．北京：商务印书馆，1981.

［29］魁奈．魁奈经济著作选集［M］．吴斐丹，张草纫，译．北京：商务印书馆，1981.

［30］陈岱孙．政治经济学史［M］．长春：吉林人民出版社，1981.

［31］杜阁．关于财富的形成和分配的考察［M］．南开大学经济系经济学说史教研组，译．北京：商务印书馆，1981.

［32］凡勃伦．有闲阶级论［M］．蔡受百，译．北京：商务印书馆，1981.

［33］配第．配第经济著作选集［M］．陈冬野，马清槐，周锦如，译．北京：商务印书馆，1981.

［34］庞巴维克．资本实证论［M］．陈端，译．北京：商务印书馆，1981.

［35］西斯蒙第．政治经济学新原理［M］．何钦，译．北京：商务印书馆，1981.

［36］萨伊．政治经济学概论［M］．陈福生，陈振骅，译．北京：商务印书馆，1982.

［37］洛克．论降低利息和提高货币价值的后果［M］．徐式谷，译．北京：商务印书馆，1983.

［38］布阿吉尔贝尔．布阿吉尔贝尔选集［M］．伍纯武，梁守锵，译．北京：商务印书馆，1984.

［39］休谟．休谟经济论文选［M］．陈玮，译．北京：商务印书馆，1984.

［40］车尔尼雪夫斯基．穆勒政治经济学概述［M］．季陶达，季云，译．北京：商务印书馆，1985.

［41］杰文斯．政治经济学理论［M］．郭大力，译．北京：商务印书馆，1985.

［42］坎蒂隆．商业性质概论［M］．余永定，徐寿冠，译．北京：商务印书馆，1986.

［43］马歇尔．货币、信用与商业［M］．叶元龙，郭家麟，译．北京：商务印书馆，1986.

［44］桂能．孤立国同农业和国民经济的关系［M］．吴衡康，译．北京：商务印书馆，1986.

［45］罗雪尔．历史方法的国民经济学讲义大纲［M］．朱绍文，译．北京：商务印书馆，1986.

［46］汤普逊．最能促进人类幸福的财富分配原理的研究［M］．何慕李，译．北京：商务印书馆，1986.

［47］西尼尔．政治经济学大纲［M］．蔡受百，译．北京：商务印书馆，1986.

［48］晏智杰．经济学中的边际主义［M］．北京：北京大学出版社，1987.

［49］瓦尔拉斯．纯粹经济学要义［M］．蔡受百，译．北京：商务印书馆，1989.

［50］陶大镛．外国经济思想史新编（上册）［M］．南京：江苏人民出版社，1990.

［51］穆勒．政治经济学原理［M］．胡企林，朱泱，译．北京：商务印书馆，1991.

［52］巴师夏．经济和谐论［M］．谷书堂，逄锦聚，刘迎秋，译．北京：中国社会科学出版社，1995.

［53］马西．论决定自然利率的原因［M］．胡企林，译．北京：商务印书馆，1996.

［54］西斯蒙第．政治经济学研究（第1卷）［M］．胡尧步，李直，李玉民，译．北京：商务印书馆，1998.

［55］古诺．财富理论的数学原理的研究［M］．陈尚霖，译．北京：商务印书馆，1999.

［56］琼斯．论财富的分配和赋税的来源［M］．于树生，译．北京：商务印书馆，1999.

［57］孟，巴尔本，诺思．贸易论（三种）［M］．顾为群，刘漠云，陈国雄，等译．北京：商务印书馆，2000.

［58］戈森．人类交换规律与人类行为准则的发展［M］．陈秀山，译．北京：商务印书馆，2001.

［59］曼德维尔．蜜蜂的寓言［M］．肖聿，译．北京：中国社会科学出版社，2002.

［60］晏智杰．西方经济学说史教程［M］．北京：北京大学出版社，2002.

［61］斯密．国富论［M］．唐日松，等译．北京：华夏出版社，2005.

［62］边沁．道德与立法原理导论［M］．时殷弘，译．北京：商务印书馆，2006.

［63］亨特．经济思想史——一种批判性的视角［M］．颜鹏飞，总校译．上海：上海财经大学出版社，2007.

［64］庇古．福利经济学［M］．何玉长，丁晓钦，译．上海：上海财经大学出版社，2009.

↘ 结束语

本书所涉及的经济思想基本上都是关于20世纪30年代之前资本主义市场经济的。至于20世纪30年代之后，特别是第二次世界大战后的西方经济思想的发展变化，基本上在现代西方经济学流派的教材（如高等教育出版社出版的马克思主义理论研究和建设工程教材系列中的《西方经济学流派评析》）中已经有所介绍。

我国当前仍然是个发展中国家，中国特色社会主义经济从市场经济的体制上来看，还处于不完善的状态。从发展市场经济来说，别国发展市场经济的历史经验对我们具有一定警示和借鉴意义。在市场经济的某些条件相似的情况下，西方的一些相对具有一般性的经济思想及其在不同条件下所产生的作用，对我们的警示和借鉴意义也是可见的。

本书所介绍的经济思想基本上是古典经济学和早期新古典经济学的思想。它们基本上反映了英国资本主义发生、发展、兴盛、衰落过程中各阶段的经济思想，代表了近代西方经济思想的主流。古典经济学思想具有一些合理的见解，特别是在英国资本主义发展初期反映了历史进步趋势的一些客观见解，成为了马克思主义政治经济学吸收和借鉴的重要理论来源之一。到18世纪后半叶，早期新古典经济学思想的庸俗成分已经大大增加，但其系统性成为现代西方经济学理论的基本框架，为我们了解现代西方经济学理论和思想同样提供了参考。从现代市场经济的角度来看，尽管像德国历史学派、美国制度学派和瑞典维克塞尔的经济思想在一定程度上从宏观和国家的角度进行了研究和阐述，但并未成为西方经济思想主流。古典和新古典经济思想的核心是阐明自由市场经济的优越性与合理性，并在这一基础上说明人们应该如何适应经济运行的规律。尽管经济自由主义并不适合我们，但从我们发展和完善中国特色社会主义经济来说，可以从中了解过去的一些资产阶级经济学家如何看待和理解市场经济中的问题，吸收其一定条件下的合理成分作为借鉴，摈弃其消极成分，少走弯路。在正确学习和理解古典经济学和早期新古典经济学的理论过程中，马克思的有关著作为我们的学习和理解提供了极好的分析，结合对马克思有关理论的对照学习，将大大有助于对本书的理解。

本书最后一篇在内容上已经与现代西方经济学的理论和思想有一些交叉，但这些内容恰恰是现代西方经济学得以发展的前期基础。有比较才会有鉴别。通过本书，我们可以看到，现代新古典经济学与之前的古典经济学和早期新古典经济学在思想上的一些相似性、差异性，以及这些内容给现代西方经济学的发展所提出的问题和研究方向。正是在这种基础上和在现实经济问题的压力下，现代西方经济学的体系才逐步形成和完善起来。

如何结合我国的经济体制改革和经济发展情况来理解古典经济学和早期新古典经济学的思想，对当前我们更好理解市场经济是有重要意义的。我们要不要更多地让市场机制对经济进行调节？减少政府对经济的干预或调节应该到什么程度？政府应该怎样对市场经济进行调节？过去不同时代的西方经济学家是如何认识这些问题的？其经济的历史状况和条件如何？其影响如何？通过对本书的学习，读者应该会得到一些认识上的有益启发。

在西方经济学里面，只讲市场与政府的替代关系，甚至将私有制视作市场经济的天然属性，片面强调市场机制的万能作用。按照西方经济学的逻辑演绎，越是小政府，市场越发达，经济发展越好。这种观点首先是抹杀了经济学理论随时代环境变化而相适应的历史性，将资本主义经济发展早期理论的某些适用性，当作所有时代都适用的普遍真理。其次，这种观点完全站在资产阶级企业主和商人的角度和立场，维护他们的利益。

西方资本主义国家在小政府、大市场的实践中，出于维护个体利益的企业和个人（甚至政党）在一些重大问题上勾心斗角、尔虞我诈，难以达成共识。政府出于利益纷争而不敢作为，也无力作为，社会分歧加大甚至出现撕裂，由此陷入经济社会的动荡和发展低迷。

中国改革开放发展的伟大成功，突破了西方主流经济学对市场和政府的认知，也验证了200多年来这一西方理论的局限性。中国经济发展成功的实践所确立的榜样，不但让一度流行世界的有关西方经济学理论失去市场，更让来自西方的各种偏见和教条现出原形。我们坚信，只要从国情出发，以解决现实问题为导向，同时以世界眼光和开放心态积极吸收借鉴一切有益经验，就一定能够走出一条令世界瞩目的成功的现代化经济发展之路。